스트레스의 통합치유
Holistic & Integrative Stress Healing

 영림미디어

스트레스의 통합치유

Holistic & Integrative Stress Healing

신경희·조상윤 공저

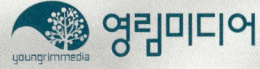

스트레스의 통합치유

첫째판 1쇄 발행 2013년 9월 1일
첫째판 2쇄 발행 2014년 1월 5일

지은이 신경희, 조상윤

발행인 이혜미
발행처 (주)영림미디어
표지디자인 강안나
내지디자인 IAMmedia
일러스트 심현주
주소 (121-838) 서울특별시 마포구 서교동 355-34 재강빌딩 4층
전화 (02)6395-0045 / **팩스** (02)6395-0046
등록 제2012-000356호(2012.11.1)

ⓒ 2014년, 스트레스의 통합치유 / (주)영림미디어

본서는 저자와의 계약에 의해 (주)영림미디어에서 발행합니다.
본서의 내용 일부 혹은 전부를 무단으로 복제 혹은 전재를 금합니다.

* 파본은 교환하여 드립니다.
* 검인은 저자와의 합의하에 생략합니다.

ISBN 978-89-969686-7-2
정가 19,000원

신경희

stress2z@hanmail.net

••• 신경희 박사는 학부에서 병리학과 심리학을 전공하였고, 대학원에서 유전공학과 심신통합치유학을 공부하였다. 외국계 생명공학 회사와 제약회사에서 오랫동안 연구와 학술 업무를 하였다. 현재 스트레스통합치유연구소의 대표이며, 선문대학교 통합의학대학원 겸임교수, 국제사이버대학교 객원교수, 서울불교대학원대학교 외래교수로서 심리신경면역학, 통합의학, 심신의학, 스트레스학, 뇌과학 및 기초 임상의학 분야의 강의와 연구를 하고 있다. 한편, 스트레스통합치유연구소를 통하여 전문 스트레스 치유자와 강사를 양성하는 아카데미를 진행하고 있고, 기업체와 학교를 대상으로 한 치유 교육 사업과 집필 활동도 활발히 하고 있다.

저서로 「통합의학을 위한 심리신경면역학」(근간), 역서로 「스트레스와 건강」 등이 있으며, 논문으로는 「스트레스를 중심으로 한 통합치유에 관한 전일적 고찰」, 「통합의학을 위한 통합생리학으로서의 심리신경면역학: 한의학의 주요 개념 및 원리와의 비교를 중심으로」, 「뇌과학과 예술치료 및 심신의학을 기반으로 한 통합적 심신치유 기법의 개념과 원리」, 「전인적 스트레스 의학에서 본 마음치유의 신경생리학적 의의」 등이 있다.

조상윤

p-sycho@gcu.ac

••• 조상윤 박사는 학부에서 신문방송학과 사회복지학을 공부하였고, 대학원에서 노인복지학과 심신통합치유학을 전공하였다. 현재 국제사이버대학교 보건의료행정학과의 학과장으로 재직 중이다. 수원대학교, 마산대학, 총신대학교, 원광디지털대학교, 국제디지털대학교, 군장대학에서 사회복지학을 강의해 왔으며, 신당종합사회복지관에서 사회복지사로 근무한 경력을 바탕으로 하여, 지역사회 복지 향상을 위한 치유 활동과 강의에도 꾸준히 힘쓰고 있다. 특히 국내 웃음치료 분야의 과학적 연구와 보급을 위해 오랫동안 노력해 왔으며, 한국웃음복지연구소를 개소하여 활발히 활동해 왔다.

「웃음치료학」, 「사회복지학개론」, 「지역사회복지론」, 「사회복지실천론」, 「사회문제론」등을 집필하였고, 「웃음감각과 아동의 분노조절, 자아존중감 및 사회성의 관계」, 「지역아동센터 이용 아동의 자존감 및 스트레스 대처기술 향상을 위한 프로그램개발과 효과분석」, 「사이버대학 재학생의 생활실태 및 복지욕구 분석」, 「농촌지역 독거노인을 위한 사회복지 실천전략과 과제」 등 다수의 논문을 발표한 바 있다.

●●● 이 책은 의료, 보건, 상담, 교육 등의 분야에서 일하는 분들, 그리고 그들을 포함하여 자신의 스트레스를 이해하고 치유하고자 하는 모든 분들에게 스트레스에 관한 체계적 이론과 평가 및 관리 기법을 제공하기 위해 쓰였다. 아리스토텔레스가 말했듯이 삶의 궁극적 목적은 행복이며, 모든 학문과 종교가 존재하는 궁극적 목표 또한 인간의 행복한 삶이다. 스트레스학은 건강하고 행복하게 잘 살고자 노력해온 인류 전체의 소망과 지혜, 그리고 모든 학문의 성과가 결집된 과학이요, 전인적 건강을 위한 통합치유의 학문이라 할 수 있다.

질병이 사람에 따라, 상황에 따라 다르게 발생하고, 다르게 경험되고, 다르게 치유되는 이유는 그것이 생명체와 환경이 함께 빚어내는 삶의 역동 속에서 진행되기 때문이다. 스트레스학에서 가장 중요한 것은 환자(내담자)에 대한 객관적 접근이 아니라 개별적 접근인 것이다. 현대 서양의학에서는 동일한 질병으로 진단된 환자들은 동일하게 취급한다. 질병 과정의 공통 요소들에 주목하여 병리학적 이론을 수립함으로써 같은 질병에 대해서는 동일한 원인을 상정하고 표준화되어 있는 치료 전략을 채택한다. 의학이 가장 중요하게 여겨온 것은 환자들 각각의 독특함이나 차별성이 아닌 생물학적 공통성이었다. 그러나 지난 세기부터 신종 질병의 출현과 난치성 질환 및 생활습관병의 만연으로 인해 현대 의학의 패러다임은 재검토되기 시작했고, 환자들 각각의 삶의 경험과 생활양식, 성격, 사회적 환경 같은 요소들이 질병의 진단과 치료에 중요하다는 과거의 전인론적 관점이 다시 부각되기 시작했다. 그것은 현대 의학이 출발했던 객관화, 표준화라는 과학의 경로를 벗어나 주관성과 개별성이라는 예술적 접근을 요구하게 되는 것이다. "인생은 짧고 예술은 길다(life is short, art is long)"라는 말은 서양의학의 아버지로 일컬어지는 히포크라테스가 남긴 잠언으로서, 원래의 뜻은 "생명은 짧지만 의술은 길다"이다. '예술(art)'이라는 단어는 '의술' 또는 '과학'의 오역인 것이다. 그러나 16세기 스위스의 의사 파라셀수스의 말처럼 의술은 과학이기보다 예술에 가까운 경험적 기술이므로, 예술이라는 번역은 오역이 아니라 오히려 더 적절한 번역이라고도 할 수 있을 것이다. 비록 스트레스가 심신에 미치는 영향에 있어서는 개체 간에 동일한 기전이 적용되더라도 스트레스가 발생하는 과정은 결코 객관화할 수 없는 영역이다. 따라서 스트레스학은 객관화된 과학이 아니라 개별화된 과학일 수밖에 없으며, 스트레스를 치유하기 위해서는 인간에 대한 더욱 근본적이고 깊이 있는 이해가 필요하다.

저자의 말
Preface

비록 스트레스라는 용어가 우리의 삶 속에 들어온 역사는 그리 길지 않지만, 스트레스라는 경험은 인류의 역사 속에 늘 함께 있었다. 그리고 이제 현대 임상의학은 스트레스라는 개념을 통하여, 환자의 몸에 치중하던 기존의 태도에서 벗어나 심리적 과정의 중요성을 수용하고 있다. 심리학에서도 신경과학의 발달과 더불어 몸과 마음에 대한 통합적 접근의 기반이 갖추어져 가고 있으며, 내담자의 신체적 언어나 병리적 증상을 보다 과학적으로 이해하고 치료하기 위해 통합적 원리들을 수용해야 할 필요성이 점차 증가하고 있다.

인간이 경험하는 모든 유형의 고통과 괴로움은 스트레스라는 개념을 통해 접점을 이룬다. 따라서 현대인의 건강을 증진하고 웰빙을 돕는 일에 관련된 의료인, 상담가, 교육자, 사회복지사 모두가 스트레스에 대해 더욱 체계적으로 이해하고 전문적인 소양을 갖추어야 할 것이다. 이들 분야에 종사하고 있는 사람들은 자신의 환자나 내담자가 겪고 있는 심신의 증상과 질병의 기저에 스트레스가 있다는 것을 과학적 이해하고, 그것을 체계적으로 평가할 수 있어야 하며, 환자(내담자)로 하여금 자신의 스트레스를 바로 알고 관리할 수 있는 지식과 기술을 교육할 수 있어야 한다. 무엇보다 먼저 그러한 일을 하고 있는 전문가들 역시 자신의 스트레스를 이해하고 관리할 수 있어야 할 것이다.

이 책은 생리학, 의학, 신경과학, 심리학, 철학을 넘나드는 광범위한 분야를 다루고 있다. 따라서 어느 독자에게나 생소하거나 난해하게 여겨지는 부분이 있을 수 있다. 책의 내용에 관하여 궁금한 점이 있거나 스트레스에 관하여 더 많은 이야기를 나누고 싶다면 스트레스통합치유연구소로, 또는 저자에게 직접 연락 주시기 바란다. 실용서로서 활용할 수 있도록 집필 방향을 설정하고 보니, 관련 연구와 참고 문헌에 대해 상세한 소개를 곁들이지 못한 점을 양지하여 주시기 바란다. 모쪼록 이 책이 인간의 건강, 성장, 행복을 위해 일하는 분들에게 스트레스에 대해 보다 체계적이고 통합적인 지식을 제공하는 지침서가 되기를 바란다. 무엇보다도 스트레스학은 단순한 교양이나 건강관리 기술이 아닌, 전인적 통합치유의 학문임을 이 책의 모든 독자들이 확인하게 되기를 기원하는 바이다.

흔쾌히 출판을 맡아 주시고, 만만치 않은 교정과 디자인 작업에 정성을 기울여 주신 영림미디어 이혜미 대표님과 편집부 직원 여러분께 심심한 감사의 마음을 전하는 바이다.

저자 일동

저자소개 v
저자의 말 vi

들어가며 Intro 002

01 스트레스, 현대의 신화인가? 004
02 '몸마음'의 과학 006
03 어느 쪽이 더 스트레스일까? 008
04 스트레스에 대한 열 가지 질문 010

PART 01 스트레스 개념의 역사와 정의 012
History and definition of stress

01 스트레스 개념의 역사 014
　1) 스트레스라는 말은 어떻게 생겼는가? 015
　2) 스트레스, 스트레스원, 스트레스 반응의 정의 015
02 스트레스에 대한 현대적 접근 017
　1) 생물학적 연구 017
　2) 심리·사회학적 연구 020
　3) 통합적 연구와 전인적 스트레스 치유 022
03 스트레스를 보는 관점들 023
　1) 자극으로서의 스트레스 024
　2) 반응으로서의 스트레스 024
　3) 상호작용으로서의 스트레스 025
04 웰빙과 스트레스 026

PART 02 건강과 스트레스에 관한 통합적 접근 028
Integrated approaches to health and stress

01 전일주의 의학과 스트레스학 030
02 심신의학, 통합의학, 스트레스학 032
03 심리신경면역학 035

PART 03 현대인과 스트레스 Stress of modern society 040

01 현대 스트레스의 원인과 양상 042
　1) 스트레스 반응의 기원 042
　2) 적응력의 한계 044
　3) 현대인의 신체적 스트레스 046
　4) 생존위협과 생존경쟁 048
　5) 통제가능성과 예측가능성 050
02 스트레스에 관한 새로운 통찰 053
　1) 왜 스트레스를 관리해야 하는가? 054
　2) 모든 스트레스가 해로운 것은 아니다 055
　3) 스트레스 관리의 핵심 요소 057

목차 Contents

PART 04 　스트레스의 생리학 Stress physiology　060

01 　스트레스 반응　062
　1) 항상성과 이상성　062
　2) 자율신경계와 투쟁-도피 반응　065
　3) 스트레스 반응의 두 경로　068
　4) 급성 스트레스와 만성 스트레스　070
　5) 일반적응증후군　070

02 　중추신경계와 스트레스 반응　072
　1) 스트레스 반응의 구성　073
　2) 스트레스성 자극의 전달 경로　076
　3) 스트레스 반응의 개인차와 신경가소성　078

03 　내분비계와 스트레스 반응　081
　1) 주요 스트레스 호르몬　081
　2) 시상하부와 HPA축　083
　3) 코티솔의 작용　085

04 　면역계와 스트레스 반응　088
　1) 면역계의 구성과 기능　088
　2) 면역 반응　090
　3) 스트레스와 면역　091

05 　심신 스트레스 반응의 통합　094
　1) 뇌의 통합적 활동을 일으키는 정서와 동기　095
　2) 정서의 신경생리학적 의의　097

PART 05 　스트레스의 심리학 Stress psychology　100

01 　스트레스의 개인차　102
　1) 구성주의와 정보처리 관점　102
　2) 개인차의 형성 시기　104

02 　심리적 요소들　105
　1) 인지, 정서와 스트레스　106
　2) 인지적 요소들　109
　3) 평가와 반응 양식　111

03 　성격과 스트레스　116
　1) 스트레스와 성격 이론　116
　2) A형 행동유형　117
　3) 부정적 성격 요소, 긍정적 성격 요소　121

04 　스트레스 반응성에 관한 생리심리학적 이해　122
　1) 생리적 반응성 차이의 기원　122
　2) 정서적, 생리적 기질 차이에 관한 신경생리학적 증거　124

PART 06 　스트레스와 질병 Stress and disease　126

01 　스트레스와 질병의 관계　128
02 　스트레스와 신체적 질병　129
　1) 심·뇌혈관계 질환　130
　2) 소화기계 질환　131

3) 당뇨 133
4) 비만 및 식이장애 134
5) 근골격계 통증 135
6) 두통과 편두통 136
7) 면역질환 137
8) 암 138
9) 피부질환 139
10) 갑상선질환 139
11) 성장장애 140
12) 불임 및 비뇨생식기계 질환 140

03 스트레스와 심리적 질병 142
1) 외상후스트레스장애와 급성스트레스장애 142
2) 적응장애 143
3) 우울증 144
4) 불안증 144
5) 수면장애 145
6) 인지장애, 행동장애 145

PART 07 스트레스 평가 Stress assessment 146

01 생리적 평가 148
1) 스트레스 호르몬 측정 148
2) 면역 기능 평가 149
3) 심박변이도 검사 149
4) 뇌기능 평가 150
5) 스트레스 반응성 검사 151

02 심리·행동적 평가 153
1) 전반적 스트레스 정도 평가 154
2) 행복지수 평가 158
3) 스트레스 요인 평가 163
4) 스트레스 취약성 평가 167
5) 스트레스 대처 방식 평가 168
6) A형 행동유형 평가 171
7) 적개심, 분노 평가 174
8) 불안 평가 179
9) 우울 평가 181
10) 그림 심리 진단 184

03 생활환경, 생활사건 평가 186
1) 생활 스트레스 평가 186
2) 직무 스트레스 평가 193
3) 학생 스트레스 평가 196

PART 08 전인적 스트레스 관리 200
Holistic stress management

01 스트레스 관리의 원리 202
1) 존재의 여러 차원과 스트레스 관리의 관계 202
2) 전인적 건강과 통합치유 204
3) 스트레스원 관리와 적응력 향상 205

02 개별적 접근과 포괄적 구성 207
    1) 치유의 예술적 본질 207
    2) 인간발달과 스트레스 209

PART 09 스트레스 관리 기법 216
Interventions for stress management

01 스트레스 관리법의 선택 218

02 심리·행동적 접근법 219
    1) 정서적, 인지적 접근의 중요성 220
    2) 기본 정서 훈련 223
    3) 인지치료 224
    4) 실존적 치료 226
    5) 심상법, 최면요법, 마인드컨트롤 231
    6) 예술치료와 창조적 활동 233
    7) 명상 236
    8) 웃음요법 241
    9) 내적태도 변화 242
    10) 일상의 사소한 일 관리 246
    11) 문제해결 능력과 의사소통 기술 247
    12) 행동수정 249

03 신체적 접근법 250
    1) 호흡법 251
    2) 이완반응 253
    3) 점진적 근육이완법 253
    4) 자율훈련 257
    5) 요가니드라와 바디스캔 259
    6) 아로마테라피 265
    7) 바이오피드백 267
    8) 하타요가와 스트레칭 268
    9) 운동, 야외 활동 274
    10) 숲치유 277

04 생활양식과 생활환경 수정 279
    1) 자연과 동조된 규칙적인 삶 281
    2) 금연, 절주, 카페인 제한 283
    3) 식생활 285
    4) 건강하고 풍부한 사회적 관계망 286
    5) 종교생활과 영적 활동 287

다시 처음으로 Outro 290

01 스트레스의 신화 292
02 스트레스에 대한 열한 번째 질문 294

INDEX 297

스트레스의 통합치유
Holistic & Integrative Stress Healing

Holistic & Integrative Stress Healing

••• 자신의 남은 삶을 자신보다 더 건강하고 즐겁게 대신 살아 줄 사람이 있다고 해도 그 사람에게 자신의 남은 삶을 양도할 사람은 없을 것이다. 비록 불건강하고 괴로운 삶이라 해도 그 삶을 포기하지 않으려는 것은 건강이나 즐거움보다 더 큰 목적이 삶에 있기 때문이다. 그것은 모든 인간이 추구하는 궁극적 목적이며, 의학을 비롯한 모든 학문이 존재하는 이유이기도 하다. 그것이 무엇일까? 웰빙(well-being)이라는 말은 아리스토텔레스가 말한 유데모니아(eudaimonia)가 기원이다. 그는 인간의 힘으로 성취할 수 있는 최고의 선을 유데모니아라고 하였다. 이 말은 현대에 웰빙, 행복, 성취 등으로 번역된다. 부귀, 영화, 건강을 비롯한 삶의 수많은 목표들이 궁극적으로 추구하는 것은 바로 행복과 웰빙이다. 웰빙은 말 그대로 잘(well) 존재한다(being)는 뜻이다. 잘 존재하고 있는 상태를 교란하고 압박(stress)하는 것이 스트레스이다. 생리학적으로도 스트레스는 항상성(homeostasis)을 교란하는 것으로 정의된다. 스트레스는 부정적 정서를 가져와 심리적 불편감을 초래할 뿐 아니라 신경계, 내분비계, 면역계에 영향을 미쳐 우리의 몸과 마음에 질병을 일으키고, 노화를 촉진하며, 삶의 질을 저하시킨다. 따라서 스트레스를 관리하지 않고서는 심신의 건강은 물론 행복, 웰빙, 삶의 질 향상을 기대할 수는 없다. 그런데 역설적으로

들어가며

Intro

스트레스라는 것은 우리가 행복하기 위해서 꼭 필요한 것이기도 하다. 행복하려면 자신의 내적 욕구들이 충족되어야 한다. 내적 욕구에는 생리적 욕구도 있고, 심리적 욕구도 있고, 자신의 잠재력을 실현하고자 하는 자아실현의 욕구도 있다. 욕구가 충족되지 않을 때 우리는 그것을 스트레스라는 경험을 통해 알게 된다. 충족되지 않은 욕구는 우리에게 변화의 동기를 유발하고, 그 결과 우리는 지금의 상황에서 벗어나 더 발전하게 되고, 이를 통해서 보람과 성취감도 느낄 수 있다. 아무런 변화도 자극도 없이 늘 반복되는 지루한 일상 속에서 행복감을 느끼는 사람은 없다. 사실 그런 상황이야말로 인간에게 가장 큰 스트레스가 되기도 한다.

스트레스가 정말로 신체에 질병을 일으키고 노화를 촉진할까? 스트레스가 우리의 행동에까지 변화를 일으킨다는 것이 과연 생리학적으로 가능할까? 인간은 언제부터 스트레스라는 것을 경험하게 되었을까? 도대체 왜 스트레스라는 것이 생겼을까? 아니, 이런 모든 질문들에 앞서서 과연 스트레스라는 것이 무엇일까?

01

스트레스, 현대의 신화인가?

어떤 연구자들은 스트레스를 현대의 신화라고 말한다. 스트레스라는 용어의 불분명한 정의를 둘러싼 혼돈과 지나친 남용으로 인해 이 용어가 결과적으로 아무 것도 정확히 설명하지 못하고 있기 때문이다. 스트레스라는 용어는 한국인이 가장 많이 사용하는 외래어이다. 실제로 우리는 고통, 괴로움, 불안, 짜증, 긴장, 초조, 불편감 따위를 느끼는 갖가지 부정적 상황에서 광범위하게 이 용어를 사용한다는 것을 쉽게 알 수 있다. 스트레스를 부정적 상황을 만든 원인으로 보는가, 그 때문에 나타난 결과로 보는가와 관련해서 보더라도 용어의 용도는 불일치한다. "시험이 스트레스이다"라고 말할 때는 스트레스가 개체를 괴롭히는 외부 자극, 즉 원인이지만 "시험 때문에 스트레스를 받는다"고 할 때는 시험이라는 원인 때문에 개체에게 나타난 결과가 스트레스가 된다. 결국 스트레스는 정확히 무엇을 말하는지도 모호하고, 객관적 요소로 정의된다 하더라도 사람에 따라 그 양상과 결과가 다르므로 스트레스란 환상일 수도 있다는 것이 스트레스를 현대의 신화라고 말하는 사람들의 요지이다.

스트레스학을 현상학적 생물학(phenomenal biology)이라고도 하는데, 이는 어떤 자극이 스트레스가 될 것인지 여부와 그것이 스트레스로 인식되는 정도는 사람에 따라, 상황에 따라 다르기 때문이다. 예를 들어 컵이라는 사물은 어떤 사람에게나, 어느 상황에서나 컵이라고 인식되지만, 스트레스성 사건은 항상, 누구에게나 동일한 스트레스 자극으로 인식되지 않는다. 그리하여 어떤 이에게는 요리가 스트레스가 되지만 어떤 이에게는 요리가 스트레스를 해소하는 방법이 되기도 하며, 평소에는 즐겁게 여겨지던 일도 상황에 따라서는 스트레스가 될 수 있는 것이다. 이처럼 사람마다, 상황마다 스트레스가 되는 요소와 반응 정도가 다르다는 것은 스트레스학이라는 학문이 성립되고 임상의학과의 과학적 접목이 이루어지는 데 큰 걸림돌이 되어왔다. 무엇이든 과학적으로 탐구되기 위해서는 그것을 원인으로 볼 것인지, 결과로 볼 것인지가 결정되어야만 연구 문제가 정의될 수 있고, 동일한 상황에서는 동일한 결과가 재현된다는 전제하에서만 실험이 이루어져 그 결과를 객관화할 수 있다. 그러나 스트레스라는 문제는 이 두 가지 조건을 모두 만족시키지 못한다. 현재까지의 스트레스 연구에서 어떤 공통분모를 찾아 객관화하려는 시도들은 제한적인 성과를 가져올 수밖에 없었다.

원인으로서의 스트레스든, 결과로서의 스트레스든 어떤 특정 사건이나 상황을 스트레스라고 정의할 수는 없다. 그것은 본래 스트레스라는 것이 개체가 자신이 놓인 환경에 적응하기 위해 스스로 구성하는 내적 반응이기 때문이다. 환경은 끊임없이 변화하며, 환경의 변화에 대한 반응의 필요성도 지속적으로 변화한다. 환경의 변화를 인식하고, 그것에 따라 적절히 반응하는 능력은 생존에 필수적인 것이다. 스트레스로 인해 발병하거나 악화되는 질환을 정신신체장애라 하는데, 한편에서는 이것을 '부적응증'이라는 용어로도 부른다. 스트레스 반응의 본질적 목표인 '적응'의 실패로 인해서 발생한 것이기 때문이다.

설령 스트레스를 신화라고 하더라도 스트레스가 심신의 질병을 야기하거나 악화시킬 수 있고, 삶의 질을 저하한다는 것은 명백한 사실이다. 생물학적 연령이 같고 삶의 조건이 비슷한 사람들도 나이가 들수록 노화와 건강 상태에 차이가 커진다. 그러한 차이가 나타나는 데는 유전적 요인보다 생활환경, 생활양식, 성격과 같은 후천적 요인이 더 큰 영향을 미치는데, 그 가운데에서도 결정적 요인이 바로 스트레스인 것이다. 만성적 스트레스 반응은 신체에 기질적 손상을 가져오게 되고 이것이 곧 질병이 된다. 스트레스시 방출되는 호르몬들은 질병의 발생과 악화뿐 아니라 노화, 인지기능 저하, 생식, 성장 등에 직접적 영향을 미친다.

모든 병의 80%가 스트레스에서 기인한다고 말하는 학자도 있다. 국내의 한 연구에서는 내과계 입원환자 중 36%가 정신과적 문제를 가지고 있으며, 71%는 정신신체장애라고 밝힌 바 있다. 미국에서는 이미 1990년에 의료기관을 찾는 환자의 75~90%가 많든 적든 스트레스의 영향을 받고 있으며, 모든 사망의 50% 이상은 생활습관에서 오는 스트레스가 원인이라고 발표한 바 있다. 불건전한 생활습관을 하게 되는 주된 원인은 스트레스인데, 세계보건기구(world health organization: WHO)에서도 생활습관에서 오는 질환이 선진국 조기 사망 원인의 70~80% 차지한다고 하였다. 만병의 근원이라 할 만큼, 스트레스와 연관되지 않는 신체적 혹은 심리적 질병을 찾기는 어렵다. 그런데 스트레스는 직접 생리학적 변화를 유도하는 것 이외에도 흡연, 음주, 약물남용, 위험한 행위 등 불건강한 행동을 유발해서 건강을 위협하기도 하는 것이다.

개인적 차원의 고통을 넘어, 스트레스는 기업과 국가 경제에까지 막대한 영향을 미친다. 1993년 국제노동기구(international labor organization: ILO)에서는 스트레스가 육체적, 정신적 건강을 위협하고 기업과 국제 경제에 커다란 비용을 발생시킨다는 내용의 연례보고를 통해 스트레스의 국가·경제적 심각성을 지적한 바 있다. 미국의 기업들이 직원들의 스트레스와 관련하여 지출하는 비용은 연간 3,000억 달러에 이른다. 우리나라에서도 직무상 스트레스로 인한 손실이 11조 5,000억원에 육박한다는 추산 결과가 2003년에 발표된 바 있다.

02

'몸마음'의 과학

현대의 학문들은 몸을 연구하는 학문과 마음을 연구하는 학문이 명확히 구분된다. 스트레스학은 몸을 연구하는 학문인가, 마음을 연구하는 학문인가? 스트레스학은 몸과 마음을 모두 다루는 학문이다. 스트레스는 몸과 마음의 상호작용을 통해 경험되는 현상이기 때문이다. 그러나 스트레스학은 단순히 몸의 과학과 마음의 과학을 통합하는 학문이 아니라, 몸과 마음을 하나로 인식해야만 하

> **몸과 마음의 관계**
> - 1994년 로스앤젤레스에서 지진이 일어났을 때 발생한 즉사 중 반 이상은 지진으로 인한 직접적 부상에 의한 것이 아니라 갑작스런 심장사에 의한 것이었다. 당시 갑작스런 심장사가 평소의 다섯 배나 되었다.
> - 영국이 1998년 월드컵 축구경기에서 아르헨티나에게 예상치 않게 패배한 후 4일간, 심근경색으로 인한 병원 입원이 증가했었다.
> - 일주일 중 월요일 오전 시간에 심장사 빈도가 증가한다.
> - 덴마크에서 자녀를 잃은 엄마들을 3년간 추적 조사했는데, 이 엄마들의 사망이 일반 예상치에 비해 4배나 되었다.
> - 의대생들을 대상으로 한 연구에서, 의대생들은 시험기간 동안 감기 같은 질병에 걸리는 비율이 훨씬 높았으며, 단순포진 같은 바이러스 질환의 재발도 훨씬 많이 발생했다.

는 학문이라는 점에서 상당히 생소한 관점을 필요로 한다. 즉 '몸'과 '마음'을 합친 '몸+마음'이 아니라, 몸과 마음을 그 자체로 하나로 보는 '몸마음'이라는 개념을 이해할 수 있는 새로운 시각이 필요한 것이다.

스트레스에 대한 과학적 접근이 한계를 가지는 것은 그것이 '마음'이라는, 객관화하기 어려운 영역을 포함하기 때문이다. 눈을 감고 냉장고에서 바로 꺼낸 샛노란 레몬을 잘라 입 안에 한 조각을 넣는 것을 상상해 보라. 어떤 사람은 이미 입 안에 침이 고였을 것이다. 다른 사람에게 모욕을 당했던 기억을 떠올리면 어느새 심장 박동이 빨라지고 호흡이 거칠어지며 근육이 경직된다. 이처럼 순전히 심리적인 자극이 신체 상태를 변화시키는 것은 우리가 삶 속에서 늘 경험하는 현상임에도 불구하고 질병 치료에서 있어서 마음의 작용에 관한 고려는 오랫동안 배제되어 왔다. 그러나 최근 들어 몸과 마음의 관련성을 인식하는 학문 분야들이 생겨나고, 몸과 마음은 원래 구분할 수 없는 하나라는 관점을 반영하는 '몸마음(bodymind)'이라는 용어가 제시되기에 이른다.

17세기에 데카르트가 몸과 마음을 분리해서 몸만을 과학의 영역에 남기고 마음은 종교에 위임하기 전까지는 동양에서나 서양에서나 몸과 마음이 따로 여겨지지 않았다. 그때 쓰던 '몸'이라는 단어는 지금 우리가 말하는 육체(body)와 마음(mind)이 함께 담겨있는 것이었다. 우리 언어에도 그런 부분이 남아있다. '의사의 몸', '상담가의 신분(身分)'과 같은 표현에서의 '몸(身)'은 신체와 마음과 삶을 합친 그의 인격과 정체성을 모두 담고 있다. 영어에서도 '소마(soma)'라는 단어는 개인의 삶과 인격이 담긴 몸을 뜻하며, 요가철학에서 '샤리라(sharira)'라는 말도 번역할 때는 몸이라고 하지만 실제 의미는 몸과 마음을 다 합친 것이다.

03

어느 쪽이 더 스트레스일까?

어느 쪽이 더 스트레스일까?

롤러코스터 타는 것 ↔ 롤러코스터 타려고 줄서는 것
하염없이 기다리는 것 ↔ 하고 있는데 계속 재촉 받는 것
매일 교통 정체에 시달리는 것 ↔ 앞차가 급정지해 추돌하게 된 것
자기가 한 말대로 안하는 사람 ↔ 내가 말하는 대로 안하는 사람
받을 것을 받지 못하고 있는 것 ↔ 줄 것을 주지 못하고 있는 것
시작하지 못하는 것 ↔ 끝내지 못하는 것
지난 일을 후회하는 것 ↔ 앞 일을 걱정하는 것
사는 것 ↔ 죽는 것

들어가며
Intro

위의 목록은 스트레스학의 핵심 개념 몇 가지를 미리 보여주기 위해 제시한 '어느 쪽이 더 스트레스일까?'라는 질문의 목록이다. 좌우의 항목들은 유사해 보이지만 서로 다른 스트레스의 유형을 반영하는 것이다. 롤러코스터를 타는 것은 신체적 스트레스이지만 롤러코스터를 타려고 줄서는 것은 심리적 스트레스이다. 하염없이 기다리는 것과 하고 있는데 계속 재촉 받는 것은 스트레스의 주요 변인인 예측가능성과 통제가능성에 관련된 것이다. 매일 교통정체에 시달리는 것과 앞차가 급정지해 추돌하게 된 것은 만성 스트레스와 급성 스트레스에 관한 것이다. 자기가 한 말대로 안하는 사람과 내가 말하는 대로 안하는 사람을 비교한 것은 이 두 가지를 합쳐놓은 사람이 바로 '나'라는 것을 알려 주기 위한 것이다. 스트레스는 결국 우리 스스로가 구성하는 자극이자 반응이라는 것을 곧 확인하게 될 것이다. 받을 것을 받지 못하고 있는 것과 줄 것을 주지 못하고 있는 것은 진화심리학적, 진화사회학적 관점에서 내가 피해 받는 것보다 남에게 피해주는 행동이 더 스트레스라는 것을 설명하기 위한 것이다.

시작하지 못하는 것과 끝내지 못하는 것, 후회하는 것과 걱정하는 것, 사는 것과 죽는 것… 이들은 생명체가 살아있는 한 스트레스가 없는 순간은 있을 수 없다는 것을 알려준다. 작가인 Melamud는 "인생은 기쁨으로 충만한 비극이다"라고 하였다. 결국 모든 삶은 주인공의 죽음으로 끝나므로 비극이라 할 수도 있지만 진정한 비극은 우리가 기쁨 대신 스트레스가 충만한 삶을 살고 있다는 데 있다. 주의 깊게 살펴보면 스트레스라는 용어의 사용이 나날이 증가하고 있는 것을 알 수 있다. 우리가 부정적 의미로 스트레스라는 말을 반복 사용하면 스트레스 반응을 구성하는 것과 관련된 두뇌의 신경회로망이 점점 강화되어 실제로 스트레스 지각이 예민해지고 강해진다. 그 결과 우리의 경험은 온통 스트레스로만 채워지게 된다. 스트레스 관리는 궁극적으로 새로운 신경생리학적 정보처리망을 형성하는 것과 밀접한 관련이 있으며, 그러한 변화가 '치유'의 본질임을 앞으로 설명하게 될 것이다.

04

스트레스에 대한 열 가지 질문

> **스트레스에 대한 열 가지 질문**
>
> 1. 스트레스라는 것은 언제부터 있었는가?
> 2. 왜 스트레스라는 현상을 경험하는 것인가?
> 3. 스트레스를 일으키는 요인들은 무엇인가?
> 4. 우리의 몸과 마음은 스트레스에 어떻게 반응하는가?
> 5. 사람마다 왜 스트레스성 자극에 대한 반응이 다른가?
> 6. 스트레스가 어떻게 질병을 유발하며, 어떤 질병을 유발하는가?
> 7. 어떻게 스트레스를 진단, 평가하는가?
> 8. 스트레스 반응을 일으키지 않으려면 어떻게 해야 하는가?
> 9. 스트레스 반응이 일어나면 어떻게 해야 하는가?
> 10. 어떤 스트레스 관리 전략이 필요한가?

이제 우리는 이상의 열 가지 질문에 대하여 의학, 심리학, 신경과학, 철학을 포함한 여러 학문, 그리고 인류의 다양한 지혜와 전통을 참고하여 과학적이고 실용적인 해답을 찾아 갈 것이다.

**Holistic &
Integrative
Stress
Healing**

> # Holistic & Integrative Stress Healing

어떤 사람이 심신의 능력을 잃지 않고 살 수 있는 삶의 기간을 건강수명(health expectancy) 또는 기대건강이라 한다. 현대인의 평균수명은 과거에 비해 크게 증가하였으나, 건강수명은 평균수명에 비해 현저히 낮다. 평균수명이 길어진 만큼 혜택을 누리지 못하고 있는 것이다. 예를 들어 평균수명이 80세를 상회하더라도 건강수명이 70세에 불과하다면 인생의 10년은 병상에서 보내거나, 그렇지 않더라도 제대로 기능을 할 수 없어 삶의 질이 저하된 시기를 보내게 된다. 현대인의 건강수명을 단축하는 첫 번째 원인은 생활습관병, 곧 성인병이다. 이러한 질병의 원인과 발병 시점의 개인차는 지난 수십 년간 의학의 주요 관심사가 되어 왔다. 연구 결과, 생활습관병에 관한 병인론의 중심에 스트레스가 있다는 것이 밝혀져 스트레스는 의학적으로 집중적 조명을 받게 되고, 한편에서는 웰빙 열풍의 확산과 더불어 스트레스에 대한 사회적 관심도 폭발적으로 증가했다. 1999년 6월 14일자 「뉴스위크」지의 표지 기사가 스트레스였다는 사실은 스트레스가 새 밀레니엄의 시작과 함께 시대적 화두로 등장하게 될 것임을 예고한 것이었다고 할 수 있다.

생리학에서 출발한 현대 스트레스 연구는 심리학, 면역학 등과 같은 학문들과 협력하여 심리신경면역학(psychoneuroimmunology: PNI) 같은 새로운 학문 분야를 탄생시켰고, 스트레스 관련 산업은 웰빙에 대한 관심과 함께 급성장하고 있다. 삶의 질이나 심리적 안녕에 미치는 영향 면에서 주로 논의되던 스트레

PART 01
스트레스 개념의 역사와 정의
History and definition of stress

스는 그것이 신체적 질병, 노화, 성장, 발달에 미치는 영향이 차츰 규명되어 가면서 현대인이 가진 모든 심신의 문제를 설명하는 만능어가 되기에 이르렀다.

현대 서양의학은 몸을 중심으로 발달하였기 때문에 생물의학(biomedicine)이라 한다. 스트레스의 생리학적 영향을 규명해 낸 생물의학의 성과는 놀라웠지만, 그 원인이 규명되어 갈수록 의학은 스트레스라는, 몸을 벗어나는 문제 앞에서 한계를 인식할 수밖에 없다. 과학의 인식론은 옳고 그름의 준거를 가지고 있지만 생물체의 스트레스 반응은 옳고 그름이 아닌, 싫고 좋음에 의해 결정된다. 즉 경험의 의미에 관한 개인적 호오(好惡)에 의해 고통이나 스트레스가 시작된다. 과학적 객관성만을 추구한다면 어떠한 학문도 인간의 개인적 고통과 스트레스를 온전히 파악할 수 없다. 이러한 면에서는 선악을 분별하는 종교 역시 스트레스에 대한 완전한 해법을 제시하지 못한다. 결국 고통받는 사람 자신의 자기 이해가 뒷받침되고 스스로 변화하기 위한 생활 속 자가-돌봄의 실천이 더해져야만 스트레스는 온전히 이해되고 치유로 이어진다. 그리하여 스트레스학은 의학, 생리학, 심리학, 사회학 등이 협력하는 다학제적 학문으로 성장하고 있으며, 한편에서는 건강하고 풍요로운 삶을 위한 삶의 기술로서도 제시되고 있다.

- 1. 스트레스 개념의 역사
- 2. 스트레스에 대한 현대적 접근
- 3. 스트레스를 보는 관점들
- 4. 웰빙과 스트레스

01 스트레스 개념의 역사

스트레스라는 영어 단어는 '압박', '긴장' 같은 물리학적 의미를 담고 있지만 일상에서는 심리적 불편감과 관련된 용어로 더 많이 쓰인다. 스트레스라는 말은 언제부터 사용되었을까? 논란의 여지는 있지만, 스트레스는 최근에 사용되기 시작한 용어가 아니다. 단지 요즘과 같은 의미를 가지고 과학의 영역으로 들어 온 것은 비교적 최근이라고 할 수 있다. 스트레스라는 개념의 기원은 동서양을 막론하고 2,500년 이상 이전으로 거슬러 올라간다. 한의학의 최고 고전인『황제내경』에도 스트레스와 질병을 관련시켜 언급한 대목이 있으며, 우주와 신체를 이루는 원소들의 불균형과 부조화를 질병의 원인으로 보는 인도 아유르베다(ayurveda) 의학이나 서양 히포크라테스의 의학 체계 역시 항상성(homeostasis)이 교란된 스트레스 상태를 질병의 원인으로 보는 현대 스트레스학과 유사한 병인론을 가지고 있다.

17세기 이래로 서양의학은 데카르트의 심신이원론(mind body dualism)적 철학을 토대로 한 생물의학의 경로를 밟아 왔다. 그러나 그러한 기계론적 생물의학의 흐름 속에서도 스트레스와 질병의 관련성이 인식되고 있었고, 임상에 적용하려는 시도도 19세기 말부터 가시화되고 있었다. 사실상 그 이전에도 스트레스가 건강이나 질병과 관련이 있다는 것을 경험적으로 파악하는 사람들은 많았으나 과학적 타당성을 가진 주장은 없었다. 1910년 William Osler는 과도한 업무에 시달리고 불안과 걱정이 많은 유대인들에게 협심증이 많이 발생한다는 것을 발견하였고 이를 스트레스와 연관시켜 생각하게 된다. 이것이 의학적으로 질병의 병인론 속에서 스트레스를 인식한 시초가 되었다고 할 수 있다. Osler의 발표가 있은 지 15년 후 Walter Cannon이 스트레스라는 용어를 현대와 같은 의미로 사용하기 시작했고, 1940년대에 스트레스학의 대부로 일컬어지는 Hans Selye의 생리학적 연구가 널리 알려지면서 스트레스라는 단어는 의학과 생리학에 본격적으로 도입되었다.

1) 스트레스라는 말은 어떻게 생겼는가?

문헌에 의하면 스트레스라는 단어는 17세기의 물리학자인 Robert Hooke의 연구에서 기술 분야 용어로서 처음 사용되었던 것이 확인된다. 당시 이 용어는 건물 대들보나 다리 아치 같은 구조물 일부분이 전체 하중을 지탱할 때 발생하는 물리적 응력을 지칭하였다. 스트레스라는 영어 단어는 '조이다', '압박하다' 등의 의미를 가진 라틴어 동사 'stringere'에서 기원한다. 스트레스라는 말이 오늘날과 같은 의미를 가지고 과학의 영역으로 들어 온 것은 비교적 최근이지만, 이 용어 자체가 사용된 역사는 수백 년에 이르는 것으로 확인되는 것이다.

Selye는 신체적, 심리적으로 해로운 인자나 자극을 접할 때 그 인자를 스트레스원(stressor)이라 하고, 그 때의 긴장 상태를 스트레스라고 정의하였다. 스트레스라는 말이 현재와 같은 의미로 자리 잡고 학계와 일반에서 널리 사용되게 된 데는 Selye의 영향이 지대하였다. 그런데 Richard Lazarus 같은 학자의 주장에 의하면, 이미 14세기에도 스트레스라는 용어가 사용되었고, 그때는 오늘날의 의미와 유사하게 고난, 역경, 시련, 불행을 의미하는 용어로 쓰였다. 따라서 스트레스는 적어도 6백년 이상 건강이나 질병과 관련된 개념으로 논의되어져 왔고, 20세기의 발견은 사실 과거의 재발견에 해당되는 것이라 할 수 있다. 그러나 비록 의미상 유사성이 있어도 14세기의 스트레스와 오늘날의 스트레스는 분명 다르다. 현대의 스트레스는 급속한 생활의 변화로 인한 부적응과 물질문명의 발전을 견인하지 못하는 정신문화의 혼란과 부재에 있다. 이러한 맥락에서는 "우리가 알고 있는 스트레스란 60년 전에 생긴 개념이다"라고 한 Anne Harrington의 견해도 그릇되지 않다. Harrington의 설명처럼, 이 시기를 기점으로 사람들은 과거와 다른 양상으로 펼쳐지는 삶을 경험하면서 새로운 고통을 경험하게 된 것이다.

2) 스트레스, 스트레스원, 스트레스 반응의 정의

사전적으로 스트레스는 현재의 안정된 상태를 변경시키려는 요인들로부터 야기되는 신체적 또는 정신적 긴장이라고 정의되기도 하고, 우리가 적절하게 적응하지

그림 1-1 스트레스원, 스트레스 반응, 스트레스

못하여 생리적으로 긴장을 초래하고, 나아가서 질병을 일으키게 할 수도 있는 정도의 불편함 또는 물리적, 화학적, 감정적 요소들로 정의되기도 한다.

일상에서 쓰는 스트레스라는 말이 어떤 자극을 의미할 때도 있고 그 자극으로 인해 나타나는 반응을 의미할 때도 있는 것처럼, 학자들에 따라서는 항상성을 파괴하는 원인 자체를 스트레스라고 하기도 하고, 스트레스 자극에 의해 유발되는 부정적 감정이나 생리적 변화를 스트레스라고 하기도 한다. 이처럼 스트레스를 때로는 자극을 의미하는 용어로, 때로는 반응을 의미하는 용어로 혼용하는 것은 연구자들에게 혼란을 유발하고 스트레스의 다학제적 연구에 장애가 된다. 그리하여 심신의 안정된 상태에 도전하는 자극적인 사건을 스트레스원(stressor)으로, 그 도전에 대한 심신의 보상적인 반응을 스트레스 반응(stress response)으로 표현하게 된다. 이 경우 스트레스란 개체가 느끼는 보상적 반응의 필요성이다. 예를 들어 고무공을 막대로 힘껏 누르는 경우, 공을 누르는 막대를 스트레스원, 누르는 힘에 반발하여 원래의 모습대로 튀어나오려는 공의 반작용을 스트레스 반응, 그리고 막대에 의해 눌려 높아진 공 내부의 압력을 스트레스라 할 수 있는 것이다.

02

스트레스에 대한 현대적 접근

1. 스트레스 개념의 역사
▶ 2. 스트레스에 대한 현대적 접근
3. 스트레스를 보는 관점들
4. 웰빙과 스트레스

1) 생물학적 연구

현대 스트레스 연구는 생물학에서 시작해서 심리학으로 이어졌고, 그 후 사회학적 관점까지 포괄한 생물심리사회학적 연구로 확대되었으며, 현재는 면역학, 분자생물학, 신경과학을 포함한 신생 과학들이 협력하고 있는 심리신경면역학, 행동의학(behavioral medicine) 분야에서 활발한 통합적 연구가 이루어지고 있다.

생물학적 관점에서의 출발은 19세기 Claude Bernard의 연구로 거슬러 올라간다. 20세기 초부터 의학에서는 임상적 관찰에 의한 연구를 대신하여 실험적 방법에 의한 연구가 활발해졌다. Bernard는 그 기초를 닦은 인물로, 이미 질병이 발생한 신체를 취급하는 경험의학에서 벗어나 현대식 실험의학의 기초를 마련하였다. 그는 내부환경(milieu intérieur)이라는 개념을 통하여 생체 내의 생리적인 균형과 관련된 이론을 제시하였다. 이 이론은 그 후 Walter Cannon에 의해 항상성(homeostasis)이라는 용어로 표현되었다.

생체는 내부 및 외부 환경으로부터 끊임없이 자극을 받고 있지만, 항상 일정한 생리적 상태를 유지하는데 이를 항상성이라 한다. Cannon은 질병 발생에 있어서 감정 반응의 역할을 인식하고, 중추신경계가 신체 기능을 조절한다는 것을 지적하였으며, 항상성을 위협하는 사건을 스트레스라고 하였다. 생체의 생존은 각종 감각기관을 통하여 들어오는 외부 또는 내부의 변화와 자극에 적절히 반응하고 대처하여 항상성을 유지하는 것에 달려 있으며, 스트레스는 이 항상성에 위협을 주는 것이라고 할 수 있다. 항상성은 신경계와 내분비계 두 시스템의 작용에 의해 유지되는데, 신경계는 신경전달물질을 통해, 내분비계는 호르몬을 통해 정보를 수집하고 조절 명령을 내린다. Walter Cannon은 감정의 변화가 일정한 법칙에 따라서 생체에 변화를 일으킨다는 사실을 증명한 최초의 인물이며, 공포나 불안과 같은 상황에서 교감신경계의 항진에 의해 발생하는 일군의 심리적, 생리적, 행동적 변화들을 뜻하는 '투쟁-도피 반응(fight-or-flight response)'이라는 용어도 제안하였다.

1940년대 후반에는 내분비학자들에 의해 뇌하수체가 시상하부의 통제를 받는다는 것이 밝혀지고, 시상하부의 내분비 세포들이 스트레스성 자극에 예민하게 반응한다는 것이 증명되면서, 시상하부-뇌하수체-부신피질 축(hypothalamic-pituitary-adrenocortical axis: HPA축)을 중심으로 한 스트레스 내분비 반응에 관심이 집중된다. 캐나다의 내분비학자였던 Hans Selye는 질병에 동반되는 증상에는 염증성 질환에서처럼 감염된 부위에만 생기는 국소 증상과 모든 병에서 공통적으로 나타나는 전신적 증상이 있다는 데 주의를 기울이게 된다. 그는 자극이나 약물의 종류와 관계없이 항상 일정하게 나타나는 증후로서 부신의 비대, 흉선과 림프선의 위축, 위·십이장궤양에 주목하였다. 이를 'Selye 3 증후군'이라 한다. Selye는 이 증상들을 외부로부터의 자극에 대한 전신적 방어반응으로 보았다. 그는 이처럼 비특이적(일반적)인 전신 반응을 '일반적응증후군(general adaptation syndrome: GAS)'이라 명명하였다. 일반적응증후군과 달리 비일반적인 특이한 증상들은 외부 자극에 대한 국소의 직접적 반응에 의한 것이라고 설명하고, 이를 '국소적응증후군(local adaptation syndrome: LAS)'이라 하였다. Selye는 심혈관계 질환, 근골격계 질환, 정신심리적 장애 등 인간을 괴롭히는 온갖 질병에는 어떤 불특정한 공통의 요인이 작용한다는 생각을 가지고 연구를 진행하여, 결국 그 공통된 요소를 '스트레스'라고 결론지었다. 그가 제안한 개념은 현대 의학에 강력한 영향을 미쳤으며, 그리하여 스트레스는 질병의 발생, 환경석 교란과 부조화, 심리적 고통, 불건강한 생활양식, 치료의 성패 등을 설명하는 데 핵심적인 개념이 되었다.

스트레스를 생체 항상성의 교란이라고 설명하는 방식은 여전히 널리 이용되고 있으나, 스트레스가 만성질환 및 생활습관병에 미치는 영향을 설명하는 데 있어서 항상성 개념은 충분하지 않았다. 따라서 항상성 이론보다 스트레스의 병인론을 더 적절히 설명하기 위한 새로운 개념이 '이상성(allostasis)'이라는 이름으로 등장하게 된다. 이것은 1980년대에 Sterling과 Eyer에 의해 제안되었다. 항상성 모델에서는 모든 생리적 지표가 정상 수준을 유지하는 상태를 건강으로 간주하고, 이를 벗어난 지표는 치료 대상으로 보지만, 이상성 모델에서는 생리적, 내적 환경의 적절한 변화가 건강을 위해서 요구된다는 점에 주목하고, 생체가 변화를 통해 자신의 안정성을 유지하는 역동적 균형을 강조한다. 즉 생체는 항상 고정된 균형 상태를 유지하는 것이 아니라 필요에 따라 새로운 균형 상태를 획득하게 된다는 것이 이상성 이론의 핵심이다. 그러나 변화의 요구가 계속되면 이상성을 유지하기 위한 생리적 부하가 가중되어 질병이 유발될 수 있다. 이것이 항상성 이론에서는 설명되지 않았던, 이상성 이론의 병인론이다. 이는 오장육부(五臟六腑)의 상생상극(相生相剋) 관계에 의해 인체 전체가 조화로운 생리적 균형 상태를 만들어간다는 한의학의 동태평형(動態平衡) 개념과 동일하다고 할 수 있다.

이상과 같이 스트레스에 대한 현대 생물학 이론이 발전해 온 과정을 다음의 세 단계로 요약해 볼 수 있다.

첫째, 20세기에 들어설 무렵 Claude Bernard에 의해, 세포와 조직이 생명을 유지하려면 생체의 내부 환경이 외부 환경으로부터 보호되어야 한다는 것이 인식되고, 이후 Walter Cannon은 조직화된 통제 시스템에 의해서 내부 환경의 안정성이 유지된다는 것을 뜻하는 항상성이라는 용어를 제시한다.

둘째, 20세기 중반에는 Hans Selye에 의하여 스트레스 상태 동안 일반적응증후군이라는 고정된 양식의 비특이적 반응이 일어나서 스트레스성 자극으로 인한 잠재적 손상에 저항한다는 인식이 수립되었다.

셋째, 20세기 후반에는 Sterling과 Eyer 등에 의해 이상성이라는 개념이 수립되고, 장기적인 스트레스는 이상성 부담(allostatic load)이라고 하는 적응의 비용을 요구하여 건강에 손상을 가져올 수 있다는 이론이 정립된다.

생물학적 스트레스 연구는 Selye의 연구를 통해서 커다란 도약을 이루었고, 이로써 외부의 요구로 인해 신체적 손상이나 사망이 유발될 수 있는 생리적 반응이 일어난다는 것이 확인되었다. Selye 이후 1950년대와 1960년대에는 스트레스와 질병의 관계가 본격적으로 연구되었다. 이때는 생물학적 측면에서 신경내분비계의 반응이 주요 연구 대상이었으나, 한편에서는 감정과 같은 심리적 요인, 사회·환경적 요인들의 영향에 대한 연구가 확대되기 시작하였다. 1970년대에 들어서면 생리적 과정에 대한 보다 상세한 분석에 초점을 맞추고, 심리학과 생리학을 포괄하는 통합적 학문이 심리신경면역학, 행동의학 등의 이름으로 새롭게 시작된다.

2) 심리·사회학적 연구

초기의 심리학적 스트레스 연구는 주로 행동주의 심리학, 인지심리학 등에서 주도되었다. 비교적 최근 성립된 심리학 분야인 건강심리학(health psychology)은 어떤 사람들이 질병에 걸리며 왜 그런가, 어떤 사람들이 회복하며 왜 그런가, 어떻게 하면 질병을 예방하고 회복을 증진할 수 있는가를 연구하는 분야이다. 그런데 이러한 질문들은 사실 스트레스 연구에서 답변이 제공되고 있다. 그리하여 건강심리학자인 Friedman은 건강심리학의 중심 개념이 스트레스라고 말하기도 하였다.

스트레스에 관한 심리·사회학적 관심은 제2차 세계대전을 전후로 하여 본격화되었다. Selye의 생리학적 스트레스 연구가 이루어지던 1940년대와 1950년대에 활동한 Harold Wolff는 스트레스를 "다양한 유해 요인이나 위협에 대한 인간의 반응에 의하여 일어나는 상태"라 하였다. 삶 속의 '사건(event)'이 스트레스를 일으킬 수 있는 위협이라고 본 Wolff의 견해를 기초로, Holmes와 Rahe는 생활사건들과 질병이 관계를 연구하기 시작하였다. Holmes와 Rahe는 스트레스를 "새로운 적응을 위한 노력을 요구하는 일상의 변화 사건"으로 보고, 그러한 재적응 에너지는 한정되어 있어 너무 많은 생활사건을 한꺼번에 경험하면 질병이 유발될 것으로 가정하였다. 이들은 지금까지도 스트레스 평가에서 가장 널리 사용되는 척도의 하나인 '사회 재적응 평정 척도(social readjustment rating scale: SRRS)'를 개발하였는데, 이들의 연구를 계기로 그때까지 행동주의 심리학에 기반한 동물 연구에 머물던 스트레스 연구가 인간을 대상으로 하는 생활 스트레스 연구로 전환되는 전기가 마련되었다.

　1960년대부터는 스트레스에 대한 반응을 심리학적인 측면에서 이해하려는 연구들이 활발해진다. Richard Lazarus는 자극에 대한 개인의 지각과 그 자극에 대처할 수 있는 자신의 능력에 대한 평가에 의해 스트레스가 결정된다고 보았다. 이러한 인지현상학적 접근에서는 스트레스 경험에 대한 개인의 인지적 평가와 함께 대처 능력의 중요성이 강조된다. 예를 들어 폭설 속에서 인적 없는 외딴 도로에 홀로 고립되어 있는 운전자의 경우를 생각해보자. 충분한 음식물, 자동차의 연료, 구조를 청할 연락 수단 같은 대처자원이 있는가, 그렇지 않은가에 따라서 운전자가 느끼는 스트레스는 크게 다를 수밖에 없다. 이러한 견해를 바탕으로 Lazarus는 스트레스성 자극과 개인 간의 상호작용 모델을 제시하였다. 1970년대에는 Selye가 제시한 일반적응증후군의 비특이성에 반론을 제기하며, 생리적 반응 양상을 결정하는 데 있어서 심리적 변인의 역할을 더욱 강조하는 견해들이 등장한다. 더불어 개인의 성격이나 선천적 취약성에 주목하여 스트레스 반응의 개인차를 설명하는 연구들도 이어지게 된다. Lazarus는 심리·사회학적 스트레스 연구들이 전개되어 온 과정을 다음과 같이 요약하였다.

- 첫째, 스트레스를 일으키는 자극이 모든 개체에게 같은 반응이나 같은 대처 행동을 일으키는 것이 아니라는 것이 밝혀진다. 또한 그러한 차이로 인해서 같은 스트레스 자극에 대해서도 개체마다 다르게 강하거나 취약한 특성을 가지게 된다.
- 둘째, 스트레스 자극과 신체 질병의 관계에 대한 연구가 시작된다. 1950년대까지는 Freud의 정신역동적 관점에서 정신신체장애를 이해하려는 데 주력하였으나, Selye에 의해 스트레스–질병 모델이 제시되면서 스트레스 자극과 질병의 관계를 다루는 연구가 활발해지고, 이는 현재의 심리신경면역학의 발전으로 이어진다.
- 셋째, 생활환경의 변화와 관련된 스트레스뿐 아니라 인간의 생애 주기에 따라 나타나는 스트레스에 대한 관심이 증가된다.

넷째, 스트레스 관리를 위한 인지행동적 치료 프로그램들이 개발되고, 그 효과를 평가하는 연구들이 활발히 진행되었다.

다섯째, 사회적 환경을 넘어 생태학적 환경 요인에 관한 것으로 스트레스 연구가 확대되고 있다.

3) 통합적 연구와 전인적 스트레스 치유

건강에 대한 정의는 이미 신체적인 것 뿐 아니라 심리적, 사회적, 영적인 것을 포함하는 것으로 확대되고 있다. 한편 Abraham Maslow는 인간이 생리적 욕구 외에도 애정, 소속, 관심, 자존감 등에 대한 심리·사회적 욕구, 자아실현과 같은 영적 차원의 욕구를 가지고 있음을 지적한 바 있다. 충족되지 않은 욕구는 스트레스이다. 이처럼 인간 존재를 더욱 총체적, 전인적으로 이해해야 한다는 인식, 그리고 스트레스는 신체적, 심리적, 사회적, 영적인 차원에서 각기 다른 원인으로 발생한다는 견해를 바탕으로 하여 전인적인 진단과 통합적인 치유법을 제시하는 전인적 스트레스 통합치유가 등장하게 되었다.

현재 스트레스 이론의 기본 바탕은 사회적 요인들과 심리학, 생물학을 연결하는 생물심리사회학적 관점이다. 이처럼 스트레스 연구는 학제간 협력을 바탕으로 이루어지고 있으며, 그 결과 스트레스 연구는 정신신체의학, 심신의학, 행동의학, 심리신경면역학 등 통합적인 신생 학문들의 탄생을 견인해 왔다. 최근에는 후성유전학과 같은 미시적 수준의 연구, 생태학과 같은 거시적 수준의 연구까지 참여하여 보다 정교하면서도 확대된 설명을 제공하고 있다.

1980년 무렵에 태동한 심리신경면역학(psyconeuroimmunology: PNI)은 정신신경면역학 또는 심리신경내분비면역학, 정신신경내분비면역학으로도 불린다. 심리신경면역학은 신경계, 내분비계, 면역계의 상호작용을 연구하는 분야로 스트레스 및 기타 심리적 변인들에 의해 면역계가 받는 영향을 연구한다. 1975년 미국 로체스터대학의 Ader와 Cohen이 쥐의 면역 학습 연구를 통해 신경계가 면역 기능에 영향을 미친다는 것을 발견한다. 이 연구는 Pavlov가 개에게서 종소리 자극과 타액 분비 반응을 짝지었던 연구와 유사하다. Ader와 Cohen은 쥐에게 사카린과 면역억제제를 동시에 투여하여, 사카린의 단맛이라는 자극과 면역 기능 억제 반응을 조건화하여 학습시켰다. 즉 신경계와 면역계가 연결되어 있음을 밝힌 것이다. 이로써 스트레스나 감정 상태가 면역 기능과 관련이 있다는 것이 알려지게 된다.

몸과 마음이 연결되어 있다는 생리학적 증거를 토대로 심신상관성에 기반한 통합적 스트레스 연구는 더욱 박차를 가하게 되었다. 그리하여 1980년대부터는 심리학, 신경생리학, 내분비학, 면역학 등을 통합하려는 움직임이 가시화된다. 특히 이 시기부터 비약적으로 발전한 뇌과학, 신경과학, 분자생물학을 기반으로 하여, 스트레스-취약성 모델(stress-vulnerability model) 및 신경계의 가소성(neuro-plasticity)에 관련된 기전을 분자생물학적으로 규명하려는 시도가 이루어지게 되었다. 기초 연구와 더불어 임상에서의 응용을 위한 연구도 활발하게 이루어지고 있다. 스트레스에 관한 연구 성과를 임상에 도입하여 스트레스성 질환들을 전문적으로 측정, 진단, 관리, 치료하는 분야들도 점차 확대되고 있다.

03

스트레스를 보는 관점들

1. 스트레스 개념의 역사
2. 스트레스에 대한 현대적 접근
▶ 3. 스트레스를 보는 관점들
4. 웰빙과 스트레스

Walter Cannon은 환경 변화에 대응하여 생체가 내적 안정성을 유지하는 것을 항상성이라 하고, 그 항상성을 상태를 위협하는 것이 스트레스라고 하였다. 스트레스 상황에서 일어나는 신체 반응을 설명하는 모델을 개발한 Hans Selye는 스트레스를 일으키는 외부 자극원을 스트레스원(stressor)이라 하고, 이에 대한 유기체의 소모적이며 비특이적 반응을 스트레스로 정의하였다. Holmes와 Rahe는 스트레스를 재적응 노력을 요구하는 일상의 변화 사건으로 보았으며, Lazarus와 Folkman 등은 스트레스를 자극이나 반응으로 보았던 관점들을 모두 아우르고 스트레스-대응 이론을 주장하여, 스트레스 사건 자체보다 개인의 지각과 평가라는 심리학적 측면에 주목하고, 인간과 환경 간의 교류에서 평가와 대처라는 과정의 중요성을 강조하였다. Seligman도 스트레스 유발 자극 자체보다는 유기체가 그것을 어떻게 인식하고 다루는가가 중요하다고 하였다. 주어진 상황을 조망하고 처리하는 인지적 방식, 자신이 가진 내적, 외적 대처자원에 대한 지각의 중요성을 지적한 것이다.

이상과 같이 스트레스를 정의하는 다양한 방식은 그와 관련된 세 가지 주요 스트레스 이론들을 형성하였다. 즉 스트레스를 자극으로서 보는 자극모델(stimulus model), 반응으로 보는 반응모델(response model), 개체와 환경의 상호작용으로 보는 상호작용모델(transactional model)이다.

1) 자극으로서의 스트레스

스트레스를 자극으로 보는 모델에서의 스트레스는 스트레스원, 즉 외부로부터 부과된 적응의 요구를 의미하게 된다. 이러한 관점에서는 외부 환경에 존재하는 스트레스의 근원을 밝히는 데 주력하게 되는데, Holmes와 Rahe, Brown과 Harris 등의 연구가 이에 해당된다. Holmes와 Rahe의 접근법에서는 스트레스를 외부적 자극 사건으로 보고, 스트레스를 유발하는 외상적 사건(traumatic events), 생활사건(life events), 일상의 골칫거리(daily hassles) 같은 외적 원인들을 밝히는 데 주력한다.

2) 반응으로서의 스트레스

스트레스를 반응으로 볼 때는 스트레스로 인해 유발된 개체의 생리적, 행동적 결과에 주목한다. 따라서 개체에게서 일어나는 생리적 증상과 행동을 관찰하여 스트레스라는 추상적 경험의 과정을 추론하게 된다. Selye의 접근법처럼 스트레스를 유기체가 만들어 내는 반응으로 보는 관점이 이에 속한다. 사실상 Selye도 처음에는 스트레스를 자극으로 간주하였으나 이후에는 반응으로 보는 관점에서 연구를 진행하였다. 그는 일반적응증후군(general adaptation syndrome: GAS) 모델을 통하여, 스트레스란 비특이적인 반응으로서 스트레스원의 종류에 무관하게 발생하는 일반적인 신체 반응이라고 정의하였다.

3) 상호작용으로서의 스트레스

상호작용으로서 스트레스를 보는 상호작용 모델은 과정모델(process model)이라고도 하는데, 이 모델은 앞서 설명한 자극모델과 반응모델을 통합하는 것이다. 현재는 이러한 상호작용 모델이 널리 수용되고 있는데, 이 관점에서는 개체와 그 개체를 둘러싼 환경 사이의 역동에 주목하며, 환경이 제공하는 기회와 요구, 개인의 능력과 기대 사이의 상호작용이 부적합할 때 스트레스 반응이 유발된다고 본다.

동일한 자극에 대해서도 개체의 스트레스 경험은 상이하므로, 스트레스를 자극이나 반응으로만 보는 접근법은 한계를 갖는다. Lazarus와 Folkman은 상호작용적(interactional) 또는 교류적(transactional) 관점을 취한 대표적인 학자이다. Lazarus에 따르면 스트레스는 환경 사건이나 개인의 반응이 아니라 상황에 대한 개인의 지각으로 정의된다. 즉 스트레스란 한 개인과 그 개인의 자원을 혹사시키거나 초과하고 그의 웰빙을 위태롭게 하는 것으로 평가된 환경과의 특정한 관계로 정의된다. 따라서 스트레스는 개인과 환경 간의 관계이며, 그 관계의 양상은 사건에 대한 개인의 인지적 평가에 의해 좌우된다.

Lazarus에 따르면 평가는 일차평가(primary appraisal), 이차평가(secondary appraisal), 재평가(reappraisal)로 이루어진다. 일차평가는 사건 자체에 대한 평가로서 발생한 사건이 자신에게 위협이나 도전이 되는지를 판단하는 것이다. 그러나 일차평가에서 부정적인 평가가 이루어졌다고 해서 반드시 스트레스 반응이 일어나는 것은 아니다. 일차평가에서 위협이나 도전이 되는 스트레스성 사건으로 판단되면 이어지는 이차평가에서는 스트레스로 평가된 사건을 통제하거나 대처할 수 있는 자신의 능력과 자원에 대한 평가를 하게 된다. 일차평가에서 위협적인 사건으로 평가되더라도 이차평가에서 자신의 대처 능력과 자원이 충분하다고 평가되면 결과적으로 스트레스 반응은 발생하지 않을 수 있다. 폭설에 홀로 도로에 고립된 경우, 그 상황이 위험하다는 것을 인식하는 것은 일차평가이다. 음식물, 연료, 연락 수단 등 자신의 대처 능력과 자원을 인식하는 것은 이차평가이다. 이 이차평가의 결과를 반영하여 일차평가 결과가 수정되는 것이 재평가이다. 일차평가에서는 그 상황이 매우 위협적이었더라도 이차평가에서 충분한 대처 능력이 고려된다면 상황은 그리 위협적이지 않다고 재평가되고 그 결과 스트레스 반응은 일어나지 않을 수 있는 것이다.

04

웰빙과 스트레스

스트레스의 생리학에서는 항상성이 유지되는 상태가 웰빙이라 할 수 있다. 웰빙(well-being)이라는 용어를 그대로 풀어보면 잘(well) 존재(being)한다는 것이다. 그러나 삶이라는 지속적 변화와 상호작용의 과정에서 스트레스라는 항상성의 지속적 교란은 피할 수 없다. 그리고 그 변화를 감지하고 반응하는 능력이 없다면 생명은 유지되지 않는다. 생명체에 있어서 안정된 체계란 변화하지 않는 체계를 의미하는 것이 아니라, 변화하는 주위 환경에 맞추어 지속적으로 자신을 변화시켜 조화와 안정을 이루는 체계를 뜻한다. 즉 진정한 웰빙은 아무런 변화 없이 존재함(being)이나 머무름(staying)이 아니라 환경의 변화와 자극에 대응하면서 끊임없이 적응해 가는 역동적인 삶(live being, living)이다. 스트레스는 그러한 변화의 동기를 제공하는 자극이라 할 수 있다. 생리학적 관점뿐 아니라 심리학적 관점이나 사회학적 관점에서도 웰빙과 스트레스는 서로 대비되는 개념이다.

심리학에서는 김정호 등이 동기를 중심으로 스트레스와 웰빙이라는 두 가지 상태를 정의하고 동기상태 이론(motivational states theory: MST)을 제시한 바 있다. 이 이론에 따르면 스트레스는 동기의 좌절 상태나 동기의 좌절이 예상되는 상태이고, 웰빙은 동기가 충족되거나 동기의 충족이 예상되는 상태이다. 따라서 동기가 없다면 스트레스는 물론, 웰빙도 없다.

의학적으로 통증은 혈압, 체온, 호흡, 심박수와 더불어 제5의 생체 활력징후(vital sign)로 일컬어진다. 우리는 통증을 느낌으로 해서 몸의 이상을 알고 의료 기관을 찾게 된다. 스트레스도 그러하다. 생명체가 심신의 고통이나 스트레스를 느끼지 못한다면 안녕 상태에서 이탈된 상태는 보상될 기회를 가질 수 없다. 신체적으로든 심리적으로든 비정상을 인식하는 능력, 스트레스성 자극을 인식하는 능력은 생존에 있어 필수적이다. 이처럼 스트레스는 생명현상의 또 다른 표현이다. 생명활동을 일컫는 대사(metabolism)라는 말의 어근인 'meta'가 변화(change)를 뜻한다는 사실에서 알 수 있듯이, 생명의 본질은 변화이다. 변화를 추진하는 동기가 바로 스트레스인 것이다.

Holistic & Integrative Stress Healing

••• 현대의 의료 패러다임은 기계론적 생물의학 모델과 특정병인론에 기반한다. 특정 병인론이란 질병에는 특정 원인이 있고 그 원인을 제거하면 병이 낫는다는 생물의학의 병인론을 말한다. 이러한 관점에서 보면, 건강이나 질병은 개인 차원에 국한된 문제이며, 건강은 물리적 개입을 통해 질병에서 벗어남으로써 얻어진다. 그러나 전통적 의료모델에 대한 대안으로 제시된 생태모델(ecology model)이나 생물심리사회학적 모델(biopsychosocial model)에서는 질병이나 건강의 훼손을 생물학적 요인뿐 아

PART 02

건강과 스트레스에 관한 통합적 접근
Integrated approaches to health and stress

니라 사회적, 경제적, 문화적, 환경적인 요인들이 상호작용한 결과로 보게 된다. 전통적 의료모델에서 인간에게 접근하는 경로는 몸이지만, 새로운 모델을 따르는 의학에서는 몸과 더불어 마음의 차원을 고려한다. 그러나 몸과 마음의 차원만으로는 인간의 본질이나 건강의 본질이 온전히 설명되지 않는다. 진정한 건강을 논하기 위해서는 영적 차원과 더불어 사회적 환경과 생태적 환경을 포함하는 더 큰 인간관과 건강관이 요구된다.

01

전일주의 의학과 스트레스학

전일주의 의학은 기계론적 생물의학에 대비되는 개념이다. 전일주의 의학은 건강이나 질병을 개체의 생리·심리적 특성, 생활양식, 물리적 환경, 사회·문화적 환경 등 수많은 차원과 요인들이 연결되어 상호작용함으로써 나타나는 다차원적 현상으로 이해한다. 전인주의와 전일주의는 혼용되는 단어이다. 그러나 전인주의(全人主義)라는 용어에서는 개체의 심·신·영의 연결과 통합이라는 의미가 강조되는 것에 비해 전일주의(全一主義)에서는 개체 수준의 통합을 넘어 개체와 자연(우주)의 연결과 통합이라는 면이 좀 더 강조된다. (주: 이 글에서는 전일주의와 전인주의를 동일한 것으로 간주하고, '전일주의 의학'을 비롯한 일부 단어에서의 '전일'을 제외한 모든 용어는 '전인'을 사용하기로 한다.)

20세기 들어 심신이원론적, 환원론적, 기계론적 생물관에 기초한 생물의학(biomedicine)은 현대에 만연한 질병의 치료에서 점차 한계를 드러내게 되었다. 또한 질병치료 중심의 생물의학은 건강유지, 건강증진 개념으로 변화하는 패러다임으로의 전환을 요구받게 되었다. 건강에 대한 정의는 이미 신체적인 것을 넘어 정신적, 사회적, 영적인 영역으로까지 확대되었다. 세계보건기구는 오타와헌장(1986)에서 건강촉진을 목표로 웰빙을 주창하고, 개인의 총체적 건강을 다섯 가지 서로 다른 웰빙, 즉 신체적, 정신적, 정서적, 사회적, 영적 건강을 성취한 상태로 정의하였으며, 1996년 제안한 건강헌장 개정안을 통해서 "육체적, 정신적, 사회적으로 건강할 뿐만 아니라 영적으로도 건강해야 참으로 건강하다고 할 수 있다"고 하였다.

한편에서는 양자물리학을 기반으로 한 신과학의 혁명 속에서 재조명되기 시작한 전일론적 동양 사고관이 서구로 급속히 전파되면서 다양한 보완대체의학(complementary and alternative medicine)들의 가치와 가능성이 새롭게 발견되기 시작했다. 그리하여 환자에 대한 전일적 접근에 대한 요구가 가시화되고, 정규의학과 보완대체의학을 통합적으로 제공하는 통합의학(integrative medicine)이 시작되기에 이른다.

  생물의학의 한계는 인간에 대한 기계론적이고 물질주의적인 사고에서 시작된 것이므로, 그것을 극복하기 위한 출발은 인간의 다양한 차원들을 설명하는 포괄적인 인간관을 마련하는 것이라 할 수 있다. 확대된 건강의 정의를 수용하는 인간관은 고대 서양의학이나 동양의학의 전일주의적 전통에서 발견할 수 있다. 만물이 서로 기대어 존재한다는 현대의 생태론적 세계관이나, 물질이 아닌 에너지로 세계를 설명하는 양자물리학적 에너지론도 이와 유사한 관점을 취하고 있다. 고대 서양의학이나 동양의 의학 체계들은 그러한 전일주의 철학에 기반한 의학이었다. 중국이나 인도의 사상에서는 몸과 마음은 분리되지 않은 것이었고, 사람과 자연 또한 분리된 것이 아니었다. 인간은 그 자체로 대우주와 연결된 하나의 우주였으며, 그러한 전제에서 건강은 당연히 신체적, 정신적, 사회적, 영적인 건강을 포함하는 것이었다. 따라서 인간의 본성을 설명하고 인간의 안녕에 기여하고자 하는 모든 과학과 종교는 하나의 목표에 동참할 수 있었다.

  스트레스라는 개념은 몸과 마음을 별개로 보거나 개체와 환경을 별개로 보면 성립하지 않는다. 또한 스트레스를 야기하는 인간의 욕구는 생리적 차원뿐 아니라 심리적, 영적, 사회적 차원에서도 발생한다. 따라서 스트레스에 대한 접근은 전일적 사고관에 입각하여 이루어질 때 온전한 치유가 시작될 수 있다. '전일적인(holistic)', '완전한(whole)', '건강한(healthy)', '성스러운(holy)'은 모두 'hal'이라는 앵글로색슨어에서 유래되었다. 전일주의는 세상의 만물이 눈에 보이지 않는 통일성 또는 전체성에 의해 결합되어 있다고 본다. 각 생명체는 존재의 근본적 기저에서 다른 모든 것과 관계를 맺고 있다는 것이 전일주의적 인식의 토대이다. 한편 '치유(healing)'라는 말의 어원은 앵글로색슨어로 '전체를 이룬다'는 의미를 가진 'healan'에서 유래한다. 따라서 전일주의와 치유는 완전함이나 통합됨이라는 개념을 공유한다. 치유라는 말은 "인간의 행위로 질병의 증세를 완화시키거나 낫게 하는 것"으로 정의되기도 하지만, "각 개인의 정신, 육체, 영혼을 하나로 융합하는 것"을 뜻하기도 한다.

  어떤 세포가 전체 유기체의 질서와 조화에서 벗어날 때 질병이 야기되는 것과

표 2-1 전일적 스트레스학

인간 존재의 여러 차원	Maslow의 욕구 단계	주요 스트레스	관련 학문	
물질 차원		분자 수준의 산화 스트레스, 환경의 전자기적 교란	분자생물학, 후성유전학, 에너지의학, 양자물리학	
몸 차원	생리적 욕구 안전에 대한 욕구	신체적 스트레스	의학, 생리학	전일주의 의학, 심리신경면역학, 스트레스 통합치유학
마음 차원	애정, 소속에 대한 욕구, 자존감에 대한 욕구	심리·사회적 스트레스	심리학	
영 차원	자아실현의 욕구	영적 스트레스	자아초월심리학, 철학, 신학	
우주적 차원		생태 환경 스트레스	생태학, 에너지의학, 양자물리학	

같이, 인간의 삶이 외부의 환경에 대해 조화와 균형을 이루지 못할 때도 그 인간은 소외되거나 자신의 생명의 기반을 파괴하는 결과를 가져오게 된다. 유기체의 적응이란 환경과의 조화와 균형이 이루어진 상태이다. 스트레스로 인해 발생하는 질병을 '적응의 질병', '적응장애', '부적응증' 등으로 부르는 것은 개체와 환경을 연결된 전체로 보는 전일적 의학체계와 스트레스학이 철학적으로도 상통하고 있음을 방증하는 것이라 할 수 있다.

1. 전일주의 의학과 스트레스학
2. 심신의학, 통합의학, 스트레스학
3. 심리신경면역학

02 심신의학, 통합의학, 스트레스학

현대의 심신의학(mind-body medicine)이나 통합의학(integrative medicine)이 본래의 전일주의 전통을 따르고 있는가에 대해서는 논란의 여지가 있으나, 심신의학과 통합의학의 치유 철학은 전일론적 관점에서 시작된다고 할 수 있다. 신체적인 고통이 정신적 고통을 만들기도 하지만, 정신적 고통 또한 생리적 변화를 일으키고 질병을 야기한다는 사실에 대한 현대 생물의학의 태도는 아직 불분명하다. 마음에 대한 인식의 기반이 없는 생물의학에 있어서 환자는 '병(illness)'으로 고통 받고 있어도 의사가 진단하고 치료할 수 있는 '질병(disease)'은 발견되지 않는 경우가 허다하다. Eisenberg는 이것을 '질병없는 병'이라고 묘사한 바 있다. 그러나 20세기 후반부터 신경과학과 심리신경면역학을 중심으로 몸과 마음의 상관성에 대한 생리학적 증거가 축적되면서 심신이원론이라는 현대 의학의 인식론적 토대는 흔들리게 되었다.

초기의 심신의학은 Freud의 심리학에 기초를 둔 정신신체의학(psychosomatic medicine)으로 시작되었으나, 그 후 생물학 분야에서 몸과 마음의 관계를 밝히는 연구가 본격화되면서 생리학적 기반을 갖춘 현대적 심신의학으로 재탄생하게 된다. 여기에는 항상성 이론으로 잘 알려진 Walter Cannon, 스트레스와 질병의 관계를 설명한 Hans Selye등의 스트레스 연구가 큰 영향을 미쳤다. 따라서 현대 심신의학과 스트레스학은 불가분의 관계에 있다고 할 수 있다.

현대의 심신의학은 보완대체의학의 한 분야로 마음, 즉 정신적, 정서적 과정이 신체 기능에 영향을 미칠 수 있다는 전제에 기초하여, 몸과 마음을 조화시켜 질병을 치료하고 예방하고자 하는 의학이다. 즉 질병의 원인 또는 기여 인자로서 마음에 주목하여 인지적, 정서적 과정과 신체 간의 연관성을 과학적으로 밝혀 질병의 치료와 예방에 이용하려는 것이다. 따라서 심신의학적 치료법들은 마음을 통해 생리적 상태를 변화시켜 질병의 치유와 건강을 도모한다. 심신이완법, 명상, 심상요법, 최면요법, 바이오피드백과 같은 기법들이 대표적인 심신의학적 치유 기법에 속한다.

20세기 초에 심신이원론을 극복하려는 시도가 일어나고, 생물심리사회적 모델로 불리는 의학 모델이 제시되면서 신체 중심 의학에서 배제되었던 심리적, 사회적 요소들이 주목받기 시작했다. 당시에는 이러한 노력이 주류 의학의 흐름을 바꾸기에는 역부족이었다. 그러나 생물과학의 도구와 기법들이 더욱 첨단화되면서 뇌의 기제와 그 기제들이 신체의 다른 부위들을 어떻게 통제하는가에 대해 점차 많은 과학적 지식을 확보하게 되고, 심리학도 인간이 어떻게 배우고, 생각하고,

세상을 받아들이는가에 대한 지식을 증가시켜 주면서 주류 의학 내에서 변화의 조짐이 가시화되었다. 또한 양자물리학과 심리신경면역학은 각각 전일주의적 의학, 심신상관성에 입각한 의학에 이론적 토대를 굳건히 해주었다. 이론물리학자인 Erwin Schrödinger는 생명 현상에 물리 법칙을 적용하여, 생명과 분자를 하나로 이어 생명 현상을 설명하게 된다. 이러한 배경에서 1970년대에 본격적으로 시작된 심신의학은 주류 의학에 영향을 미칠 수 있을 만큼의 과학적 기반을 가지게 된다. 이와 함께 동양의 전일론적 사고관이 서구에 전해지면서 여러 대체의학들에 대한 관심이 증가하여 정규 의학과 보완대체의학을 통합적으로 제공하는 통합의학이 출현하기에 이른 것이다.

　이상에서 살펴본 바와 같이, 근대 이후 현대 심신의학이 발달하기까지는 많은 부침이 있었다. 그러나 사실상 서양의학의 원형은 심신의학이며 전일주의 의학이었다. 히포크라테스나 갈레노스의 의학은 마음이 인체의 질병에 미치는 영향을 강조하였을 뿐만 아니라, 나아가 사회적, 생태적 환경과의 조화와 균형을 강조하였다. 동양의 전통 의학들은 공통적으로 전일주의 의학이자 심신의학이며, 그러한 전통을 오랜 동안 단절 없이 이어왔다. 그러나 서양에서는 17세기 데카르트에 이르러 정신과 육체가 구분되면서 의학은 자연과학의 영역으로 자리를 옮겼고, 심신이원론이 현대까지 모든 과학의 철학적 토대가 되었다. Anne Harrington은 심신의학의 모든 이야기는 데카르트가 저지른 잘못을 300년 이상 지난 지금 복구하려는 것과 다르지 않다고 하였다. Suzanne Little은 심신의학은 전인적 돌봄(whole-person care)이라는 철학적 방침으로 특징지어지며, 그 기원은 고대의 전일론적 치유 전통(holistic healing tradition)에서 발견된다고 하였다. 현대 심신의학, 통합의학의 발달에는 스트레스 연구가 중심적 역할을 하였다. 또한 스트레스라는 개념은 동양의학에서도 질병의 발생을 설명하는 병인론의 핵심이었다.

03

심리신경면역학

1. 전일주의 의학과 스트레스학
2. 심신의학, 통합의학, 스트레스학
▶ 3. 심리신경면역학

심리신경면역학(psychoneuroimmunology: PNI)은 스트레스와 같은 심리적 변인이 신경계, 내분비계, 면역계의 상호작용에 미치는 영향을 과학적으로 규명하여 질병의 예방과 치료에 이용하려는 새로운 학문 분야이다. 심리신경면역학의 기본 전제는 몸과 마음이 연결되어 있다는 것, 즉 심신상관성이다. 심신상관성에 대한 연구도 심리신경면역학이 시작된 1970년대부터 본격화되었다. 이 무렵 신체에서 몰핀(morphine) 수용체가 발견되면서 마음과 육체의 상관관계에 대한 규명이 시작되고 면역계, 내분비계, 신경계 사이에는 서로의 소통을 가능하게 하는 화학적 언어, 즉 호르몬이나 신경전달물질 같은 전령물질들이 서로 공유되고 있다는 사실이 밝혀지게 된다.

생체에서 특성화된 여러 조직과 장기들이 유기적으로 통합된 기능을 하는 것은 세 가지 핵심적인 세포 외 전달 시스템인 신경계, 내분비계, 면역계에 의하여 가능하다. 과거의 생리학에서는 이들 시스템들이 각각의 고유 전령물질들, 즉 신경전달물질, 호르몬, 사이토카인(cytokine)을 가지고 있는 개별적이고 독립적인 것으로 인식되었다. 심리신경면역학은 이 세 가지 시스템이 하나의 통합된 체계임을 보다 포괄적인 관점에서 연구하고 있다. 이들이 각각의 전령물질들을 함께 공유한다는 것이 규명되면서, 각 시스템이 독립적인 정보 체계를 가지고 각자의 고유한 기능을 수행한다는 기존의 생리학적 전제는 더 이상 유효하지 않게 되었다. 그리고 이와 같이 통합된 생리적 과정에는 생리학적 변인들뿐만 아니라 심리·행동적 변인들이 영향을 미치는 것이다.

면역계는 외부에서 유입되는 병원체의 침입을 막고 돌연변이 암세포들을 제거하는 것과 같은 방어 기능을 수행할 뿐 아니라 신경계, 내분비계와의 상호작용을 통해 다양한 인체 조절 기능에도 관여하고 있다. 따라서 심리·행동적 변인들이 면역계에 영향을 미치게 된다면, 결국 건강과 질병에도 직접적인 영향을 줄 수 있는 것이다. 현재까지의 연구에 의하면 면역계는 거의 모든 신경·내분비 펩타이드

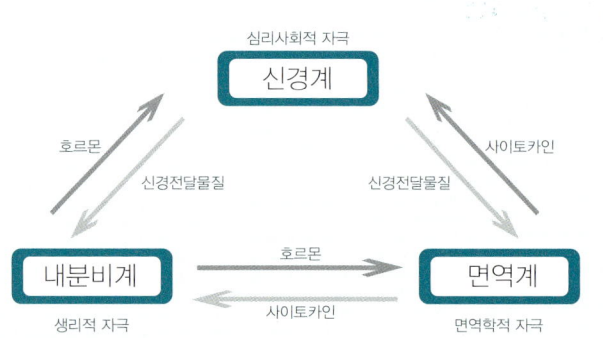

그림 2-1 신경계, 내분비계, 면역계의 상호작용

(peptide) 전령물질을 생성할 수 있으며, 면역세포인 림프구에는 노르에피네프린(norepinephrine), 에피네프린(epinephrine), 도파민(dopamine) 등의 신경전달물질에 대한 수용체가 있다. 이 신경전달물질들은 정서와 행동에 영향을 미치는 물질들이다. 따라서 면역세포는 신체의 세포, 조직을 통제할 수 있으며, 우리의 기분이나 감정의 변화는 면역 기능의 변화와 밀접하게 연결되어 있는 것이다. 면역세포에서 분비되어 면역세포들 상호간의 의사소통을 가능하게 하는 물질인 사이토카인도 중추신경계에 전해져 우리의 정서와 행동에 영향을 준다. 이처럼 면역계, 신경계, 내분비계는 상호 연결되어 있다. 즉 유기체의 모든 정보전달 시스템이 호르몬, 신경전달물질, 사이토카인 같은 전령들에 의해 연결되어 있고 이를 통하여 몸과 마음은 유기적인 전체를 형성하는 것이다.

〈그림 2-1〉과 같이, 신경계, 내분비계, 면역계는 신경전달물질, 호르몬, 사이토카인 등을 분비하여 상호 조절한다. 신경계에서 인지된 심리·사회적 스트레스 자극은 이 상호 조절망을 통하여 내분비계 및 면역계로 전해진다. 다른 시스템에서 입수하는 자극들, 즉 생리적 자극이나 면역학적 자극들도 그러하다. 소위 '질병행동(illness behavior)'이라고 하는, 우리가 병이 들었을 때 나타나는 행동 변화들은 면역학적 자극이 신경계에 영향을 주는 것의 대표적 예이다. 외부 병원체의 침

입이 있을 때 면역세포에서 분비된 사이토카인은 신경계에 전달되고 그 결과 우리의 정서나 행동을 변화시켜 병에 걸렸을 때 나타나는 우울과 침체, 식욕과 수면의 변화, 일과 놀이로부터의 철수 같은 행동상의 변화를 일으키는 것이다.

심리신경면역학의 핵심은 면역계가 뇌와 연결되어 있다는 것이다. 이 연결은 직접적인 신경망의 분포에 의한 것일 수도 있고, 신경펩타이드나 사이토카인 같은 화학적 전령물질들에 의한 것일 수도 있다. 먼저 해부학적으로 보면, 신경학적 변화와 면역세포의 작용을 연결하는 통로인 자율신경계의 섬유들이 면역조직에 분포되어 있어 면역 기능을 조절할 수 있다. 이와 같은 연결이 의미하는 것은 신체를 외부 침입 물질로부터 보호하고 내부의 항상성을 유지하는 기능을 하는 면역계가 독립되어 별도로 작동하지 않는다는 것이다. Blalock은 면역계 역시 신경·내분비계에 메시지를 전달하는 내적 감각기관으로 간주해야 한다고 하였다. 청각정보가 청신경계를 거쳐 중추신경계로 전달되듯이 면역계는 외부 이물질의 침입이라는 정보를 중추신경계로 전달하기 때문이다. 게다가 면역계는 외부에서 유입된 신호 뿐 아니라 내부에서 기원한 신호, 즉 신경계나 내분비계의 변화에 동반되는 화학물질들의 변화에 의해서도 영향을 받아 항상성 유지를 위한 조절 기능을 수행한다.

심리신경면역학의 주요 성과는 스트레스 연구를 통하여 이루어져 오고 있다. 스트레스원들이 부정적 정서를 유발하면 그에 따른 생리적 변화가 유발되고, 그러한 스트레스가 지속되면 질병의 발생이나 치료 결과에 영향을 미치게 된다. 반면 스트레스의 영향을 완화하는 중재법들은 실제로 면역력을 향상시켜 질병의 회복과 건강 증진에 도움을 준다는 것이 많은 연구에서 밝혀졌다.

심리신경면역학의 선구자라 할 수 있는 Ader 등은 1990년 발표한 논문에서, 행동적 사건과 생리적 사건들 사이에 일어나는 상호작용의 영향을 받지 않는 신체 시스템이나 항상성 유지 기제가 없다는 것이 충분히 확실해졌다고 하였다. 심리신경면역학과 연구 범위가 유사한 행동의학의 관점에서 다시 설명하자면, 순수한 심리적 자극, 순수한 생리적 자극들도 그에 상응하는 심신의 변화, 즉 행동을 야기하며 행동 또한 심리적, 생리적 변화를 야기할 수 있다. 여기에는 면역계의 행동도 포함된다. 행동의학적 관점에서 좀 더 뚜렷하게 강조되는 몸-마음-행동의 관계는 실제 심리신경면역학의 연구 범위가 앞에서 설명한 생리학적 영역보다 훨씬 넓다는 것을 시사한다.

이에 관해서 구체적으로 살펴보자. 실제로 스트레스라는 심리적 변인이 질병과 건강에 영향을 미치는 경로는 단순하지 않다. 모든 사망의 50% 이상이 생활습관에서 오는 스트레스가 원인이라는 Elkin의 주장이나, 생활습관에서 오는 질환이 선진국 조기 사망의 70~80%에 이른다는 세계보건기구의 발표 내용이 이것을 잘 보여주고 있다. 불건강한 행동과 생활양식은 심리·생리적 불편감을 만들어 신경·내분비·면역계에 변화를 야기할 수도 있고, 혹은 그 자체가 직접적인 생리적 자극이 되어 건강에 영향을 준다. 불건강한 행동이나 생활양식으로는 음주, 흡연, 약물의 오·남용, 과식이나 불규칙한 식사, 불충분한 수면, 밤낮이 바뀐 생활, 위험한 행동 등을 들 수 있다. 스트레스는 또 다시 불건강한 생활양식을 유발하는 원인이 된다는 점도 기억해야 한다. 실제로 심리신경면역학의 관점은 개체를 넘어 사회적, 생태적 환경까지 고려하는 더욱 포괄적인 것이 되고 있다. 비록 심리신경면역학이 스트레스 자체를 연구하는 학문이 아니라 하더라도, 스트레스라는 주제는 앞으로도 심리신경면역학 연구의 핵심 주제가 될 것이다.

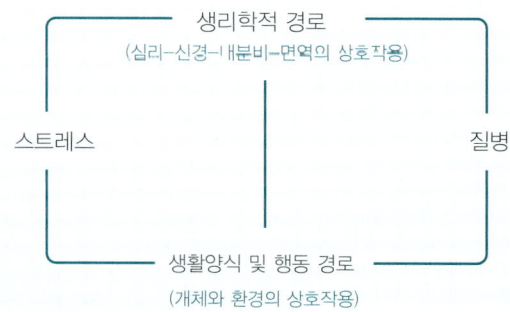

그림 2-2 스트레스-질병 경로

주어진 상황에 대한 스트레스 반응 여부는 우리가 그 상황을 어떻게 평가하는가, 즉 인지에 의해 결정된다. 인지는 그에 상응하는 정서를 형성하고, 그것은 신체적 변화를 유발한다. 어떤 사건이 위협이 된다고 인지되면 공포나 불안 같은 정서가 발생하고, 신체에서는 심박수의 증가 및 근육의 긴장과 같은 신체적 변화가 나타나는 것이다. 인간에게 정서적 변화를 유발할 수 있는 모든 사건과 사실들은 비록 그것이 실제가 아닌 추상적인 관념에 불과할지라도, 인체 생리에 영향을 주고 질병을 유발할 수 있다. 즉 사회적, 문화적 환경들은 실제로 건강과 질병에 영향을 미치는 경로를 가지고 있는 것이다. 따라서 심리신경면역학은 외부로부터의 자극에 물리적, 생물학적인 것뿐 아니라 사회적, 문화적인 것들의 목록을 추가할 수 있게 된다.

스트레스의 통합치유에 있어서 심리신경면역학의 의의는 신경계, 내분비계, 면역계가 연결되어 있다는 사실을 확인하는 것에서 끝나는 않는다. 심리신경면역학은 심리적 사건들이 신체적으로 변환되는 기제와 심신치유 기법들의 작용 기제들을 의학과 협력할 수 있는 과학적 방식으로 설명해 내고 있다.

스트레스의 통합치유
Holistic & Integrative Stress Healing

Holistic & Integrative Stress Healing

••• 생물은 다양한 대사 작용을 통해 성장, 회복, 반응, 생식, 운동과 같이, 무생물에서는 나타나지 않는 여러 현상들을 만들어낸다. 대사라는 용어가 변화라는 의미를 가진 그리스어에서 유래되었다는 사실이 알려주듯이 생명체는 항상 변화하고 있으며 그 변화는 육안적 수준, 현미경적 수준, 분자 수준에서 끊임없이 일어나고 있다. 따라서 생명이란 곧 변화하는 것이며, 잘 사는 것은 잘 변화하는 것이다. 변화를 추동하는 것은 생명체를 둘러싼 내적·외적 환경이며, 그 추동은 항상성을 위협하는 스트레스로서 생명체에게 인지된다. 스트레스는 고립된 시스템이나 내외가 균질한 혼합물의 상태에서는 일어나지 않는다. 외부 환경과의 끊임없는 공간적, 시간적 상호작용 속에 생명체가 놓여있을 때 일어난다. 이

PART 03

현대인과 스트레스

Stress of modern society

것은 무엇을 의미할까? 스트레스의 원인 자체를 제거하거나 스트레스 반응을 억제하는 것만을 목표로 하는 것은 스트레스에 대한 올바른 접근이라고 할 수 없는 것이다.

진화론 관점에서 보면 생명체에게 갖추어진 모든 신체적, 심리적 기제들은 생존에 필요하고 환경 속에서 적응적인 것이다. 스트레스라는 기제 또한 생명체로 하여금 환경의 변화를 감지하고 조화와 균형을 회복하기 위한 동기를 제공하는 필수적인 생존 기제이다. 그러나 현대를 사는 우리에게는 스트레스가 가진 본래의 긍정적 측면보다는 웰빙과 건강에 악영향을 미치는 부정적 측면만이 인식되고 있다. 왜 그럴까?

01

현대 스트레스의 원인과 양상

원래 스트레스라는 기제가 개체의 생존에 도움이 되는 것이었다면 스트레스로 인해 심신의 안녕이 훼손되고 질병이 야기된다는 사실은 모순적이다. 이러한 모순을 이해하기 위해서는 스트레스 반응이 형성될 당시를 살던 과거 인류의 삶과 현대인의 삶 사이에 존재하는 괴리를 이해해야 한다. 또한 인간 본연의 몸과 마음의 모습, 그리고 본래의 삶의 양식으로부터 이탈된 현대의 삶에 대한 통찰이 요구된다.

1) 스트레스 반응의 기원

모든 생명체는 스트레스 반응을 한다. 스트레스는 자신의 생존과 안녕을 위협하는 상황에 대응하고 극복하기 위해 마련된 기제로서, 생명을 유지하기 위해서는 필수적인 것이다. Selye는 "적당한 스트레스가 없으면 인간은 멸망하며, 어떤 사람으로부터 스트레스를 완전히 제거하면 그 사람은 무능해진다"고 하였다. 사람에게 스트레스가 없으면 발전하거나 변화하려는 욕구도 없고 나태해지며 결국 무료함과 무망감을 견디지 못해 우울증에 빠지고 삶을 포기하기까지 한다. 스트레스 없는 것이 생존에는 가장 큰 스트레스가 될 수도 것이다. 또한 종 차원에서도 스트레스가 있었기에 모든 생명체가 더 나아지려고 진화하기도 하였다.

모든 심리적, 생리적 기제들이 그러하듯이 인간의 스트레스 반응도 인류의 진화 과정에서 형성된 것이다. 다른 심리·생리적 기제들처럼 스트레스 반응도 생존과 번식에 도움이 되기 위해 갖추어지고 진화해 왔다. 즉 현대인의 스트레스 반응은 현대 문명이라는 환경 속에서 만들어진 것이 아니다. 우리의 몸과 마음에 현재와 같은 스트레스 반응이 형성된 배경을 이해하려면 현생인류의 모습이 갖추어지던 과거의 환경을 고려해야 한다.

약 500만 년 전 인류의 조상인 유인원이 생기고, 10~25만 년 전 현생인류와 닮은 호모 사피엔스(Homo sapiens)가 출현하며 인류의 역사가 시작되었다. 인류의 조상이 탄생한 시점부터 현재까지를 1년으로 압축해서 보면, 농경생활이 시작된 것은 12월 31일 정오 무렵이고, 산업화가 시작된 것은 늦은 밤에 이루어진 일이다. 신석기가 시작된 시기도 겨우 8,000여 년 전에 불과한데, 진화론적으로는 몇 만 년조차 큰 의미가 없는 시간이다. 심신의 각종 기제들이 갖추어진  것은 농경생활 이전의 수렵채취 생활 시기로, 인류가 아직 아프리카 대륙 밖으로 이동하기 이전이었다. 현재와 같은 인간의 모습은 우리가 유물과 기록으로 살필 수 있는 역사보다 훨씬 이전, 즉 인류의 조상이 아프리카 사바나와 같은 환경에서 살며 수렵과 채취 생활을 하던 환경에서 갖추어졌던 것이다.

그러한 환경에서 생존과 번식에 유리한 개체는 생리적인 강인함과 신속한 반응력을 갖춘 개체이다. 포식자나 자연재해를 보다 신속히 지각하여 반응하고, 신체적으로 더욱 강인한 개체일수록 생존의 확률이 높아진다. 심리학적으로는 어떤 것이 유리할까? 포식자나 재해를 확실히 탐지했을 때만 대응하는 것보다는 아직 확실하지 않더라도 그 상황을 불안하고 부정적인 것으로 보아 위험에 대비하는 태도가 유리할 것이다. 따라서 스트레스를 일으킬 수 있을만한 모든 잠재적 자극에 접했을 때 우리의 심리는 긍정성보다는 부정성, 비반응성보다는 반응성을 나타낸다. 그리고 안녕감보다는 불안감이 높을수록 생존에는 유리하다. Darwin도 진화에서 두려움의 긍정적 역할을 강조했는데, 두려움을 많이 느낄수록 신체가 위험에 대처할 수 있도록 도와 생존을 가능케 하는 수단으로 파악한 것이다.

Part 2에서 인간의 존재와 건강의 문제를 신체적, 심리적, 사회적, 영적 차원으로 나누어 살펴보았다. 진화생물학과 진화심리학적으로 스트레스 반응이 설계된 원리가 설명되는 것처럼 진화사회학은 스트레스 반응의 또 다른 측면을 알려준다. 생존에 도움이 되는 사회적, 영적 태도는 어떤 것이었을까? 이기적이고 기만적이고 비협조적인 개체는 집단에서 소외되고 자손을 남길 기회도 적어지는 것은 지금이나 과거나 마찬가지일 것이다. 영성이란 '나'라고 인식되는 심리적, 신체적 경계를 넘어, 보이지 않는 어떤 가치, 의미, 관계를 추구하는 품성이다. 현재와 현실에만 안주하던 개체보다는 새로운 세계, 미지의 세상, 아직 존재하지 않는 어떤 것을 꿈꾸고 그 가능성을 실현해 내는 개체들이 결국 자신의 지평을 확장하며 더 나은 환경을 만들고 인류를 오늘날과 같은 모습으로 진보시켰다. 여기서 우리는 진화 과정에서 자연에 의해 선택되어, 현재의 우리에게까지 전해진 신체적, 심리적, 사회적, 영적 본성을 모두 추론할 수 있다. 그러한 본성에서 어긋나는 삶을 살 때 스트레스나 고통을 느끼는 것은 당연하다.

그렇다면 스트레스라는 적응적 기제가 왜 현대인에게는 질병을 일으키고 삶을 피폐하게 할 만큼 과도하게 되었는지, 스트레스를 줄이기 위해서는 신체적, 심리적, 사회적, 영적으로 어떤 삶의 양식과 태도를 취해야 하는지에 대한 실마리를 찾을 수 있다.

2) 적응력의 한계

스트레스란 분명 생존에 필요한 것인데, 왜 이것이 현대 사회에 이렇게 문제가 될까? Edward Wilson은 우리가 스트레스를 받게 되는 근본적 이유가 인간의 원초적 삶과 역사로부터 기인한다고 하였다. 인류의 진화를 연구하는 대부분의 학자들은 인류가 두 발로 이동하고 팔을 자유롭게 움직일 수 있어서 평활한 지역에 적응하였으며, 그곳에서 풍부한 열매와 사냥감을 획득할 수 있었다고 한다. 그리하여 인간의 정신과 육체는 사바나의 삶에 적합하게 갖추어졌고, 자연과 교류하던 생활에 알맞게 되어 있으며, 그 반대 환경인 도시 생활은 육체적 억압과 심리적 부담을 야기한다는 것이다.

현대인이 느끼는 스트레스는 주로 사회적 관계와 인공 환경에 대한 부적응에 근본 원인이 있으며, 과거와 같은 생리적 위협이 스트레스가 되는 경우는 드물다. 그런데 과거에는 생존에 필수적이었다고 해도, 지금은 거의 효용이 없는 부적절한 생리적 반응이 심리적인 스트레스에 대해서도 여전히 동반되고 있다. 수렵채취 생활을 하던 시기의 스트레스는 대개 생리적인 적응을 요구하는 신체적 스트레스였다. 즉 과거 인류의 스트레스 반응은 생존을 위협하는 맹수나 자연재해에 맞서 싸우거나 신속히 도피하는 상황에 적합하도록 만들어졌기 때문에, 스트레스를 경험할 때 나타나는 심리·생리적 변화를 '투쟁-도피 반응(fight-or-flight response)'이라고 한다. 그러나 현대인의 스트레스는 대부분 심리적인 것이고 심리적 스트레스에 대해서는 그와 같은 반응이 도움이 되지 않는다. 현대인의 삶의 환경은 과거의 생리적 스트레스 반응을 불필요한 것으로 만들만큼 변화했지만 인간은 아직 그 변화에 어울리는 반응 기제를 새로 갖추지 못했다. 심신의 스트레스 반응을 구성하고 조직화하는 것은 중추신경계이고 스트레스 반응에서 지배적인 역할을 하는 것은 교감신경계이지만, 인간의 신경계는 적어도 지난 5만년 동안 그다지 변화한 것이 없다. '이완반응(relaxation response)'이라는 이완법을 개발한 Herbert Benson의 설명처럼, 현대 사회에서의 투쟁-도피 반응은 종종 시대착오적인 것이고 그로 인해 교감신경계를 과도하고 불필요하게 자극하여 질병을 유발하게 되는 것이다.

급속한 환경 변화와 사람의 적응력 사이에는 또 다른 형태의 긴장이 스트레스라는 방식으로 나타난다. 진화의 속도는 결코 현대 사회의 변화 속도를 따라잡을 수 없다. Alvin Toffler는 이미 40년 전에, 그의 저서 『미래의 충격』에서 "미래 충격은 인간을 산산이 부수는 스트레스이자 방향 감각의 상실을 의미하며, 이는 개개인에게 너무 짧은 시간 내에 지나치게 많은 변화를 겪은 인간 스스로가 만들어 내는 것이다"라고 하면서, '적응력의 한계'를 지적하였다. 미래에 대한 기대가 없으면 살 수 없는 것이 인간이다. 그러나 현대 사회는 현실이 이미 기대를 앞서가고 있다. 인간은 미래를 추구하는 것이 아니라 현실에 떠밀려가고 있다고 할 정도로 변화의 속도를 통제하지 못하고 있다. 그것은 우리로 하여금 욕구를 충족시킬 기회를 박탈하기도 한다. 무엇인가를 기대하고 꾸준히 노력하며 조금씩 획득하는 과정 없이, 불필요한 욕구들까지 상업주의에 의해 주입되고, 욕구의 발생과 동시에 그것이 채워지는 삶, 즉 기대와 노력과 충족이라는 행복의 본질적 요소들을 빼앗긴 삶을 살고 있는 것이다.

이 과정을 좀 더 자세히 살펴보자. 현대 과학문명이 가져 온 폐해 중 가장 심각한 것이 바로 사람의 희망이나 기대를 과학이 앞서가고 있는 것이라고 할 수 있다. 어떤 것을 필요로 하기도 전에 미리 만들어내고 그 수요를 창출하기 위한 광고와 선전 속에서 인간은 자발적으로 꿈이나 희망을 가질 기회를 상실하고 있으며, 필요와 생산, 수요와 공급은 전도되고 있다. 결국 사람들은 무언가 부족한 상태, 즉 스트레스 상태를 기대감이나 삶의 성취감을 느낄 기회로 만들지 못하고, 잠시도 그 상태를 견디지 못하면서 점점 초조하고 신경증적이 되어 간다. 철학자 Bertrand Russell은 이런 사람들은 원하는 것 중 일부가 부족한 상태가 행복의 필수조건이라는 점을 간과하고 있다고 하였다. 이는 앞 장에서 설명한 바와 같이, 스트레스가 우리에게 동기를 제공하고 그 동기의 충족에 의해 웰빙이 이루어지는 스트레스-웰빙의 선순환 관계를 또 다른 방식으로 설명하는 것이라 하겠다. 현대인은 지나치게 빠르게 변화하는 삶 속에서 욕구 발생 빈도가 충족 빈도를 압도하고 결국 스트레스-웰빙의 선순환의 고리가 단절되어 스트레스 상태에 항상 고착되어 지내고 있다고 할 수 있다.

3) 현대인의 신체적 스트레스

현대인이 스트레스를 느끼는 주된 상태를 '3D'로 설명하기도 한다. 즉 마음에 불안과 불편함을 느끼는 상태(discomfort), 마음이 안정되지 않고 분산된 상태(distraction), 판단이나 결정을 해야 하는 상태(decision making)가 그것이다. 여기에서 알 수 있듯이 현대의 스트레스는 대개 신체적인 것이 아니라 심리적인 원인에서 발생한다. 그렇다고 해서 신체적 스트레스 없는 것은 아니다. 현대인의 스트레스 중 신체적 스트레스가 차지하는 비중은 적으나, 현대 사회는 과거와는 완전히 다른 방식으로 신체적 스트레스를 유발하여 심신에 괴로움을 주고 있다.

진화 과정에서 인간의 신체가 현대와 같은 기능과 모습을 갖춘 것은 끊임없이 활동하며 음식물을 구해야만 살 수 있는 수렵채취의 시기였고, 그 시기에는 기후와 계절의 변화로 인해 장기간 음식물을 섭취하지 못해도 견딜 수 있게 해주는 생리적인 대응책이 있어야 했다. 신체 활동이 거의 없는 현대의 도시 생활방식, 소비되지 않고 축적되는 과도한 열량 섭취는 근본적으로 인간의 생리와 맞지 않는 것이다. 극단적으로 감소된 신체 활동은 동물원에 갇혀 있는 동물들이 겪는 것과 같은 스트레스를 인체에 준다. 신체적 긴장에는 심리적 긴장이 반드시 따르게 된다. 동물을 대상으로 한 스트레스 실험에서 실험동물에게 줄 수 있는 가장 극심한 스트레스 중 하나가 꼼짝할 수 없이 구속(restrain)하는 것이다. 스트레스 관리법을 설명하는 장에서 자세히 살펴보게 되겠지만, 운동을 단지 스트레스로 인해 쌓인 생리적 긴장을 방출하는 수단으로만 이해해서는 안되는 것이다.

앞에서 살펴 본 바와 같이 인류가 현재와 같은 도시 생활을 한 것은 인류의 전체 역사에서 볼 때 극히 짧은 기간이며 최근에 일어난 일이다. 인간은 자연 속에서의 생활에 맞는 생리적, 심리적 설계를 지니고 있으므로, 그것과 극단적으로 다른 환경인 도시 생활은 육체적, 심리적 부담을 줄 수밖에 없다. 당뇨병은 이것을 증명하는 대표적인 질환이다. 우리나라의 경우 1970년대의 당뇨병 유병률은 약 2%에 불과하였으나, 1990년대 초에 이미 10%에 육박하는 급증 양상을 보였다. 세계보건기구는 당뇨병이 전 세계의 유행병 상태에 이른 것으로 이미 오래전에 보고하였고, 2025년경에는 전 세계 인구 중 3억 명 이상이 당뇨병을 앓게 될 것으로 전망하였다.

당뇨병은 당분 대사에 필수적인 호르몬인 인슐린의 절대적 부족 혹은 상대적 부족으로 인해 생긴다. 인슐린을 생산하는 췌장 자체의 기능 이상으로 인해 인슐린의 생산이 불가능한 경우를 1형 당뇨(type 1 diabetes mellitus, insulin dependent diabetes mellitus)라고 하고, 과도한 당분의 섭취로 인해 인슐린이 상대적으로 부족하게 되는 것이 대개의 당뇨 환자에게 해당되는 2형 당뇨(type 2 diabetes mellitus, non-insulin dependent diabetes mellitus)이다. 인간 췌장의 인슐린 생산 능력은 수렵채취 시대의 수준에 비해 거의 달라진 것이 없는데, 과도한 음식물 섭취로 인해 당분 대사에 과부하가 생기는 것이다. 결국 당뇨병을 야기하는 것은 대부분 췌장의 문제가 아니라 신체 활동의 급감과 영양 과다를 야기한 도시적 생활환경과 생활양식인 것이다. 자동차, 엘리베이터, 가전 기구를 비롯하여 일상의 신체 활동을 대신해 주는 기술문명의 발달 덕분에 삶이 편해졌다고 생각하는 것은 사실상 우리 스스로를 기만하는 그릇된 믿음 중 하나이다. 그것은 편하다고 생각하는 구부정한 자세가 척추 등의 근골격계에 커다란 부담을 주게 되는 것과 같다.

4) 생존위협과 생존경쟁

과학 문명의 발달과 정보화 사회로의 변화는 사람들에게 지나치게 빠른 환경 변화에 적응하도록 요구하고 있고, 인구의 집중과 사회관계망의 확대 속에 성공 지향의 생존경쟁은 유례없이 치열하다. 생존을 위협하는 맹수나 자연재해로부터의 스트레스는 감소된 반면, 사회적 생존경쟁과 환경 변화에 따른 스트레스가 증가한 것이다. 복잡해지는 삶에 적응하기 위한 신기술 습득의 부담은 '기술스트레스(technostress)'라는 신조어까지 만들어냈다. 과거에는 가족들이 대대로, 일생 동안 같은 일에 종사하며 생계를 이었으며 사회적 신분이나 지위도 안정적이고 예측이 가능하였으나, 현대에는 직업이나 사회적 역할의 잦은 변화로 인한 적응 요구가 과거에는 없었던 형태의 스트레스로서 큰 부분을 차지하고 있다.

인류사적으로 인간이 겪은 스트레스를 생존위협으로 인한 것과 생존경쟁으로 인한 것으로 구분하고 이들을 더한 것을 총 스트레스로 본다면, 바누아투나 부탄처럼 문명화가 덜 진행된 국가의 국민들에게서 삶의 만족도와 행복이 더 높게 나타나는 이유를 설명할 수 있다.

사람과 유사한 사회생활을 하는 원숭이들을 대상으로 Kaplan 등이 실시한 연구에 의하면, 서열이 안정된 무리와 서열 경쟁이 계속되는 불안한 무리의 우두머리를 2년 후 평가하였을 때, 서열이 불안정하여 계속 변하는

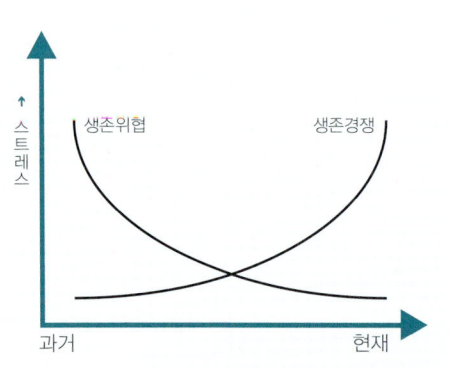

그림 3-1 스트레스의 변화 양상

무리의 우두머리 원숭이에게서 동맥경화, 고지혈증, 심근경색 등이 더 많이 나타났다. 이는 경쟁사회 속에서 겪는 스트레스가 현대인의 건강에 미치는 영향을 그대로 보여주는 것이라 할 수 있다.

Friedman과 Rosenman은 스트레스에 취약하여 질병을 유발하기 쉬운 성격의 특징을 연구하여, 'A형 행동유형(type A behavior pattern)'을 정의하였다. A형 행동유형을 정의하는 여러 성격 특징들 가운데 핵심적인 요소는 경쟁심, 적개심, 분노 등이다. 이러한 태도들은 사회적으로 우위를 차지하려는 경쟁적 태도와 무관하지 않다. Bertrand Russell은 "미국에서 만난 모든 사람들에게 혹은 영국에서 사업하는 모든 사람들에게, 즐겁게 생활하는 것을 가장 방해하는 것이 무엇이냐고 물어보라. 그들은 '생존경쟁'이라고 대답할 것이다"라고 하였다. 현대의 자유평등 사상과 사회적 지위의 가변성은 경쟁과 질투의 대상을 확대하였고, 기술 문명의 발달과 정보화 사회로의 변화는 그 영역을 사이버 공간으로까지 무한정으로 넓혀 놓고 있다.

인간은 과거나 지금이나 사회를 떠나서는 홀로 살아갈 수 없다. 친절을 뜻하는 단어 'kindness'는 '무리 안의 사람'이라는 의미를 갖는다. 즉 친절은 인류(humankind)의 종성(種性, kind-ness)을 뜻하는 것이라고 할 수 있다. 관대함을 뜻하는 'generosity'도 인간의 보편적(general) 성품이었다고 할 수 있다. 이러한 품성들은 사회의 다른 구성원들로부터 환영받을 수 있는 적응적인 것이므로 인간의 마음이 형성되는 과정에서 본래의 성품으로 갖추어져 왔다고 할 수 있다. 따라서 그와 같은 심리적, 행동적 성품을 유지할 때 우리의 심리적 항상성이 유지된다. 그러나 인구가 증가하고 도시에 집중되면서 생존경쟁이 가열되고, 사회적 관계는 적대적이고 경쟁적인 상황으로 변화되었다. 경쟁심, 배타성, 이해타산적 태도가 마치 생존에 필수적인 능력인 것처럼 생애 초기 교육에서부터 조장되고 있다. 그리하여 인간의 심리적 항상성은 그 어느 때보다도 위협받고 있는 것이다.

5) 통제가능성과 예측가능성

　스트레스 반응의 형성 여부는 스트레스성 사건을 위협으로 지각하는가, 그렇지 않은가에 달려 있다. 같은 사건이라도 스트레스로 느껴지는 사건들은 위협으로 지각되는 것이며, 그렇지 않는 사건들은 단지 하나의 도전으로 보인다. 이러한 맥락에서 스트레스 연구자들은 경쟁사회를 사는 현대인들에게 스트레스를 결정하는 핵심적 변인은 '통제가능성(controllability)'과 '예측가능성(predictability)'이라는 데 동의한다. Robert Sapolsky는 "정신적 스트레스를 초래하는 원인들을 일반화해 보면, 우리가 피하고 싶은 일 목록의 제일 위에는 '앞을 예측할 수 없다는 것'과 '자신이 아무것도 통제할 수 없다'는 것이 적혀 있다"고 하였다. Rollo May는 현실에 당면할 때 불안이 생기는 이유는 결단성과 책임성이 따르기 때문이라고 했는데, 예측이나 통제의 능력이 확보되지 않은 상태에서 결정하고 책임져야 하는 상황은 불안을 야기하고 현재 순간에 온전히 정박되지 못하게 한다. 이것이 앞에서 '3D'로 설명한, 현대 스트레스를 특징짓는 세 요소, 즉 마음에 불안과 불편함을 느끼는 상태(discomfort), 마음이 안정되지 않고 분산된 상태(distraction), 판단이나 결정을 해야 하는 상태(decision making)인 것이다.

　동물 연구에서나 사람을 대상으로 한 연구에서나 통제가능성과 예측가능성은 스트레스의 주요 변수로 작용한다. 바닥에 전기가 통하는 우리에 쥐 두 마리를 넣고, 한 마리에게는 스스로 충격을 멈출 수 있는 레버를 설치해 주면, 똑같은 충격이 주어졌을 때 쥐들이 느끼는 스트레스가 다르다. 또한 전기 충격을 주기 전에 미리 불빛으로 예고 신호를 주면 동일한 스트레스에 대해서도 반응이 감소한다.

　인간을 대상으로 한 연구에서도 마찬가지다. 자신이 스트레스 환경에 대한 통제권을 가지고 있다고 생각할수록 스트레스를 적게 받거나 스트레스로 인한 혼란을 덜 나타낸다. 마약성 진통제를 투여 받고 있는 환자에게 의료진이 투약 스케줄에 맞추어 직접 진통제를 투약하지 않고 환자에게 진통제를 주면서 통증이 심할 때만 직접 투약하라고 하면 진통제의 투여량도 줄어들고 환자에게 지각되는 통증도 감소한다. 똑같은 기계 소음 속에서 근무하는 근로자들 중 한쪽 그룹에게 기계를 멈출 수 있는 버튼을 주면서, 소음으로 인한 고통이 매우 심할 때 사용하되 가급적 기계를 멈추지 말고 하면, 근로자들은 소음이 여전한 환경임에도 불구하고 스트레스를 덜 경험한다. 중요한 사실은 기계를 멈추는 일이 거의 발생하지 않는다는 것이다. 실제로 통제를 했는가, 하지 않았는가와 상관없이 자신이 그 상황을 통제를 할 수 있다는 믿음, 즉 통제가능성에 대한 지각이 더 중요하다는 것이다.

스트레스 사건을 통제할 수는 없더라도 그 사건의 발생을 예측할 수 있으면 스트레스의 강도가 감소한다. 쥐를 우리에 넣고 회피할 수 없는 전기 충격을 주면 그 스트레스로 인해 위궤양이 발생하는데, 쥐들에게 충격을 주기 전에 신호를 미리 제시하면 궤양의 발생이 감소한다. 인간의 경우에도 동일한 강도의 예측할 수 없는 전기 충격에 비해 예측 가능한 충격을 덜 혐오스러운 것으로 느낀다. 월남전에서 남편을 잃은 아내들을 추적 조사했던 연구에 의하면, 전사한 군인들의 아내들보다 남편이 실종되어서 생사가 불확실한 아내들에게서 심신의 건강이나 삶의 기능이 더 불량한 것으로 나타났다.

복잡한 사회일수록 상황에 대한 예측력이나 통제력을 갖기가 어렵지만, 그 상황에 대한 충분한 정보를 획득함으로써 통제가능성과 예측가능성을 동시에 높일 수 있다. 예컨대 버스정류장이나 지하철 플랫폼에서 차량의 운행 상황을 안내하는 것, 운전자에게 도로 교통 정보를 보여주는 것 등은 예측가능성과 함께 그 상황에서 자신이 선택할 수 있는 행동의 범위를 넓혀주어 통제가능성을 높인다. 이처럼 결과를 예측하는 것은 상황을 통제하는 것에 영향을 미치므로 예측가능성과 통제가능성이라는 변인들은 서로 밀접한 관계를 갖고 있다.

통제가능성과 예측가능성은 심리학에서 '자기효능감'이나 '내적통제소재(internal locus of control)'라는 개념으로 설명될 수 있다. 높은 자기효능감은 건강관리, 금연, 질병 치료에 대한 순응도(compliance) 향상에 긍정적 영향을 준다. 상황에 대한 통제의 소재가 자기 스스로에게 있다는 내적통제소재에 대한 믿음은 적극적 사고와 능동적 행동으로 이어진다. 연구에 의하면 자기효능감은 스트레스를 완화시키고 면역계의 활동을 촉진시킨다. 반면 통제력이나 예측력의 부족은

종양 반응을 일으키는 원인이 되고, 자기효능감과 반대되는 무기력은 남성의 조기사망률을 예측할 수 있는 요인이 되었다.

인간은 본능적으로 예측가능성과 통제가능성을 확보하고 자기효능감을 높이려는 방향으로 행동을 한다. 빈틈없이 만들어진 시간 계획에 따라 움직일 때 안정감을 느끼며, 물질과 권력과 사회적 관계망을 확보함으로써 삶의 통제력을 확보하려 한다. 자본주의 사회에서는 물질이 통제가능성 뿐만 아니라 삶에 대한 예측가능성을 높이는 기능을 한다. 경제적 능력, 정보, 대인관계는 모두 스트레스 대처자원으로서 중요한 것들이다. 그런데 현실에서는 그러한 노력의 결과가 기대와 다르게 나타난다.

좀 더 자세히 살펴보자. 미국인을 대상으로 한 연구를 보면 생활비의 만족 수준에 관한 질문에는 거의 모든 사람이 부족하다고 답하였고, 삶의 질을 향상시키는 것이 무엇인지 묻는 질문에는 절대 다수가 돈이라 응답하였다. 우리나라 50대 남성의 자살 증가율은 다른 연령대에 비해서 가장 높은데, 자살 원인의 절반 이상은 경제적 고통인 것으로 조사된다. 그런데 물질에 집착할수록 웰빙 수준은 크게 손상된다는 것이 많은 연구에서 증명된다. 규칙적인 생활이 예측가능성을 높여 스트레스 관리에 도움이 되기도 하지만, 한정된 시간 속에서 막대한 정보를 처리하고 의사결정을 해야 하는 상황은 심리적 공황을 야기하게 된다. Zimbardo는 이것을 현대인의 '시간 기근(time famine)'이라고 표현한 바 있다.

대인관계 또한 스트레스 대처자원으로서 중요한 요소이다. 그러나 현대 스트레스의 단일 요인으로서 가장 핵심적인 것이 바로 대인관계이다. 도(道)정신치료를 창시한 신경정신과 전문의 소암 이동식은 "세상 사람들의 화제가 남녀노소를 막론하고 누가 내게 잘 해주었다, 잘못했다, 무시했다, 인정을 해주지 않는다 등이 대부분인 것을 보면 중생고가 어떤 것인지 실감할 수 있을 것이다"라고 하였다. 직장생활에서 가장 큰 어려움으로 나타나는 것도 대인관계이며, 청소년과 대학생들이 상담소를 찾는 큰 이유도 가족관계, 또래관계, 이성관계 등 관계의 문제이다.

물질이나 권력에 대한 욕구, 시간에 대한 강박, 정보 선점을 위한 경쟁, 대인관계에 대한 집착 등은 Lazarus와 Folkman이 말한 스트레스 대처자원을 증가시키려는 노력으로 볼 수도 있다. 그러나 시간뿐 아니라 정보, 경제력, 대인관계 등은 모두 추구하면 추구할수록 기대와 현실에 대한 차이를 확인시키게 되며, 스트레스는 악순환 속에서 증폭된다. 더구나 물질에 대한 추구와 성공에 대한 경쟁이 심화될수록, 인간의 삶의 기반이자 가장 중요한 스트레스 대처자원인 사회적 관계는 훼손될 수 밖에 없다.

정리를 해보면, 현대의 스트레스는 어떤 것을 피하려는 것이 아니라 그것을 추구하려는 과정에서 야기된다. 현대인에게 스트레스를 유발하는 대표적 요인들은 역설적으로 스트레스 학자들에 의해 스트레스 대처자원으로 제시되는 것들이다. 이것은 무엇을 의미하는 것일까? 스트레스 관리란 피하고 싶은 것과 갖고 싶은 것, 행복과 불행, 스트레스와 웰빙이 서로 동전의 앞뒷면과 같은 관계를 가지고 있다는 깨달음을 가지고, 그것들에 대해서 올바른 인식과 건전한 태도를 갖는 것으로부터 시작되어야 한다는 것이다.

02

스트레스에 관한 새로운 통찰

1. 현대 스트레스의 원인과 양상
▶ 2. 스트레스에 관한 새로운 통찰

스트레스의 기원에 대한 진화론적 이해, 그리고 현대인이 경험하는 스트레스의 본질에 대한 철학적 통찰로부터, 스트레스에 관한 새로운 인식의 수립 또는 인식 전환의 필요성이 제기된다. 구체적으로 그 내용은 왜 스트레스를 관리해야 하는가, 스트레스 관리의 실체는 무엇인가, 스트레스 관리에서 가장 중점을 두어야 하는 요소는 무엇인가에 관한 것이다.

1) 왜 스트레스를 관리해야 하는가?

스트레스가 질병을 일으키기 때문에 스트레스를 관리해야 한다고 답하는 사람들이 많다. 스트레스를 관리하는 목적이 건강하기 위해서라고 생각하는 사람들에게는 '왜 건강하려 하는가?'라는 질문을 다시 건네 볼 필요가 있다.

인간이 건강을 추구하는 목적은 건강 자체가 삶의 궁극적 목적이기 때문이 아니다. 아리스토텔레스는 인간 삶의 궁극의 목적을 인간이 성취할 수 있는 최고의 선, 즉 '유데모니아(eudaimonia)'라 하였다. 이 말은 현대에 와서 웰빙, 행복, 성취 등으로 번역된다. 달라이 라마 역시 행복과 성취감을 얻는 것이 모든 인간의 궁극적인 목표라고 하였다. 건강이든 스트레스 관리든 그 목적은 행복과 웰빙을 위한 것임을 깨닫게 될 때, 건강을 추구하거나 스트레스를 관리하기 위해 선택하는 방법, 그리고 우리가 돌아보고 돌보아야 할 삶의 범위는 모두 변화될 수 밖에 없다. 그러한 면에서 스트레스학은 전일주의 철학을 기반으로 한 동양의 심신의학 체계들과 매우 유사한 치유관과 치유 기법들을 공유하고 있다.

우리는 앞에서 스트레스는 인간의 전 차원에서 건강과 행복의 본질을 설명할 수 있는 개념이자, 인간에 대한 전인적 이해와 학문들간의 협력을 가능하게 하는 핵심고리임을 살펴보았다. 모든 학문의 궁극적 목표는 결국 인간의 행복에 기여하는 것이다. 스트레스학은 동서양의 의학, 생리학, 심리학, 사회학, 철학 등 모든 학문이 만나는 통합의 구심점을 형성하고 있는 것이다.

우리는 인간이 본연의 이상적 모습에서 벗어났을 때 스트레스와 고통이 야기된다는 것과, 이것은 심, 신, 영 모든 차원에서 동일하게 적용되는 원리라는 것을 확인하였다. 그것은 우리가 잊고 있었던 본래의 모습을 되찾아 그것에 어긋나지 않는 삶의 양식을 추구함으로써 건강과 행복이 구현될 수 있다는 사실을 암시하는 것이다. 이러한 원리에 대한 수용이 없다면 스트레스 관리라는 명목으로 채택되는 기법들은 그 자체가 또 다른 스트레스가 될 수 있다. 무엇보다도 중요한 점은 스트레스원을 회피하거나 스트레스 반응을 감소시키는 것보다는 잠재적으로 스트레스가 될 만한 자극들을 실제 스트레스로 구성해내는 자신의 내적 기제에 더욱 주목해야 한다는 것이다.

2) 모든 스트레스가 해로운 것은 아니다

모든 스트레스가 해로운 것은 아니라는 사실은 생리학적으로도 확인된다. 창조적인 활동, 의욕을 불러일으키는 도전에 동반되는 스트레스는 좋은 스트레스다. 짜릿한 전율을 느끼게 하는 자극도 급성 스트레스 반응을 가져오지만, 이러한 스트레스들은 결과적으로 생체에 해로움보다는 유익을 가져온다.

Selye는 스트레스에는 좋은 스트레스(eustress)와 나쁜 스트레스(distress)가 있다고 하고, 개체의 안녕에 도움이 되는 일정한 수준의 스트레스를 좋은 스트레스라고 표현하였다. 누구에게나, 어느 상황에서나 절대적으로 좋거나, 절대적으로 나쁜 스트레스는 없다. 그러나 가까운 사람과의 사별, 경제적 빈곤, 신체적 질병, 사회적 실패, 과도한 기대와 욕심 같은 것들은 대체로 나쁜 스트레스이고, 나쁜 스트레스는 불안, 짜증, 초조, 두려움, 걱정 등의 단어와 거의 동의어라 할 수 있다. 이러한 나쁜 스트레스는 심신의 불건강을 초래하고 삶에 부정적 영향을 미친다. 나쁜 스트레스는 좋은 스트레스보다 만성적으로 진행되는 경향이 있는데, 만성 스트레스는 면역 기능을 저하시켜 각종 질병에 대한 감수성을 높인다.

반면 스포츠 경기, 자녀 출산, 결혼, 취업, 승진, 도전적 과제 같은 것은 대체로 좋은 스트레스로 인식되며, 이들은 인지적 능력을 증가시키고, 정신적 경각심을 높이며, 신체의 에너지 수준을 높여주고, 과제 수행력을 향상시킨다. 또한 창조적이고 생산적

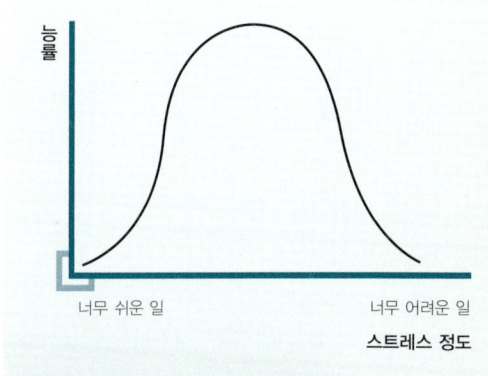

그림 3-2 스트레스-능률 곡선

인 활동에 대한 동기를 증가시켜서 성장과 발전의 원동력이 된다. 좋은 스트레스에 대해서도 심신의 스트레스 반응이 유도되기는 하지만, 건강에 해로운 수준이 될 정도로 활성화되지는 않으며, 베타-엔돌핀이나 옥시토신과 같은 펩타이드 호르몬들이 함께 분비되어 유해한 스트레스 반응을 상쇄시킨다. 짧고 심하지 않은 스트레스는 일시적으로 면역 반응을 증가시키고, 세포의 활성을 증진시킬 수 있다. 이처럼 적당한 수준의 스트레스는 심신에 활력을 불어 넣고, 몸의 저항력을 높이며, 작업 수행성과를 향상시킨다.

Peter Warr는 비타민 모델(vitamin model)을 이용하여 스트레스가 우리에게 미치는 영향을 설명한 바 있다. 비타민은 반드시 섭취해야 하는 것이지만, 과도하게 섭취할 경우 인체에 유해한 영향을 줄 수도 있다. 마찬가지로 적당한 수준의 스트레스는 심신의 활력을 제공하지만 과도한 스트레스는 부정적 영향을 미치게 된다. 스트레스-능률 곡선을 보면 자신의 능력에 비해서 요구가 너무 높은 경우뿐 아니라, 너무 낮은 경우에도 수행 능력은 감소된다. 실제로 스트레스 없는 것이 가장 나쁜 스트레스가 될 수도 있다. 직장에서의 스트레스가 심했던 사람이 실직이나 해직 후 겪는 심신의 급격한 쇠약, 자녀 문제로 항상 힘들어하던 사람들이 자녀의 출가 후 겪는 빈둥지증후군(empty nest syndrome) 같은 현상은 스트레스가 없는 것이 오히려 더 큰 스트레스가 된다는 것을 보여준다. 그와 같은 스트레스와 더불어 암이나 성인병의 발병율의 증가하고, 심신이 허약해지며 노화도 촉진되는 경우를 쉽게 볼 수 있다.

고통과 스트레스는 생명체에게 살아있음을 알려주는 신호이기도 하다. 더 이상 바랄 것이 없을 때 '죽어도 여한이 없다'는 표현을 하게 되는 것은 우연이 아닐 것이다. 그리하여 인간은 끊임없이 새로운 걱정거리를 만들어 내거나, 위험을 무릅쓰고 모험적 행위를 추구하면서 스스로를 자극하기도 한다. 그것은 살려는 본능적 욕구와 함께 주어진 살아있음의 확인에 대한 본능이라고 할 수 있다. 따라서 고통 자체를 제거하려는 것은 자칫 더 부정적인 결과를 초래할 수도 있다. 스트레스도 마찬가지이다. 스트레스는 좋지 않은 것이고 피한다는 생각에 좋은 스트레스까지 포기하게 된다면, 그 결과는 삶에 더 치명적일 수도 있는 것이다.

3) 스트레스 관리의 핵심 요소

스트레스에 대한 반응 여부와 반응 규모는 사건에 대한 인식과 평가, 그리고 그 사람의 고유한 생리·심리적 반응성에 의해 결정된다는 사실로부터, 어쩌면 스트레스를 만드는 것은 다름 아닌 자기 자신이라는 것을 알 수 있다. 그렇다면 스트레스 관리의 실체는 자기관리이며, 자기관리에서의 핵심요인은 내적 태도와 반응 양식을 적응적으로 개선하는 것이다. 프랑스의 작가 Albert Camus는 "지성인은 자기의 마음으로 자기 자신을 망보는 사람이다"라고 말한 바 있다. 어떤 사건이 스트레스가 될 것인지, 되지 않을 것인지를 결정하는 것은 마음의 작용이므로 자신의 마음을 망보는 것은 스트레스 관리의 핵심적 기술이다. 현대 심신의학은 마음과 협력하여 생리적 반응들을 제어하고 변화시킬 수 있는 가능성들을 찾아내고 있다. 마음은 개체로 하여금 스트레스 반응을 개시할 것인지를 결정하는 첫 번째 열쇠와 반응의 정도를 제어하는 두 번째 열쇠를 모두 가지고 있기 때문이다. 이것은 한의학을 비롯한 동양의학들의 근본적 치유관이기도 하다. 『의식혁명』의 저자 David Hawkins는 "질병이란 마음의 작용이 무엇인가 잘못되고 있다는 증거이며, 마음이야말로 변화를 가져오는 힘이 존재하는 장소"라고 하였다. 건강한 마음, 스트레스에 강건한 마음을 기르는 것을 배제하고는 어떠한 스트레스 관리법도 원하는 만큼의 성과를 가져오기 어렵다.

스트레스 치유 효과를 내세우는 다수의 접근법들이 스트레스로 인해 이미 발생한 심신의 증상을 완화하는 것을 목표로 하거나, 스트레스를 유발하는 원인이나 상황을 피하도록 하는 것에 초점을 두고 있다. 물론 심신의 증상을 완화시키는 것은 중요하다. 스트레스를 받는 상태가 만성적으로 계속되면 그것은 몸과 마음의 긴장으로 나타나고 이러한 긴장이 계속되면 자율신경계, 내분비계, 면역계 등 몸의 여러 기능을 조절하는 생리적 체계에 이상이 생겨 결국 질병으로 이어질 수 있다. 그러나 근본적 원인을 제거하지 않고 증상만 완화하는 것은 밑이 없는 독에 물을 계속 부어야 하는 소모적인 과정이 될 수 밖에 없다. 신체적 고통이 있다면 고통 자체를 제거하기에 앞서 고통이 발생하는 원인을 파악하여 그 원인을 제거해야 근본적인 치유가 가능하며 그러한 치유가 이루어지면 고통은 자연히 소멸된다. 스트레스도 그러하다.

그러나 스트레스의 경우, 스트레스를 유발하는 원인을 피하는 것에 초점을 맞추는 것도 최선의 방법은 아닐 수 있다. 어떤 것을 피해야하는 상황이 끊임없이 계속되는 것도 커다란 스트레스이며 그것은 삶의 질과 관련하여 포기해야 할 측면, 즉 기회비용을 동반한다. 마당에 있는 벌을 피하기 위해 계속 방 안에서만 지내야 하는 것과 마찬가지일 수 있는 것이다. 고통이나 스트레스라는 상황을 인지할 때 동반되는 불편한 감각과 감정은 새로운 균형과 에너지를 발생시키는 긴장이다. 그것이 바로 스트레스라는 기제가 생명체에게 갖추어진 목적이기도 하다. 불편한 경험 자체를 피하려 하기보다는, 그 경험을 객관적, 중립적으로 수용하여 그것이 자신 안에서 더 큰 고통과 질병으로 증폭되는 경로를 차단하고, 나아가 적극적인 변화 노력을 통하여 심신의 대응 능력을 향상시킴으로써, 결과적으로 자신이 놓인 상황도 더 우호적으로 개선할 수 있다. 이 과정을 시작하는 열쇠와 추진하는 에너지는 자신의 마음에서 비롯된다.

**Holistic &
Integrative
Stress
Healing**

Holistic & Integrative Stress Healing

••• 생체는 스트레스성 자극에 대해 적절히 반응함으로써 변화하는 환경에 적응하고 항상성을 유지할 수 있다. 스트레스에 대처하기 위한 적응적 반응은 생체의 에너지와 역량을 긴급한 곳에 재분배하는 방향으로 전개된다. 스트레스 반응에서 핵심적인 역할을 수행하는 것은 자율신경계와 내분비계이다. 자율신경계는 시상하부-교감신경-부신수질 축(sympatho-adreno-medullary axis: SAM 축)을 통해서, 내분비계는 시상하부-뇌하수체-부신피질 축(hypothalamic-pituitary-adrenocortical axis: HPA축)을 통해서 말초의 거의 모든 장기와 조직에 영향을 준다. 이 두 체계를 지휘하는 뇌의 시상하부는 뇌에서 신경전달물질을 생산하고 전달하는 과정에도 영향을 미쳐 감정, 각성 상태, 행동에까지 영향을

PART 04

스트레스의 생리학
Stress physiology

준다.

스트레스로 초래되는 일련의 생리적 반응을 스트레스 반응이라고 하고, 이 과정에서 분비되는 호르몬들을 스트레스 호르몬이라고 하는데, 특히 부신피질자극호르몬 분비호르몬(corticotropin releasing hormone: CRH), 부신피질자극호르몬(adrenocorticotropic hormone: ACTH), 코티솔(cortisol), 에피네프린(epinephrine), 노르에피네프린(norepinephrine) 등이 생리적, 심리적 스트레스 반응을 구성하는 핵심적 역할을 한다. 베타-엔돌핀(β-endorphine), 옥시토신(oxytocin), 프로락틴(prolactin) 등의 호르몬도 스트레스 반응에서 증가하여 보상적 반응에 관여한다.

01

- 1. 스트레스 반응
- 2. 중추신경계와 스트레스 반응
- 3. 내분비계와 스트레스 반응
- 4. 면역계와 스트레스 반응
- 5. 심신 스트레스 반응의 통합

스트레스 반응

개체에 따라 정도와 양상은 다르지만, 스트레스 반응은 생리적, 정서적, 인지적, 행동적인 다양한 증상들을 유발한다. 분노나 두려움 같은 정서가 신체적으로 나타나는 것을 신체화(somatization) 반응이라 하는데, 우리가 흔히 경험하는 스트레스의 생리적 반응들도 여기에 포함된다. 두려움을 느낄 때 맥박이 빨라지고, 화가 나면 혈압이 상승하며, 긴장하면 근육이 경직되고, 우울할 때 수면 장애를 겪게 되고, 걱정을 하면 각종 작업 수행 능력이 떨어지는 것 등이 그것이다. 스트레스를 경험할 때 나타나는 일반적인 생리적 증상으로는 혈압 상승, 맥박 증가, 호흡 증가 또는 호흡 곤란, 감각 이상, 근육의 긴장, 통증 지각의 증가, 위장관계 증상, 알레르기 등을 들 수 있다. 정서적으로는 분노, 불안, 공포, 우울, 짜증, 긴장 등이 나타난다. 인지적으로 기억력, 주의력, 집중력 등에 장애가 나타난다. 행동 반응으로는 식욕의 변화, 수면의 변화, 음주, 약물복용, 우유부단함, 공격적 태도, 폭력적이거나 위험한 행동, 실수, 수행 능력 저하 등이 나타난다.

두통, 소화기 장애, 위장관 궤양, 불면증, 요통, 만성피로, 불안증, 우울증, 생리불순 등은 비교적 흔히 경험하는 스트레스성 질환이며 협심증, 성장장애, 불임, 악성종양 등도 스트레스와 밀접한 관계가 있다.

스트레스 시 생체에서 일어나는 변화들, 그리고 그것이 우리의 건강과 질병에 영향을 주게 되는 생리적 과정들에 대하여 살펴보기로 한다.

1) 항상성과 이상성

생리학 교과서에 가장 먼저 설명되는 용어 중 하나가 '항상성(homeostasis)'이다. 스트레스라는 단어를 동사로 사용할 때는 '압박하다', '압력을 가한다'는 뜻인데, 결국 스트레스란 유기체의 항상성에 압력을 가하는 것이다. 앞 장에서 간략히 언급한 바와 같이, 생체는 내외의 환경으로부터 끊임없이 자극을 받고 있지만 항상 일정한 생리적 상태를 유지한다는 개념은 Claude Bernard에 의해서 처음 소개되었고, 이후 Walter Cannon에 의해 항상성이라는 용어로 표현되었다.

생명을 유지하는 것은 각종 감각 기관을 통하여 내외의 환경 변화와 자극에 대한 정보를 입수하고, 그 상황에 맞게 적절히 반응하고 대처함으로써 항상성을 유지하는 능력에 달려 있으며, 스트레스는 이 항상성을 위협하는 자극이다. 항상성 조절의 핵심 기관은 신경계와 내분비계 두 시스템이다. 신경계는 신경전달물질을 통해, 내분비계는 호르몬을 통해 정보를 수집하거나 조절 명령을 내린다. 그런데 이 전령물질들을 인식할 수 있는, 즉 이 전령물질들과 결합할 수 있는 수용체는 신경계, 내분비계 뿐 아니라 면역계를 포함한 여러 계통과 기관에서 발견된다. 한편 면역계는 면역학적 자극에 관한 정보를 신경계 및 내분비계와 공유함으로써 인체의 방어와 조절 기능에 기여한다. 따라서 신경계, 내분비계, 면역계가 서로 연결된 '항상성 삼각형(homeostasis triangle)'에 의해 생체의 항상성이 유지되는 것이다.

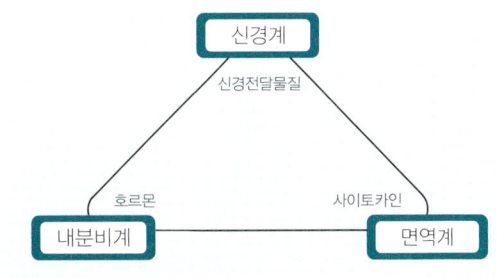

그림 4-1 항상성 삼각형

Sterling과 Eyer가 제안한 개념인 '이상성(allostasis)'은 내외로부터의 변화 요구에 대해 생체가 새로운 평형 상태를 만들어 안정을 유지하는 것을 의미한다. 즉 고정된 균형 상태를 유지하는 것이 아니라 새로운 균형 상태가 이루어진다는 것이 이상성이다. '신항상성'이라고도 불리는 이상성은 '새롭게 수립된 항상성', '다른 형태의 항상성'이라는 의미를 담고 있다.

항상성 모델에서는 모든 생리적 지표가 소위 '정상'을 유지해야 건강이고, 그것을 벗어난 지표는 의학적 치료의 대상이 되는 것에 비해, 이상성 모델에서의 건강은 내외 환경의 요구에 대한 반응과 적응력을 의미하는 것이며, 정상 범위를 벗어나는 생리적 지표 자체를 병리적 결과로 보지 않는다. 유기체의 생리적 지표들은 세포간, 조직간, 장기간의 상호 소통과 피드백에 의해 나타나는 것이며, 각 지표들의 변화는 고위 중추의 통제에 의해 하위 기제들의 작용이 조율된 결과이다.

항상성 모델 항상 대(大)자 형의 고정된 자세가 유지된다.

이상성 모델 필요에 따라 방(方)자 형의 균형 자세가 이루어지나 이 상태를 유지하려면 근골격계의 부담이 가중된다.

그림 4-2 항상성 모델과 이상성 모델의 차이

    이상성 모델은 유기체가 변화를 통해 동적인 안정성을 유지한다는 의미를 내포하고 있으며, 유기체의 안녕을 위해서는 내적 환경이 고정되어 있는 것이 아니라 유연하게 변화되어야 한다는 것을 지적하고 지속적 역동성을 강조한다. 그러나 변화의 요구가 계속되면 이상성을 유지하기 위한 생리적 부하가 가중되어 질병이 유발될 수 있다는 것이 이상성 모델의 병인론이다. 〈그림 4-2〉에서 시소 위에 있는 두 사람의 모습은 항상성 모델과 이상성 모델의 차이를 보여준다.

    이상성에 관한 설명은 '동태평형(動態平衡)'이라는 한의학의 중심적 개념과 일치한다. 한의학에서는 정상을 벗어난 어떤 상태, 즉 증상 자체를 질병으로 보지 않는다. 따라서 병명을 부여하기 전에 증상의 이면에 있는 원인에 주목한다. 예컨대 고혈압은 그 자체가 병이 아니라, 여러 원인에 의해 몸이 만들어낸 증상이다. 혈압은 자율신경계, 내분비계, 순환기계의 복잡한 기제에 의해 정밀하게 조절된다. 높은 혈압은 노인성 동맥경화나 혈류의 감소 같은 상태에서 말초로의 혈액 공급을 유지하기 위한 내적 조절의 결과일 수 있으므로, 정상을 벗어난 혈압 자체에만 주목하여 혈압강하제를 사용하면 오히려 기력의 감소나 장기의 허혈과 같은 증상이 초래될 수 있다. 다만 높은 혈압이 지속되면 심혈관계에 생리적 변화와 물리적 손상을 초래할 수 있으므로 증상에 대한 개입이 요구될 수 있다. 이것은 항상성 모델에서 설명하지 못했던, 스트레스에 의한 질병 발생의 기전을 이상성 모델이 설명하는 방식이기도 하다.

이상성도 신경계, 내분비계, 면역계 사이에 이루어지는 상호작용의 결과인데, 이상성을 유지하기 위한 '이상성 부담(allostatic load)'이 증가하면 이들의 상호작용에 의해 유지되는 생리적 기능에 양적, 질적 변화가 초래되고 결국 기질적인 손상과 질병으로 이어지게 된다.

2) 자율신경계와 투쟁-도피 반응

Walter Cannon은 유기체가 스트레스를 경험할 때 에피네프린, 노르에피네프린 등의 카테콜아민들이 분비되고, 이들의 작용으로 인해 투쟁-도피 반응(fight-or-flight response)에서 일어나는 다양한 심리적, 생리적, 행동적 변화가 나타나 위협에 맞서 싸우거나 신속히 도피할 수 있도록 한다고 설명하였다. 긴급한 상황에서 투쟁-도피 반응을 준비하는 것은 교감신경계이다.

인체의 신경계는 뇌와 척수로 이루어진 중추신경계와 온몸에 뻗어있는 말초신경계로 이루어진다. 말초신경계를 기능적으로 구분하면, 우리가 변화를 의식하고 기능에 영향을 미칠 수 있는 신경계인 체성신경계와 우리가 의식하거나 의지로는 조절할 수 없는 자율신경계로 나뉜다. 골격의 근육을 움직이거나 피부의 자극을 인지할 수 있는 것은 체성신경계에 의한 것이며, 호흡이나 혈압과 같은 생리 기능을 조절하는 것이 자율신경계이다. 즉 자율신경계는 생체의 기능

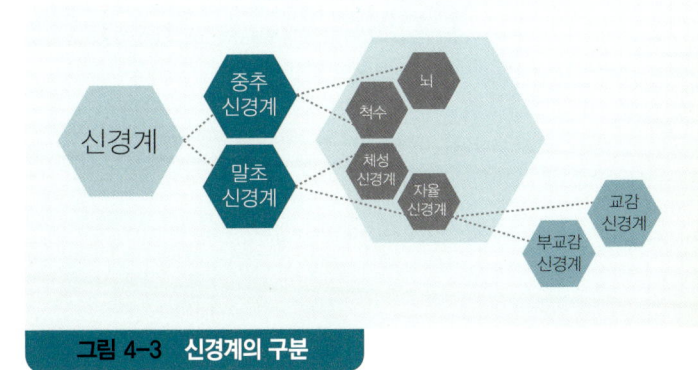

그림 4-3 신경계의 구분

가운데 불수의적이고 자동적인 기능을 담당하는 신경계이다.

자율신경계는 다시 교감신경계와 부교감신경계로 나뉘는데 이들은 서로 상반된 작용을 한다. 스트레스 상황에서는 교감신경계가 활성화되어 카테콜아민류의 스트레스 호르몬을 분비시켜 대응 활동을 준비한다. 티로신(tyrosine)이라는 아미노산에서 유래한 신경전달물질을 카테콜아민(catecholamine)이라 하는데 에피네프린, 노르에피네프린, 도파민 등이 카테콜아민에 속한다. 에피네프린과 노르에피네프린은 각각 아드레날린(adrenaline), 노르아드레날린(noradrenalin)으로 불리기도 하는데, 이들은 급성 스트레스에서 분비되어 신체를 스트레스에 대응할 수 있는 상태로 신속히 준비시켜 준다. 부교감신경계는 교감신경계와 정반대의 생리적 효과를 가져온다. 부교감신경계는 주로 휴식 중이거나 수면 중일 때 활성화되어 생체를 수복하고 소화와 흡수를 돕고 에너지를 비축한다. 스트레스 반응이 교감신경계를 자극하는 반응이므로 대개의 스트레스 관리 기술은 부교감신경계를 활성화하는 이완반응을 포함하게 된다.

교감신경계가 활성화되면 심리적 각성, 심장수축 증가, 위장관계 활동 감소, 호흡 증가, 땀샘 확장, 피부 기모근의 수축, 동공 확장 등의 생리적 변화가 나타난다. 투쟁-도피 반응은 바로 교감신경계의 활성화로 일어나는 것이므로, 스트레스를 경험하게 되면 심장의 박동이 증가하고 호흡이 가빠지며, 혈관이 수축하여 혈

표 4-1 자율신경계의 작용

구분	부교감신경	교감신경
동공	축소	확대
침샘(침분비)	증가	감소
심장박동	감소	증가
기관지	수축	확대
소화액 분비와 위장관 운동	증가	감소
담즙 분비	증가	감소
방광	수축(배뇨)	수축 억제

압이 상승하고, 피부에서는 기모근의 수축으로 소름이 돋고 털이 곤두선다. 또한 입이 바짝 마르고 소화액 분비가 감소하고 소화관 근육이 긴장하여 음식물 소화가 잘 되지 않고 체하게 되는 것을 경험한다.

뇌에서 교감신경을 조절하는 중추는 시상하부와 뇌간에 많이 분포되어 있다. 뇌간(brain stem)은 대뇌피질 밑에 있는 중뇌(mid brain), 교뇌(pons), 연수(medulla)를 함께 일컫는 용어이며 뇌간 아래로는 척수가 이어진다. 교감신경 중추는 뇌간의 청반(locus ceruleus)이라는 곳에 특히 많이 분포하

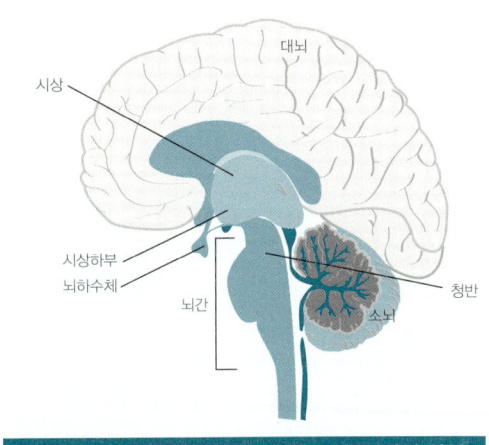

그림 4-4 **시상, 시상하부, 뇌하수체, 뇌간의 위치**

고 있다. 청반이 활성화되면 노르에피네프린을 통해 전달되는 신호가 위로는 뇌의 여러 부위로 전달되어 각성, 흥분, 불안 등의 변화를 일으키고, 아래로는 척수를 거쳐 말초의 전 영역에 분포한 교감신경계에 신호를 전달하여 투쟁-도피 반응에서 일어나는 전신의 변화를 유도한다.

에피네프린은 신장 위에 위치한 부신의 안쪽인 부신수질에서 분비되어 혈류를 통해 말초의 여러 기관으로 전달된다. 노르에피네프린과 에피네프린은 분자의 화학기 하나에 차이가 있다. 이들의 기능은 영향을 미치는 조직의 종류나 작용의 규모 면에서 다소 다르나 전반적으로 유사하며 투쟁-도피 반응의 여러 생리적 변화를 일으키는 데 관여한다. 다만 노르에피네프린은 신경전달물질로서 신경계를 경유하여 그 작용을 일으키고, 에피네프린은 내분비계 호르몬으로서 부신수질에서 분비되어 혈류를 타고 전신에 전달되어 보다 광범위한 효과를 미치게 된다. 신경계와 내분비계의 차이는 통신망을 통해 정보가 전달되는 전화와 일반 운송망을 이용하여 전달되는 편지의 차이로 비유할 수 있다. 노르에피네프린은 신경세포들의 연결망을 통해 신속히 전달되어 빠른 변화를 유발할 수 있다. 내분비계는 혈관을 통해 신호가 전달되므로 그에 비해 느리지만 더 오래 효과를 나타낼 수 있다.

스트레스에서 분비되는 카테콜아민들은 코티솔이라는 또 다른 중요한 스트레스 호르몬의 분비에도 영향을 미친다. 이들은 모두 스트레스에 저항하기 위해 필요한 에너지를 각 조직에 공급하기 위하여, 글리코겐 형태로 저장되어 있던 에너지를 포도당으로 전환하여 혈류로 이동시킴으로써 혈당을 높이고, 지방산을 유리하여 혈중지방산 농도를 증가시키는 등의 생리적 변화를 일으킨다. 급성 스트레스에서 분비되는 카테콜아민은 면역 기능을 일시적으로 상승시킨다. 이러한 변화들은 모두 위급한 상황에 대처하는 데 필수적이지만, 생리적으로는 매우 고비용을 요구하는 것이기 때문에 생체에서는 곧바로 급성 스트레스 반응을 제어하기 위한 보상적 반응들이 일어난다.

　최근에는 투쟁-도피 반응이 남성 위주의 이론이라는 지적과 함께, 여성은 위급 상황에서 투쟁이나 도피를 준비하기보다는 가족을 돌보고 주위의 도움을 구하는 반응을 하므로 남성과 여성의 스트레스 반응은 동일하지 않다는 이론이 제시되었다. 이 이론을 제시한 Shelley Taylor는 이 반응을 '보살피고-친구되는 반응(tend and befriend response)'이라고 명명하였다. 투쟁-도피 반응을 구성하는 주요 전령물질이 에피네프린과 노르에피네프린이라면, 보살피고-친구되는 반응의 핵심 전령물질은 옥시토신이다. 옥시토신은 출산 시 자궁수축을 일으키는 호르몬으로 잘 알려져 있는데, 한편으로는 모성행동을 일으키고 인간관계에서 안정감과 평안함을 느끼게 하는 호르몬이기도 하다.

3) 스트레스 반응의 두 경로

　자율신경계의 카테콜아민 분비로부터 시작되는 스트레스 반응은 신속한 신체적 대응 활동을 준비할 수 있도록 한다. 그러나 스트레스의 원인이 바로 제거되지 않고 상황이 지속된다면 내분비계에서 코티솔이라는 호르몬 분비를 증가시켜 장기적인 저항력을 준비한다.

　코티솔은 부신의 바깥 부분인 부신피질에서 생산되는 부신피질호르몬의 일종이다. 본래 코티솔은 생명 활동에 필수적인 호르몬으로서 아침 기상 무렵에 최고로 상승하고 자정 무렵 최소로 감소하는 일주기 리듬(circadian rhythm)을 가지고 항상 분비되고 있는데, 스트레스가 지속될 경우 혈중 농도가 상승하게 된다. 카테콜아민이 스트레스 상황을 통제할 수 있는 능력을 준비한다면, 코티솔은 개체가 스스로 스트레스 원인을 통제할 수 없는 경우 그 상황에서 견딜 수 있도록 해준다. 즉 교감신경계는 전방의 전투력을 갖추어주는 반면, 내분비계는 후방에서 상황에 버틸 수 있는 저항력을 갖추기 위해 신체의 대사 기능을 비상 상태로 전환시킨다. 이처럼 생리적 스트레스 반응은 자율신경계와 내분비계의 작용에 의해 만들어진다.

난파된 유람선의 승객을 예로 들어보자. 생사의 기로에 선 순간에 승객들이 신속히 유람선에서 탈출하여 온 힘을 다해 바다를 헤엄쳐 근처의 무인도에 도착한다. 이 과정은 교감신경계에 의해 지원된다. 그 다음으로 마실 물이나 음식물이 없는 무인도에서 한 동안 구조되지 못하고 지내야 할 가능성에 대비하여 생체를 준비시키는 것이 부신피질호르몬, 즉 코티솔의 역할이다. 코티솔은 손상된 신체의 수복, 면역세포의 감시 체계, 성장, 생식처럼 생존하는 데 긴급하지 않은 일들은 차후로 미루고, 당장의 시급한 생체 작용에만 자원과 에너지를 조달한다. 이러한 반응들은 단기적으로는 생존에 도움을 주지만 만성적으로 지속되면 신체 조직의 손상을 가져오고 면역력의 억제로 인해 각종 질병에 취약해지게 된다.

표 4-2 스트레스 반응의 두 가지 경로

기관	시상하부-교감신경-부신수질	시상하부-뇌하수체-부신피질
작용경로	교감신경계	내분비계(혈관)
전령물질	에피네프린, 노르에피네프린	부신피질호르몬(코티솔)
전령물질 분비기관	부신수질(에피네프린), 교감신경계 신경말단(노르에피네프린)	부신피질
반응속도	즉각적	점차적
반응목적	신속한 대응 태세 준비	상황에 견디는 저항 태세 준비
개체 차원의 대응 형태	능동적 대응	수동적 저항

4) 급성 스트레스와 만성 스트레스

급성 스트레스 때는 교감신경계가 위험에 대처하기 위해 즉각적인 투쟁-도피 반응을 준비하여 각성과 활동을 증가시킨다. 급성적이거나 심리적으로 긍정적인 것으로 인식되는 스트레스에서는 교감신경계가 주로 작용하고 만성 스트레스나 부정적으로 인식되는 스트레스에서는 코티솔이 주요 역할을 한다. 겉보기에 사소한 일도 지속되거나 반복되고 일상적 근심거리들이 많은 경우에는 혈중 코티솔 농도가 계속 높게 유지되면서 여러 가지 생리적 손상을 야기한다. 이처럼 급성 스트레스와 만성 스트레스가 심신에 미치는 영향은 동일하지 않다.

생활 속 사건들 중에서도 작지만 늘 지속되는 만성 스트레스가 갑자기 벌어지는 급성 스트레스보다 더 유해하다는 것이 연구를 통해 밝혀지고 있다. 예를 들어 이혼, 사별 등과 같은 주요 생활사건보다 가사 부담, 경제적 어려움, 출퇴근길 도로의 정체 같은 일상의 사소한 만성 스트레스가 생체에 미치는 영향이 더 크다는 것이다. 이와 관련하여, 현대 사회에서 스트레스 지수가 가장 높은 사람은 이혼 후 홀로 자녀를 부양하면서 집과 거리가 먼 직장에서 단순 노동 업무에 종사하는 40대 여성이라는 조사 결과가 있었다. 이러한 사람들은 결국 만성적 스트레스, 반복적 스트레스로 인해 혈중 코티솔 농도가 항상 높게 유지되어 대사증후군, 감염성 질환, 악성종양 등의 위험률이 높고, 정서적으로도 우울과 불안의 가능성이 높다. 심리적, 신체적 에너지가 점차 고갈되면 사소한 스트레스에도 대응할 능력이 감소되고, 반면 자극에 대한 민감성은 더욱 증가하여 심신의 건강을 더욱 해칠 수밖에 없는 악순환으로 이어지게 된다.

5) 일반적응증후군

Selye는 스트레스원의 종류가 무엇이든지 그것에 대해 유기체는 생리적으로 동일한 스트레스 반응을 보인다고 하고, 그러한 이유로 스트레스 반응을 일반적응증후군(general adaptation syndrome: GAS)이라고 명명하였다. 일반적응증후군은 경고반응단계, 저항단계, 소진단계의 3단계로 구성된다. 경고반응단계에서는 교감신경계가 활성화되어 신체적 힘을 증가시키고 투쟁-도피 반응을 준비한다. 이어지는 저항단계는 스트레스원에 대해 버티면서 적응하는 단계이며 코티솔의 작용이 주축을 이룬다. 이 단계는 외적으로는 정상처럼 보이지만 내부적으로는 정상이 아닌 소위 '적응의 질병' 단계이다. 이 단계에서는 면역계의 저항 능력이 감소되어 크고 작은 감염증에 취약해진다. 저항단계에서 항상성이 회복되지 못하고 결국 저항력도 고갈되면 소진단계로 이어진다. 심신의 이상

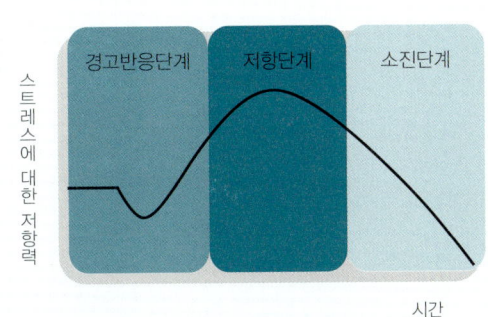

그림 4-5 　일반적응증후군의 3단계

이 밖으로 나타나고 질병이 발생하며 심하면 사망에 이를 수 있다.

이 3단계를 경계 근무 중 적의 포격을 받은 군인의 예를 들어 설명할 수 있다. 먼저 포격이 있고 난 직후 군인은 신속히 전투에 임할 준비 태세를 갖춘다. 이것이 1단계인 경고반응단계에 해당한다. 그 다음 본격적으로 교전에 나서는 것이 저항단계이다. 그러나 그 군인은 무한정 계속해서 전투에 임할 수 없다. 그가 지치기 전에 적이 제압되거나, 다른 군인들의 지원이 이어지지 않는다면 결국 그는 에너지가 소진되어 더 이상 싸울 수 없는 상황이 된다. 이것이 소진단계이다.

일반적응증후군 이론의 핵심은 지속되는 스트레스가 면역계에 악영향을 가져온다는 것과 그 원인은 부신의 수질과 피질에서 각각 분비되는 에피네프린과 코티솔 등의 스트레스 호르몬들이 면역계의 기능을 억제하기 때문이라는 것이다. Selye는 그 결과 부신의 비대, 흉선의 위축, 소화기 궤양 등이 일어날 수 있다고 지적하였다. 이것을 'Selye 3 증후군'이라 한다.

생체 내 평형이 교란되었을 때 질병이 유발된다는 생각은 고대로부터 있어 왔으며, 내적 평형을 위협하는 자극에 적응하려는 반응으로 인해 오히려 질병이 유발될 수 있다는 견해 역시 중세에도 있었다. Selye의 일반적응증후군은 스트레스라는 개념을 현대 생리학 이론과 접목하고, 과거의 의학적 견해들을 현대적 병인론으로 다시 제시한 것이라 할 수 있다. 다만 그의 일반적응증후군에는 스트레스원

의 종류와 무관하게 스트레스 반응은 같으며, 어느 유기체에서나 동일한 반응이 진행된다고 설명하는 한계가 있다. 즉 개체마다 다르고, 상황에 따라 가변적인 내적 과정에 대하여 주목하지 못한 것이다. 일반적응증후군 이론은 스트레스 반응 중 생물학적 공통성을 갖는 부분만을 설명하는 이론이라고 할 수 있다. 모든 스트레스 상황에서 생체가 항상 동일하게 반응한다면 그것은 적응적이라 할 수 없다. 심리적 요소를 배제하고 생리적 스트레스의 종류만 감안하더라도 추위, 기근, 육체노동 등 수많은 스트레스가 있고, 그에 따라 신체에 요구되는 적응적 반응은 동일하지 않다. 단순히 경고반응단계에서 촉발되는 투쟁-도피 반응의 상황만 보더라도, 투쟁을 해야 하는 경우와 도피를 해야 하는 경우에 동일한 심신의 변화가 요구되는 것은 아니다. Selye의 생리학적 연구 업적은 이후 심리적 과정의 중요성, 개체가 놓인 환경과 그 개체의 기질 상의 특성 등에 관심을 기울인 많은 학자들의 연구에 의해 보완된다.

02

중추신경계와 스트레스 반응

생명체는 생체 내외의 변화와 자극을 지속적으로 감지하고 그에 따라 적절한 반응하면서 생체의 항상성을 유지하지 않으면 생명을 유지할 수 없다. 스트레스는 생명체로 하여금 생존에 필요한 어떤 반응을 요구하는 내·외부의 변화나 자극이라고 할 수 있다. 스트레스성 자극은 감각기관을 통해 입수되어 중추신경계에서 인식된 후, 내분비계나 자율신경계를 통하여 생체 여러 기관에 생리적 변화를 유발하고, 심리와 행동에도 영향을 주게 된다.

이 과정에는 의식적으로 이루어지는 부분도 있지만 대개는 우리가 인식하지 못하는 사이에 무의식적으로 이루어진다. 이러한 정보 수집과 반응 형성의 과정에는 두뇌라는 신경계의 고위 중추가 중심 역할을 한다. 그 중에서도 변연계의 편도체는 수집된 정보에 감정적인 채색을 함으로써 심신의 스트레스 반응의 개시 여부를 결정하며, 간뇌의 시상하부는 이 심리적 신호를 신체적 신호로 변환시켜 실질적인 생리적 스트레스 반응을 구성하는 데 핵심적인 역할을 하게 된다.

1) 스트레스 반응의 구성

스트레스 반응이 형성되고 통합되는 곳은 두뇌이다. 개체 내외의 변화나 자극은 신경계를 통해 두뇌에 전달되고 두뇌는 이에 대해 각 반응을 조절하므로 중추신경계, 특히 뇌가 스트레스라는 적응적 반응에서 핵심적인 역할을 하는 것은 당연하다.

Paul MacLean의 '삼위일체 뇌 이론(triune brain theory)'에 따르면, 인간의 뇌는 진화 과정에 따라 단계적으로 형성된 세 개의 층으로 구분된다. 가장 먼저 형성된 층은 뇌의 아랫부분으로서 척수와 연결되는 뇌간이다. 이곳을 파충류의 뇌라 하는데, 뇌간은 호흡, 배설, 혈류, 체온과 같이 생명을 유지하는 것과 관련된 필수적인 기능을 담당하는 곳이다. 뇌간 위에는 대뇌의 안쪽 가장자리 부위인 변연계(limbic system)가 있다. 변연계는 포유류의 뇌라 하는데, 정서가 형성되는 곳이다. 변연계 위에 있는 대뇌피질은 진화적으로 가장 최근에 만들어졌기 때문에 신피질이라 하는데, 이곳이 바로 인간을 인간답게 만드는 인간의 뇌, 이성의 뇌이다.

대뇌피질에 전달될 온갖 감각 정보들을 처리하는 시상(thalamus), 그리고 자율신경과 내분비와 내장 기능을 조절하는 시상하부(hypothalamus)를 합쳐서 간뇌라 한다. 스트레스 반

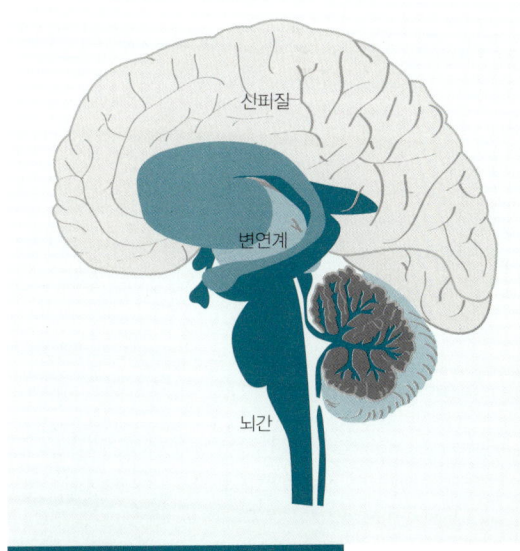

그림 4-6 **삼위일체 뇌 이론**

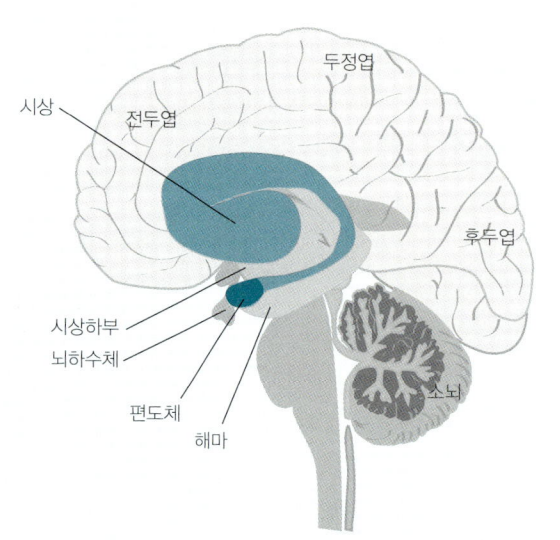

그림 4-7 대뇌피질과 변연계

응의 두 경로인 내분비계와 자율신경계의 작용은 뇌의 중심에 있는 시상하부에서부터 구성된다. 시상하부로 하여금 스트레스 반응을 개시하도록 하는 신호는 정서를 만드는 변연계로부터 제공된다. 변연계는 기억을 관장하는 해마(hippocampus), 정서 반응을 조절하는 편도체(amygdala) 등을 포함하고 있다. 변연계는 과거의 경험 및 기억을 종합하여 입수된 자극을 해석하고 그에 따른 감정을 발생시킨다. 변연계 구조물 중에서도 편도체가 그 핵심 역할을 한다.

자극의 인식이라는 감각적 경험과 사고와 의지라는 의식적 기능은 모두 신피질에서 비롯된다. 신피질은 다시 부위별로 전두엽, 두정엽, 후두엽, 측두엽, 뇌섬엽으로 나눈다. 이 가운데 전두엽은 사고력, 창조력, 예측력 등 고차원적 기능을 통합하는 동시에 변연계에서 형성되는 원초적 감정을 의식적으로 조절하는 데 중요하다. 그리하여 외부에서 오는 물리적 변화라든가 내부에서 일어나는 감정의 생성과 소멸과 같은 심리적 자극들이 전두엽에서 인지되고, 이들 정보는 변연계와 상호 공유된다. 그러면 변연계는 그 자극에 감정적인 색을 입히는 작용을 한다. 즉, 어떤 자극이 전두엽에서 유해한 것으로 판단되면 변연계가 그 자극에 두려움, 불안, 공포 같은 정서를 부여한다.

정서를 발생시키는 변연계의 구조물은 편도체인데, 편도체에서 발생한 정서적 신호는 자율신경 반응, 내분비 반응, 행동 반응을 유발하는 뇌의 각 영역으로 전달된다. 그 결과 CRH(corticotropin releasing hormone), 노르에피네프린, 세로토닌, 도파민, 베타-엔돌핀 등 전령물질들의 분비가 시작된다. 시상하부에서 분비되는 CRH는 시상하부 아래 연결되어 있는 뇌하수체의 전엽을 자극하여 부신피질자극호르몬(adrenocorticotropic hormone: ACTH)을 분비하게 한다. Acth는 혈류를 타고 부신으로 가서 부신피질을 자극하여 당질코르티코이드인 코티솔을 분비하게 한다. 이것을 시상하부-뇌하수체-부신피질 축(hypothalamic-pituitary-adrenocortical axis: HPA축)이라 한다. HPA축의 각 단계에서 생성된 스트레스 호르몬들은 심혈관계, 면역계, 내분비계, 근골격계 등 신체 전반에서 다양한 생리 반응을 일으킬 뿐 아니라 우리의 기분과 행동도 변화시킨다. HPA축에 대해서는 뒤에서 다시 상세히 설명하기로 한다.

대뇌에서 스트레스 반응을 일으키는 핵심 영역은 CRH를 분비하는 시상하부와 뇌간에 있는 교감신경 중추인 청반인데, 이들 두 시스템은 서로를 자극하여 활성화시킨다. 즉 이들은 서로 정적으로 자극하는 양성피드백(positive feedback) 고리를 이루고 있다. 세로토닌이나 아세틸콜린 같은 신경전달물질들도 이들 시스템을 자극하며, 반면 GABA(gamma-aminobutyric acid)나 베타-엔돌핀(β-endorphine) 같은 신경전달물질들은 이곳에서 일어나는 스트레스 반응을 억제한다.

HPA축에서 생성되는 최종 산물인 코티솔은 세포들이 사용할 에너지인 포도당을 혈류로 공급하고, 면역과 염증 반응을 억제하는 등 여러 생리적 변화를 일으켜 스트레스 상황에 저항할 수 있는 신체 상태를 만든다. 한편으로는 CRH의 분비를 억제하고 청반에서의 교감신경 활성을 억제함으로써 급성 스트레스 반응을 진정시키는 역할을 한다. 즉 HPA축의 최종 산물인 코티솔이 시상하부 수준에서 CRH의 분비를 억제하는 음성피드백(negative feedback)이 이루어지는 것이다.

청반은 생리적 각성 상태를 유발시키는 중심 부위이다. 이 곳에서 출발하는 노르에피네프린 신경망은 뇌의 여러 부위에 넓게 퍼져 있어서, 청반이 활성화되면 여러 뇌 영역들이 동시에 노르에피네프린 신호를 전달받아 스트레스라는 위급한 상황에 대해 대비할 수 있는 각성 상태가 된다. 노르에피네프린은 특히 시상하부를 자극하여 방어 상태를 준비하도록 한다. 이처럼 스트레스 상황에서는 청반의 노르에피네프린 분비의 증가와 뇌하수체 전엽의 ACTH 분비 증가가 두드러지지만 CRH, 갑상선자극호르몬, 바소프레신(항이뇨호르몬), 베타-엔돌핀, 옥시토신 등의 분비도 항진되어 스트레스 반응을 조절한다.

2) 스트레스성 자극의 전달 경로

개체 안팎에서 입수된 자극에 의해 생리적 스트레스 반응이 개시될지의 여부는 변연계에서 부정적인 정서가 발생하는가에 달려있다. 변연계 중에도 정서를 담당하는 편도체는 두 가지 경로로 입력을 받는다. 우선 앞에서 설명한 바와 같이 전두엽에서 이루어진 인지적 해석에 의해서 편도체의 정서는 영향을 받는다. 대뇌피질 중에서도 이마 쪽에 있는 전두엽은 인지 기능, 예측, 판단, 추리와 관련된 고등 사고를 담당하는 곳이다. 전두엽에서 처리된 인지적 정보가 편도체로 전달되면 정서적 의미가 부여되는 것이다. 그런데 편도체는 대뇌피질에서 처리된 인지적 정보를 받기도 하지만, 우리가 의식적으로 깨닫지 못하는 사이에 신체를 통해 들어오고 있는 감각적 정보를 받아 그 자극에 대해 반응할 수도 있다. 그리고 이 두 번째 경로는 훨씬 신속하게 처리된다.

예를 들어 우리가 공포스러운 장면을 보게 되면 이 시각적 정보는 먼저 시각중추가 있는 후두엽을 거치고 그 후 인지적 처리를 하는 전두엽에서 해석된 다음 편도체로 전달된다. 이 경로에 의해서는 시상-후두엽-전두엽-편도체 순으로 뇌가 활성화되어야 하지만, 사실상 편도체는 후두엽의 시각중추가 활성되기 훨씬 전인 0.001초 만에 먼저 반응을 하는 것을 실험을 통해 알 수 있다. 이것은 감각 정보가 시상에서 편도체로 바로 전달되는 경로가 따로 있기 때문이다. 한편 어떠한 경로를 통해서든 편도체가 활성화되면 그 신호가 시상하부와 전두엽으로 투사되는데, 시상하부나 전두엽이 활성화되면 이 신호들이 다시 편도체에 영향을 줌으로 인해서 불안한 신호는 내부에서 계속 증폭되는 경향을 보인다. 첫 번째 경로인 긴 경로는 느리지만 상황에 대한 정확한 판단에 의해 작동하고, 짧은 경로는 충분한 상황 판단 없이 부정확하게 작동하지만 신속히 반응할 수 있도록 해준다. 밤길을 가는데 길 앞 모퉁이에서 갑자기 검은 그림자가 불쑥 나타나는 경우를 생각해 보자. 우리는 그것이 무엇인가를 판단하기 전, 자신도 모르는 사이에 반사적으로 재빨리 물러서게 된다. 그 그림자가 마중 나온 가족이었음을 알게 되는 것은 이미 심장이 빨라지고 머리카락이 쭈뼛 서고 온 몸이 긴장된 다음의

표 4-3 편도체에 스트레스 자극을 전달하는 두 가지 경로

1. 긴 경로 : 느리지만 정확하다

스트레스성 자극 → 감각기관 → 시상 → 대뇌피질의 감각중추 → 전두엽 → 편도체 → 시상하부

[예] 시각적 자극 → 시각기관 → 정보중계 → 후두엽의 시각중추 → 인지적 해석 → 정서적 해석 → 생리적 반응

2. 짧은 경로: 신속하지만 부정확하다

스트레스성 자극 → 감각기관 → 시상 ─────────────────────── 편도체 → 시상하부

일이다.

 요컨대 스트레스 반응은 전두엽에서 해석, 평가된 인지적 결과에만 의존하는 것이 아니다. 원래 스트레스 반응이 우리 몸에 갖추어지던 시기는 진화론적으로 신피질이 아니라 포유류의 뇌가 작동하던 시기였다. 스트레스는 본래 사고나 판단이 아니라, 감정적 신호에 의해 만들어지게 된 것이다. 다른 동물들이 그러하듯이 인간에서도 위험하다는 인지적 판단이 아니라 불안하거나 두렵다는 느낌에 의해서 스트레스 반응이 작동된다. 그러나 인간의 경우 전두엽에서의 해석에 의해서도 편도체는 지대한 영향을 받는다.

 전두엽과 변연계 사이에는 이들을 양방향으로 연결하는 신경망인 '전두-변연 연결'이 있다. 이와 같은 신경망이 존재한다는 사실은 스트레스 관리 기법에서 인지적, 정서적 개입 전략들이 작용할 수 있는 신경학적 근거이다. 대뇌피질 중에서도 계획, 판단, 분석, 추리와 같이 가장 고등한 이성적 작업을 수행하여 뇌의 뇌라고도 할 수 있는 전두엽이 변연계와 연결되어 있기 때문에, 전두엽은 우리의 정서적 변화를 인식할 수 있고, 그로 인한 편도체의 활성을 조절할 수 있다. 그리하여 스트레스 반응의 양상과 규모를 변화시킬 수 있게 된다. 늦은 밤길을 가는데 모퉁이에서 검은 그림자가 나타나는 경우를 다시 생각해 보자. 위에서 말한 두 경로 중 짧은 경로가 작동하여, 아직 상황이 판단되지도 않은 사이에 이미 심신에 스트레스 반응이 유발된다. 그러나 긴 경로를 통해 전두엽에서 그 그림자의 실

체가 자신을 마중 나온 가족이라고 판단하게 되면 스트레스 반응은 신속히 진정된다.

　신경계는 우리 몸 구석구석에 분포하고 있기 때문에, 스트레스 반응에서 자율신경계의 교감신경계가 활성화되면 신체의 거의 모든 기관에 변화를 일으키게 된다. 신체 외부에서 유입된 정보가 그러하듯, 신체 내부에서 일어난 변화에 대한 정보들 역시 다시 중추신경계로 전달된다. 그러므로 스트레스 상황에서 일어난 신체의 반응이 또 다시 중추신경계에서 스트레스성 정보로 인식되어 스트레스 반응을 더 증폭시킨다. 우리가 의식하지 못하는 사이에도 편도체는 신체 내·외부의 정보를 받아들여 그에 상응하는 감정들을 지속적으로 만들어내고 있다. 불현듯 불안감을 느끼며 심장이 빨리 뛰고 호흡이 가빠짐을 느끼는 것, 그러면 알 수 없이 갑자기 일어나는 신체의 반응 때문에 불안감은 공포로 바뀌고, 그로 인해 편도체가 더욱 활성화되면서 심신의 상태가 걷잡을 수 없는 공황상태에 빠지는 것, 이것이 불안장애의 한 유형인 공황장애의 모습이다. 대뇌피질의 작용은 의식적인 과정과 관련이 깊으나 변연계의 작용은 우리가 의식할 수 없는 무의식적 과정에 의해 지배된다. 그러나 신피질과 변연계는 해부학적으로나 생리학적으로나 완전히 분리되어 있는 것이 아니다. 따라서 전두엽의 기능을 계발하고 전두-변연 연결망을 강화하는 심신의학적 개입법들은 모든 스트레스 관리법의 근간을 이루게 된다.

3) 스트레스 반응의 개인차와 신경가소성

　스트레스의 기제를 설명하고 치유의 원리를 이해하는 데 있어서 신경과학은 심리학, 생리학과 함께 중심적인 이론을 제공하고 있다. 스트레스 반응의 개인차를 이해하려면 신경과학적인 기초는 더욱 더 중요하다. 이 부분에 대해서는 Part 5에서 자세히 다룰 것이므로, 여기서는 간략히 요지만 살펴보기로 한다.

　심리학의 구성주의 관점에 의하면, 인간의 행동이나 반응은 단순히 환경의 자극(정보)에 의해서만 결정되지 않고, 인간이 그 자극을 처리하는 방식(정보처리

방식)에 의해서 표상(representation) 혹은 구성(construction)된다. 정보처리라는 면에서 볼 때 인간은 환경의 자극에 의해 일방적으로 영향을 받는 존재가 아니라, 주어진 자극을 처리하여 의미 있는 정보를 만들며 그 정보에 따라 행동한다는 것이다. 그런데 이 정보처리의 과정은 사람마다 모두 다르다. 그 차이의 생리적 기반은 신경세포들이 연결되어 만들어지는 신경망이다. 이 신경망은 동일한 유전자를 가진 일란성쌍둥이들조차 다를 수밖에 없는데, 그 이유는 신경망이 DNA에 담긴 설계도에 의해서가 아니라 출생 전후의 환경에서 입수되는 각종 심리적, 생리적 자극에 의해 형성되기 때문이다. 정보는 크게 감각적 정보, 인지적 정보, 정서적 정보로 구분할 수 있으며 이들은 서로 긴밀히 연합되어 있다. 정적을 깨는 날카로운 비명이 감각기관에 입수될 때, 전두엽에서 안심해도 좋다는 인지적 해석이 이루어진다든가, 편도체에서 유쾌함과 관련된 정서가 형성되지는 않는 것이다. 이들 정보를 처리하는 방식은 신체적인 정보처리 체계와 심리·행동적인 정보처리 체계로 구분할 수 있다. 정보처리 체계들은 컴퓨터의 정보처리 프로그램에 비유할 수 있는데, 사람마다 그 프로그램이 다르기 때문에, 동일한 자극이 주어진다고 해도 자극을 처리한 결과 나타나는 반응들은 다를 수밖에 없다. 이처럼 어떤 자극에 대하여 각자가 나름의 의미와 반응을 구성한다는 것이 구성주의적 관점의 요지이다.

  심리신경면역학의 심신상관론적 관점에서와 같이, 구성주의 관점에서도 특정한 심리적 변화(자극, 정보)는 그에 상응하는 신체적 반응을 유발하게 되며, 이 두 체계는 별개의 것이 아닌 통합된 과정이라고 본다. 신체적 정보처리체계에는 신경계, 내분비계, 면역계, 순환기계와 같은 생리적 체계들이 포함되며, 심리·행동적 정보처리체계는 감각체계, 인지체계, 동기체계, 행동체계 등이 포함된다. 감각체계, 인지체계, 동기체계는 외부 세계와의 상호작용을 통하여 감각, 인지, 정서와 관련 정보를 구성하고, 행동체계를 통해서는 내적, 외적 환경을 변화시키려는 외현적 시도를 하게 된다. 하지만 이 두 가지는 별도의 과정이 아닌 연합된 과정이기 때문에, 어떤 사람의 고유한 신체적 반응은 그 사람의 고유한 심리·행동적 반응에 상응하게 된다. 그리고 이 정보처리 과정은 사람에 따라 다르게 형성되어 있는데, 그 생리학적 지도가 바로 신경계의 신경망이라 할 수 있는 것이다.

1970년대까지만 해도 뇌 성장에는 결정적 시기(critical period)가 있어서 어린 시절에 뇌 성장이 끝나면 더 이상 뇌가 성장하거나 뇌 세포가 재생되지 않는다고 믿었다. 그러나 뇌는 평생 바뀐다는 것이 현대 과학의 정설이다. 학습과 경험은 뇌의 신경망을 새롭게 형성할 뿐 아니라, 이미 형성된 신경망을 더욱 강화시키거나 소멸시킬 수 있다. 이것을 신경가소성(neuroplasticity)이라 한다. 개개인의 신경망 구성 양상들이 그 사람의 성격, 습관, 그리고 생리적 특성이나 질병에 대한 취약성의 차이로 나타나는 것이다. 따라서 스트레스 상황에 대한 심리적, 생리적인 부적응적 반응 패턴을 수정하는 스트레스 치유의 과정에는 뇌의 기능적, 기질적 변화가 반드시 수반된다. 약물이나 수술과 같은 물리·화학적 개입은 신속히 증상을 완화시킬 수는 있지만 근본적인 치료가 되지는 못하기 때문에, 회복 후 같은 자극에 노출되면 다시 똑같은 심신의 반응이 유발되어 증상이 재발될 수밖에 없다. 신경과학이나 구성주의의 관점에서 보면, 모든 근본 치료는 반복적인 학습과 유익한 경험에 의해 신경망이 다시 형성됨으로써 이루어지는 것이다.

스트레스로 인한 고통과 질병으로부터 회복하는 과정에서, 때로는 증상 완화를 위해 의학적 개입이 요구되기도 하지만, 진정한 회복은 치료자가 '고치는' 치료(治療)의 과정이 아니라, 환자 스스로가 능동적으로 변화되어 '낫게 되는' 치유(治癒)의 과정으로 완성된다. 따라서 스트레스는 치료되기보다는 치유되어야 하는 것이며, 스트레스 관리는 교육과 학습이라는 경험들을 필요로 하게 된다. 치료는 치료 행위를 하는 사람이 주체이지만, 치유는 회복되는 사람이 주체가 되는 것이기 때문에, 환자(내담자)의 태도와 협력은 매우 중요하며, 환자(내담자)와 치유자의 관계는 치유에 큰 영향을 미치게 된다.

03

내분비계와 스트레스 반응

1. 스트레스 반응
2. 중추신경계와 스트레스 반응
▶ 3. 내분비계와 스트레스 반응
4. 면역계와 스트레스 반응
5. 심신 스트레스 반응의 통합

 호르몬이라는 용어는 '자극하다'라는 의미를 가진 그리스어 '호르마오(hormao)'에서 유래한다. 내분비계는 호르몬을 분비하여 세포를 자극하고 생명 활동에 필수적인 대사, 성장, 생식 등을 조절한다. 갑상선, 부신, 성선(난소, 정소) 등 말초의 내분비 기관을 지휘하는 곳은 뇌하수체인데, 사실상 뇌하수체는 시상하부라는 고위 중추의 통제를 받고 있다. 스트레스 상황에서 편도체로부터 신호를 받은 시상하부는 뇌하수체를 통하여 신체 각 기관의 작용을 조절할 수 있게 된다.

1) 주요 스트레스 호르몬

 스트레스 반응에서 분비되는 호르몬으로서는 HPA축에서 분비되는 부신피질자극호르몬 분비호르몬(corticotropin releasing hormone: CRH), 부신피질자극호르몬(adrenocorticotropic hormone: ACTH), 코티솔(cortisol), 그리고 교감신경계의 노르에피네프린(norepinephrine)과 에피네프린(epinephrine)이 주로 논의된다. 그 외에도 바소프레신(vasopressin), 옥시토신(oxytocin), 프로락틴(prolactin), 베타-엔돌핀(β-endorphine) 등의 호르몬들이 함께 분비되어 스트레스 상황을 극복할 수 있는 생리적, 행동적 변화를 돕는다.

 항이뇨호르몬(antidiuretic hormone: ADH)이라고도 하는 바소프레신은 CRH와 함께 시상하부에서 분비되는 스트레스 호르몬이다. 바소프레신은 뇌하수체 후엽에 저장되어 있다가 분비되며, 주된 생리적 작용은 신장의 수분 배출을 억제하고 혈관을 수축시켜 혈압을 올리는 것이다. 한편 스트레스 상황에서는 바소프레신과 CRH이 뇌하수체 전엽으로 하여금, ACTH와 베타-엔돌핀을 분비하게 한다. 또한 바소프레신은 여성에게서 옥시토신이 그러하듯, 남성의 유대감이나 애착 행동에도 관여한다.

 옥시토신도 바소프레신처럼 시상하부에서 생산되어 뇌하수체 후엽에 저장되어 있다가 분비되며 출산 시 자궁 수축 및 수유기 유즙 분비에 관여하는 호르몬이다. 앞에서 보살피고-친구되는 반응(tend and befriend response)과 관련하여 옥시토신을 설명하였는데, 이처럼 옥시토신은 스트레스 상황에서 친구를 찾는 행동을 유발하는 한편, 편도체의 활성을 감소시킴으로써 생리적 스트레스 반응을 완화시킨다. 이처럼 옥시토신은 중추신경계 밖에서는 전형적인 호르몬으로 작용하지만 중추신경계 안에서는 신경계의 전령물질로 작용하며 애착 및 접근 행동과 관련된 사회적 행동을 매개한다.

프로락틴은 모유 생산을 촉진하고 모성 본능을 만드는 호르몬으로 알려져 있다. 성장호르몬(growth hormone)과 구조적으로 매우 유사한 이 호르몬은 임산부와 수유부뿐 아니라 남성과 비임신 여성에서도 다양한 역할을 한다. 사실상 다른 어느 호르몬보다도 폭넓은 생물학적 활성을 가지고 있기 때문에, 모성을 연상시키는 '프로락틴'이라는 이름은 이 호르몬의 매우 제한적인 측면만을 설명하는 것이다. 프로락틴은 면역세포인 림프구의 성장을 돕고 T림프구에 의한 면역반응을 가속화시킨다. 스트레스 시 분비되어 면역력을 향상시키고, 뇌의 측좌핵에 작용하여 노르에피네프린을 분비시켜 의욕을 불러일으키는 작용을 한다. 한편 프로락틴은 옥시토신처럼 만족감과 편안함, 애정을 전달하는 것에도 관여한다.

엔돌핀은 신경계에서 분비되어 아편과 유사한 활성을 보이는 물질들을 집합적으로 일컫는 용어로 베타-엔돌핀, 엔케팔린(enkephalin) 등이 여기에 속한다. 이들 내인성 아편들은 통증 인지, 의식, 운동 조절, 자율신경 기능 조절을 포함한 대단히 많은 생리적 작용에 관여하고 있다. 엔돌핀은 ACTH 분비와 상관관계가 있다. 즉 스트레스 시 ACTH 분비가 증가하면 엔돌핀의 분비도 증가하게 된다. 엔돌핀이 고통의 역치를 높여 진통 효과를 나타내기 때문에 전쟁이나 사고에서 큰 부상을 당하고도 전투에 계속 임하거나 사고 현장에서 도피할 수 있고, 강도 높은 운동을 하면서 오히려 도취감을 느끼기도 하는 것이다.

2) 시상하부와 HPA축

시상(thalamus)은 후각을 제외한 모든 감각정보를 모으고 분배하는 중계소이다. 시상 아래 위치한 시상하부(hypothalamus)는 뇌간에 입력되는 정보를 제공하여 뇌간의 자율신경 조절 기능을 변경하고, 내분비 기능을 가장 고위에서 통제하며, 뇌의 다른 영역들과 의사소통하는 사통팔달의 역할을 한다.

변연계에서 형성된 정서적 스트레스 신호가 시상하부로 전달되면서 본격적인 생리적 반응이 시작된다. 따라서 시상하부는 정서적 언어를 육체적 언어로 변환하는 곳이라 할 수 있다. 앞서 설명한 바와 같이 스트레스 반응은 자율신경계와 내분비계 두 가지 경로를 통해 구성되는데, 시상하부는 자율신경, 내분비, 내장 기능을 조절하는 항상성 기구의 최고위 기관이다. 즉 시상하부는 의지와 상관없이 작동하는 모든 생리적 과정을 조절하는 시스템의 중추라 할 수 있으며, '인간 본능의 중심', '자율신경계의 중추'라고도 불린다. 내분비계 최고위 중추로서의 시상하부는 뇌하수체로 하여금 부신피질자극호르몬(adrenocorticotropic hormone: ACTH)을 방출시키는 호르몬인 부신피질자극호르몬 분비호르몬(corticotropin releasing hormone: CRH) 이외에도 갑상선호르몬의 분비를 자극하는 호르몬, 성장호르몬을 방출시키는 호르몬, 성선(난소, 정소)을 자극하는 호르몬을 방출시키는 호르몬들을 분비한다.

스트레스 상황 하에서 시상하부가 분비한 CRH는 HPA축을 활성화시켜 부신피질호르몬인 코티솔을 방출시킨다. 시상하부는 부신수질에도 작용하여 에피네프린을 분비시키지만 이 경로는 교감신경계를 경유한 것이고, 부신피질에 대한 작용은 혈액을 경유하는 내분비계를 통한 것이다. CRH를 분비하는 신경세포들은

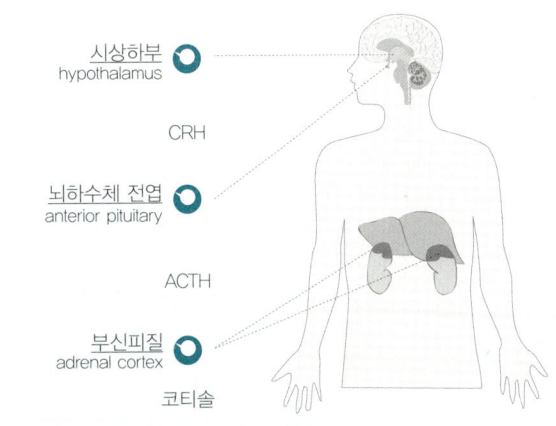

그림 4-8　HPA축

시상하부의 실방핵(paraventricular nucleus)에 분포하고 있다. 이 세포들에서 분비된 CRH는 시상하부와 뇌하수체를 잇는 혈관계를 통하여 이동하여 뇌하수체의 전엽을 자극한다. 시상하부 바로 아래 위치한 뇌하수체는 직경 1.3cm 정도의 작은 기관이지만 수많은 조절 호르몬들을 분비하여 말초의 내분비선들을 조절하므로, 시상하부가 사실상의 내분비계 최고 중추라는 것이 밝혀지기 전까지 지배자선(master gland)으로 불리기도 했다. 뇌하수체의 앞쪽 부위인 뇌하수체 전엽은 CRH에 의해 자극을 받으면 ACTH를 분비한다. ACTH는 혈류를 타고 이동하여 부신피질을 자극함으로써 코티솔을 분비하게 한다. 앞에서 설명한 바와 같이, 이 경로를 시상하부-뇌하수체-부신피질축(hypothalamic-pituitary-adrenocortical axis: HPA축)이라 한다.

그런데 CRH는 코티솔 이외에 다른 스트레스 호르몬의 분비를 촉진하는 것에도 관여한다. 시상하부와 뇌하수체에는 POMC(proopiomelanocortin)라는 단백질을 분비하는 신경세포들이 있다. POMC의 일부분이 잘라져 ACTH와 베타-엔돌핀이 만들어진다. CRH는 POMC를 만드는 신경세포를 자극하여 ACTH와 베타-엔돌핀을 분비하도록 하는 것이다.

부신피질은 일반적응증후군의 두 번째 단계인 저항단계를 유지하는 데 중요한 역할을 한다. 즉 지속되는 스트레스 상황에서 신체를 비상 상태로 전환시켜 스트레스 상황에 견디도록 해준다. 스트레스 반응에서 주로 언급되는 부신피질호르몬은 주로 코티솔이지만, 코티솔은 스트레스 시에 부신피질에서 분비되는 여러 호르몬 중 하나이다. 부신피질호르몬들은 크게 당 대사에 관여하는 호르몬인 당질코르티코이드(glucocorticoid)와 무기질 대사에 관여하는 미네랄코르티코이드(mineralocorticoid)로 구분된다. 당질코르티코이드에도 코티솔, 코티코스테론(corticosterone), 코티손(cortisone) 등 여러 가지가 있는데, 이 중 코티솔이 전체 당질코르티코이드 작용의 95%를 담당한다. 각종 염증성 질환, 면역 질환에 폭넓게 사용하는 약물인 스테로이드제제들은 합성 당질코르티코이드들이다. 미네랄코르티코이드는 나트륨, 칼륨과 같은 전해질의 농도를 조절하여 혈압과 배뇨에 영향을 준다. 미네랄코르티코이드에도 여러 종류가 있으나 알도스테론(aldosterone)이 가장 중요한 역할을 하며, 전체 미네랄코르티코이드 작용의 대부분을 담당한다.

3) 코티솔의 작용

부신피질에서 분비된 코티솔은 혈류를 타고 전신으로 확산되어 여러 장기와 조직에 도달하고 각종 생리적 변화를 일으킨다. 당질코르티코이드라는 이름에서도 알 수 있듯이 코티솔의 가장 대표적인 기능은 당 대사를 조절하는 것이다. 코티솔은 저장되어 있던 단백질과 지방을 포도당으로 전환하여 혈류로 공급하고, 세포들이 긴급하지 않은 일에 포도당을 이용하는 것을 억제시킨다. 그 결과 상승된 혈당이 심장근육이나 뇌 같은 중요한 장기에 우선적으로 공급될 수 있는 것이다. 혈당이 상승하면 상승된 혈당을 감소시키기 위해 췌장에서의 인슐린 분비가 증가된다. 혈액 속에 인슐린이 과도하게 상승하면 신체 조직들은 인슐린에 저항성을 갖게 된다. 결국 고혈당은 고인슐린혈증으로, 고인슐린혈증은 인슐린저항성(insulin resistance)으로 이어진다. 인슐린저항성은 고혈압, 고지혈증, 비만, 당뇨 등의 질환이 네트워크처럼 연결되어 나타나는 대사증후군(metabolic syndrome)의 원인이다.

세계보건기구는 이미 오래전에 흡연보다도 비만이 건강에 더 해롭다고 하였는데, 비만 중에도 복부비만은 더욱 큰 위험인자로 꼽는다. 만성적 스트레스는 복부비만을 유발하는 것으로 알려져 있다. 코티솔이 지방을 에너지로 빨리 동원하기 위해 복부로 지방을 이동시켜 축적하기 때문이다. 사지에 비해 몸통에 지방이 많이 축적되고, 특히 둔부보다 복부 둘레가 큰, 소위 '사과형 체형'은 각종 성인병을 유발하는 원인이다. 복부비만은 혈압, 혈당, 콜레스테롤 등과 함께 대사증후군을 진단하는 기준들 가운데 하나이다. 결과적으로 코티솔의 분비를 증가시키는 만성 스트레스는 현대인을 괴롭히는 주요 질환들의 근본 원인이 되는 것이다.

게다가 코티솔은 근육을 구성하는 단백질을 분해하여 아미노산을 유리시키기도 하는데, 이러한 아미노산이 손상된 조직의 단백질 합성에 사용되기도 하지만 결국은 근육의 약화를 초래할 수 있다. 또한 코티솔은 성장이나 생식 활동처럼 긴급하지 않은 생리적 작용을 억제시키는데, 그로 인해서 성장호르몬과 성호르몬의 분비가 감소되어 성장장애나 불임이 초래될 수 있다. 코티솔은 면역 기능과 염증 반응을 억제하기 때문에 사소한 감기로부터 악성종양에 이르는 수많은 질환의 위험성을 높인다.

생체에는 어떤 생리적 작용이 과도해져서 결과적으로 생체에 악영향을 주게 되는 것을 방지하기 위한 음성피드백 기전들이 존재하는데, 그 가운데는 코티솔의 분비를 조절하는 기제도 있다. 코티솔의 농도가 높아지면 음성피드백에 의해 CRH와 ACTH의 분비가 억제되고 HPA축 전체의 활성이 감소된다. 또한 교감신경의 활성도 억제하여 급성 스트레스 반응을 진정시킨다.

코티솔은 생명 활동에 반드시 필요한 호르몬이지만 스트레스에 의해 과도하게 분비될 때 문제가 야기되는 것이다. 스트레스성 자극이 없더라도 일주기성(circadian) 리듬을 가지고 생체에서 분비된다. 아침 기상 전에 분비가 증가하여 기상 직후 최고조에 이르고 자정 무렵 가장 낮아지는 분비 양상을 가지고 있다. 급성 스트레스 시에는 코티솔이 15~30분 무렵 최고치에 이른 뒤 감소하지만, 스트레스가 오래 지속되면 코티솔도 높은 상태가 지속된다. 따라서 코티솔은 만성 스트레스의 생리학적 지표로 이용되고 있다.

코티솔 분비에 영향을 미치는 물질은 HPA축에서 생산되는 CRH와 ACTH 이외에도 여러 가지가 있다. 백혈구에서 분비되는 전령물질을 집합적으로 사이토카인(cytokine)이라 하는데, 인터류킨-1(IL-1), 인터류킨-6(IL-6), 인터류킨-18(IL-18) 등의 사이토카인이 HPA축에 작용하여 코티솔 분비에 영향을 미치는 것으로 보고되고 있다.

같은 스트레스라도 주로 부정적인 정서를 동반하는 경우에는 코티솔이 많이 분비된다. 따라서 심리적 장애와 코티솔의 상관관계는 매우 높다. 실제로 코티솔은 만성 스트레스 뿐 아니라 우울증, 신경성 식욕부진(anorexia nervosa), 불안장애 등과 정적인 상관관계가 있는 것으로 알려져 있다. 더구나 코티솔은 신경세포에도 악영향을 준다. 기억을 담당하는 변연계 구조물인 해마의 신경세포는 코티솔에 특히 민감하고 취약하다. 높은 코티솔 농도에 오래 노출되면 해마의 세포가 위축되거나 사멸되어 학습과 기억, 인지 능력에 장애를 초래한다. McEwen과 Sapolsky는 스트레스를 많이 받는 노인들에 대한 연구를 통해 스트레스가 노화를 촉진하고 치매를 야기할 수 있다고 하였다.

코티솔이 지속적으로 상승해 있는 경우도 각종 질병이 유발될 수 있지만, 코티솔이 적절히 분비되지 않는 경우도 큰 문제가 된다. 코티솔이 분비되지 않으면 면역 반응이나 염증 반응이 과도하게 진행될 수 있다. 그 결과 스트레스 반응으로 생긴 염증성 사이토카인이 조절되지 않아 염증 반응이 더욱 심해지고 장기와 조직에 손상이 야기된다. 연구에 의하면 섬유근육통, 아토피성 피부염은 HPA축의 활성 감소와 관련이 있다. 스트레스로 인해 나타나는 주요 증후군 중 하나인 만성피로증후군(chronic fatigue syndrome)에서도 HPA축 반응성의 감소가 보고되는데, 이 경우 정상적인 코티솔 분비 리듬이 와해되고 코티솔을 분비하는 장기인 부신에 피로가 누적되어, 필요한 만큼의 충분한 코티솔이 분비되지 않고 결국 스트레스에 저항할 수 있는 능력이 저하되기 때문인 것으로 설명할 수 있다. 코티솔은 신체에서 광범위하고도 필수적인 역할들을 수행하기 때문에 결핍 시 치명적일 수도 있다. 미국의 Kennedy 대통령이 앓았던 것으로 잘 알려진 애디슨병(Addison's disease)은 부신에서의 코티솔 생산이 결핍되고 그 결과 세포 대사에 심각한 결과를 초래하는 질병인데, 이런 경우 반드시 호르몬제를 투여해야만 한다.

04

면역계와 스트레스 반응

최근 스트레스에 관한 생리학적 연구는 스트레스가 면역계에 미치는 영향을 규명하는 것에 집중되고 있다. 이러한 연구들을 통합하는 학문이 바로 심리신경면역학이며, 심리신경면역학의 연구를 통해 스트레스가 면역을 저하시키고 질병을 유발한다는 증거가 계속 축적되고 있다.

앞서 항상성 삼각형(homeostasis triangle)에 대하여 설명하였다. 면역계는 외부 병원체의 침입에 대한 방어 작용 뿐 아니라 신체의 각종 조절 과정에 참여하므로, 항상성을 유지하는 데도 중요한 역할을 담당한다. 과거에는 항상성 유지라든가 스트레스에 대한 생체의 반응을 설명할 때 자율신경계와 내분비계의 역할을 중심으로 논하였으나, 현재는 면역계를 포함시켜 신경계-내분비계-면역계가 삼각형으로 연결된 항상성 삼각형 모형이 이용되고 있으며, 이 모형을 통해 스트레스가 질병을 일으키는 기전들이 설명되고 있다.

1) 면역계의 구성과 기능

면역계는 세균, 바이러스, 균류와 같은 외부의 이물질로부터 신체를 보호하는 조직(tissue), 기관 및 면역계 세포들로 구성되어 있다. 외부에서 침입한 이물질들 뿐 아니라, 기능을 다했거나 손상된 세포와 돌연변이된 암세포들도 제거한다. 협의의 면역은 이상과 같은 감시와 방어 기능을 의미하나 광의의 면역은 신체의 물리적, 화학적 항상성 상태를 위협하는 각종 상황에 대응하는 조절 기능을 포함한다.

면역계는 림프계라는 형태로 몸 전체에 퍼져 있다. 림프계는 혈관계와 같은 순환계이다. 림프계를 순환하는 면역세포들은 골수(bone marrow)에서 생산된 다음, 골수나 흉선(thymus)에서 성숙한 백혈구들이다. 림프관 중간 중간에는 둥글게 확장되어 있는 림프절들이 있다. 림프절 내부에는 림프구를 비롯한 많은 백혈

표 4-4 혈액 세포의 종류

혈액세포		기능	종류
혈장 (Plasma) 55% (혈장) 혈소판 (Platelets) 백혈구 (Leucocytes) 45% (혈구) 적혈구 (Erythrocytes)	백혈구	방어 기능	[과립백혈구] 호산구 호중구 호염구 [무과립백혈구] 단구 림프구 - T림프구: 억제T림프구, 헬퍼T림프구, 세포독성T림프구 - B림프구: 형질세포, 기억세포 - 자연살해세포
	적혈구	산소운반	-
	혈소판	지혈작용	-

구들이 들어 있어 외부에서 유입된 항원(세균, 바이러스 등)에 대한 탐식작용 등 일련의 면역반응이 일어난다. 겨드랑이, 서혜부, 편도선, 충수 등에는 림프절들이 밀집되어 있어, 감염증이 있을 때 통증과 부종을 느끼면서 쉽게 인지되기도 한다. 면역계의 장기인 흉선은 가슴의 흉골 뒤에 위치해 있다. 흉선은 20세기 중반까지만 해도 그 역할이 명확히 인식되지 못했고, 심지어는 흉선의 비대가 영아돌연사망증후군(sudden infant death syndrome: SIDS)의 원인이라는 오해로 인해 흉선을 방사선으로 위축시키는 시술이 실시되기도 했다. 그러나 그 후 흉선이 면역과 관련이 있는 장기임이 밝혀지고, 스트레스에 의해 흉선이 위축된다는 사실이 알려지면서 스트레스가 생체의 방어 기능을 담당하고 있는 면역계에 영향을 미친다는 것이 확인되었다.

백혈구 그룹에 속하는 면역세포들은 다른 혈구들과 마찬가지로 성인에서는 주로 팔, 다리의 장골 같은 큰 뼈 안에 있는 골수에서 생성된다. 백혈구는 세포질 안에 과립이 있는가 없는가에 따라서 구분하기도 하고, 핵이 하나의 명확한 형태를 갖는가 여러 조각으로 나뉜 것처럼 보이는가에 따라서 구분하기도 한다. 예를 들어 면역 반응에서 중추적 역할을 하는 림프구들은 과립이 없고, 하나의 형태로 보이는 핵을 가지고 있는 백혈구이다.

골수에서 만들어진 림프구들은 골수나 흉선에서 성숙된 다음 순환계로 들어간다. 골수에서 성숙되는 림프구는 B림프구(B세포), 흉선에서 성숙되는 림프구는 T림프구(T세포)이다. T림프구에는 억제T림프구, 헬퍼T림프구, 세포독성T림프구 등이 있다. B림프구는 항체(antibody)를 생산하는 데 관여한다. 과립이 있는 백혈구들은 염색액에 의해 염색되는 양상에 따라 호염구(basophil), 호중구(neutrophil), 호산구(eosinophil)로 나눈다. 그 외에도 단핵구(monocyte), 대식세포(macrophage)와 같은 식균 세포, 암세포에 대항하는 자연살해세포(natural killer cell: NK세포) 등의 면역세포들이 있다.

2) 면역 반응

면역 반응의 종류는 선천적 면역과 후천적 면역, 자연 면역과 획득 면역, 특이적 면역과 비특이적 면역, 세포성 면역과 체액성 면역 등 다양한 방식으로 구분할 수 있다. 태어날 때는 B형 간염 바이러스에 대해 항체를 가지고 있지 않았지만, 한번 바이러스에 감염이 되었다가 회복된 후, 또는 예방접종 후에 항체가 형성되었다면 후천적 획득 면역이다. 또한 이 항체는 A형 간염 바이러스나 C형 간염 바이러스와는 무관하게 오직 B형 간염 바이러스에 대해서만 방어 기능을 하므로 특이적 면역이라 한다.

비특이적 면역의 대표적인 예는 염증 반응이다. 염증은 여러 물리·화학적 자극에 대해 생긴 조직의 손상을 수복하기 위한 생체의 자연적인 반응이다. 또 다른 비특이적 면역의 예로는 바이러스 감염 세포에 대한 반응에서 방출되는 인터페론(interferon)의 작용을 들 수 있는데, 인터페론은 바이러스의 종류와 무관하게 그들의 번식을 억제한다. 림프구 중 NK세포도 바이러스에 감염된 세포나 암세포로 변형된 세포를 비특이적으로 파괴한다. 특이적 면역은 특정한 종류의 항원(세균, 바이러스, 진균)만을 인식하여 반응하는 면역이며, 열쇠와 자물쇠의 관계처럼 꼭 맞는 항원과 항체의 특이적 결합에 의해 이루어진다.

세포성 면역은 면역세포 중 T림프구나 대식세포가 주로 담당하는 면역 기능이다. 대개 진균(곰팡이), 바이러스, 종양세포는 세포성 면역에 의해 제거되는데, 면역세포가 직접 침입한 이물질을 공격하기 때문에 세포성 면역이라 한다. 항체는 보통 B림프구에 의해서 생산되지만 T림프구도 항체를 생산할 수 있다. T림프구가 생산한 항체는 혈류로 유리되지 않고 T림프구 세포의 세포막 표면에 붙어있다. 침입한 항원이 여기에 결합하면 T림프구는 이 항원을 직접 파괴하거나 다른 백혈구가 와서 파괴할 수 있도록 신호물질을 방출한다.

반면 체액성 면역은 항체를 만드는 B림프구에 의해 수행된다. 주로 세균의 침입에 대항하는 방법이다. 침입한 이물질의 항원을 면역세포가 인식하게 되면 그 항원에 특이적으로 결합할 수 있는 항체를 만들게 된다. 항체는 면역글로불린(immunoglobulin)이라고도 하는 단백질이다. 항체는 침입한 이물질 표면의 특정 부위(항원)에 결합하여 그 침입자를 직접 죽이거나 다른 면역세포를 동원하여 침입자를 파괴토록 한다.

이상과 같이 면역 기능은 다양한 면역세포의 협력에 의해 이루어지는데, 면역세포에서 분비되어 면역세포 상호 간의 신호전달을 담당하는 전령물질을 사이토카인(cytokine)이라 한다. 인터류킨(interleukin: IL), 종양괴사인사(TNF), 인터페론 등 수십 종의 사이토카인이 발견되었다. 스트레스 반응에서는 특히 염증성 사이토카인인 IL-1, IL-6, IL-12, IL-18, TNF 등이 관여하고 있다.

3) 스트레스와 면역

스트레스 호르몬인 코티솔은 사이토카인에 의해 전달되는 메시지를 차단함으로써 특정 면역 반응을 억제한다. 또한 흉선에서 새로운 림프구가 생기는 것을 억제하고, 인터류킨이나 인터페론 같은 전령물질 분비를 억제하여 순환계에서 활동하고 있는 림프구들의 감염 경고에 대한 반응성도 저하시키게 된다. 코티솔은 B림프구보다 T림프구에 더 영향을 준다. 따라서 체액성 면역보다 세포성 면역이 더 큰 영향을 받는다. 더욱이 코티솔은 아포프토시스(apoptosis, 세포자멸사)라고 하는 경로를 활성화하여 림프구 자체를 사멸시킬 수도 있다. 코티솔 뿐만 아니라 교감신경계의 전령물질, 베타-엔돌핀 같은 다른 스트레스 호르몬들도 면역을 억제하는 역할을 하기 때문에 스트레스는 코티솔과 무관한 경로로도 면역을 저하시킬 수 있다.

심리신경면역학 연구에서 밝혀진 바와 같이, 면역계는 내분비계 및 신경계의 신호를 공유할 뿐 아니라 스트레스 호르몬에 의해 조절을 받기 때문에 스트레스에 직접적인 영향을 받는다. 급성 스트레스, 신체적 스트레스에서는 백혈구 수가 증가하고 자연살해세포가 증가하는 등 면역 기능이 일시적으로 항진되지만, 만성 스트레스에서는 각종 면역세포들의 수와 기능이 감소한다.

신경계에서 분비되는 신경전달물질들을 받아들이는 수용체는 신경세포에만 있는 것이 아니라 면역계를 비롯하여 신체의 다른 장기들에도 분포하고 있다. 면역계는 신경계에서 만들어지는 것과 같은 종류의 전령물질을 만들어내고, 신경계는 이것을 신경전달물질로서 받아들인다. 한편 면역세포 사이의 전령물질인 사이토카인들도 뇌에서 수용되기 때문에 면역학적인 자극도 다른 감각적 자극처럼 신경계에 인식되고 그 결과 전신적인 생리적 변화, 심리·행동적 변화를 유발할 수 있다. 역으로 스트레스 같은 심리적 자극은 신경-내분비-면역계의 연결 경로를 통해 면역 기능을 변화시키고 질병을 야기할 수 있는 것이다. 면역계 역시 교감신경계나 내분비계처럼 중추신경계의 영향을 받는다. 뇌의 시상하부가 파괴되면 내분비계나 신경계의 기능에만 영향이 나타나는 것이 아니라 면역 반응도 훼손된다.

많은 연구에서 스트레스로 인해 면역이 억제되어 감염성 질환의 발병 가능성이 증가되고 알레르기, 천식, 자가면역질환을 악화시키며, 악성종양 발생에도 영향을 미친다는 것이 밝혀지고 있다. 연구에 의하면 시험 스트레스를 겪는 동안 의대생들은 약해진 면역 반응을 보였고, 독감이나 감기 같은 평범한 병에도 잘 걸렸다. 치매 환자의 보호자들처럼 만성적인 스트레스를 받는 사람에서는 B림프구, T림프구, NK세포 등 면역세포들의 수와 기능이 저하되는 것으로 나타난다. 우울증 환자에서도 림프구의 수가 감소하고 기능이 저하되며 NK세포도 감소된다. 고

독감을 지속적으로 느끼는 경우에는 특히 NK세포가 감소된다는 보고가 있다.

면역계는 외부에서 유입된 세균, 바이러스 같은 이물질들 뿐 아니라, 우리 몸속에서 끊임없이 생겨나는 돌연변이 세포들도 제거한다. 그러므로 면역체계의 이상은 암의 발생 위험을 높인다. 암과 스트레스가 관련 있다는 발견은 최근의 것이 아니다. 2세기경 활동한 로마의 의사 갈레노스 역시 우울한 여성에게서 암이 발생할 확률이 높음을 지적한 바 있다. 스트레스 연구가 본격화되기 전인 1893년에는 정서적 스트레스와 암 발병간의 연관성을 입증하는 경험적 증거가 발표된 바 있다. Selye도 높은 수준의 스트레스가 자주 계속될 경우 스트레스 호르몬의 작용으로 인하여 궁극적으로 암의 생성 요인이 될 수 있다고 지적하였다.

교감신경계의 활동과 코티솔 분비 모두 면역 기능의 조절에 중요한 변수이므로, 스트레스에 대한 자율신경계 반응성이 큰 사람일수록 면역계 기능에도 변화가 클 것으로 예측할 수 있다. 사람을 대상으로 한 스트레스 연구에서는 대중 앞에서 연설을 시키거나 암산 과제를 주는 것 같은 심리적 스트레스원을 활용하는데, 대중연설 스트레스에 대해 심박수가 많이 상승했던 사람들은 이후 암산 과제에 대해서도 대조군에 비해 더 큰 심박수와 혈압 반응을 보여 주었고 코티솔 반응도 더 컸다. 실험실에서 제공되는 것 같은 짧은 스트레스원에 대해서는 면역 기능이 상승되는 것을 관찰할 수 있다. 이처럼 짧고 심하지 않은 스트레스원에 대한 반응으로 면역계의 기능은 상승될 수 있다. 그러나 코티솔 분비가 지속되면 결국 면역은 억제된다. 피험자에게 스트레스를 제시하고 코티솔 반응성을 측정한 연구에서는 코티솔 반응성과 면역 억제가 관련이 있음이 관찰된다. 이 피험자들은 면역계의 감시 기능이 감소되어 잠복형 바이러스들의 재활성화가 더 높이 나타난다. 여성 노인들과 여성 대학생들을 대상으로 하여 암산과 대중연설 스트레스를 주었던 연구에서도, 가장 큰 코티솔 반응을 나타낸 여성들에게서 잠복된 엡스타인-바 바이러스의 재활성화를 보여주는 결과가 관찰되었다.

면역학(immunology)은 비교적 최근에 성립된 학문이지만, 면역과 관련된 개념은 오래 전부터 있어왔으며, 한의학에서는 그 핵심 개념인 '정기(正氣)'를 곧 면역과 같은 것으로 설명한다. 정기가 쇠하면 심신의 활력이 저하되고, 질병이 유발되며, 생명이 단축된다. 즉 면역은 단순히 이물질에 대한 방어 작용이 아니라 생명을 질병으로부터 보호하고 생명력을 유지하는 힘이다. 그러한 면역이 스트레스에 의해 훼손되며, 현대인들이 겪는 대개의 스트레스가 부적응적이고 과도하다는 사실은 곧 부적절한 스트레스를 다스림이 바로 건강관리의 핵심이라는 결론을 유도한다.

동물을 대상으로 한 연구에서는 스트레스가 직접적으로 질병을 유발한다는 많은 증거들이 확보되었지만, 사람에게서는 스트레스와 질병의 연관성이 완전히 규명되지는 않았다. 그러나 스트레스가 질병의 발생을 촉진하거나 발생한 질병을 악화시키거나 질병으로부터의 회복을 저해한다는 견해는 이미 의학계에서 널리 수용되고 있다. 스트레스는 생리적 경로를 통해 면역을 억제하고 질병 발생과 악화에 영향을 주기도 하지만, 스트레스로 인해 야기되는 불건강한 생활양식도 건강을 저해하는 매우 중요한 경로이므로, 스트레스가 건강과 질병에 영향을 미친다는 사실은 더더욱 부정할 수 없다. 요컨대 스트레스는 면역 기능에 직·간접적으로 영향을 주고 신체에 병리적 변화를 유발할 수 있다.

05

1. 스트레스 반응
2. 중추신경계와 스트레스 반응
3. 내분비계와 스트레스 반응
4. 면역계와 스트레스 반응
▶ 5. 심신 스트레스 반응의 통합

심신 스트레스 반응의 통합

생리학적 스트레스 이론이든 심리학적 스트레스 이론이든 그 구심점이 되는 기능적, 해부학적 요소는 중추신경계의 뇌이다. 뇌는 부위별로 서로 다른 독특한 임무를 수행하고 있다. 감각 정보를 처리하는 감각중추, 근육 운동을 조절하는 운동중추, 고등 사고를 담당하는 중추, 감정을 담당하는 중추, 내분비 조절 중추, 자율신경 조절 중추 등이 그것이다. 감각 정보를 처리하는 뇌 영역만 해도 시각을 처리하는 부위, 청각을 처리하는 부위, 촉각을 처리하는 부위가 모두 다르다.

그렇다면 각자의 임무를 수행하고 있던 여러 두뇌 영역들로 하여금, 스트레스를 유발하는 상황에서 '스트레스 반응'에 동참하여 일사분란하게 통합된 작용을 나타내도록 만드는 원동력은 무엇일까? Susan Greenfield는 정서(emotion)가 곧 뇌의 통합적 활동을 일으키는 구성단위라고 하였다.

1) 뇌의 통합적 활동을 일으키는 정서와 동기

Greenfield에 따르면 정서라는 것은 여러 뇌 영역들의 활동이 조율된 가운데 산출되는 전체적인 뇌의 상태로 정의할 수 있다. 감정(feeling)과 유사한 의미로 사용되는 단어인 정서는 정동(affect), 기분(mood)이라는 단어와도 혼용되고 있다. 본능적인 욕구의 충족 또는 좌절 상태에 따라 동반되는 심리·생리 과정을 정서라 할 수 있다. 따라서 정서에는 감정적, 행동적, 생리적 요소들이 포함되어 있지만, 인간에게는 정서 반응에서 감정적 성분이 가장 현저하게 자각되므로 정서와 감정은 유사한 단어로 사용된다. 정서라는 생리 과정은 자율신경계를 비롯하여 여러 대뇌 영역들이 작용하여 일어난다.

정서는 욕구의 충족 상태에 대한 지표로서 심리적, 신체적 동기를 발생시킨다. 정서라는 말의 영어 단어인 'emotion'을 살펴보면 'e'와 'motion'으로 구성되어 있다. 즉 심리적, 신체적 행동(motion)을 일으키는(e-) 동기가 바로 정서라는 것이다. 유의할 점은 이때의 행동이라는 말은 단지 외부에서 관찰되는 근육의 움직임이 일어나는 것만을 의미하지는 않는다는 것이다. 여기서의 행동은 행동의학(behavioral medicine)에서 말하는 행동과 같은 개념인데, 행동의학에서 말하는 행동은 단지 움직이고 말하는 것뿐만 아니라 생각과 정서가 일어나게 하는 신경계의 과정을 포괄적으로 의미하는 것이다.

스트레스성 자극에 의해 형성된 부정적인 정서는 심신에도 부정적 영향을 미치는데, 부정적 정서는 무의적 과정을 통해 계속 증폭되는 경향이 있다. 자신이 의식하지 못하는 사이에 변연계에 입수된 신체의 불쾌한 자극은 생리적인 스트레스 반응을 일으키게 되고 심리적으로도 불쾌감을 가져온다. 그러한 심신의 변화는 또 다시 스트레스성 자극으로 인식되고, 결국 '뭔지 모르지만 기분이 나쁘고 불안한' 상황 속에 있게 된다. 그 사이 몸은 스트레스 호르몬의 분비로 인한 생리적 영향을 계속해서 받고 있는 것이다. 따라서 내면에서 발생하는 정서를 스스로가 얼마나 잘 인식하고 돌볼 수 있는가라는 문제는 스트레스 관리 뿐 아니라 심신의 질병 치료에 있어서도 매우 중요하다. 많은 심신의학적 개입법들이 정서적 변화를 알아차리고 조절하는 방법들인데, 이러한 정서를 통한 접근법들은 내면의 동기들을 보다 명확히 파악할 수 있게 하는 데 역점을 둔다.

앞에서 신경가소성의 원리를 적용하여, 스트레스에 대한 부적응적 반응 패턴을 수정하는 치유의 과정에는 뇌의 기능적, 기질적 변화가 수반된다고 설명하였다. 이를 정서적 접근법들과 관련하여 설명하면, 자신의 정서를 파악하여 그와 관련된 동기들을 수용하고 안전하게 표현하는 긍정적 경험이 축적되면 그 경험에 상응하는 인지적, 생리적 신경회로가 새롭게 형성되고 강화되는 동시에 과거에 있던 부정적 회로들은 소거되게 되면서 점점 적응적인 반응 체계로 대체되는 것이다.

신경학자인 Candace Pert는 우리의 마음과 몸을 잇는 것은 바로 정서이며, 이를 통하여 우리가 몸과 마음의 대화 속으로 들어갈 수 있다고 하였다. 신경생리학적으로 정서는 신경전달물질이 신경 경로들을 재조정한 결과라고도 할 수 있는데, 이 과정에는 심리적 변화 뿐 아니라 행동 및 신체 활동의 변화가 수반된다. 따라서 Pert는 정서가 자기 관리에서 주요한 요소라고 하였다. 신경계에서 작용하는 대다수의 전령물질들이 펩타이드(peptide)류에 속하는데, 이 펩타이드 전령물질의 수용체 중 85~95%가 편도체, 해마 같은 변연계의 중심 구조에 들어 있다. 이 부위들은 바로 정서적 행동에 관여하는 곳이다. 이처럼 정서는 정신과 신체의 연결망을 통해 교환되는 정보의 내용이며 신체의 세포, 조직, 기관, 기관계들이 여기에 연결되어 있다. 그러므로 정서는 일종의 정보로서, 물리화학적으로 설명하자면 신경펩타이드와 이 펩타이드의 수용체로서, 비물리적으로 설명하자면 감정으로서, 마음과 몸을 연결하는 것이다.

2) 정서의 신경생리학적 의의

정서를 담당하는 변연계는 부정적이거나 위협적인 자극에 더욱 민감하다. 진화론적으로 보면 매사를 좀 더 부정적으로 보고, 위협적이라고 생각하여 미리 대비하고 반응하는 것이 긍정적, 낙천적으로 생각하는 것보다 생존에 유리하기 때문에 우리의 정서는 기본적으로 부정적인 방향으로 형성되도록 되어 있다. 그런데 일단 부정적인 정서가 형성되면 주위에 긍정적인 정보보다는 부정적인 정보에 더욱 예민해지게 된다. 따라서 스트레스가 심할수록 부정적, 위협적 자극에 더욱 예민해지고 긍정적, 호의적 자극에는 둔감해져 점점 더 스트레스가 증폭된다. 예를 들어 선거에서 유세를 하는 후보자가 대중연설에 대해 스트레스를 느끼면서 연설을 하게 되면, 반대 구호를 외치거나 자리를 떠나는 청중들만 눈에 들어오고, 자신을 지지하면서 연설을 경청하고 있는 청중들은 눈에 들어오지 않게 되어 결국 스트레스는 더욱 심해지는 것이다. 우리는 부정적 정서가 느껴질 때 '나'라고 느껴지는 경계, 즉 자아의 경계가 강화되고 그에 따라서 주위의 환경으로부터 자신을 분리하고 보호하려는 경향이 강해져 사고가 편협해지거나 행동이 자기중심적으로 되는 것을 경험한다. 이와 같은 자아 구성 작용은 위협을 느끼는 상황이나 자신에게 호의적이지 않다고 느껴지는 상황에서 더 강화되고, 그에 상응하는 심신의 긴장과 스트레스 반응을 유도하게 된다. 자신의 정서를 깨닫지 못하거나 외면하고 억압할수록 내적인 불안과 긴장은 계속 증폭된다.

정서를 바라보고 돌본다는 것은 자신의 정서를 객관적으로 관찰하고 수용하고 표현하는 것을 의미한다. 정서를 표현한다는 것은 정서를 그대로 표출시킨다는 것과는 다르다. 화가 났을 때 참는 것도 심신 건강에 좋지 않지만 화를 폭발시키는 것도 심신에 악영향을 준다. 참거나 폭발시키거나 모두 심혈관계에 상당한 부담을 주는 것이다. 화가 난 마음을 스스로 읽고, 화가 났음을 객관적으로 표현하는 것만으로도 부정적 정서는 감소되고, 감정에 휩싸여 부지중에 하게 되는 과격한 행동이라든가, 습관적으로 찾게 되는 불건전한 행위들도 감소될 수 있다. 또한 보다 신중하게 행동할 수 있게 되고, 문제를 해결할 수 있는 가능성도 높아진다.

감정을 관찰한다는 것을 신경학적으로 표현하자면 이성과 사고의 중추인 전두엽이 감정의 중추인 편도체의 활성을 감시하고 조절하는 것이라고 할 수 있다.

편도체의 활동은 대개 무의식적 과정이지만 의식적 과정보다도 심리적, 신체적으로 더 큰 영향력을 행사하고 있다. 우리가 어떤 판단, 가치 평가, 계획, 추론 등을 하는 것은 전두엽에서 일어나는 일이라고 생각하지만, 여기에는 정서를 만드는 변연계에 기반한 신경망이 상위에 있는 신피질 투사되어 영향 미치고 있다. 충분히 상황에 대한 정보를 수집하고 분석했다고 하더라도 '좋다', '싫다'라는 감정의 도움을 받지 않으면 아무런 결정도 할 수 없게 된다. 따라서 지극히 이성적으로 보이는 판단이나 도덕적 행위도 실제로는 정서에 크게 좌우되고 있는 것이다.

전두엽에서의 조절 능력이 와해되거나 전두엽의 발달이 미흡하면 윤리적, 도덕적 결함을 가지게 되는 것도 같은 원리로 설명할 수 있다. 전두엽에서 변연계로 향하는 신경망이 미약하거나, 좌·우뇌의 소통이 원활하지 않거나, 편도체가 지나치게 활성화되어 있으면 감정 조절이 적절히 되지 않게 된다. 감정을 합리적으로 처리하는 전두엽의 손상 역시 같은 결과를 가져올 수 있다. 전두엽은 출생 후부터 본격적으로 계발되어 성인이 되어야 완전히 성숙하지만, 편도체는 출생 무렵에 어느 정도 완성되어 있기 때문에 아동은 이성보다 감정에 의해 행동하는 경향을 갖게 되며, 감정을 조절하는 능력도 미약하다. 성인이라 해도 전두엽의 기능이 온전하지 않으면 자신의 감정을 억제하지 못하고 충동적인 행동을 하게 된다. 사고나 질병으로 전두엽이 손상된 사람에게서 감정이나 충동 조절에 장애가 발견되는 경우가 많다. Phineas Gage라는 유명한 환자는 철도 공사 현장의 폭발 사고로 전두엽이 크게 손상되었는데, 놀랍게도 인지적 능력에는 거의 지장이 없었으나 감정을 억제하지 못하고 자신의 행동을 조절하지 못해 사회적으로 부적응적인 삶을 살다가 생을 마쳤다. 그에게서 손상된 부위는 전두엽 중에서도 정서 조절에서 특히 중요한 안와전두엽 부분이었다. 살인자의 뇌를 조사했을 때 전두엽의 활동이 정체되어 있다는 연구 결과도 있다. 앞에서 설명한 것처럼 이성의 뇌와 감정의 뇌 사이의 유기적 작용에 결함이 있게 되면 간단한 일상적인 선택도 하지 못할 수 있다. 따라서 자신의 정서를 관찰하고 돌보는 능력은 단순히 심리적 안정감을 가져오는 것뿐 아니라 가치 지향적이고 만족스러운 삶을 사는 데도 매우 중요하다.

 중추신경계에서 일어나는 일들에 관한 지금까지의 설명을 모두 정리해보자. 감각계에서 유입된 정보가 대뇌로 전달되어 대뇌피질에서 어떤 상황을 인지하면 변연계에 신호를 하게 되고, 변연계는 시상하부로 하여금 내분비계 호르몬 및 신경전달물질들을 방출하는 경로를 활성화하도록 하여 상황에 적절한 생리적 변화를 일으킴으로써 그 상황에 적응적인 행동을 취할 준비가 갖추어진다. 이것이 스트레스성 자극이 스트레스 반응을 형성하게 되기까지의 생리적 과정이다. 앞에서 전두엽과 변연계를 양방향으로 연결하는 전두-변연 연결에 대해 언급하였다. 변연계는 감정과 관련된 무의식적 신체 반응을 처리하는 곳이며, 감각기관을 거쳐 들어온 정보가 대뇌피질에서 인식되기 이전에 그 정보들을 먼저 입수하여 본능적이고 반사적인 행동과 생리적 변화가 신속히 야기되도록 한다. 그런데 우리의 뇌는 긍정적인 상황보다는 부정적이거나 위협적인 상황에 훨씬 민감하게 반응하도록 진화되어 왔기 때문에, 과거와 같은 생리적 위협을 거의 경험하지 않는 현대인에게 있어서 변연계의 즉각적이고 반사적인 반응은 대개 심신에 소모적인 결과를 가져올 뿐, 불필요한 경우가 많다. 변연계의 불필요한 스트레스 반응을 감소시키기 위해서 전두엽과 편도체의 연결망을 강화하여 이성의 중추가 감정의 중추를 조절하는 능력을 키울 수 있다. 정서를 관찰하고 객관적으로 표현할 수 있도록 하는 모든 훈련이 이러한 능력을 향상시킨다. 예를 들어 정서 표현 훈련, 글쓰기, 명상, 인지적 자기 조절 훈련, 뉴로피드백 훈련 등이 모두 궁극적으로 전두-변연 연결망의 강화라는 신경계의 실질적인 변화를 가져올 수 있다.

스트레스의 통합치유
Holistic & Integrative Stress Healing

Holistic & Integrative Stress Healing

●●● 스트레스 연구의 초창기로부터 지속적으로 제기된 문제는 스트레스성 자극에 대한 각 개체들의 반응이 동일하지 않다는 점에 관한 것이다. 즉 스트레스 반응에는 자극의 원인 못지않게, 어쩌면 그보다 더 중요한 개인 내적 또는 환경적 중재 요인이 관여한다는 것이며, 이러한 개인차를 규명하는 것은 스트레스 연구의 오랜 과제가 되어 왔다. 스트레스에 대한 반응이 사람마다 다르고, 같은 사람에서도 상황에 따라 다르다는 것은 누구나 경험적으로 알고 있다. 스트레스 반응성의 개인차에는 체질적 요소, 심신의 발달학적 단계, 과거의 경험, 성격과 방어기제, 그리고 사회적 지지망 같은 스트레스 대처자원에 대한 지각 등이 영향을 미친다.

PART 05

스트레스의 심리학

Stress psychology

이 장에서는 먼저 개인차의 기원에 대하여 알아보고, 스트레스의 심리적 과정을 인지, 정서, 성격의 관점에서 살펴본 다음, Part 4에서 살펴본 생리학적 관점과 이 내용들을 다시 통합하도록 한다. 이를 위하여 우리는 심리학의 5가지 접근 방식을 모두 필요로 한다. 즉 생물학적인 신경생리학적 접근(neurophysiological approach), 학습론적인 행동주의적 접근(behavioristic approach), 정보처리론에 기초한 인지주의적 접근(cognitive approach), 심층심리학적인 정신분석적 접근(psychoanalytic approach), 실존적, 현상학적 관점을 포함하는 인본주의적 접근(humanistic approach)이 그것이다.

01

스트레스의 개인차

스트레스에 관한 생리학적 이론은 스트레스 반응의 일반적, 비특이적 측면을 주로 설명해 왔다. 스트레스의 심리학적 이론은 스트레스 반응의 비특이적 특성과 개인차를 설명해 준다. 신경생리학의 신경가소성 이론과 인지심리학의 정보처리 이론은 이 두 접근법을 아우르고 있다.

Part 4에서 중추신경계와 스트레스 반응에 관하여 설명하면서 신경가소성 이론과 정보처리 관점에 대해 간략히 소개하였다. 먼저 생리심리학 이론과 인지주의의 정보처리 관점을 좀 더 상세히 설명하고 나서 스트레스의 개인차를 만드는 생리적, 심리적 변인들을 살펴보기로 한다.

1) 구성주의와 정보처리 관점

심리학에서의 초기 스트레스 연구는 행동주의적 접근이 주류를 이루었다. 행동주의 심리학은 인간을 비롯한 동물의 반응이 외부에서 주어지는 자극의 특성에 의해서 수동적으로 결정되며, 이러한 자극의 특성만 알면 개체의 행동을 예측하고 통제할 수 있다고 본다. 행동주의 심리학과 인지심리학은 밀접한 관계를 가지고 있으며, 이들은 현대 심리치료에서 널리 활용되고 있는 인지행동치료 이론을 발달시켰다. 이 과정에는 신경생리학과 인지과학의 발달이 지대한 역할을 하였다. 행동주의 심리학은 자극의 역할에 주목하고 생체의 반응은 자극에 의해 결정되는 수동적 과정이라고 보는 반면, 인지심리학은 그 자극을 처리하는 생체 내의 능동적인 처리 과정에 더 큰 의미를 부여한다.

인지과학과 구성주의는 동전의 앞뒷면과 같은 관계에 있는 분야이다. 인지과학이란 한마디로 인간을 포함한 생체에서 일어나는 인식의 정보처리에 관한 과학이다. 구성주의는 행동주의나 인지주의 심리학에 비해 좀 더 철학적인 접근법이며, 구성주의의 상대적 개념은 객관주의라고도 할 수 있다. 구성주의적인 정보처리 관점은 외부 자극이 모든 개체에게 그 자체의, 있는 그대로의 물리적 사실로 경험되는 것이 아니며, 외부 세계는 개체가 그 정보를 처리하는 방식에 따라 다르게 구성되어 상이하게 경험되는 것이라고 본다. 그런데 그 정보처리 체계를 형성하는 배경이 바로 과거에 축적된 경험이다. Freud는 심적결정론(psychic determinism)을 통해서 개인의 현재는 과거 경험에 의해 결정된다고 하였다. 무의식 속에 저장되어 있는 과거 경험은 심리적 현재 뿐만 아니라 생리적 현재를 결정하는 기초가 되는 것이다. 경험은 중추신경계의 신경회로 형성에 영향을 주어, 향후에 발생하는 특정 경험에 대한 심리적, 생리적 반응성을 증폭시키거나 감소시킬 수 있다.

구성주의적 정보처리 관점에서 볼 때 생명 활동은 끊임없이 정보를 수집하여 그것에 의미를 부여하고 처리하는 과정이다. 정보 수집, 의미부여, 반응 양상은 그 개체가 가진 정보처리 체계들의 특성에 따라 다르다. 한편 모든 정보처리 체계들은 별도로 작용하는 것이 아니라 유기적으로 연결되어 있어 통합적으로 작용하게 된다. 신체적 정보처리 체계에서든 심리·행동적 정보처리 체계서든 어떤 부적응적인 정보처리 체계가 있다면 그것에 의해 전반적인 스트레스 반응은 부적응적인 방향으로 형성될 수 있다. 이것은 어떤 특정 자극이 모든 사람에게 스트레스가 되지는 않는다는 것과 함께, 스트레스 관리에 있어서도 모든 사람에게 동일한 효과를 기대할 수 있는 스트레스 관리법은 존재하지 않는다는 것을 시사한다.

복잡한 사회를 사는 현대인에게 있어서, 스트레스를 야기하는 자극들을 자신이 직접 통제함으로써 스트레스의 영향을 감소시킬 수 있는 가능성은 제한적이다. 자신의 스트레스 반응이 부적절하고 불필요한 반응이라면 자극을 관리하려는 노력뿐 아니라, 내적 정보처리 체계들을 면밀히 평가하여 취약하거나 부적응적인 부분이 있는지 파악하고 그 체계를 변화시키는 데 유효한 심신의 치유기법들을 선택하는 노력도 요구된다.

2) 개인차의 형성 시기

앞에서 설명한 바와 같이, 생물학적 나이가 같고 삶의 제반 조건이 비슷해도 노화와 건강 상태에 차이가 나타나는 데는 유전적 요인보다 생활환경, 생활습관, 성격과 같은 후천적 요인이 더 큰 영향을 미치며, 그 가운데에서도 결정적 요인이 스트레스이다. 중추신경계의 활성화 양식은 유전적 배경에 더해 후천적 학습과 경험의 결과로 갖추어진다. 스트레스가 인지되면 신체는 단기적으로는 신경계, 내분비계, 면역계를 통하여 스트레스 반응을 하게 되고, 장기적으로는 스트레스 경험을 저장하여 후일에 참고하게 되는데, 이 과정에서 뇌의 구조적, 기능적 변화가 일어나 향후의 스트레스 반응성을 만들게 된다. 이러한 반응성에는 신체적인 것뿐 아니라 심리적, 행동적 반응성이 포함되며, 이는 개체의 성격, 습관, 질병 취약성 등과 밀접한 관계가 있다.

스트레스 반응성은 장·단기적 성장과 발달 과정에서 형성된다. 신체의 구조가 형성되고 생리적 기능이 갖추어지는 동안, 생리적인 스트레스 반응성, 인지적 양식, 성격 등도 함께 갖추어지는 것이다. 특히 결정적인 발달의 시기일수록 외부 환경은 스트레스 반응성 형성에 지대한 영향을 미치게 된다. 심지어 태아 때의 경험도 중요한 요인으로 작용한다.

모체에서 영양결핍과 같은 생리적 스트레스를 경험하면 그 경험이 태아의 대사에 각인되어 영양분을 더 많이 흡수하고 비축하는 생리적 경향성이 높은 개체로 태어나게 되고, 그 결과 고혈압, 비만, 당뇨, 심혈관계 질환 등의 위험이 높아진다. 이와 관련하여 David Barker는 '성인 질병의 태아 기원설(fetal origins of adult disease: FOAD)'를 제시한 바 있다. 최근 이 학설은 태아뿐 아니라 모든 발달 과정을 포함하는 '성인 질병의 발달 과정 기원설(developmental origins of adult disease: DOAD)'로 새롭게 제시되고 있다.

동물실험에서는 모체에 스트레스를 주면, 이때 생긴 스트레스 호르몬이 태아에 영향을 주어 생후 행동장애를 보인다. 영·유아기에 겪는 대표적인 스트레스는 모체와 분리되는 것인데, 어린 쥐들을 매일 몇 시간씩 어미 쥐와 분리시키는 스트레스를 주면 스트레스 반응성이 높아지게 된다. Plotsky와 Meaney는 동물 연구를 통하여, 생애 초기에 형성된 왜곡된 스트레스 반응이 개체의 삶 전체에 걸쳐 건강과 질병에 영향을 미친다는 것을 보여 주었다.

중추신경계의 발달이 미완성된 시기에 스트레스를 받게 되면 불리한 스트레스 반응이 형성되어 평생 지속되므로 어린 시절에 경험하는 스트레스일수록 개체에게 미치는 영향은 광범위하고 지속적이다. 또한 정서를 담당하는 변연계가 형성되는 시기에 스트레스를 많이 받거나 양육이 제대로 이루어지지 않거나 학대와 같은 스트레스를 경험하면 이 조직의 발달이 영향을 받는다. 그리고 성인이 된 후에라도 반복적, 지속적 스트레스를 경험하게 되면 개체에게 불리한 스트레스 반응이 새로 형성되거나 이미 형성된 반응성이 더 증가될 수 있다.

02

심리적 요소들

1. 스트레스의 개인차
▶ 2. 심리적 요소들
3. 성격과 스트레스
4. 스트레스 반응성에 관한 생리심리학적 이해

인지적 해석과 정서적 유의미성과 관한 연구들은 스트레스의 개인차의 설명하는 중요한 방법이 되어 왔고, 대개 성격이나 인지 양식에 초점을 맞추어 진행되어 왔다. 심리학에서는 대체로 아동기 무렵 형성된 사람의 성격은 평생 변화되기 어렵다고 본다. 따라서 성격 관점에서 스트레스의 개인차를 설명하는 이론들은 개인차의 특성이나 특징들이 시간과 상황에 대해 비교적 안정적이고 변화되기 어렵다고 가정하고, 성격을 바꾸기보다는 주변 환경이나 반응 양식을 개선하는 치료적 접근을 한다. 반면 인지적 관점에서는 인지 양식도 비교적 안정적이기는 하지만 학습과 경험을 통해서 변화될 수 있다고 보기 때문에 부적응적인 사고 양식을 적응적으로 수정하는 데 초점을 두게 된다.

성격을 통해 스트레스의 개인차를 설명하는 연구들은 매우 활발하게 진행되어 왔으며, 관련된 여러 성격 이론들이 제시되기도 했다. 성격과 생리적 반응성에 관한 연구에 따르면, 긍정적 성격을 가진 사람은 부정적인 사람에 비해 스트레스 반응이 낮게 일어나며, 세로토닌이나 베타-엔돌핀과 같은 보상 기전이 원활하게 작용하여 스트레스에 의한 부정적 영향을 덜 받는다.

성격이나 인지양식 외에도, 개체가 처해 있는 사회적 환경, 가정환경, 경제적 여건, 주변의 지지, 교육 정도 등도 개체 간, 개체 내 스트레스 반응성 차이를 결정하는 중요 요소이다. 이러한 요소들을 집합적으로 '대처자원'이라 할 수 있는데, 이들은 결국 인지와 정서에 영향을 주므로 앞에서 말한 요소들에 대해 독립적으로 작용하는 변인이라고는 할 수 없다. 예를 들어 전쟁터에서 얼마나 강력한 무기를 가지고 있는가에 따라서, 곧 있을 전투가 위험하다고 판단되는 정도라든가, 그에 따른 불안 반응은 감소될 수 있는 것이다.

1) 인지, 정서와 스트레스

마음은 우리가 의식하지 못하는 동안에도 쉴 새 없이 신체 내외로부터 들어오는 자극들에 대해 정서를 만들고 새로운 동기를 창조하며 그에 따른 심신의 반응과 행동을 일으키고 있다. 스트레스 유발 자극이 유입되면, 먼저 그 자극이 위협적인 것인지 아닌지가 평가되고, 그 평가에 따라 적절한 심신의 대응 반응이 구성되어야 한다. 자극을 평가하고 그에 따른 정서를 발달시키는 과정들을 스트레스 반응의 심리적 요소라 할 수 있다. 궁극적으로 어떤 자극

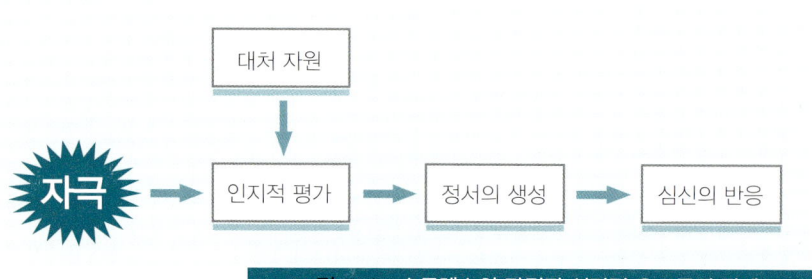

그림 5-1 스트레스의 과정과 심리적 요소들의 관계

이 스트레스원이 될 것인지 아닐지의 여부는 그 사람의 내적 세계에서 해석된 자극의 인지적 의미와 그 의미에 의해 생성된 정서에 의해 좌우된다. 따라서 어떤 면에서는 자극 자체보다 그것을 처리하는 내적인 처리 과정이 더욱 중요하다고 할 수 있는 것이다. Shakespear는 『햄릿』에서 "이 세상에는 선한 것도 없고 악한 것도 없다. 다만 생각이 그렇게 만들 뿐이다"라고 하였는데, 이는 스트레스 반응에서 심리적 요소들의 중요성과 개인차의 원인에 대한 설명을 적절히 함축하고 있는 표현이라 할 수 있다.

심리학의 초창기 때부터 인지적인 과정은 인간의 행동과 경험을 설명하는 데 핵심적인 부분이었다. 19세기 말에 심리학이라는 학문이 본격적으로 시작되기 이전에도, 인지의 역할은 인간의 이성과 사고에 관한 철학적 논의의 중심이었다. 한편 현대의 스트레스 이론에서처럼 인지와 정서의 관계를 간파한 최초의 견해는 아리스토텔레스까지 거슬러 올라갈 수 있는데, 그는 분노를 정의하면서 신념과 동기를 연결시켜 정서에 대한 인지적 이론을 제안하였다.

우리가 경험하는 세상은 결국 우리의 인지가 만드는 것이라는 견해는 불교의 '일체유심조(一切唯心造)'라는 말에도 잘 나타난다. 현대 스트레스 연구는 마음의 움직임이 신경계와 내분비계를 통해 신체 모든 곳을 조절하고 우리의 행동까지 형성한다는 것을 생리학적으로 규명하고 있다. 결국 자신의 심리·생리적 상태를 조절하는 힘은 긴장, 고통, 불안을 유발하는 상황속에서 평정한 마음을 유지하는 능력에 달려 있다. 미국 심리학의 아버지로 일컬어지는 하버드대 심리학자 William James는 "우리 세대의 발견 중 가장 위대한 것은 마음의 자세를 바꾸는 것만으로 자신의 삶을 바꿀 수 있다는 사실이다"라는 유명한 말을 남긴 바 있다.

그러나 심리학적인 스트레스 연구의 초기에는 인지나 정서 같은 심리적 요소들이 체계적으로 통합되지 못했다. 스트레스와 관련하여 인지의 중요성에 관한 체계적 연구는 20세기 후반에 들어 Richard Lazarus에 이르러 본격화되었다. 심리학에서 초기의 스트레스 연구는 주로 행동주의 심리학에서 시작되었고, 이 당시만 해도 객관적으로 관찰 가능한 부분에만 초점을 맞추었기 때문에 인지라고 하는, 개인마다 독특한 과정에 주목하지 않았다. 그러나 인지를 고려하지 않은 이론은 인간에게 적용하는 데 한계가 있을 수밖에 없었다. 그 후 Lazarus나 Folkman과 같은 연구자들이 인지적 평가 과정의 중요성을 지적하게 되고, 그 무렵부터 인지나 성격이라는 특징을 통해서 스트레스 반응의 개인차를 설명하는 연구들이 본격적으로 이루어지게 된다.

인지적 평가의 역할에 주목한 연구들로부터, 모든 사건이 잠재적으로 스트레스원이 될 수 있으며, 어떤 사건도 그것에 대한 개인의 인지적 평가 결과를 떠나서는 스트레스를 구성할 수 없다는 견해가 확립되었다. 스트레스에 대한 인지적 접근은 인지심리학의 주류인 구성주의 관점을 비롯하여 개인의 현상학적 의미를 강조하는 게슈탈트 심리학과 실존주의 철학의 전통이 결합된 것이라고 할 수 있다.

이처럼 스트레스 반응은 원인 자체보다 그 원인에 대해 의미를 부여하는 것, 즉 인지의 양식에 의해 결정된다. 사건에 대한 주관적 지각의 차이를 잘 보여주는 사례로 스카이다이버를 대상으로 한 연구가 있다. 스카이다이버들이 스카이다이빙을 하기 위해서 항공기에 탑승하여 대기하고 있다가 항공기에서 뛰어 내려 낙하산을 펼치고 착륙할 때까지의 과정을 보자. 대개 처음 스카이다이빙을 하는 사람들은 항공기에서 대기 중인 동안이나 항공기에서 뛰어내린 다음보다는 뛰어 내리기 직전에 가장 큰 스트레스를 느낀다. 따라서 이들의 스트레스 반응 그래프는 점프 순간까지 최고에 이르다가 점프 후 감소하는 '∩'형(역 U자 형) 양상을 보인다. 그러나 베테랑 스카이다이버들은 대기하는 동안 계속 스트레스가 감소하여 뛰어내릴 때 최소에 이르렀다가 뛰어내린 뒤 점차 상승하고 낙하산이 펼쳐진 다음 착륙 직전까지 최고조에 이른다.

완전히 상반되는 양상을 보이는 두 그룹의 차이는 이들이 낙하와 착륙

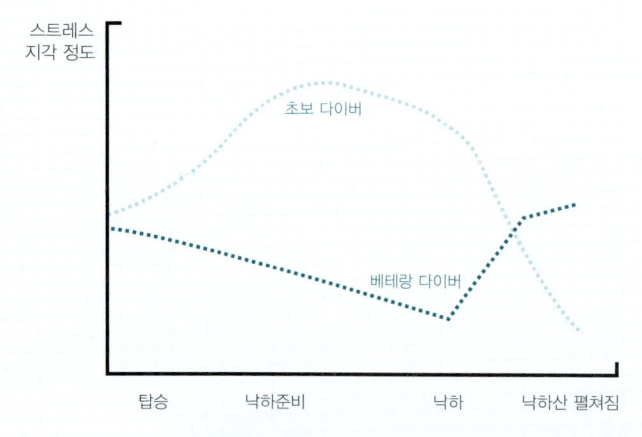

그림 5-2 초보 스카이다이버와 베테랑 스카이다이버의 스트레스 지각 정도

이라는 과정을 인지적으로 어떻게 평가하고 있는가에 의해 나타난다. 초보자의 경우 항공기에서 뛰어내릴 때를 가장 위험하고 두려운 순간으로 생각하지만, 사실상 스카이다이빙에서 가장 많은 부상과 사고가 발생하는 것은 착륙할 때이다. 베테랑 다이버들은 허공으로 뛰어내리는 것 자체에는 아무런 위험도 동반되지 않는다는 것을 잘 알고 있다. 이 결과는 인지-정서-심신 스트레스 반응으로 이어지는 과정에서 첫 단계인 인지의 중요성을 잘 보여준다.

2) 인지적 요소들

스트레스의 개인차를 설명하는 인지적 요소에는 대표적으로 통제소재, 귀인 양식, 신념, 낙관주의와 비관주의, 문제해결 양식, 내적인 동기, 주관적으로 지각된 사회적 지지망 등이 있다. 우리는 앞에서 현대인의 스트레스의 특성을 논하면서 통제가능성과 예측가능성에 대해 알아보았다. 행동주의 심리학자인 Skinner도 "스트레스 연구에서, 통제의 상실은 연구자들이 보편적으로 혐오적인 것으로 동의할 수 있는 몇 안 되는 심리적 외상 형태 중의 하나이다"라고 말한 바 있을 만큼, 통제라는 것은 스트레스를 결정하는 데 있어서 매우 중요한 요소이다.

위에 열거한 인지적 요소들을 하나씩 살펴보자. 통제소재, 귀인 양식은 통제가능성이라는 문제와 직결되는 개념이다. 통제소재란 어떤 상황을 다룰 수 있는 통제의 힘의 근원을 자신에게 두는가, 자신의 밖에 두는가를 말한다. 전자의 경우 내적통제소재, 후자의 경우를 외적통제소재라 하는데, 내적통제소재를 가진 사람은 상황을 좀 더 긍정적으로 보고 적극적으로 해결하려 하게 된다. 귀인 이론은 어떤 사건이 발생하게 된 원인이나 상대방이 하는 행동의 원인을 근본적으로 어디로 돌리는가를 다루는 사회심리학 이론인데, 동일한 사건이나 행동에 대해서도 그 이유를 어디에다 돌리는가, 즉 어디에 귀인을 하는가에 따라 그 사람의 대응 행동은 달라지게 된다.

귀인 이론 역시 사건 자체보다는 사건을 어떻게 해석하는가라는 지각이나 인지가 인간의 행동을 결정하는 데 중요하다는 것을 설명한다. 외적, 안정적, 전체적 귀인 양식을 가진 사람들은 생활 스트레스에 더 취약하고 우울증에도 취약하다. 예를 들어 입시에 실패했을 때, 그 시험에 대한 자신의 준비(내적 귀인, 비안정적 귀인)보다 시험의 난이도(외적 귀인)나 자신의 운명(안정적 귀인)을 탓하고, 자신은 그 시험에서만 실패하는 것이 아니라(부분적 귀인), 모든 일에 실패할 것(전체적 귀인)이라고 생각하면 더 많은 스트레스를 느끼게 되고, 스트레스에 적극적으로 대응하지도 못하게 되어 결국 그 상황에서 벗어나기가 더욱 힘들어진다.

인지주의 심리학의 대표적인 학자인 Aaron Beck은 인간의 감정과 행동은 객관적 현실보다는 주관적 현실에 의해 결정되며, 인간의 심리적 고통과 정신 병리는 이러한 현상학적 장, 즉 인지 내용에서 경험되는 현실이 부정적으로 왜곡되는 데에 기인한다고 하였다. 인지 내용은 자기 자신, 자신의 과거와 미래, 그리고 주변 세계에 대한 현상학적 장을 구성한다. Beck은 자기 자신, 자신의 미래, 세상에 대한 부정적 인지를 '인지삼제(cognitive triad)'라 하고 인지와 우울증의 관계를 설명하였다. 부정적 인지삼제의 본질은 비관주의적 태도와 무망감이다. 반면 낙관은 일종의 미래 지향적인 통제감으로 볼 수 있다.

삶을 이끄는 굳은 신념, 분명한 가치관, 명확한 동기는 스트레스 상황을 해석하는 데도 영향을 미치지만, 스트레스를 대하는 태도와 문제 해결 양식에도 영향을 준다. 문제 해결 양식은 문제 상황에 대처하기 위해 효과적인 전략을 발견하고 실천하는 인지행동적 과정이다. 동기와 관련된 문제는 성취동기라는 용어로 많이 설명되는데, 삶의 목표와 가치관이 분명하고 목표를 성취하려고 노력하는 사람일수록 그렇지 않은 사람들에 비해 스트레스에 대해 더 적극적이고 효과적으로 대처한다. 우리의 모든 행동의 바탕에는 신념, 가치관, 삶의 동기라는 것이 자리 잡고 있다. 이러한 요소들은 삶의 방향과 태도를 좌우하고, 어떤 자극을 도전으로 인식하여 적극적으로 대처할 것인가, 회피하거나 포기할 것인가, 대처한다면 어떻게 대처할 것인가를 결정한다.

스트레스에 대한 우리의 반응은 인지적 평가 결과에 의해 좌우되며, 자신이 가진 대처자원이 인지적 평가에서 주요 변수로 작용한다. 사회적 지지망은 스트레스의 대처자원으로서 가장 중요시되는 요소 가운데 하나이다. 주위에 도움을 구할 수 있는 사람, 정서적 교류를 할 수 있는 사람이 많다고 생각할수록 스트레스를 더 잘 극복할 수 있다. 설령 그들이 실질적인 지지를 제공하지 못한다 하더라도, 주위 사람들이 자신에게 우호적이고 협력적이라고 생각하는 것 자체만으로도 그들이 적대적이고 경쟁의 대상이라고 인식하는 것보다 심리적 안정감을 가져오고 스트레스의 발생을 감소시킨다.

대개의 사람들은 심하지는 않더라도 부적응적이거나 그릇된 인지적 편향성을 조금씩 가지고 있다. 심리학에서는 이것을 인지적 오류(cognitive error)로 설명한다. 인지적 오류는 결국 부정적 정서를 만들고 심신의 스트레스 반응을 유발한다. 따라서 스트레스 관리에 있어서 인지적 취약성이 있는지를 검토하여 좀더 적응적인 방향으로 개선하려는 노력은 대개의 경우 누구에게나 유효하다.

인간은 단지 생각에 이끌려 다니는 수동적 존재가 아니다. 인간은 스스로 무엇을 생각할지, 무엇을 생각하지 않을지 결정할 수 있고, 심지어 현재 진행되고 있는 생각의 흐름을 멈추거나 바꿀 수 있다. 이것을 인지심리학에서는 상위인지 또는 메타인지(meta-cognition)라 한다. 심신의학적 스트레스 완화법의 많은 방식들이 이러한 메타인지를 계발하는 것을 돕는다. 인지적 오류의 종류와 인지치료에 대해서는 Part 9의 스트레스 관리 기법에 관한 부분에서 상세히 설명하도록 한다.

3) 평가와 반응 양식

삶에서 스트레스는 피할 수 없는 것이라면, 스트레스 관리에 있어서 스트레스의 외적 요인을 관리하는 것보다 더 효과적인 방법은 그러한 요소들을 스트레스로 받아들이는 내적 태도와 대처 능력의 관리라고 할 수 있다. 스트레스성 사건에 대해 생각하는 방식이 그 사건에 대처하는 방식을 결정하듯이 건강하거나 불건강한 생활양식 또한 우리가 그 상황을 평가하는 방식에 의해 영향을 받는다.

인지적 지각과 평가의 중요성을 설명한 Lazarus의 이론에 따르면, 평가란 어떤 대상이나 상황의 질에 대해 그 가치를 정하거나 판단하는 것이다. 그리고 대처란 환경적 요구와 개인의 내적 요구, 그리고 이들 사이의 갈등 상황이 개체의 대응 능력을 초과하거나 부담이 될 때 이를 행동적, 인지적으로 해결하거나 관리하는 것으로 정의된다. 대처 능력에는 심신의 건강과 에너지, 긍정적 신념, 문제해결 기술, 사회적 지지, 물질적 자원 등이 포함된다. 대처에는 문제를 직접 해결하려고 하거나 부정적인 정서를 조절하려는 긍정적 대처도 있지만 회피, 음주, 약물복용, 폭력적 행동 같은 부정적 대처도 있다. 그 결과 개인적 스트레스가 그 사람의 심신 건강을 위협할 뿐 아니라 사회적 건강에도 악영향을 미치는 것이다.

Lazarus는 평가를 일차평가, 이차평가, 재평가로 구분하여 설명하였고, 우리는 앞 장에서 폭설에 고립된 사람의 사례를 들어 이것을 설명하였다. 일차평가는 상황의 유형에 대한 초기평가로 그 사건이 자신에게 좋은지, 나쁜지 또는 위협이 되는지, 되지 않는지를 판단하는 것이며, 이차평가는 그 상황을 극복하기 위해 필요한 능력과 자신이 가진 대처 능력을 비교해 보는 것이었다. 재평가는 이차평가의 결과를 토대로 일차평가의 내용을 수정하는 것이다. 이 과정들은 내적으로 매우 신속히 진행되며, 사건에 대한 인지적 평가가 끝나면 바로 생리적, 행동적 반응이 일어난다. 사건을 통제할 수 있다고 평가했을 때 우리는 그 사건을 통제하는 방향으로 행동을 조절하려 하게 되지만, 자신의 힘으로는 도저히 통제할

표 5-1 스트레스에 대한 행동 반응의 유형

부적응적 반응	투쟁 또는 도피 행동	직접 싸우거나 도망쳐서 스트레스 상황을 벗어나려는 것. 현대 사회에서는 거의 도움이 되지 않음
	목표도착 행동	스트레스에 직접 대면하지는 못해도 무언가 반응할 필요를 느껴서 하게 되는 행동 (예: 물건의 파괴, 제3자에게 하는 화풀이)
	대체 행동	스트레스로 인한 긴장을 완화하기 위해 무의식중에 하게 되는 반복적 행동 (예: 손톱 물어뜯기, 머리 긁기, 다리 떨기 같은 반복적 행동)
	현실도피 행동	포기에 해당하는 반응. 실제로 스트레스 자극을 피하여 멀어지는 것이 아니라, 고통스러운 현실로부터 정신적으로 도피하려는 행동 (예: 각종 의존이나 중독 현상)
적응적 반응	대처 행동	문제중심 대처: 문제를 직접적으로 해결하여 상황을 개선하려는 노력 정서중심 대처: 스트레스로 야기된 부정적 정서를 완화하려는 노력

수 없다고 생각하면 회피하거나 포기하려는 반응이 나타날 수 있다.

동물의 경우를 보면 알 수 있듯이, 스트레스에 대한 행동 반응의 원형은 투쟁, 노피, 포기 중 하나이다. 그런데 현대인들에게는 이 반응들이 목표도착 행동, 대체 행동, 현실도피 행동 등으로 변형되어 나타난다. 이러한 행동들은 대체로 현대인들에게 부적응적인 것이며 문제를 해결하는 것과는 거리가 멀다. 이에 비하여 문제를 해결하려는 적응적 행동 반응을 '대처(coping)'라 한다. 이상과 같은 행동 반응유형들을 좀더 자세히 살펴보자.

스트레스성 자극에 대해서 우리가 취할 수 있는 반응은 다양하다. 진화론적으로 초기에 형성된 스트레스 반응의 원형은 싸우거나, 피하거나, 포기하는 세 가지로 구분할 수 있다. 투쟁 또는 도피 반응은 직접 싸우거나 도망쳐서 스트레스 상황에서 벗어나는 것인데, 현대 사회에서는 불필요한 에너지만 소모시킬 뿐 해결 방법이 되지 않는 경우가 더 많다. 예를 들어 매장 점원이 고객 때문에 화가 났다고 해서 고객과 투쟁을 할 수도 없는 것이고, 상사가 두렵다고 직장에서 도피를 할 수도 없는 것이다. 이런 상황에서 사람들은 자신도 모르는 사이에 묘하게 변형된 행동들을 하게 된다.

먼저 목표도착 행동이라는 것이 있다. 말 그대로 행동의 대상, 즉 목표가 바뀌는 것이 있는데, 스트레스성 자극에 대해서 직접 싸우거나 피하지는 못해도 어떻게든 반응할 필요를 느껴서 하게 되는 행동이다. 화가 났을 때 주변에 있는 물건을 파괴하거나 아무런 관련이 없는 제3자에 화풀이를 하는 것이 여기에 해당한다. 대체 행동은 더 흔히 나타나는 반응이다. 이것은 스트레스로 인해 발생한 심신의 긴장을 완화하기 위해 무의식중에 하게 되는 습관적 행동들로

서 손톱 물어뜯기, 머리 긁기, 다리 떨기 같은 것이 여기에 속한다. 아동이 특별한 이유 없이 자신도 모르게 얼굴이나 목, 어깨, 몸통 등의 신체 일부분을 아주 빠르게 반복적으로 움직이거나 이상한 소리를 내는 것을 틱 장애(tic disorder)라 하는데, 스트레스로 인해 틱 증상이 심해지는 것을 흔히 볼 수 있다.

목표도착 행동과 대체 행동이 투쟁-도피 반응의 변형된 형태라고 한다면, 현실도피 행동은 포기하는 것에 해당하는 것으로서, 가장 불건전한 대응 방식이라 할 수 있다. 동물의 경우라면 싸움도 않고 도망도 않는 포기는 곧 죽음을 의미하기 때문이다. 사람에게 있어서 포기는 대개 현실도피 행동으로 나타난다. 이것은 투쟁-도피 행동에서의 도피와 달리 실제로 스트레스 자극을 피하여 멀어지는 것이 아니라, 고통스러운 현실로부터 정신적으로 도망치려는 행동이다. 현실도피는 주로 특정 물질이나 행위에 대한 탐닉, 의존, 중독 증상으로 나타난다. 그 대상은 주로 알코올, 담배, 도박, 게임, 쇼핑, TV, 인터넷, 음식물, 약물, 음란물, 파티 등이다. 우리 주위를 살펴보면 병적인 중독 증상을 가진 사람들이 적지 않다. 그리고 병적인 수준의 중독은 아니라 하더라도 현대인들은 흔히 탐닉하거나 의존하는 물질이나 행위를 하나씩은 가지고 있다.

미국인의 1/4 가량이 신경쇠약 직전까지 갈 정도의 과도한 스트레스를 경험하면서 지낸다. 연구에 의하면 10명 중 1명은 TV 중독, 8명 중 1명은 알코올 중독, 4명 중 1명은 니코틴 중독일 만큼 중독이 만연해 있는데, 그 주된 원인이 바로 스트레스이다. 우리나라의 경우도 크게 다르지 않다. 중독포럼의 자료에 의하면 우리나라 국민의 8명 중 1명이 중독자이며, 4대 중독(알코올, 마약, 도박, 인터넷)의 중독자가 600만 명을 넘는다. 탐닉, 의존, 중독은 심신의 질병을 야기하기도 하지만, 더 큰 문제는 이것이 스트레스를 피하는 것이 아니라 삶을 더욱 황폐하게 하는 또 다른 스트레스를 만드는 악순환으로 이어진다는 것이다.

그렇다면 스트레스에 대해 가장 바람직한 반응 양식은 무엇일까? 바로 대처 행동이다. 학자에 따라 대처 방식을 과제지향적 대처, 정서지향적 대처, 회피지향적 대처 등 세 가지로 분류하기도 하고, 접근과 회피 두 가지로 분류하기도 하는데, 가장 일반적인 분류 방식은 문제중심 대처와 정서중심 대처로 분류하는 것이다. 스트레스 상황에 대한 평가가 달라짐에 따라서 대처 방식이 변화된다. 문제중심 대처는 스스로 문제 상황을 변화시킬 가능성이 있다고 인식할 때 주로 사용하게 되는 대처 방법으로써, 스트레스를 유발하는 문제를 해결하기 위한 행동적인 노력을 말한다. 스트레스원과 상황에 대한 정보 추구, 상황에 직면하는 것, 상황에 대한 책임을 지각하고 문제해결행동을 실행하는 것 등이 여기에 포함된다. 구체적으로는 상대방에게 생각과 감정을 표현하는 것, 상황으로부터 떨어져 벗어나는 것, 체계적인 문제해결 전략을 실행하는 것 등이 있다. 정서중심 대처는 상황을 변화시킬 가능성이 적다고 인식할 때 사용하게 되는 대처이다. 이것은 문제자체가 아니라 문제 상황에서 발생하는 부정적인 정서 상태를 완화하려는 노력으로서, 자신의 생각이나 감정을 바꾸려는 인지적 대처 방법을 말한다. 구체적으로는 사회적 지지 추구, 정서적 거리두기 등을 들 수 있으며 부정, 합리화, 억압, 승화 같은 무의식적 방어기제들도 여기에 포함된다.

이상의 두 가지 대처 방식은 독립적으로 사용되기보다는 복합적으로 사용되며, 각각의 효과를 분리해서 보기도 쉽지 않다. Lazarus와 Folkman은 어떤 대처 방식이 더 좋고 어떤 대처 방식이 더 좋지 않다고는 볼 수 없으며, 적응을 위해서는 다양한 대처 방식이 모두 기여하게 된다는 점을 강조하였다. 이들은 서로 영향을 주어 상대방의 효과를 증진시키게 된다.

문제중심 대처의 경우 역시 노력에도 불구하고 상황이 달라지지 않을 수 있지만, 정서중심 대처에서는 대개 현실적 위협 요소가 변화되지 않고 그대로 남아 있게 된다. 그러나 정서중심 대처의 경우, 객관적 상황의 변화 여부와 무관하게 자신의 인지 변화에 따라 스트레스 경험 자체를 달라지게 할 수 있다. 또한 정서중심 대처를 통해 정서적 고통과 불안이 어느 정도 완화되면 문제를 대면할 용기가 생겨 문제중심 대처를 시도할 수 있다. 따라서 가장 바람직한 것은 두 가지 대처 방법을 적절히 함께 사용하는 것이다.

03

성격과 스트레스

1. 스트레스의 개인차
2. 심리적 요소들
▶ 3. 성격과 스트레스
4. 스트레스 반응성에 관한 생리심리학적 이해

　성격이란 언행을 통하여 관찰할 수 있는 개인의 특질이나 경향성이라고 할 수 있는데, 스트레스 상황에서 보이는 반응의 개인차와 심신의 취약성을 설명하는 데 중요한 개념이 되어 왔다. 인지를 통해 스트레스의 개인차를 설명하는 것이 성격으로 개인차를 설명하는 관점보다 스트레스 과정 속에 있는 개인의 태도와 역할을 더 잘 설명한다는 견해도 있고 그와 반대되는 견해도 있으나, 인지적 특성과 성격적 특성은 별개가 아니다. 인지-정서-심신의 반응으로 이어지는 스트레스의 과정에서 볼 수 있듯이, 언행으로서 그 사람의 반응이 드러나기까지는 고유의 인지적 처리 과정을 거치게 된다. 그 고유의 처리 과정이 안정적으로 고착되어 무의식적, 자동적으로 일어나는 수준이 될 때 그 사람의 성격이 되는 것이다. 사실상 스트레스와 관련하여 가장 널리 알려진 성격 이론이라고 할 수 있는 'A형 행동유형'을 결정하는 것도 스트레스 상황을 받아들이는 방식, 즉 인지 양식이라고 할 수 있다.

　몸과 마음은 별개의 것이 아니므로, 마음에서 일어나는 반응은 몸에서 일어나는 반응을 수반한다. 따라서 어떤 사람의 고유한 성격에 상응하는 고유한 신체적 특성도 반드시 있게 되는데, 동양의학에서는 그것을 체질로 설명한다. 모든 체질론은 기본적으로 그 사람의 생리적 특성 뿐 아니라 성격적 특성을 함께 설명하고 있다. 우리는 체질론, 성격이론, 스트레스 행동유형 이론을 종합하여 사람마다 스트레스의 원인과 결과가 다르고, 유효한 스트레스 관리 전략들도 다르다는 것을 살펴볼 것이다.

1) 스트레스와 성격 이론

　성격은 스트레스 자극을 인식하는 방식, 생리적 반응 방식과 규모, 전반적 행동 양상에 중요한 요소로 작용한다. 성격 형성은 유전적 소인과 더불어 어릴 때의 교육, 환경, 스트레스 경험 등에 의해 크게 영향을 받는다. 동양의학이나 고대 서양의학 모두 몸과 마음을 분리된 것으로 보지 않는 전일론적 심신의학이었으므로, 성격과 질병의 관계는 동양의학은 물론이고 고대 서양의학에서도 병인론의 중요한 부분을 이루고 있었다고 할 수 있다. 중국의 음양오행 사상에 기초한 체질론, 인도 아유르베다 의학에서의 세 도샤(3-dosha) 체질론이 그러하듯이, 히포크라테스와 갈레노스에 의해 집대성되어 1,500년 이상 유럽의 의학을 지배했던 체액설에서도 인체를 이루는 네 가지 체액의 종류와 특정 성격을 연결하여 심신의 통합적 특성을 설명하고 있다.

심리학에는 수많은 성격 이론이 있으며, 성격과 건강이 관련이 있다는 것은 심리학 안에서도 오래 전부터 논의되어 왔다. 그러나 스트레스에 특별히 초점을 두는 성격 이론들은 비교적 최근에 발전하였다. 기존 심리학 이론에 스트레스라는 주제를 접목한 연구들도 있지만, 특별히 스트레스 연구 내에서 스트레스와 건강의 관계를 설명하기 위하여 제안된 성격 이론도 있다. 대표적으로 Friedman과 Rosenman의 'A형 행동유형(type A behavior pattern)'에 관한 연구와 Kobasa의 '강건한 성격(hardiness personality)'에 관한 연구를 들 수 있다. 강건한 성격은 자신의 일에 적극적이고, 스트레스성 자극을 위협이라기보다는 도전적인 기회로 여기며 자신이 통제할 수 있다고 믿는 성격이다. 이 성격의 사람들은 비록 A형 행동유형의 불리한 특성들을 가지고 있더라도, A형 행동유형에서 발병률이 높은 관상동맥질환에 대해 저항성을 갖는다.

2) A형 행동유형

1960년경 샌프란시스코의 한 병원에 근무하던 심장병 전문의인 Friedman과 Rosenman은 심장병 환자들에게는 다른 질환을 앓는 환자들과 다른 행동적 특성이 있다는 것을 우연한 기회에 알게 된다. 다른 진료과의 환자 대기실 의자에 비해서 심장병 환자들의 대기실 의자는 유독 손잡이와 방석 끝이 닳아있는 것을 발견한 것이다. 방석 끝에 앉아 의자 손잡이를 붙들고 있는 모습은 긴장, 불안,

그림 5-3 A형 행동유형

조급함을 반영하는 것이다. 여기에서 착안하여 그들은 연구를 시작하고, 관상동맥질환 환자의 공통적 행동 특성을 구분하여 이를 'A형 행동유형'이라 명명하였다.

A형 행동유형은 경쟁심, 성취욕, 공격성, 조급함, 도전성, 적개심, 분노 등과 관련된 행동특성을 보인다. 늘 목표를 이루기 위한 어떤 일을 하고 있고, 여러 가지 일을 동시에 하면서 바쁘고 분주하게 움직인다. 사소한 일에도 불필요한 경쟁심을 일으켜 남보다 더 빨리 더 많이 해내려 한다. 대화의 속도가 빠르고 남의 말을 듣기보다는 자신이 말하는 편이며, 말투는 강하고 지시적이며 단정적이다. 이들은 스트레스성 자극에 대해 민감하게 반응하므로 스트레스 호르몬 분비의 기복이 매우 심하고, 그로 인하여 심혈관계 손상이 야기되어 고혈압, 관상동맥질환의 발생 가능성이 높다. Friedman과 Rosenman의 연구에 의하면 A형 행동유형인 사람은 관상동맥질환 위험도가 7배나 높다. 한때 A형 행동유형은 흡연이나 콜레스테롤 수치 같은 위험인자들에 상응할 정도의 심장병 위험요소로 주목되기도 했다.

A형 행동유형과 반대되는 특징을 갖는 사람들은 'B형 행동유형'으로 정의한다. A형 행동유형과는 모두 면에서 상반되는 이 유형의 사람들은 매사에 서두르지 않으며 여유를 즐긴다. 일이나 목표에만 몰두하기보다는 자기 만족감이나 사람들과의 관계를 의미 있게 생각하기 때문에 경쟁심이나 적개심이 비교적 낮다. 주위와의 관계가 원만하므로 사회적 지지망도 비교적 양호하다. 따라서 이 유형은 스트레스를 상대적으로 적게 경험하게 되고 스트레스 관리 차원에서도 유리하다.

Friedman과 Rosenman에 의해 A형 행동유형이 정의된 이후, 다른 연구자들에 의해 C형 행동유형, D형 행동유형이 추가로 제시되기도 하였다. Temoshock 등은 흑색종 환자에 대한 연구를 통해서 암 발생 위험이 높은 성격 유형을 C형 행동유형으로 정의하였다. C형 행동유형은 참을성이 많고 양보하며 자기주장을 잘 하지 않는다. 다른 사람들이 보기에는 희생적이며 협조적이므로 주변에서 좋은 평판을 얻지만, 부정적 감정을 억누르면서 쌓아두고 계속 반추하는 경향이 있다. 이들에게는 암과 함께 우울증, 불안증, 무기력 같은 심리적 장애가 발생할 가능성이 높다. D형 행동유형은 Johan Denollet에 의해 제안되었다. 이들도 C형 행동유형처럼 자기표현을 잘 하지 않는다. 그러나 다른 사람의 시선이나 평가보다는 자신의 주관과 내적 기준에 따라 독립적으로 행동하는 경향이 있기 때문에 C형 행동유형에 비해서 사회적 관계에서 다소 경직적이다. C형 행동유형보다 우울, 불안, 암 발생의 위험이 낮지만, A형 행동유형처럼 관상동맥질환의 위험이 높다.

    Friedman과 Rosenman의 초기 연구 이후 A형 행동유형에 관한 연구가 활발히 진행되었으나 연구 방법의 타당성이나 결과의 재현성에 대한 논란이 계속 있어 왔다. 무엇보다도 A형 행동유형의 특징이라고 정의되는 행동적 요소들의 범위가 너무 광범위하고 긍정적 측면과 부정적 측면, 적응적 측면과 부적응적 측면이 혼합되어 있다. A형 행동유형의 행동 요소를 정의하는 특성들 가운에 성취욕, 도전성 같은 특성들은 스트레스와 관련하여 반드시 부정적인 결과를 야기한다고는 볼 수 없다. 많은 스트레스 연구에서 낮은 사회경제적 지위(socioeconomic status: SES)와 스트레스의 상관성이 연구되었다. 사회경제적 지위는 수입, 직업, 주거환경, 학력 등의 조합으로 측정하는데, 낮은 사회경제적 지위가 스트레스 반응의 만성적 활성화와 관련이 있다는 것이다. 그런데 A형 행동유형의 경쟁심, 성취욕, 도전성은 사회경제적 성공에 있어서 일반적으로 유리하게 작용하는 요소들이다. 이러한 문제들이 지적되면서, A형 행동유형과 관련된 이후의 연구들은 A형 행동유형의 여러 요소 중 적개심, 분노, 불안 같은 부정적 요소에 초점을 맞추어 진행되게 된다. 즉 A형 행동유형이라는 성격 자체보다는 A형 행동유형의 하위 요소인 분노나 적개심을 위험요소로 주목하여 연구하게 된 것이다. 전반적으로 B형 행동유형이라도 적개심이 높으면 적개심이 낮은 A형 행동유형에 비해 관상동맥질환의 발생 가능성과 사망률이 높다.

    A형, B형, C형, D형 행동유형을 구분하는 방식은 인간의 성격이나 체질을 4가

지로 나누는 여러 이론들과 매우 유사한 측면이 있다. 예를 들어 체질론 가운데 사상체질론, 성격유형 이론 가운데 DiSC이론 등이 그러하다. 혈액형이 성격을 좌우한다는 이론은 과학적 타당성이 불충분하다는 의견이 지배적이지만, 생물학적 혈액형과는 무관하게 어떤 사람의 성격을 A, B, O, AB 4가지 중 하나로 분류하는 것은 그 사람에 대한 이해를 돕고 관계의 갈등을 감소시키는 데 있어서 나름의 실용적 가치가 있다. A형 행동유형 이론, 사상체질론, DiSC 성격 이론, 혈액형 유형의 전형적 특징들을 종합하여, 각 유형이 스트레스를 받기 쉬운 환경과 스트레스를 표현하는 방식, 해소하는 데 도움이 되는 방식을 〈표 5-2〉에 정리하였다. 각 이론들이 사람의 유형을 분류하는 기준은 모두 다르므로 유형들이 반드시 일치하지는 않는다. 예컨대 태음체질은 A형이나 C형 행동유형으로 볼 수 있는 특성들도 포함하고 있다.

표 5-2 유형별 스트레스 상황, 반응, 해소법

행동유형	혈액형	DiSC	사상체질	스트레스를 느끼기 쉬운 상황	스트레스를 느낄 때의 반응과 해소에 도움이 되는 방법
A	B	D	태양	• 자신에게 통제권이 없는 상황 • 자신이 상대보다 약하다고 느끼는 상황 • 반복적이고 단조로운 일을 할 때	• 원하는 일이 달성되지 않을 때 감정이 폭발하기 쉬움 • 화를 직접 표출하는 경향이 있음 • 육체적인 해소법이 가장 효과적
B	O	I	소양	• 적대적인 분위기 • 자신이 사람들의 관심과 인정을 받지 못하는 상황 • 세밀하고 반복적인 일을 할 때 • 사람과의 접촉이 적거나 거의 없는 환경	• 스트레스를 받으면 말을 많이 함 • 다른 사람에게 마음속에 있는 말과 힘든 감정을 충분히 표현하면 스트레스가 회복됨
C	A	S	소음	• 예측 불가능한 일이 발생하는 상황 • 무질서하고 안정성이 없는 상황 • 혼란하고 결과가 예측 불가한 상황 • 뚜렷한 지침과 절차가 없는 일을 할 때	• 스트레스를 참고 억누르면서 곱씹음 • 갈등 상황을 싫어하고 피하려 함 • 조용하고 안정적인 환경에서의 휴식이 필요
D	AB	C	태음	• 비판, 간섭, 재촉 받을 때 • 자신의 기준보다 성과가 미흡할 때 • 사적인 표현, 감정적 표현을 하는 상황 • 무례한 대우를 받거나 존중받지 못할 때	• 스트레스의 원인을 밝히고 머릿속에서 상황을 정리하려 함 • 운동을 하든 음악감상을 하든 방해받지 않는 공간에서 혼자 있는 시간이 필요

3) 부정적 성격 요소, 긍정적 성격 요소

A형 행동유형의 성격 요소 중에서 불리한 것으로 주목된 적개심, 분노, 불안 등의 성격 요소 이외에도 걱정, 강박, 완벽주의 등은 스트레스성 질환의 위험성을 높이는 부정적 성격 요소들로 많이 보고되어 왔다.

A형 행동유형의 요소에도 포함되어 있는 적개심은 심혈관계 질환과 관련하여 특히 부정적인 것으로 알려져 있다. 적개심이 높은 사람들은 혈중 코티솔 농도가 상승되어 있고 혈소판의 활성도 증가되어 있다. 적개심에는 냉소성, 불신감, 분노 등의 특성이 동반된다. 의대생들을 대상으로 수행한 연구에 의하면 적개심이 높았던 의대생들은 적개심이 낮았던 그룹에 비해 25년 후 심장질환 이환율이 5배나 높았고 사망률도 6배 이상이었다.

쉽게 분노하고 화를 자주 내는 사람들은 혈압이 상승하여 혈관이 손상을 입게 되며 심장에 부담을 주어 심장질환의 발병 위험률이 높아진다. 분노가 교감신경계를 활성화하여 에피네프린, 노르에피네프린의 분비를 증가시키기 때문이다. 그 결과 혈관벽과 심장에 직접적인 손상을 야기하고, 심장박동을 교란시키며, 혈소판을 응집시켜 혈류를 방해하는데, 이러한 과정들이 동맥경화를 유발하고 결국 심장질환의 발병률을 높인다.

이외에도 감정을 억압하고 자기표현을 하지 않는 자기 방어적이고 폐쇄적인 성격, 무망감(hopelessness), 걱정과 불안, 완벽주의, 강박증, 편집증 등의 성향도 스트레스에 취약하여 스트레스성 질환의 이환율을 높인다고 보고되고 있다.

이상에서 열거한 부정적 성격요소와 반대되는 성격 요소들, 즉 긍정적이고 낙관적인 태도, 자신감, 유연성 등은 스트레스에 대한 인지적 과정을 긍정적으로 유도하고 문제 해결과 관련된 대처 능력을 향상시키며, 나아가 대인관계를 비롯하여 스트레스를 일으키는 자극을 감소시키는 데도 도움이 된다.

04

스트레스 반응성에 관한 생리심리학적 이해

성격적 기질, 인지적 평가 경향성의 차이 같은 스트레스의 개인차를 만드는 심리적 과정은 구성주의와 인지과학의 정보처리 관점에서 설명할 수 있었다. 개인차를 만드는 중추신경계의 정보처리 과정은 심리적 반응의 차이 뿐 아니라 생리적 반응의 차이를 만든다. 달리 말해서, 다른 사람들과는 다른 방식으로 세상을 보는 인지적 특성이나 정서적 특성을 가진 사람들은 생리적 반응성에 있어서도 그 사람들과 다른 특성을 갖는다는 것이다.

앞에서도 설명한 바와 같이, 적개심이 높은 사람들은 주어진 상황을 적대적인 인지 도식(scheme)을 가지고 해석해서 분노라는 정서를 만들고 화를 내며, 그리하여 교감신경계의 항진된 작용에 의해 심혈관계에 손상을 줄 수 있는 생리적 변화를 일으킨다. 그런데 생리적 개인차는 신경계에 의해서만 나타나는 것이 아니다. 말초 장기들의 기질적, 기능적 특성은 사람마다 동일하지 않기 때문에 자극에 대한 말초 장기의 반응 정도나 그로 인한 손상의 정도에서도 차이가 있다. 요컨대 스트레스에 대한 심리적 과정이나 대처 반응뿐 아니라 생리적 반응에서도 개체 간 차이가 존재하며, 여기에는 신경계를 기반으로 한 정보처리 과정에서의 차이만 관련되어 있는 것이 아니라 말초 장기 수준의 특이성도 관련되어 있는 것이다. 당연한 결론이지만, 신체적으로 강인하고 건강한 사람은 스트레스성 질병에 대해 더 저항성을 갖게 된다. 스트레스 대처자원에 신체적 건강이 반드시 포함되는 이유이다.

1) 생리적 반응성 차이의 기원

개체 간 생리적 반응성 차이를 세 가지로 수준으로 나누어 볼 수 있다. 첫 번째는 대뇌피질에서 일어나는 인지적, 정서적 과정의 차이들, 두 번째는 스트레스 반응을 통합하는 중추신경계의 주요 부위인 시상하부와 뇌간의 반응성의 차이와 그로 인한 내분비계, 자율신경계 활성화의 차이. 세 번째는 자율신경과 내분비계의 영향을 받는 말초 조직 자체의 기능적, 기질적 차이이다. 세 번째 수준의 예를 들자면, 말초 장기들이 가지고 있는 스트레스 호르몬들의 수용체 구성이 사람마다 상이할 것이며, 질병에 대한 유전적 취약성도 다를 수 있다. 더구나 어떤 경우에는 중추신경계 수준에서 형성된 차이보다 말초 수준의 차이가 더욱 중요할 수 있다. 이러한 차이는 이미 질병의 존재한다는 증거일 수도 있다. 자전거 운동부하 검사 같이, 심리적 자극이 아니라 순수한 생리적 자극을 주었을 때 스트레스 호르몬 분비나 자율신경 활성화 수준에서는 별다른 이상이 발견되지 않더라도, 심박동 리듬이 심하게 교란된다든지 흉통이 나타난다면 심장질환이 있다는 신호일 수 있는 것이고, 결국 스트레스에 더 취약하다는 것을 의미한다.

Walter Cannon이 활동할 무렵, Hines와 Brown은 고혈압 환자들이 스트레스에 대해 큰 혈압 반응을 보이므로, 정상 혈압을 가진 사람들도 혈압 반응성이 크면 앞으로 고혈압이 될 위험이 높을 것이라고 추론한 바 있다. 이를 '반응성 가설'이라 하는데, 과장된 스트레스 반응은 그 사람의 심혈관계에 결함이 있다는 증거이며, 궁극적으로 이 결함은 본태성고혈압을 야기할 것이라고 설명한다. 심장에서 일어나는 과다한 스트레스 반응의 근원이 적대감 같은 정서적 특징에 기인하든, 뇌간의 자율신경 반응성의 차이에 기인하든, 혹은 그 사람의 심장 자체의 기질적, 기능적 특징에 기인하든, 과도한 반응성은 말초 장기에 악영향을 주게 되고, 그 결과 건강에 불리한 영향을 가져 올 수 있다. 따라서 스트레스의 개인차를 이해하고 실제 임상에 적용하기 위해서는 심리적 개인차뿐 아니라 생리적 개인차의 다양한 측면도 함께 고려해야 한다.

반응성의 차이는 어떻게 형성되는가? 유전적 요인들이 스트레스에 대한 심리적, 생리적 반응성의 차이를 결정하는 요소 중 하나라는 사실은 부정할 수 없다. 그러나 개체의 인지적 특성, 성격 같은 심리적 반응성 차이를 결정하는 데는 경험과 학습이라는 후천적 요인이 지대한 영향을 미친다는 것을 우리는 알고 있다. 후천적 요인이 중요하다는 것은 생리적 반응성 차이에 있어서도 동일하게 적용된다. 같은 환경에서 자란 같은 종의 원숭이들을 비교해 보더라도 스트레스성 자극에 대한 심박수 반응이 다르다. 생애 초기의 경험은 스트레스성 자극에 대한 심신의 반응성에 영구적인 영향을 미친다. 동물실험을 통해 보면, 생애 초기 어미 쥐의 보살핌이 새끼 쥐의 일생에 걸쳐 스트레스 호르몬 반응성과 세로토닌 활성을 변화시키는 것이 확인된다. 신경계와 신경망의 형성을 통해 개체의 개별성이 형성되는 생애 초기에 경험하는 반복적이거나 심각한 스트레스는 해로운 스트레스 반응성을 형성한다. 어릴 때 형성된 성격이 평생 지속되듯이, 어릴 때 형성된 생리적 스트레스 반응도 개체의 일생동안 영향을 미치게 된다.

2) 정서적, 생리적 기질 차이에 관한 신경생리학적 증거

앞에서 개체의 인지적 특성과 정서적 특성도 신경가소성 원리에 의해서 설명됨을 보았다. 심리적 과정의 차이에 대한 신경생리학적 연구들이 많이 진행되어 왔다. Cacioppo 등은 스트레스성 사건과 관련된 부정적 정서가 대뇌 우반구 구조들에 의해서 차별적으로 활성화된다고 하였다. Davidson과 동료들은 좌·우 전두엽에서 뇌전도(electroencephalogram: EEG) 활성의 비대칭성을 측정하여 개체 간 차이를 관찰했는데, 좌측 전두엽이 더 크게 활성화되는 사람들은 우측 전두엽이 더 활성화되는 사람들에 비해 더 긍정적으로 반응하는 경향이 있고 우울증에 대해서도 저항성이었다. 우울증과 관련된 또 다른 연구에서는 우울증이 있는 개체들에서 좌측 전전두엽의 대사 활성이 감소된 것을 관찰하였다. 이와 같은 좌·우뇌 비대칭성은 정서적 경험의 개체 간 차이를 만드는 중요한 요인으로 여겨진다. 신경생리학적 수준의 차이는 지속적인 경험과 학습에 의해 형성된 것이므로 비교적 안정적인, 즉 잘 변화하지 않는 특성을 형성한다.

우측, 좌측 전두엽의 뇌전도 활성은 각각 부정적, 긍정적 사건에 반응하여 변화한다. 원숭이에게 항불안제를 투여하여 부정적 정서를 감소시키면 좌측 전두엽의 뇌전도 활성이 증가된다. 아동을 대상으로 한 연구에서는 우측 전두엽의 활성이 더 큰 아이들은 부정적 감정을 더 크게 경험하고 스트레스에 대해 더 많은 코티솔을 분비하였다. 이러한 좌·우 전두엽의 뇌전도 차이는 중추신경계의 다른 부위들, 특히 스트레스의 생리적 반응을 구성하는 데 관여하는 부위들의 활성화 양식의 차이와도 무관하지 않을 것이며, 결과적으로 스트레스성 자극에 대한 자율신경계, 내분비계 반응도 다를 것이라고 예상할 수 있다.

요컨대 사람들 사이에는 각자의 독특한 정서, 행동, 생리적 반응성의 기초가 되는 영속적이고 안정적인 신경생리학적 차이가 있다. 이 차이들은 유전적인 경향성과 삶의 경험이 조합된 결과이다. 최근에는 유전자 자체보다 그 유전자의 발현에 영향을 미치는 후천적 요소들의 작용을 연구하는 후성유전학(epigenetics) 분야에서 이와 관련된 다양한 발견이 이루어지고 있다.

Holistic & Integrative Stress Healing

••• Thomas Mckeown은 유전적인 질병을 제외한 인간의 모든 질병은 피할 수 있다고 하였다. 그는 질병의 기원이 생물의학적 요인보다는 사회경제적 요인에 있다고 보았으며, 질병은 건강하지 못한 생활방식에서 기인한다고 하였다. 그가 말한 생활양식은 빈곤이나 풍요에 의해 좌우되는 위험요인들이다. 그러나 비슷한 사회경제적 생활환경에서 살아 온 사람들도 시간이 지날수록 건강 상태나 노화 정도에 큰 차이가 나타나며, 동일한 집단에서도 나이가 증가함에 따라 집단 내 편차는 증가한다. 또한 노인 집단과 청년 집단의 생리적, 인지적 기능에 관한 연구들을 보면, 집단의 평균은 청년 집단에서 높더라도, 노인 집단 중 상위에 있는 사람은 청년 집단 중 하위에 청년들보다 우월할 수도 있다. 한편 나이 차이가 거의 없는 형제들, 심지어 쌍둥이 사이에도 노화와 건강 상태에 차이가 있게 된다. 따라서 노화와

PART 06

스트레스와 질병

Stress and disease

질병의 개인차를 설명하는 데는 유전적 요인보다 후천적 요인에 더 중요한 의미가 부여되는 것이며, 후천적 요인은 단지 사회경제적 요인들만을 포함하는 것은 아니다.

불건전한 생활환경, 생활양식, 부정적인 성격 등 후천적 요소들은 스트레스의 발생과 무관하지 않으며 이들은 어떤 방식으로든 서로 상호작용한다. 더구나 유전적 요인이 작용하는 부분에 있어서도, 스트레스의 영향은 지대하다. 유전자의 발현에는 환경의 영향이 작용하기 때문인데, 최근의 연구들은 스트레스 호르몬들이 유전자들의 발현에 직접적 영향을 주는 것을 밝히고 있다. 결국 스트레스는 선천적, 후천적 요인들과 관련된 모든 영역에서 질병과 노화에 영향을 준다고 할 수 있다.

01

스트레스와 질병의 관계

1. 스트레스와 질병의 관계
2. 스트레스와 신체적 질병
3. 스트레스와 심리적 질병

스트레스는 정신적 자극이든 물리적 자극이든, 또는 내적 자극이든 외적 자극이든 유기체의 항상성을 교란하는 자극에 대한 반응을 요구하는 상태라고 정의할 수 있으며, 이런 자극에 대한 생체 반응이 부적절하거나 개체가 감당할 수 있는 한계를 넘는 경우에는 질병으로 이어질 수 있다. 스트레스에 장기적으로 노출되는 것, 그리고 너무 자주 스트레스 반응이 활성화되는 것 역시 질병의 발생 가능성을 증가시킨다.

스트레스와 질병의 관계를 입증하는 수많은 연구 결과들이 있다. 업무량이 많은 관제센터에서 일하고 있는 항공 관제사들은 업무량이 적은 관제센터의 관제사들에 비해 고혈압 유병률이 높다. 수도원에서 생활하는 수녀들을 장기간 추적한 연구에 따르면, 수녀들에게는 25년 넘도록 혈압 상승이 없었으나, 인근 지역에 사는 같은 연령대의 여성들은 나이와 정적인 상관을 보이는 혈압의 상승이 있었다. 자연재해와 같은 외상성 스트레스는 건강에 즉각적인 변화를 일으킬 수 있다. 예를 들어 1993년 로스앤젤레스 지진 당시 두 번째로 높은 사망 원인은 심장마비로 인한 돌연사였다. 1991년 사막의 폭풍 작전 중 공격의 표적이었던 도시들에서는 심장마비나 그와 관련된 원인으로 인한 사망률이 평소보다 두 배 이상 높았다.

스트레스 생리학에 관한 장에서 상세히 설명한 바와 같이, 스트레스 반응은 시상하부에서 구성되며 시상하부-뇌하수체-부신피질 축과 시상하부-교감신경-부신수질 축을 통하여 코티솔, 에피네프린, 노르에피네프린을 분비시킨다. 단기적이거나 정서적으로 긍정적인 스트레스에는 에피네프린과 노르에피네프린이, 지속적이고 부정적인 스트레스에서는 코티솔이 주된 역할을 하게 되므로, 만성적 스트레스와 관련된 질환들에 있어서는 코티솔의 역할이 핵심적이다. 급성 스트레스에서는 주로 에피네프린과 노르에피네프린이 작용하게 되는데, 그로 인해 중추신경계가 전반적으로 각성되어 기억과 학습 능력이 향상되며 자율신경계 기능이 증가하고 면역 기능이 항진된다. 그러나 이러한 긍정적 효과는 일시적이며 스트레스가 지속될 경우, 스트레스 반응에서 생성되는 각종 물질들이 결국 신체에 악영향을 주게 되고 질병, 노화, 성장 저하, 불임, 인지 능력의 저하 등 다양한 문제를 초래한다.

Selye는 스트레스의 가장 유해한 효과는 코티솔이 지속적으로 분비될 때 나타난다고 하였다. 신체에 있는 거의 모든 세포가 코티솔에 대한 수용체를 가지고 있다는 사실은 이 호르몬의 영향을 받지 않는 곳이 거의 없다는 것을 뜻한다. 따라서 만성적 스트레스는 전신의 모든 장기의 기능에 영향을 줄 수 있는 것이다. 여기에는 중추신경계의 장기인 뇌도 포함된다.

02

스트레스와 신체적 질병

1. 스트레스와 질병의 관계
▶ 2. 스트레스와 신체적 질병
3. 스트레스와 심리적 질병

스트레스가 건강을 해치기도 하지만 건강하지 못한 생활양식 역시 또 다른 스트레스원이 된다. 심신의 건강은 스트레스에 대한 근본적 저항력을 높여준다. 반면 스트레스가 조절되지 않으면 잠재적으로 유익할 수 있는 스트레스원도 부적절하게 인식하고 과잉 반응하거나 아예 대응을 회피하여 고질적인 스트레스 상황에 놓이게 된다.

스트레스에 대한 생리적 대응이 실패하거나 반응이 지나치게 계속되는 경우 여러 가지 질병으로 진행될 수 있다. 스트레스와 관련된 대표적 질병으로는 고혈압, 당뇨, 협심증, 심근경색, 뇌졸중, 천식, 소화성궤양, 소화불량, 비만, 류머티스성 관절염, 두통, 편두통, 요통, 근육통, 갑상선질환, 건선, 만성피로, 불면증, 우울증, 불안증, 근육통 등이 거론된다. 그러나 사실상 스트레스와 무관한 질병은 없다고 하는 것이 보다 적절한 표현이라 할 수 있다.

1) 심·뇌혈관계 질환

스트레스를 받으면 혈압이 상승하고, 스트레스를 많이 받은 사람들에게 관상동맥질환으로 인한 사망률이 높다는 것은 역학적으로나 경험적으로나 잘 알려진 사실이다. 심혈관계 질환은 스트레스와 관련된 대표적인 질환으로서 동맥경화, 고혈압, 협심증, 심근경색, 혈전증 등이 포함된다. 스트레스 반응으로 교감신경계가 활성화되면 부신수질에서 에피네프린과 노르에피네프린이 분비된다. 이들은 심장박동을 증가시키고 혈관을 수축시켜 혈압을 상승시킨다. 고혈압의 발생에는 자율신경계, 순환계, 내분비계의 여러 가지 요인들이 관여하지만 특히 자율신경계는 혈압 조절에 매우 중요한 역할을 한다. 본태성고혈압 환자에게서 자율신경계 이상이 있다는 연구가 있어 왔다. 주요 고혈압 치료제 중 하나인 베타-차단제(beta-blocker)의 작용 기전은 바로 교감신경계의 효과를 차단시키는 것이다. 고혈압은 뇌졸중, 협심증, 심근경색 등을 일으키는 주요 위험요인이 된다.

자율신경계의 전령물질인 노르에피네프린은 혈소판을 활성화하여 심장과 혈관의 벽을 이루는 내피세포층에 손상을 일으키고 그 결과 동맥경화증이 야기된다. 동맥경화증이 뇌에 혈액을 공급하는 동맥에서 일어나면 뇌졸중이 발생할 수 있다. 부신피질에서 분비되는 코티솔은 에피네프린과 노르에피네프린의 이러한 작용을 상승시킨다. 또한 코티솔은 혈액 내의 콜레스테롤과 지방을 증가시키므로, 만성적 스트레스는 혈중 콜레스테롤과 지방의 불필요한 증가를 가져와서 심·뇌혈관계 질환의 위험을 더욱 높인다. 한편 부신피질에서는 코티솔 같은 당질코르티코이드 이외에 미네랄코르티코이드의 분비도 증가되는데, 이 호르몬은 나트륨과 수분의 배출을 억제하여 고혈압을 일으키며, 심장근육의 칼륨과 마그네슘을 낮추어 부정맥을 유발할 수 있다.

스트레스는 고혈압, 흡연, 지방과 콜레스테롤의 과다 섭취, 비만과 같은 다른 위험요소를 이미 가지고 있는 사람들에게서 심·뇌혈관계 질환의 발생과 진행을 촉진한다. 특별한 외상이 없는 상황에서 증상 발생 후 1시간 이내에 사망하는 것을 돌연사라 하는데, 돌연사의 70~80%는 관상동맥의 질환에 의한 것이다. 관상동맥질환 위험이 높은 A형 행동유형의 사람이 흡연을 하게 되면 위험률이 7배나 증가할 수 있다.

Manuck 등은 원숭이를 대상으로 한 연구에서, 스트레스에 대한 심박수 반응성이 높은 개체들은 그렇지 않은 개체들에 비해 몇 년 후 죽상경화증 부위가 더 광범위했고 더욱 진행된 병소를 가지고 있었다고 밝혔다. 이러한 병리적 변화는 베타-차단제, 즉 교감신경계의 작용을 저해하는 약물에 의하여 조절되었으므로, 반응성이 높은 원숭이들에게서 심장 반응이나 그와 관련된 정서가 감소되면 건강상의 위험도 감소될 수 있음을 보여 준다.

앞장에서 반응성 가설과 관련하여 설명했던 바와 같이, 스트레스에 대해 심혈관계 반응이 크면 고혈압이 될 위험이 훨씬 높다. 사람을 대상으로 한 스트레스 연구에서 주로 제공하는 심리적 스트레스 중 하나가 암산 과제를 주는 것인데, 연구에 의하면 암산 과제에 대한 혈압 반응을 통해 수년 뒤 혈압이 상승할 것인지 예측할 수 있었다. 또한 어린이의 스트레스 혈압 반응을 통해 청년기의 혈압을 예측할 수 있었다. 한편 심리적 스트레스원에 대하여 상승된 심혈관계 반응성은 혈중 LDL-콜레스테롤의 상승과도 관련이 있다. 스트레스를 받으면 나쁜 콜레스테롤이라고 하는 LDL-콜레스테롤은 상승하고, 좋은 콜레스테롤이라고 하는 HDL-콜레스테롤은 감소한다. 혈중 LDL-콜레스테롤은 우울증, 적개심, 불안 등과 비례하여 상승한다.

스트레스로 인해 교감신경이 항진되고 그로 인해 말초혈관이 수축되면 혈액 순환이 원활하지 않게 되어 수족냉증이 발생하기도 한다. 임산부에서는 태아에게 전해지는 혈관이 수축되어 태아가 온도, 산소, 영양물질 공급의 감소로 인한 생리적 스트레스를 경험할 수 있다.

2) 소화기계 질환

기질적인 원인이 발견되지 않는 소화기계의 질환들을 포괄적으로 '기능성 소화기계 질환'이라 하고, 흔히 '심인성', '스트레스성'이라고 진단하게 된다. 소화기계는 자율신경계에 의해 통제되는데 대체로 부교감신경계의 작용에 의해서는 소화액의 분비가 늘고 소장의 운동이 활발해져서 소화와 흡수가 촉진되며, 교감신경계에 의해서는 소화, 흡수가 억제된다. 따라서 스트레스는 소화액의 분비를 감소시키고 소화관을 통한 음식물의 이동을 저해하여 소화불량을 일으킨다. 소화관 평활근이 긴장하여 설사, 변비, 경련 등이 일어나기도 한다. 소화성궤양은 Selye가 말한 Selye 3 증후군 중 하나이며, 대표적인 스트레스성 질환으로 인식되어 왔다. 만성 스트레스에서는 위장 내벽을 보호해주는 점액의 분비가 감소한다. 그 결과 위벽이 위산에 노출되어 손상되기 때문에 위·십이지장에 궤양이 발생하거나 이미 있는 궤양이 더욱 악화된다.

연구에 의하면, 흔히 경험하는 소화기계 질환인 기능성 소화불량의 환자들은 대조군에 비해 스트레스가 높았고, 심리 검사에서는 신경증, 우울, 히스테리, 건강염려증, 강박 등의 성향이 높았다. 설사, 변비 혹은 설사와 변비가 교대로 나타나는 과민성대장증후군(irritable bowel syndrome)으로 고통 받는 사람들이 증가하고 있는데, 이 역시 심리적인 영향이 주된 원인인 것으로 추측되고 있다.

목 안에 지속적으로 이물감이 느껴지는 신경성 질환을 인두신경증이라 하는데, 이또한 심리적 스트레스와 관련이 있는 것으로 알려져 있다. 인두신경증은 히포크라테스에 의해 문헌에 남겨졌을 정도로 역사가 오래된 질환인데, 주로 중년 여성에게 잘 생기는 것으로 알려져 있으나 최근에는 젊은 남녀에게도 많이 나타나고 있다. 스트레스 외에도 화병, 욕구불만, 우울증 등이 나타날 때도 동반되는 경우가 많다.

일반적으로 자율신경계는 교감신경계와 부교감신경계 두 가지로 분류되지만, 소화기계에는 중추신경계와 위장관계를 연결하는 신경계가 있으며, 이것을 장신경계라는 별도의 자율신경계로 구분하기도 한다. 이 신경계를 통해서 시각적 자극, 후각적 자극, 심리적 자극들이 위장관의 감각, 운동 및 분비 기능에 보다 직접적으로 영향을 미칠 수 있으며, 그만큼 소화기계는 스트레스에 대해 민감하게 반응할 수 있다.

3) 당뇨

스트레스는 오래 전부터 당뇨병의 병인 중 하나로 지적되어 왔다. 당뇨병 환자의 정서적 상태가 치료에 영향을 미친다는 것도 오래 전부터 인식되어 왔으며, 많은 연구 결과들이 스트레스가 혈당 조절에 실패하는 것과 관계가 있음을 시사하고 있다. 고경봉 등의 연구에 따르면, 당뇨 환자들의 73%에서 당뇨병 발생에 스트레스가 관련되었고, 병의 악화에 스트레스 인자가 관련된 경우는 57%이며, 당뇨병의 발병, 악화 모두에 스트레스가 관련된 경우가 78%로 나타난다. 스트레스는 당뇨병의 원인이 될 뿐 아니라, 혈당 조절에도 직접적 영향을 미친다. 당뇨 발병 및 증상 악화에 스트레스가 기여한다고 판단되는 경우, 신경안정제를 투여하면 스트레스가 완화되어 혈당 조절에 도움이 되는 것을 보더라도, 스트레스와 당뇨의 밀접한 관계를 알 수 있다.

당뇨는 혈액 중의 포도당을 세포 안으로 이동시키는 호르몬인 인슐린이 부족하여 포도당이 세포로 흡수되지 못하고 혈액 내에 상승됨으로써 크고 작은 혈관과 장기를 손상시키는 질환이다. 1형 당뇨(type 1 diabetes mellitus)는 인슐린을 만드는 췌장의 베타세포가 파괴됨으로써 인슐린을 생산하지 못하여 발생하며, 2형 당뇨(type 2 diabetes mellitus)는 인슐린은 생산되지만 신체에서 인슐린에 대한 저항성이 생겨 인슐린이 기능이 감소됨으로써 상대적으로 부족해지는 경우이다. 전체 당뇨병의 90% 이상이 2형 당뇨에 속하며, 스트레스와 관련해서도 주로 2형 당뇨가 논의되지만, 스트레스가 1형 당뇨의 발병과도 연관이 있다는 것이 밝혀졌다.

스트레스 호르몬인 코티솔과 에피네프린은 혈당을 상승시킨다. 이들에 의해서 간에 글리코겐으로 저장되어 있던 당분이 포도당으로 분해되어 혈액에 배출된다. 이것은 투쟁-도피 반응을 하기 위해 필요한 에너지를 공급하기 위한 것이지만, 대개 심리적 원인으로 발생하는 현대의 스트레스 상황에서는 혈당이 신속히 소비되지 못하여 고혈당 상태가 되고, 혈당을 감소시키기 위해 인슐린이 과도하게 분비되면 생체에는 인슐린에 대한 저항성이 야기된다. 그로인해 혈당이 높은 상태가 유지된다. 또 다른 스트레스 호르몬인 베타-엔돌핀도 췌장의 인슐린 분비를 억제하여 혈당을 상승시킨다.

연구에 의하면 당뇨 환자는 당뇨병으로 진단되기 3년 동안 그렇지 않은 사람들보다 더 많은 스트레스 생활 사건을 경험하였으며, 환자가 경험한 스트레스성 생활사건의 빈도가 높을수록 혈당 조절이 잘 되지 않는 것으로 나타난다. 당뇨 환자는 식이, 운동, 약물복용 등 혈당 조절을 위한 엄격한 관리가 필수적인데, 스트레스는 이러한 조절 행동에 악영향을 주게 된다. 게다가 혈당 관리를 하는 것 자체가 스트레스가 되고 합병증으로 인해 삶의 질까지 저하되면 스트레스와 우울 증상이 더 심해지는데, 그 결과 다시 코티솔이 상승하여 당뇨 관리는 악순환에 빠지게 된다. 따라서 당뇨 환자는 스트레스 관리가 절대적으로 필요한 집단 중 하나라고 할 수 있다.

4) 비만 및 식이장애

일반적으로 스트레스를 받으면 에너지를 소비하여 체중 감소를 유발하는 대사가 일어나지만, 스트레스를 받은 사람들의 대부분은 과식을 할 뿐 아니라 불규칙적인 식사를 하게 된다. 스트레스를 받으면 2/3 정도의 사람은 평소보다 더 많은 음식을 먹고, 나머지 1/3은 더 적게 먹는다. HPA축의 호르몬 중 CRH는 식욕을 억제하지만, 코티솔은 식욕을 증가시키는 것으로 생각되고 있다. 특히 코티솔은 당분, 설탕, 지방이 많은 음식에 대한 욕구를 더 선택적으로 자극한다.

영양의 균형이 이루어지지 않은 과도한 음식 섭취는 운동이 부족한 경우보다 2배나 높게 비만을 일으킨다. 비만 중에서도 특히 복부비만은 만성적으로 스트레스를 받는 사람들의 신체적 특징이기도 하다. 이것은 코티솔 같은 스트레스 호르몬이 지방을 에너지로 빨리 동원하기 위해 복부로 지방을 이동시켜 축적하기 때문이다. 따라서 스트레스로 인해 코티솔을 많이 분비하게 되면 식욕이 증가할 뿐 아니라, 그 열량들을 복부에 집중적으로 저장하게 되어 사과형 체형이 된다.

비만은 여러 가지 성인병의 원인으로 알려져 있다. 비만은 심혈관계 질환과 직접적 상관관계를 가지며 고혈압, 심장병, 동맥경화의 위험을 높인다. 또한 비만한 사람에게는 부정맥, 간경화, 당뇨, 담석, 각종 암 등이 평균보다 높은 비율로 발생한다. 과체중은 근골격계에 무리를 주므로 관절염의 발생을 촉진시키거나 악화시킬 수 있다. 비만은 스트레스의 한 증상일 뿐 아니라 스트레스의 원인이 된다. 비만한 사람은 사회적으로 위축되거나 자신감을 잃고 삶에서 적극성이 감소되는 경향이 있다.

뇌에서 분비되어 식욕에 영향을 주는 여러 물질들이 있는데, 그 가운데 오피오이드, 세로토닌, 콜레시스토키닌은 스트레스에 의해 분비가 증가된다. 스트레스 상태에서는 이 물질들의 변화에 의해 과식이나 식욕상실 등과 같은 식욕의 변화가 나타난다. 따라서 스트레스는 비만뿐 아니라 신경성 식욕부진증, 대식증과도 관련이 있다. 대식증 환자는 음식을 섭취한 후에도 콜레시스토키닌 분비가 저하되어 있고 이로 인해 포만감을 느끼지 못하므로 과식하게 된다.

5) 근골격계 통증

스트레스 시에는 교감신경계의 항진에 의해 근육이 긴장되어 근육통, 두통, 요통과 같은 근육 통증이 흔히 경험된다. 더구나 교감신경이 항진되면 말초로의 혈류가 감소되어 근육의 피로가 누적되고 통증이 심해질 수 있다. 현대인에게서 스트레스에 의해 일어나는 근육의 긴장은 주로 승모근, 척추기립근, 흉쇄유돌근, 교근 등에서 경험된다. 그 결과 목이나 어깨 결림, 긴장성 두통, 요통, 턱관절 장애(temporo-mandibular joint disorder: TMD, TMJ syndrome), 요통 등이 유발된다. 턱관절 장애는 이를 갈거나 악무는 습관으로 인해 생기는데 턱에서 딱딱

거리는 소리가 나는 것, 안면의 통증, 치아의 민감한 느낌, 두통, 이명 등의 여러 증상이 복합적으로 나타나는 질환이다.

근육의 긴장과 심리적 긴장은 서로 연결되어 있다. 근육이 긴장되어 있는 상태는 뇌에서 일종의 스트레스로 지각되기 때문에 정서적 긴장과 불편감을 유발한다. 정서적 긴장은 다시 생리적 스트레스 반응을 일으켜 근육을 더 긴장하게 한다. 심리적으로는 긴장해 있는 상황에서 근육이 이완될 수는 없다. 역으로 근육을 이완하게 되면 심리적 긴장도 완화된다. 따라서 근육을 이완시킴으로서 심리적 이완을 가져오고 스트레스 반응을 감소시키는 것이 여러 이완법들의 기본 원리이다. 이완법에는 점진적 근육이완법, 마사지, 호흡법, 명상, 요가, 스트레칭 등 여러 방법들이 있는데, 이 가운데 특히 근육 이완법, 마사지, 요가, 스트레칭 등은 근육 이완을 통해 심리적 이완을 가져오는 대표적인 방법들이다.

6) 두통과 편두통

일반적으로 두통이라 하면 긴장성 두통을 의미한다. 긴장성 두통은 우리가 가장 흔히 경험하는 통증 가운데 하나로, 머리를 압박하거나 조이는 듯한 증상을 특징으로 한다. 긴장성 두통도 근육의 긴장으로 인해 발생하는 통증 가운데 하나인데, 목이나 두피의 근육이 과도하게 긴장해서 발생한다.

근육의 긴장으로 인해 발생하는 두통을 긴장성 두통이라 하는 반면, 주로 한쪽 머리에서 발생하는 편두통은 혈관성 두통이라고도 한다. 편두통은 두뇌에 혈액을 공급하는 경동맥의 갑작스러운 수축과 그 수축에 이어지는 팽창이 원인이 된다. 혈관이 팽창될 때 방출되는 물질들이 신경말단을 자극하여 통증을 유발하는 것이다. 편두통의 발생에는 유전적 원인도 작용하지만 스트레스도 관련이 있다. 특히 완벽주의, 조급증, 긴장 등의 성격 요인들도 편두통과 관련이 있는 것으로 알려져 있다.

7) 면역질환

과거에는 신경계와 면역계가 서로 분리되어 있는 것으로 생각되었지만, Part 2에서 상세히 설명한 바와 같이, 신경계와 면역계는 서로의 전령물질들을 공유하며 유기적으로 상호작용하고 있다. 스트레스는 새로운 림프구의 생산을 감소시키고, 흉선과 림프선에서 유리되는 림프구의 수를 감소시키며, 이미 순환계에 존재하는 림프구들이 순환계 내에 머무는 기간을 단축시킨다. 또한 침입한 병원성 이물질에 대한 항체의 생산을 억제하고, 염증 반응을 억제한다. 이상의 면역 억제 과정에는 코티솔이 관여하고 있다. 스트레스로 인해 분비된 코티솔은 각종 감염성 질환의 발생 가능성을 높이고, 암의 발생과 재발 가능성도 증가시킨다. 고독, 무력감, 우울 등의 부정적 정서들이 면역 작용을 억제한다는 연구들도 보고되었다.

반면 스트레스는 과잉면역을 일으키기도 한다. 사실 급성 스트레스의 초기에는 면역 반응이 항진되지만, 과도한 면역 반응으로 인해 자신의 생체 조직이 손상될 수도 있기 때문에 원래의 수준으로 되돌리기 위한 기전이 작동한다. 즉 코티솔이 분비되면서 면역 반응을 감소시키는 것이다. 그러나 이러한 조절 기제가 부적절하게 작동하면 알레르기, 아토피, 천식과 같이 과도한 면역 반응으로 인한 질환이 유발된다. 알레르기란 정상적으로는 면역 반응을 일으키지 않아야 하는 물질에 대해서 불필요한 면역 반응이 일어나는 질환이다. 최면요법으로 음식물에 대한 알레르기 증상이 치료되는 사례들이 보고되었는데, 이것은 심리적 스트레스 지각이 면역 반응에 영향을 미친다는 것을 잘 보여주는 것이다.

면역계는 외부에서 들어온 침입자를 확인하고, 표식하고, 파괴하고, 기억하여 이후의 면역 반응을 준비한다. 효율적인 면역 작용의 전제는 인식된 물질이 침입자인지 자신의 몸을 이루는 물질인지를 구별하는 능력, 즉 비자기(non-self)와 자기(self)를 구별하는 능력이다. 그러나 면역계가 자기와 비자기를 구별하지 못하여 스스로의 조직을 공격하여 파괴하기도 하는데 이를 자가면역질환(autoimmune disease)이라고 한다. 대표적인 자기면역질환에는 류머티스성 관절염, 건선, 전신성 홍반성 낭창, 다발성 경화증, 1형 당뇨 등이 있다. 스트레스는 자가면역질환의 발생을 촉진하거나 악화시킬 수 있다.

8) 암

악성종양 역시 인체의 면역 및 방어 기능의 저하에 의해 유발될 수 있다. 우리 몸에서는 매일 수천 개의 돌연변이 암 세포들이 지속적으로 만들어진다. 면역계의 감시 기능은 외부에서 침입한 이물질들만이 아니라 이러한 돌연변이 세포도 인식하여 처리하는 역할을 하고 있다. 따라서 스트레스로 인해 면역 기능이 저하되면 암의 발생과 진행이 촉진된다. 면역 기능이 저하되면 우리 몸에 들어 온 발암성 물질들에 대해서도 방어 작용이 적절히 작동하지 못하게 되는데, 이러한 발암물질들이 세포와 유전인자들에 변이를 초래하게 되고, 이렇게 변이된 세포들에 대해서도 면역계가 기능을 하지 못하면서 암의 발생 가능성을 높이게 된다.

암과 스트레스가 관련이 있다는 발견은 최근의 것이 아니다. 앞에서 이미 언급한 바와 같이, 로마의 의사 갈레노스는 우울한 여성에게서 암이 발생할 확률이 높음을 지적한 바 있으며, 이미 1893년에 정서적 스트레스와 암 발병간의 연관성을 입증하는 경험적 증거가 발표된 바 있다. Selye도 높은 수준의 스트레스가 자주 계속되면 스트레스 호르몬의 작용으로 인해 궁극적으로 암이 생성될 수 있다고 하였다.

한 연구에 의하면, 유전적으로 암 발생률이 높은 쥐에게 스트레스를 주었을 때 쥐들 중 80~100%에서 8~18개월 내에 암이 발병하였다. 그러나 스트레스를 받지 않은 쥐들은 원래의 유전적 취약성에도 불구하고 단 7%에서만 암이 발생하였다. 이는 스트레스가 암 발병의 주요 인자임을 보여준다. 8,000명의 암 환자를 분석한 연구에 의하면, 배우자와 사별한 여성에게서 암 발생률이 가장 높았고, 그 뒤를 이어 이혼녀들의 발생률이 높았는데, 이것은 사람에게서도 스트레스와 암의 발생 간에 상관성이 있음을 보여줄 뿐만 아니라, 스트레스의 강도와 암 발생률 사이에 정적인 상관관계가 있다는 것을 알려주고 있다.

9) 피부질환

피부과 질환과 심리적 상태 간에 높은 상관성이 있음은 잘 알려져 있다. 통계에 의하면 피부질환의 40%가 스트레스와 관련되며, 피부과 환자의 75%가 치료 중 정신적 요인의 영향을 받는다. 따라서 피부질환의 진단과 치료에 스트레스 같은 심리적 요소가 고려되어야 한다는 견해가 널리 수용되고 있다.

심리적 스트레스는 건선, 원형탈모증, 아토피 피부염, 습진 등의 피부병을 악화시킨다. 특히 일부 습진이 우울증이나 염려증과 관련된다는 주장이 제기되고 있으며 신체화장애도 비특이적 습진과 연관이 있는 것으로 알려져 있다. 피부질환은 흔히 가려움증, 발적, 수포 같은 증상들을 동반하게 되는데, 이러한 증상들은 다시 스트레스를 야기하게 되며, 우울증이나 사회적 부적응의 원인이 될 수 있다. 한편 스트레스에 의해 증가하는 코티솔, 에피네프린은 손상된 피부 조직의 수복을 지연시킨다. 따라서 외과계 질환의 치료와 회복의 촉진에도 스트레스는 중요한 변인이 될 수 있다.

10) 갑상선질환

갑상선은 스트레스에 의해 직접적인 영향을 받는 대표적인 장기이다. 갑상선이 감정 변화에 의해 짧은 시간에 부어오를 수 있기 때문에 어떤 인디언 부족에서는 목의 굵기 변화를 보고 신혼생활의 만족도를 확인하기도 했다고 한다. 갑상선호르몬의 생산 저하나 생산 과다와 관련된 여러 증상은 교감신경계의 활성과 밀접한 관련이 있다. 스트레스로 인해 증가된 에피네프린이 갑상선을 자극하면 갑상선기능항진증이 유발될 수 있는데, 이 경우 치료를 위하여 교감신경계의 에피네프린 수용체를 차단하는 베타-차단제가 처방되기도 한다.

11) 성장장애

 스트레스는 아동의 성장을 저해한다. 시상하부는 성장호르몬의 분비를 자극하는 호르몬과 억제하는 호르몬을 분비하는데, 스트레스성 왜소 발육증은 스트레스에 의해서 억제 호르몬이 과도하게 분비된 결과이다. 코티솔도 성장호르몬의 분비를 감소시킨다. 성장호르몬은 소마토메딘(somatomedin)이라는 물질을 통해 작용한다. 즉 성장호르몬은 소마토메딘의 분비를 자극하고 소마토메딘은 뼈 성장과 세포 분열을 촉진하는 것이다. 스트레스를 받으면 소마토메딘의 방출이 억제되고 이 호르몬에 대한 신체의 감수성도 감소한다. 게다가 코티솔은 뼈로의 칼슘 공급을 감소시키고, 새로운 뼈의 성장을 억제한다.

 스트레스성 왜소 발육증 아이들에 대한 연구에서, 아이들을 돌보는 간호사의 휴가 전후에 아이들의 성장호르몬 분비 양상이 유의하게 변화하는 것이 관찰되었다. 새끼 쥐를 어미 쥐와 격리시키면 성장호르몬 수준이 급격히 감소하며, 새끼 쥐와 어미 쥐를 접촉시키더라도 어미 쥐가 마취되어 양육 행동을 하지 못하는 상태라면 새끼 쥐의 성장호르몬은 계속 낮은 수준으로 유지된다. 이러한 연구들은 신체 접촉을 동반한 양육 행동의 결핍이 아이들에게 커다란 스트레스가 되고 그 결과 성장에 지대한 영향을 준다는 것을 보여준다.

12) 불임 및 비뇨생식기계 질환

 스트레스 호르몬은 성호르몬의 분비를 방해하여 성적 욕구의 유발 및 성적 반응과 관련된 장애를 일으킨다. 연구에 의하면 급성의 단기적 스트레스보다 만성적 스트레스가 더 영향을 미친다. 인간과 동물을 대상으로 한 연구에 의하면, 계속적인 심한 스트레스를 가하면 여성에서는 무배란이 발생하고 남성에서는 정자 감소증이나 정자의 운동성 저하, 비정상적인 정자 생산이 관찰된다. 만성 스트레스를 받는 남성은 남성 호르몬인 테스토스테론 수준이 저하되어 있다. 시상하부는 CRH뿐 아니라 성선자극호르몬 분비호르몬(gonadotropin releasing hormone: GnRH)도 분비한다. 스트레스는 이 호르몬의 분비를 감소시켜 성선기능의 저하를 유발하는데, 이것은 GnRH를 생성하는 부위의 활동을 CRH가 억제하기 때문이다. 실제로 CRH를 주입하면, GnRH의 작용에 의해 증가해야 할 황체형성호르몬(luteinizing hormone: LH), 난포자극호르몬(follicle-stimulating hormone: FSH)의 혈중 농도가 감소한다. 그 결과 여성에게는 무배란과 월경 장애가, 남성에게는 남성 호르몬 분비 장애 및 정자 생산의 이상이 초래된다.

남성의 경우 FSH의 감소로 인해 남성 호르몬인 테스토스테론이 감소되는데, 이는 다시 중추신경계의 성욕 중추에 영향을 주어 성적 욕구의 상실과 성적 반응의 감소를 가져올 수 있다. 만성적 스트레스는 발기부전, 조루, 만성전립선염과도 관련이 있다.

여성의 생식기관들은 감정적 변화에 대하여 매우 민감한 영향을 받는다. 감정과 여성 생식기관이 밀접한 관계가 있다는 것은 오래전부터 인식되고 있었다. 정신적 원인에 의하여 일시적으로 일어나는 비정상적인 흥분 상태를 총칭하는 '히스테리(hysteria)'라는 말은 원래 자궁을 의미하는 용어이며, 중세에는 히스테리 같은 질병을 치료하기 위해 자궁을 적출해야 한다는 주장도 있었다.

월경 시작 1주일 전후부터 나타나기 시작하는 월경전증후군(premenstrual syndrome: PMS)도 스트레스에 의해 악화될 수 있는 내분비장애의 일종이다. 배란 후 체내 세로토닌이 감소하여 월경 전 가장 낮아지게 되는데 에스트로겐, 프로게스테론의 변화와 함께 동반되는 세로토닌 결핍이 월경전증후군의 원인이다. 그런데 스트레스는 중추신경계의 세로토닌을 낮추기 때문에 스트레스로 인해 PMS 증상이 더 심해질 수 있다. PMS는 불안, 초조, 우울, 분노, 불면 같은 정서적 증상과 부종, 체중 증가, 두통, 어지러움 같은 신체적 증상을 동반하는 증후군으로서, 일부 여성은 일상생활이 불가능할 정도의 심각한 증상을 경험한다. 여성의 폭력 행위 중 85%가 월경 전에 발생한다는 연구 결과가 미국에서 발표된 바 있는데, 심한 PMS를 이유로 범죄 행위의 피고인들이 처벌을 면하는 경우도 많이 있었다.

03 스트레스와 심리적 질병

스트레스는 불안, 공포, 분노, 우울, 흥분 등의 정서적 증상과 함께 기억력, 주의력, 집중력 장애 등 인지적 증상을 일으킨다. 또한 의기소침, 위축, 우유부단함, 폭력적 행동, 회피적 행동 같은 행동 상의 변화를 일으켜 일상적 기능에 부정적 영향을 주고 삶의 질을 저하시킨다. 스트레스는 모든 심리적 장애들과 직·간접적으로 관련이 있지만, 특히 외상후스트레스장애, 적응장애, 우울증, 불안증 등은 스트레스와 직접적인 관계가 있는 장애로 거론되고 있다. 또한 정신분열증의 발생이나 재발도 흔히 심한 스트레스성 사건 후에 일어난다는 것은 주지의 사실이다.

스트레스 때문에 불행해진다는 것은 생리학적으로 설명되는 현상이다. 스트레스는 중추신경계에 생리적 변화를 가져와 정서나 행동에 영향을 미치는 각종 신경전달물질의 분비에 영향을 준다. 게다가 스트레스 때 분비되는 호르몬과 사이토카인도 중추신경계에 작용하여 정서적, 행동적 변화를 일으킨다는 것이 심리신경면역학에서 밝혀지고 있다.

스트레스는 행복호르몬이라고 알려진 세로토닌의 수치를 낮추어 우울감에 빠지게 한다. 중추신경계의 세로토닌 수준이 낮아지면 심신에 활기를 주는 노르에피네프린과 기쁨을 느끼게 하는 도파민의 생산도 함께 낮아지고, 결국 우울감이 더 심해지고 침체된다. HPA축의 첫 번째 호르몬인 CRH는 편도체를 자극하여 불안을 증폭시키고 수면을 방해한다. 높은 수준의 코티솔도 수면을 방해하는데, 심신의 회복에 매우 중요한 요소인 수면이 부족하게 되면 스트레스에서 회복되지 못하고, 스트레스로 인해 다시 수면이 영향을 받게 되는 악순환이 이어지게 된다.

1) 외상후스트레스장애와 급성스트레스장애

외상후스트레스장애(post-traumatic stress disorder: PTSD)는 전쟁, 자연재해, 화재, 사고 등 재난을 당해서 자신의 힘으로는 어찌할 수 없는 압도적인 공포를 경험한 후 나타난다. PTSD는 재난 당시의 외상성 경험을 악몽이나 플래시백(flashback) 현상을 통해 지속적으로 재경험하는 것을 특징으로 한다. 이것은 자율신경계의 각성에 의해 촉발되는 것으로, 뇌간에 있는 교감신경 중추인 청반의 노르에피네프린 회로에 의해 기억 회로가 강화되어 나타난다. 즉 자율신경계의 과도한 활성화로 인해 청반에서 해마와 편도체로 향하는 노르에피네프린 회로가 자극되어 과거 기억을 다시 불러오면서 외상성 사건을 반복해서 재경험하게 되는 것이다. 연구에 의하면 심한 외상성 충격을 받은 사람에게 그 즉시 베타-차단제를 투여하여 교감신경을 억제하면 PTSD의 발생 가능성이 감소한다. 한편 PTSD 환자에게서 해마가 위축되고, 외상 병력이 심할수록 위축의 정도가 심한 것이 발견되는데, 스트레스 호르몬인 코티솔은 해마의 위축 및 해마 신경세포의 사멸과 밀접한 관계가 있다.

급성스트레스장애(acute stress disorder)는 PTSD와 매우 유사한 증상을 나타내는 장애로서 외상적인 사건을 경험한 후 해리성 증상이 2일 이상 4주 이내의 단기간 동안 나타나는 장애를 말한다.

2) 적응장애

스트레스의 원인이 극단적이지 않은 경우에도 정신병리적 장애가 생길 수 있다. 미국 정신의학회에서 발간한 정신장애 진단 및 통계편람(diagnostic and statistical manual of mental disorders-4th edition: DSM-IV)에 의하면, 적응장애(adjustment disorder: AD)는 스트레스를 유발하는 것으로 확인되는 하나 혹은 여러 요인에 대한 반응으로서, 그 요인의 발생 이후 3개월 동안 정서적, 행동적 차원에서 증세가 심해질 경우에 진단된다. 적응장애는 정신과 외래환자의 20%, 다른 진료과에서는 그 이상의 환자들이 해당될 것으로 추정되고 있다. 적응장애의 주된 원인으로는 정서적 고립, 실직이나 실패, 대인관계의 갈등, 가족부양이나 가사의 어려움 같은 일상적 문제들을 들 수 있다.

3) 우울증

세계적으로 매년 우울증으로 자살하는 사람의 수는 80만 명에 이르며, 젊은 층의 자살은 2/3 이상이 우울증과 관련되어 있다고 한다. 2020년에는 우울증이 두 번째로 흔한 의학적 장애의 원인이 될 것이라는 예측도 있다. 스트레스와 우울증은 분리해서 설명할 수 없을 만큼 서로 밀접한 관계를 가지고 있으며, 우울증은 스트레스로 인한 대표적 증상 중 하나이다.

우울증에서는 신경전달물질인 노르에피네프린, 세로토닌, 도파민의 수준이 비정상적으로 나타난다. 또한 우울증 환자들의 경우 혈중 코티솔의 농도가 상승되어 있다. 스트레스는 행복호르몬인 세로토닌의 분비를 감소시키고 그 결과 노르에피네프린과 도파민도 감소된다. 단기적인 급성 스트레스에서는 노르에피네프린이 증가하지만 만성 스트레스에서는 코티솔에 의해 노르에피네프린이 감소되면서 심신의 활력이 저하된다.

4) 불안증

스트레스, 불안, 우울은 서로 깊이 얽혀 있으므로 이들을 감별하여 진단하는 것은 사실상 쉽지 않다. 스트레스가 지속되다 보면 자율신경계와 편도체의 과활성화로 인해 불안증을 야기하게 되고, 그 상황이 계속되면 결국 우울증으로 이어질 수 있다. 스트레스가 매우 심하지만 드러내고 치유하는 것이 용이하지 않은 유명인들 중 공황장애를 비롯한 불안장애나 우울증 발생 빈도가 높고, 방치된 우울증이 결국 자살과 같은 극단적인 선택으로 이어지는 사례들도 적지 않다.

불안장애란 불안과 공포를 주 증상으로 하는 장애이다. 불안장애의 유형에는 공황발작, 특정공포증, 사회공포증, 강박장애, 범불안장애 등이 있고 외상후스트레스장애, 급성스트레스장애도 불안장애의 범주에 포함된다. 불안장애는 특히 교감신경계의 과도한 활성화와 관련이 깊다. 공황발작은 생명이 위태로울 것 같은 극도의 두려움, 그리고 감각마비와 과호흡을 동반하는 생리적 반응이 폭발하여 교감신경계가 극심하게 활성화되는 것이다. 보통 10분 이내에 최대 발작 상태에 도달하게 된다. 강박장애는 불안한 마음을 진정시키기 위해 어떤 행동을 끊임없이 반복하면서 불안을 극복하고자 하는 시도로 나타난다.

불안, 공포라는 정서는 변연계의 편도체에서 생성되며, 반복적으로 특정 자극이나 상황에 접하면서 형성되는 공포의 조건화도 편도체에서 이루어진다. 편도체는 자율신경계로부터 몸의 긴장 상태에 관한 신호를 받아 불안과 공포를 유발하고 스트레스 반응을 일으킨다. 또한 편도체는 코티솔 신호에 민감하게 반응하여 더욱 활성화된다. 따라서 스트레스와 불안, 공포는 서로를 자극하며 점점 더 증폭되는 고리를 형성하게 된다.

5) 수면장애

스트레스로 인해 가장 빨리 나타나는 증상은 수면장애이며, 이는 스트레스로 인해 나타나는 가장 흔한 증상의 하나이다. 과도한 코티솔 분비는 수면을 방해할 수 있다. CRH 역시 수면을 방해하는 호르몬이다. 수면은 심신의 피로를 회복시키고 스트레스에 대한 반응을 완화시켜 주는 중요한 과정이다. 불면증은 피로와 스트레스를 적절하게 해소하지 못하게 하므로 스트레스에 대한 저항력을 감소시키게 된다. 결과적으로 스트레스로 인해 수면장애가 오고 수면장애로 인해 스트레스에 더 취약해지는 악순환이 이어진다.

6) 인지장애, 행동장애

단시간의 짧은 스트레스는 뇌를 각성시키고 기억을 촉진하기도 하지만, 만성적 스트레스는 전반적인 인지 능력과 기억력을 저하시킨다. 기억과 학습에 관여하는 변연계 구조인 해마는 코티솔에 특히 민감하고 취약하다. 따라서 만성적인 스트레스는 인지 능력과 학습 능력에 장애를 초래하고 뇌의 노화와 치매를 야기할 수 있다.

스트레스가 각종 의존증, 중독, 폭력적 행동, 틱 등을 유발하거나 악화시키는 원인이 될 수 있음을 앞에서 설명한 바 있다. 스트레스는 섭식장애, 물질 관련 장애, 충동 조절 장애 등 많은 병리적 증상들과 관련이 있다.

ســ스트레스의 통합치유
Holistic & Integrative Stress Healing

Holistic & Integrative Stress Healing

●●● 스트레스 평가를 위해서 스트레스 반응에 동반되는 여러 생리적 지표들의 변화를 측정하는 객관화된 방식이 널리 이용되고 있다. 대표적으로 에피네프린, 코티솔 같은 스트레스 호르몬들을 측정하거나 면역세포들의 양적, 기능적 변화를 측정하는 방법들이 여기에 속한다. 더불어 혈당, 혈압, 혈중지질과 같은 지표들을 측정하여 장기와 내사기능의 변화 정도와 질병 발생의 위험성을 함께 측정할 수 있다. 검사실에서 인위적인 스트레스를 부여하고 그에 대한 반응성을 측정하여 스트레스에 대한 취약성을 예측할 수도 있다. 이러한 생리학적 검사들은 스트레스가 신체에 부담을 주는 정도에 대해 객관적인 정보를 제공할 수 있지만, 스트레스의 원인이나 심리적 고통의 정도, 손상된 삶의 영역 등에 대해 알려주지는 못한다. 스트레스로 인해 불안, 우울이 심각한 수준이더라도 생리학적 검사에서는 특이한 변화가 관찰되지 않을 수 있다. 더구나 급성 스트레스에 대해서는 생리학적 검사가 의미가 있지만, 만성적인 스트레스일수록 생리학적 검사의 의미는 제한적이다.

생리학적 검사와 심리학적 검사는 상호보완적으로 피검자에 대한 자료를 제공한다. 생리학적 검사가 스트레스로 인해 심신이 영향 받은 정도를 보여줄 수는 있지만, 스트레스 관리를 위한 개별적 전략을 마련

PART 07

스트레스 평가

Stress assessment

하는 데는 주관적인 스트레스 검사가 필수적이다. 스트레스 행동 유형에 관한 장에서 설명한 바와 같이 사람마다 스트레스를 받기 쉬운 환경, 발생하기 쉬운 질병, 유효한 관리 전략들이 모두 다르기 때문이다.

주관적 검사는 주로 측정지를 이용한 자기보고식 검사, 면접을 통한 진술, 그림 심리 검사 등으로 이루어진다. 스트레스 평가를 위해 별도로 개발된 척도들을 주로 사용하게 되지만, 필요에 따라서는 MMPI(Minnesota multiphasic personality inventory) 검사를 포함하여 우울, 불안 등을 평가할 수 있는 일반적인 심리 검사들도 활용하게 된다. 주관적 검사를 통해서는 스트레스의 원인, 심신에 자각되는 증상의 종류와 정도, 스트레스에 대한 대처양식, 스트레스 대처자원, 스트레스로 인해 주로 영향을 받는 생활영역 등을 알 수 있다. 또한 학교나 직장에서 경험하는 스트레스를 평가하기 위해 개발된 지표들도 활용할 수 있다. 이러한 검사를 통해 피검자의 스트레스를 다면적으로 평가하고 스트레스 관리를 위한 입체적인 전략을 마련할 수 있다.

- 1. 생리적 평가
- 2. 심리·행동적 평가
- 3. 생활환경, 생활사건 평가

01

생리적 평가

에피네프린, 코티솔 등 스트레스 호르몬을 측정하는 방법, 면역계 세포의 기능과 수를 측정하는 방법, 자율신경계의 조절 능력을 평가하는 방법, 뇌파를 측정하는 방법, 인위적 스트레스에 대한 반응성을 측정하는 방법 등이 실시된다.

1) 스트레스 호르몬 측정

검체로는 주로 혈액, 타액, 소변을 이용한다. 혈액은 스트레스 호르몬 이외에도 많은 생리학적 지표들을 검사할 수 있는 검체이지만 채혈을 위해 주사 바늘을 꽂는 것 자체도 심리적 스트레스를 줄 수 있다. 소변에서도 에피네프린, 노르에피네프린, 코티솔 등을 측정할 수 있지만 소변을 채취하는 것은 번거로울 뿐 아니라 역시 심리적 부담을 주어 배뇨량에 영향을 미칠 수 있다. 요즘에는 타액을 이용한 검사가 널리 이용되고 있다. 타액은 다른 검체보다 채취가 용이하며 진단 가격도 상대적으로 저렴하다. 모발의 미네랄을 측정하여 부신 기능을 진단하는 방법도 이용되고 있다.

에피네프린, 노르에피네프린은 급성 스트레스의 지표로, 코티솔은 만성 스트레스의 지표로 이용된다. 타액내 코티솔이 혈중 코티솔 농도를 잘 반영한다고 알려져 있지만, 스트레스에 대한 타액 코티솔 수준 변화는 스트레스 유형에 따라 다를 수 있다. 교감신경계가 활성화되면 타액 중 알파-아밀라제가 증가하기 때문에 알파-아밀라제 측정법도 교감신경계 활성화를 반영하는 지표로서 이용되고 있다. 자유라디컬 제거 능력(free radical scavenging activity: FRSA)은 신체의 항산화 능력을 반영하는 지표인데, 최근에는 타액에서 측정한 FRSA를 스트레스

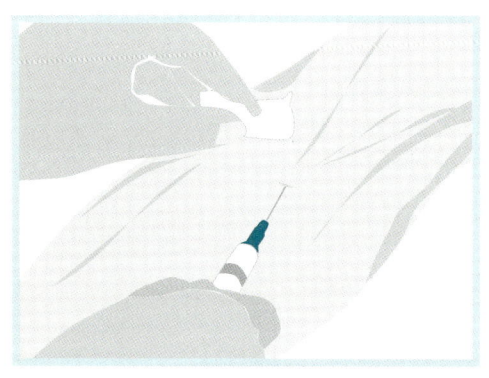

의 지표로 활용하는 것도 검토되고 있다. 모든 스트레스 호르몬들은 기본적인 일주기 리듬, 운동, 기온, 식사, 흡연, 카페인 섭취 등에 의해 영향을 받을 수 있음을 고려해야 한다.

2) 면역 기능 평가

혈액을 채혈하여 면역세포들의 수와 기능, 면역세포에서 분비되는 전령물질인 사이토카인, B림프구에서 생성되는 항체(면역글로불린)의 변화를 측정할 수 있다. 측정되는 주요 면역세포로는 B림프구, T림프구와 그 아형들, 자연살해세포(natural killer cell: NK세포) 등이 있으며 이들의 수, 기능, 비율의 변화 등이 평가된다. 사이토카인들은 면역계 내의 전령물질일 뿐 아니라 면역계와 신경·내분비계 간 의사소통의 주된 중재자로서, 특히 염증 및 감염과 관련된 면역조절에 중요한 역할을 한다. 주로 측정되는 사이토카인에는 인터류킨-1(interleukin-1: IL-1), 인터류킨-6(interleukin-6: IL-6) 등이 해당된다.

항체는 B림프구에서 만들어지는 단백질로서, 항원(이물질)과 결합하여 항원의 작용을 방해한다. 항체는 직접 항원을 제거하지는 못하지만 다른 면역세포들을 자극함으로써 그들의 작용에 의하여 항원이 제거되도록 만든다. 스트레스로 면역계가 영향을 받으면 항체의 생산이 감소된다. 예를 들어 스트레스가 심한 상태에서 예방접종을 실시하면 항체가 잘 형성되지 않게 된다. 항체에는 IgA(immunoglobulin A), IgD(immunoglobulin D), IgE(immunoglobulin E), IgG(immunoglobulin G), IgM(immunoglobulin M)이 있는데, 스트레스와 관련해서는 주로 IgA, IgG, IgM 등이 측정된다.

3) 심박변이도 검사

심박변이도(heart rate variability: HRV) 검사는 교감신경을 길항하는 부교감신경의 기능을 평가하는 방법이다. 스트레스 상태에서는 교감신경이 항진되고 안정된 상태에서는 부교감신경이 항진된다. 보통 숨을 들이쉴 때는 교감신경이 항진되어 심박수가 증가하고 내쉴 때는 부교감신경이 항진되어 심박수가 감소된다. 이 차이가 클수록 부교감신경이 효과적으로 교감신경을 견제한다고 볼 수 있다.

심박변이도 검사를 통하여 스트레스 상황에서의 자율신경계 조절 능력을 추정할 수 있다. 조절 능력이 크면 혈중 산소 농도, 체온, 혈압 등의 변화에 대해 자율신경계가 효과적으로 반응하여 신속히 생리적인 균형을 회복할 수 있다.

4) 뇌기능 평가

뇌파를 분석하여 뇌의 발달 상태, 심신의 스트레스 상태, 정서와 감정의 불균형 상태 등을 종합적으로 평가하는 방법들이 개발되어 있다. 원래 뇌파를 이용하는 방법은 중추신경계의 병리를 진단하기 위해 사용되어 왔으나, 최근 신경생리학의 발전과 더불어 뇌파에 대한 연구 결과가 축적되면서 심리적 상태나 심신의 기능을 평가하는 검사로도 널리 활용되고 있다.

뇌파는 신경세포들의 작용에 의해 나타나는 뇌의 전기적 활동 상태에 대한 정보를 제공한다. 뇌파는 주파수에 따라 크게 델타파, 세타파, 알파파, 베타파(저베타파, 고베타파) 등으로 구분된다. 안정 시에는 주파수 8~12Hz 대역의 알파파가 우세하지만, 각성 상태나 긴장 상태에서는 13~30Hz 대역의 빠른 속파(fast wave)가 우세해진다. 저베타파는 인지적 작업(학습, 암기, 계산) 같은 정신 활동에서 발생하므로 활동파라고도 한다. 잡념에 빠져 있을 때도 저베타파가 활발해진다. 뇌에

표 7-1 의식 상태에 따른 뇌파 구분

뇌파	주파수	의식 상태	구분
델타(δ)파	0.1~3 Hz	깊은 수면 상태	↑ 서파(slow wave)
세타(θ)파	4~7 Hz	수면 상태	
알파(α)파	8~12 Hz	휴식 상태, 안정된 각성 상태	
저베타(low β)파	13~20 Hz	주의 집중을 요하는 정신 활동 상태	↓ 속파(fast wave)
고베타(high β)파	21~30 Hz	긴장, 흥분, 스트레스 상태	

과도한 부하가 발생하면 주파수 20Hz 이상의 고베타파가 나타난다. 분노하거나 흥분하거나 스트레스가 높은 상태에서는 고베타파가 현저하게 나타난다.

뇌파 비대칭(asymmerty, laterality)은 뇌의 좌우, 전후 등 대응 부위에서 출현하는 뇌파가 대칭적이지 않고 차이를 보이는 것을 말한다. 정상적으

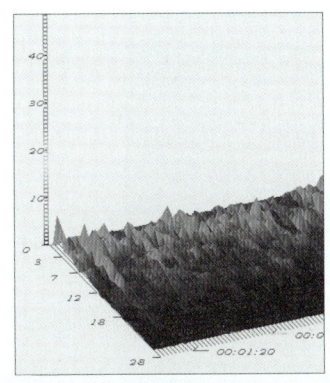 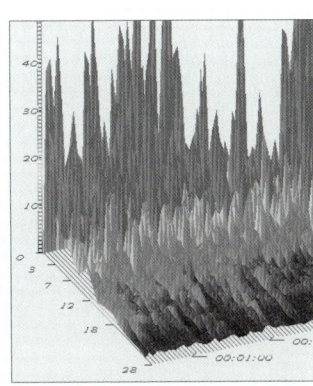

그림 7-1 명상 중의 안정된 뇌파(좌)와 스트레스 상태의 불안정한 뇌파(우)

로 알파파는 좌반구보다 우반구에서, 베타파는 우반구보다 좌반구에서 더 크다. 알파파가 좌반구에서 더 큰 경우 우울증을 의심할 수 있으며, 베타파가 우반구에서 더 큰 경우 우울과 함께 불안을 의심할 수 있다.

5) 스트레스 반응성 검사

스트레스 반응성 검사는 피험자에게 인위적인 심리적 자극이나 생리적 자극을 가하여 혈압, 심박수 등 심혈관계 지표의 변화나 스트레스 호르몬의 변화를 측정하는 것이다. 이용하는 심리적 자극으로는 암산, 비디오게임, 대중연설, 반응시간 과제(reaction time task), 어구전철 과제(anagram task), 색깔-단어 검사(color-word test) 등이 있으며, 생리적 자극을 주는 방법으로는 한냉승압 검사(cold pressor test), 트레드밀 운동부하 검사, 자전거 운동부하 검사 등이 있다. 검사 실시 전후의 스트레스 호르몬 변화, 심박수 변화, 혈압 변화 등을 측정하여 반응성을 평가한다.

반응시간 과제는 피험자로 하여금 어떤 신호가 주어지면 신속히 반응하도록 요구하고, 피험자가 신호에 대한 반응을 일으킬 때까지의 시간을 측정하는 것인데, 이러한 과제가 피험자에게 심리적 긴장을 유발시켜 스트레스 반응을 일으키게 된

다. 어구전철 과제는 'ksta'처럼 철자가 뒤바뀐 단어에서 원래 단어인 'task'를 찾아내게 하는 과제이다.

색깔-단어 검사는 단어가 의미하는 색깔과 인쇄된 단어의 색깔이 서로 다른 단어들이 쓰인 카드를 주고 그 단어의 색깔을 읽도록 하는 검사이다. 그림은 색깔-단어 검사지의 한 예이다. 혈압, 맥박 등의 변화가 상위 25%에 속하면 반응성이 높은 것으로 볼 수 있다.

그림 7-2 색깔-단어 검사 카드의 예

운동부하 검사는 트레드밀 위에서 달리거나 고정식 자전거를 타는 생리적 스트레스를 준 뒤 혈압, 심박수 등의 변화를 측정한다. 한냉승압 검사는 찬물에 손을 넣게 한 뒤 혈압과 심박수의 변화를 측정한다. 손을 한냉 자극에 노출시키면 혈관이 수축하고 혈압이 상승하게 되는 원리를 이용한다. 혈압의 상승 정도에 따른 혈관운동신경의 긴장성을 조사하는 검사이다.

심리적 스트레스에 대한 반응성 검사는 일상생활에서 겪는 스트레스에 대한 질병의 위험성에 관하여 의미 있는 정보를 제공한다. 심리적 스트레스 반응성 검사가 생리적 스트레스 반응성 검사보다 관상동맥질환이나 돌연사의 위험을 더 잘 예측한다는 보고가 있다. 단점으로는 실험실에서 부여하는 과제들은 쉽게 익숙해질 수 있기 때문에 반복적인 검사를 하게 되면 결과의 정확성과 재현성이 감소된다는 점을 들 수 있다.

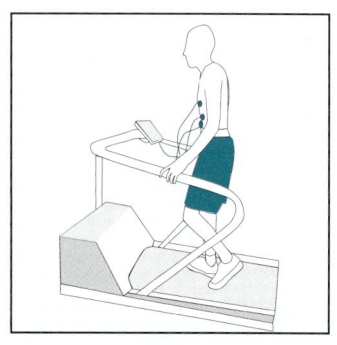 

그림 7-3 트레드밀 운동 부하 검사와 자전거 운동 부하 검사

이상에서 소개한 생리학적 스트레스 검사법은 객관적인 정보를 제공한다는 장점이 있다. 또한 간편하게 검사할 수 있는 방법들이 개발되면서 일반 의료기관에서도 실시가 용이하게 되었다. 그러나 생리학적 검사법은 그 결과를 피검자가 실제 상황에서 경험하는 스트레스의 정도로 해석하는 데는 한계가 있다. 대개의 지표들이 스트레스에 의해서만 특이적으로 변화하는 지표들이 아니기 때문이다. 다만 피검자가 스트레스에 대해 얼마나 더 생리적으로 취약하며, 스트레스로 인한 질병 발생의 위험성이 얼마나 더 높은지를 평가하는 데는 유용한 방법이다. 따라서 생리적 검사에서도 다면적인 심리학적 검사들이 동반되어야 함은 물론이다.

02

심리·행동적 평가

1. 생리적 평가
▶ 2. 심리·행동적 평가
3. 생활환경, 생활사건 평가

  심리·행동적 평가에서는 스트레스가 인지되는 정도, 요인, 반응의 양식, 대처 능력 등에 관한 다양한 검사가 가능하다. 검사를 많이 하는 것이 좋은 것은 아니다. 피검자에 따라 꼭 필요한 검사를 선택하여 실시하는 것이 중요하다. 심리 검사도 부담이 되어 스트레스가 될 수 있으므로 가능한 한 검사의 수를 줄이고 쉽게 답할 수 있는 간단한 지표를 사용하는 것이 바람직하다. 문항이 많고 복잡한 검사지는 정확하고 면밀한 평가가 필요할 때 한하여 사용하는 것이 좋다. 또한 필요한 모든 검사를 한 번에 해야 하는 것은 아니다.

  대개의 심리 검사는 반복해서 실시하면 정확도가 감소하므로 검사를 실시할 때는 피검자에게 정확한 지시문으로 안내해서 검사를 반복해야 하는 일이 발생하지 않도록 하고, 재검사를 하거나 치료 전후 성과를 비교할 때는 충분한 시간이 경과했는지 검토해야 한다.

1) 전반적 스트레스 정도 평가

스스로 지각하는 스트레스의 정도를 평가하는 검사법들이 개발되어 있다. 정신건강 평가를 위한 일반 스크리닝 검사용으로 활용할 수 있는 것으로서 간이 스트레스량 측정 설문지(brief encounter psychosocial instrument: BEPSI)와 wellness 평가지를 소개한다. 그 다음에 소개되는 스트레스 반응 척도는 문항수가 많고 계산하는 과정이 번거로울 수도 있으나 여러 하위 영역들을 구분하여 구체적으로 평가할 수 있다.

BEPSI는 다섯 개의 문항으로 구성된 간략한 스트레스 정도 검사지로서, 일반 의료기관에서도 널리 이용되고 있다. 이 설문지는 1988년에 Frank와 Zyanski가 개발하였으며, 이를 기초로 배종면 등이 한국형 설문지(BEPSI-K)를 제작하였다(표 7-2). 지난 한 달을 돌아보아 각 문항에 1~5점을 부여한 뒤 합산하여 항목 수 5로 나눈다. 1.8점 미만은 저스트레스군, 1.8~2.8점 미만은 중등도 스트레스군, 2.8점 이상은 고스트레스군으로 분류한다.

Wellness 평가지(표 7-3)는 미국 YMCA가 1980년 Wellness라는 건강프로그램에서 개발한 스트레스 측정 방법이다. 총 20개 문항으로 구성되어 있어 해당되

표 7-2 간이 스트레스량 측정 설문지 (한국형)

1. 지난 한 달 동안 생활에서 정신적으로나 육체적으로 감당하기 힘든 어려움을 느낀 적이 있습니까?
   ① 전혀 없다 ② 간혹 ③ 종종 여러 번 ④ 거의 언제나 ⑤ 언제나 항상
2. 지난 한 달 동안 자신의 생활 표준에 따라 살아가려고 애쓰다가 좌절을 느낀 적이 있습니까?
   ① 전혀 없다 ② 간혹 ③ 종종 여러 번 ④ 거의 언제나 ⑤ 언제나 항상
3. 지난 한 달 동안 한 인간으로서 기본적인 요구가 충족되지 않았다고 느낀 적이 있습니까?
   ① 전혀 없다 ② 간혹 ③ 종종 여러 번 ④ 거의 언제나 ⑤ 언제나 항상
4. 지난 한 달 동안 미래에 대해 불확실하게 느끼거나 불안해 한 적이 있습니까?
   ① 전혀 없다 ② 간혹 ③ 종종 여러 번 ④ 거의 언제나 ⑤ 언제나 항상
5. 지난 한 달 동안 할 일들이 너무 많아 정말 중요한 일들을 잊은 적이 있습니까?
   ① 전혀 없다 ② 간혹 ③ 종종 여러 번 ④ 거의 언제나 ⑤ 언제나 항상

는 문항에 기표하도록 한다. 해당되는 문항이 6개에 가까우면 주의를 요하는 단계이고, 7개 이상이면 적극적인 관리가 요구된다. 16개 이상이라면 전문가에 의한 상세한 진단과 도움이 필요하다.

고경봉 등이 개발한 한국형 스트레스 반응 척도(표 7-4)는 4가지 영역의 스트레스 반응, 즉 감정적, 신체적, 인지적, 행동적 반응을 평가할 수 있는 검사법이다. 긴장, 공격성, 신체화, 분노, 우울, 피로, 좌절 등의 7가지 하위 척도별 점수

표 7-3 Wellness 스트레스 평가지

문 항	해당여부
1. 재미있는 일이 있어도 즐길 수 없다.	
2. 커피, 담배, 술 등이 늘어나고 있다.	
3. 쓸데없는 일에 마음이 자꾸 끌린다.	
4. 매사에 집중할 수 없는 일이 자주 생긴다.	
5. 아찔할 때가 있다.	
6. 타인의 행복을 부럽게 느낀다.	
7. 기다리게 하는 것을 참지 못할 때가 있다.	
8. 금방 욱 하거나 신경질적이 된다.	
9. 잠이 깊이 들지 않고 중간에 깬다.	
10. 때때로 머리가 아플 때도 있다.	
11. 잠들기 어렵다.	
12. 식욕에 변화가 있다.	
13. 과거에 비해 자신감이 떨어진다.	
14. 등과 목덜미가 아프거나 쑤실 때가 있다.	
15. 쉽게 피로하고 늘 피곤함을 느낀다.	
16. 다른 사람이 내 말을 하지 않을까 두렵다.	
17. 사소한 일에도 가슴이 두근거린다.	
18. 나쁜 일이 생기지 않을까 불안하다.	
19. 타인에게 의지하고 싶은 마음이 강해진다.	
20. 나는 이제 틀렸다는 생각이 든다.	
해당 문항 합계	

와 전체 점수를 평가한다. 총 39개의 문항으로 되어 있다. 각 문항에 대해 0~4점으로 평가한 후, 하위 영역별로 문항의 합계를 내고 전체 점수도 합산한다. 대

표 7-4 스트레스 반응 척도

문항	전혀 그렇지 않다	그렇지 않다	보통 이다	그렇다	매우 그렇다
	0점	1점	2점	3점	4점
1. 일에 실수가 많다.					
2. 말하기 싫다.					
3. 가슴이 답답하다.					
4. 화가 난다.					
5. 안절부절 못한다.					
6. 소화가 안된다.					
7. 배가 아프다					
8. 소리를 지르고 싶다.					
9. 한숨이 나온다.					
10. 어지럽다.					
11. 만사가 귀찮다.					
12. 잡념이 생긴다.					
13. 쉽게 피로를 느낀다.					
14. 온몸에서 힘이 빠진다.					
15. 자신감을 잃었다.					
16. 긴장된다.					
17. 몸이 떨린다.					
18. 누군가를 때리고 싶다.					
19. 의욕이 떨어진다.					
20. 울고 싶다.					
21. 신경이 날카로워졌다.					
22. 내가 하는 일에 전망이 없다.					
23. 멍하게 있다.					
24. 누군가를 미워한다.					

체로 90점 이상이면 스트레스가 높은 것으로, 115점 이상이면 스트레스가 매우 심한 것으로 볼 수 있다.

문 항	전혀 그렇지 않다 0점	그렇지 않다 1점	보통 이다 2점	그렇다 3점	매우 그렇다 4점
25. 한 가지 생각에서 헤어나지 못한다.					
26. 목소리가 커졌다.					
27. 마음이 급해지거나 일에 쫓기는 느낌이다.					
28. 행동이 거칠어졌다(난폭운전, 욕설 등).					
29. 무엇인가 부수고 싶다.					
30. 말이 없어졌다.					
31. 머리가 무겁거나 아프다.					
32. 가슴이 두근거린다.					
33. 누군가를 죽이고 싶다.					
34. 얼굴이 붉어지거나 화끈거린다.					
35. 지루하다.					
36. 참을성이 없다.					
37. 얼굴 표정이 굳어졌다.					
38. 나는 아무 쓸모없는 사람이다.					
39. 움직이기 싫다.					

합계	하위척도	해당 문항	하위척도별 합계	전체 합계
	긴장	2+16+17+30+31+37		
	공격성	18+28+29+33		
	신체화	6+7+10		
	분노	4+24+25+26+27+34		
	우울	5+15+19+22+23+35+38+39		
	피로	1+12+13+14+36		
	좌절	3+8+9+11+20+21+32		

2) 행복지수 평가

스트레스를 느끼는 정도와 주관적 행복감이 반드시 반비례하는 것은 아니다. 예를 들어 스트레스 정도가 매우 높은데 행복지수도 함께 높은 경우가 있다. 이 경우는 스트레스 자체를 삶의 도전이라 여기고 자신이 노력하면 극복할 수 있다는 신념을 가진 사람들에게 나타난다. 반면 두 가지가 모두 낮은 경우는 심신의 활력이 매우 저하되어 있어 어떤 자극에도 반응하지 못하거나, 겉으로 보기에는 삶이 평온하지만 무기력과 무망감에 빠진 고령자에게서 종종 볼 수 있다. 검사에 임하는 피검자의 태도나 응답 성향을 잘 관찰하여, 필요시 함께 평가한다. 무엇보다도 스트레스 관리의 궁극적 목표는 행복, 웰빙인 만큼 주관적 행복감의 상승은 스트레스 관리의 성과를 검토하는 데 가장 의미있는 지표가 된다.

2003년에 Rothwell과 Cohen이 개발한 행복지수 산출 공식은 4가지 항목으로 구성되어 있으며 간단히 활용할 수 있다(표 7–5). 이 공식은 '행복=P+(5×E)+(3×H)'로, P(personal characteristics)는 개인의 성격 특성 및 새로운 상황에 대처할 수 있는 적응력, E(existence)는 생존의 기본적 요소인 돈, 건강, 소속감, H(higher order)는 자존심이나 자아실현과 같은 고차원적 욕구에 해당한다. 4개의 문항에 각각 1~10점으로 응답한 다음 가중치를 곱하여 합산한다. 2003년 국내의 한 주간지에서 조사한 결과에 따르면, 한국인의 평균 행복지수는 100점

표 7–5 Rothwell과 Cohen의 행복지수

영역	문항	점수(1점~10점)
P (Personal characteristics)	1. 당신은 사교적이고 원기왕성하며 변화를 잘 받아들이는가? 2. 당신은 긍정적인 인생관을 가지고 있는가? 실패해도 빨리 일어서는가? 삶을 스스로 잘 통제하고 있는가?	(가중치: 1)
E (Existence)	3. 건강, 돈, 안전, 선택의 자유, 공동체 의식 등 삶의 기본적 욕구는 잘 충족되는 편인가?	(가중치: 5)
H (Higher order)	4. 필요할 때 도움을 구할 사람들이 주위에 많이 있는가? 지금 하고 있는 일을 열심히 하는 편인가? 목표를 달성하기 위해 애쓰고 있는가?	(가중치: 3)
합 계 : (P의 점수 X 1) + (E의 점수 X 5) + (H의 점수 X 3)		

만점에 약 64점이었다.

다음에 소개할 한국인을 위한 행복지수 평가 지표(표 7-6)는 김명소 등이 개발한 것이다. 행복의 요인을 경제력, 사회·정치·문화적 환경, 외모, 건강, 자녀의 바른 성장, 부모와 친지간의 원만한 관계, 배우자와의 사랑과 신뢰, 대인관계, 사회적 지위 및 인정, 자기 수용감, 자기계발 및 목표 추구, 자립성, 여가 및 자유, 긍정적 인생관, 사회봉사, 종교로 세분하여 평가한다. 이 하위 영역들을 크게 생존, 관계, 성장의 세 가지 상위 영역으로 분류할 수 있으며, 그 분류에 따라서 가중치가 부여된다. 문항이 많으므로 기본 검사로 구성하기에는 적합하지 않을 수 있다. 그러나 전반적 행복감뿐 아니라 스트레스 대처자원으로 작용하는 요소들의 상태를 구체적으로 평가할 수 있다.

근래 들어 스트레스가 건강과 질병에 미치는 영향으로서, 최근의 생활변화보다는 개인의 인지적 평가, 대응능력, 질병행동의 특성 및 사회적 지지 여부를 더 중요하게 보는 경향이 증가하고 있다. 이 지표는 그러한 관점을 반영하여, 개인의 내외 환경요소를 다면적으로 평가하고 있다. 총 70개의 문항으로 구성되어 있으며, 0~10점까지 점수를 부여하고, 각 하위 영역별로 해당하는 문항들의 점수를 더한 다음, 가중치를 적용하여 합산한다. 합산한 점수를 10으로 나누면 행복지수가 산출된다. 피험자 군에 따라 편차가 있으나 대략 58점 정도를 평균적인 수준으로 볼 수 있다.

계산 과정이 복잡하므로 피검자는 문항에만 응답하도록 하고, 계산 프로그램을 이용해서 결과를 분석한다. 검사 자체를 컴퓨터로 실시하는 것도 좋다.

표 7-6 행복지수 평가 지표

각 항목이 자신과 얼마나 일치하는가를 평가하고 아래 기준을 참고하여 0~10점까지 점수를 고른다.

0	1	2	3	4	5	6	7	8	9	10
전혀 아니다		상당히 그렇지 않다		별로 그렇지 않다	보통이다	약간 그렇다		상당히 그렇다		매우 그렇다

문항	점수
1. 갖고 싶은 것을 살 수 있을 만큼의 경제적 여유가 있다.	0 1 2 3 4 5 6 7 8 9 10
2. 여가 생활을 즐길 만큼의 경제력이 있다.	0 1 2 3 4 5 6 7 8 9 10
3. 생활하는 데 불편하지 않을 만큼 경제력을 갖추었다.	0 1 2 3 4 5 6 7 8 9 10
4. 물질적으로 풍요로운 사람이라고 생각한다.	0 1 2 3 4 5 6 7 8 9 10
5. 환경에 의해 좌지우지되지 않을 만큼 경쟁력을 갖고 있다.	0 1 2 3 4 5 6 7 8 9 10
6. 자기계발에 필요한 비용을 충당할 수 있다.	0 1 2 3 4 5 6 7 8 9 10
7. 우리 사회의 직장 구조가 안정적이라고 생각한다.	0 1 2 3 4 5 6 7 8 9 10
8. 우리나라의 교육제도와 교육환경을 신뢰할 수 있다.	0 1 2 3 4 5 6 7 8 9 10
9. 우리사회는 서로 신뢰할 수 있는 분위기가 조성되어 있다고 생각한다.	0 1 2 3 4 5 6 7 8 9 10
10. 우리사회의 치안 유지가 잘 되어 있다고 생각한다.	0 1 2 3 4 5 6 7 8 9 10
11. 우리나라의 문화 예술적 환경이 만족스럽다고 생각한다.	0 1 2 3 4 5 6 7 8 9 10
12. 우리나라의 자연환경이 쾌적하다고 생각한다.	0 1 2 3 4 5 6 7 8 9 10
13. 나는 남들이 호감을 갖는 외모를 가지고 있다.	0 1 2 3 4 5 6 7 8 9 10
14. 균형 잡힌 외모를 갖고 있다.	0 1 2 3 4 5 6 7 8 9 10
15. 다양한 스타일을 소화할 수 있는 외모를 갖추고 있다.	0 1 2 3 4 5 6 7 8 9 10
16. 외모로 인해 스트레스를 받지 않는다.	0 1 2 3 4 5 6 7 8 9 10
17. 건강에 대해 자신이 있다.	0 1 2 3 4 5 6 7 8 9 10
18. 현재 앓고 있는 질병이 없다.	0 1 2 3 4 5 6 7 8 9 10
19. 활동에 제약받지 않을 만큼 건강하다.	0 1 2 3 4 5 6 7 8 9 10
20. 자녀가 올바르게 성장하고 있다. (미혼인 사람은 응답하지 않음)	0 1 2 3 4 5 6 7 8 9 10
21. 자녀들은 서로 우애가 돈독하다. (미혼인 사람은 응답하지 않음)	0 1 2 3 4 5 6 7 8 9 10
22. 자녀가 건강하게 자란다. (미혼인 사람은 응답하지 않음)	0 1 2 3 4 5 6 7 8 9 10
23. 자녀는 공부를 잘한(했)다. (미혼인 사람은 응답하지 않음)	0 1 2 3 4 5 6 7 8 9 10
24. 부모님과 화목하게 지낸다.	0 1 2 3 4 5 6 7 8 9 10
25. 부모님께 인정받는다.	0 1 2 3 4 5 6 7 8 9 10
26. 친척들과 원만한 관계를 유지한다.	0 1 2 3 4 5 6 7 8 9 10
27. 부모님을 존경한다.	0 1 2 3 4 5 6 7 8 9 10
28. 우리 부부(나와 이성친구)는 서로 인정하고 존중해준다.	0 1 2 3 4 5 6 7 8 9 10

문 항	점 수
29. 나는 배우자(이성친구)와 대화를 자주한다.	0 1 2 3 4 5 6 7 8 9 10
30. 내 배우자(이성친구)는 가정(나의)일을 잘 도와준다.	0 1 2 3 4 5 6 7 8 9 10
31. 내 배우자는 가정을 우선시하고 가정에 충실하다(이성친구는 내게 충실하다).	0 1 2 3 4 5 6 7 8 9 10
32. 나는 배우자(이성친구)와 만족스러운 신체적 접촉을 하고 있다.	0 1 2 3 4 5 6 7 8 9 10
33. 마음이 통하는 친구가 많이 있다.	0 1 2 3 4 5 6 7 8 9 10
34. 가족처럼 지내는 친구나 이웃이 여러 명 있다.	0 1 2 3 4 5 6 7 8 9 10
35. 타인들과 원만한 관계를 유지하고 있다.	0 1 2 3 4 5 6 7 8 9 10
36. 특정한 분야(직업이나 가정)에서 능력을 인정받고 있다.	0 1 2 3 4 5 6 7 8 9 10
37. 나는(또는 배우자는) 남들이 선망하는 직업을 가지고 있다.	0 1 2 3 4 5 6 7 8 9 10
38. 나는(또는 배우자는) 하고 있는 일이 남들로부터 존경을 받는다.	0 1 2 3 4 5 6 7 8 9 10
39. 나는 남들이 부러워할만한 사회적 지위를 가지고 있다.	0 1 2 3 4 5 6 7 8 9 10
40. 직장이나 가정에서 일한 결과에 대해 타인으로부터 인정받아 왔다.	0 1 2 3 4 5 6 7 8 9 10
41. 내가 살아온 삶에 대해 자랑스러움을 느낀다.	0 1 2 3 4 5 6 7 8 9 10
42. 내가 지금까지 이룬 것에 대해 만족감을 느낀다.	0 1 2 3 4 5 6 7 8 9 10
43. 지금까지 내가 추구하는 삶을 살아왔다고 자부한다.	0 1 2 3 4 5 6 7 8 9 10
44. 지금 하고 있는 일에 만족하며 성취감을 느낀다.	0 1 2 3 4 5 6 7 8 9 10
45. 내 꿈을 실현하기 위해 끊임없이 노력한다.	0 1 2 3 4 5 6 7 8 9 10
46. 나 자신의 잠재력 개발을 위해 최선을 다한다.	0 1 2 3 4 5 6 7 8 9 10
47. 나는 목표 달성을 위해 끊임없이 노력한다.	0 1 2 3 4 5 6 7 8 9 10
48. 나 자신의 성장을 위해 꾸준히 노력한다.	0 1 2 3 4 5 6 7 8 9 10
49. 성취할 수 있는 목표와 계획을 세워 생활한다.	0 1 2 3 4 5 6 7 8 9 10
50. 계획한 일을 반드시 이루어 나간다.	0 1 2 3 4 5 6 7 8 9 10
51. 장래에 대해서 계획하고 대비하고 있다.	0 1 2 3 4 5 6 7 8 9 10
52. 늘 내가 추구해야 할 일에 열정을 가지고 임한다.	0 1 2 3 4 5 6 7 8 9 10
53. 내가 해야 할 일을 스스로 알아서 한다.	0 1 2 3 4 5 6 7 8 9 10
54. 문제가 생기면 스스로 해결하려고 노력한다.	0 1 2 3 4 5 6 7 8 9 10
55. 어려운 환경에 처하더라도 잘 대처해 나갈 수 있다.	0 1 2 3 4 5 6 7 8 9 10
56. 부모님이나 배우자에게 기대기보다는 자율적으로 행동한다.	0 1 2 3 4 5 6 7 8 9 10
57. 문화 생활을 자주 즐기는 편이다.	0 1 2 3 4 5 6 7 8 9 10
58. 스포츠 및 레저 생활을 자주 즐긴다.	0 1 2 3 4 5 6 7 8 9 10
59. 일상을 벗어나 여행을 자주 간다.	0 1 2 3 4 5 6 7 8 9 10
60. 가족과 함께 여가 생활을 자주 즐긴다.	0 1 2 3 4 5 6 7 8 9 10
61. 자기계발과 재충전을 위해서 시간과 돈을 투자하고 있다.	0 1 2 3 4 5 6 7 8 9 10
62. 모든 일을 긍정적으로 해석한다.	0 1 2 3 4 5 6 7 8 9 10

문항	점수
63. 특별히 욕심내지 않고 긍정적으로 산다.	0 1 2 3 4 5 6 7 8 9 10
64. 어느 상황에 처하든지 쉽게 만족하는 편이다.	0 1 2 3 4 5 6 7 8 9 10
65. 종종 남을 위해 봉사활동을 한다.	0 1 2 3 4 5 6 7 8 9 10
66. 어려운 이웃을 위해 봉사할 때 큰 보람을 느낀다.	0 1 2 3 4 5 6 7 8 9 10
67. 소득(혹은 용돈)의 일부를 어려운 이웃이나 단체에 기부하고 있다.	0 1 2 3 4 5 6 7 8 9 10
68. 신앙과 종교는 나의 삶에서 중요하다.	0 1 2 3 4 5 6 7 8 9 10
69. 종교는 내 인생에서 큰 의미가 있다.	0 1 2 3 4 5 6 7 8 9 10
70. 종교적 가르침(예: 성경, 불경)에 따라 살려고 노력한다.	0 1 2 3 4 5 6 7 8 9 10

[행복지수 계산]

행복 요인	해당 문항의 합계 (a)	가중치 (b)	점수 (a x b)
경제력(V1)	1 + 2 + 3 + 4 + 5 + 6	2	
사회·정치·문화·환경(V2)	7 + 8 + 9 + 10 + 11 + 12	1	
외모(V3)	13 + 14 + 15 + 16	1	
건강(V4)	17 + 18 + 19	1	
자녀의 바른 성장(V5)	20 + 21 + 22 + 23 (미혼자는 13점 부여)	1	
부모 및 친지간의 원만한 관계(V6)	24 + 25 + 26 + 27	1	
배우자(이성)와의 사랑 및 신뢰(V7)	28 + 29 + 30 + 31 + 32	1	
대인관계(V8)	33 + 34 + 35	1	
사회적 지위 및 인정(V9)	36 + 37 + 38 + 39 + 40	2	
자기 수용감(V10)	41 + 42 + 43 + 44	3	
자기계발 및 목표 추구(V11)	45 + 46 + 47 + 48 + 49 + 50 + 51 + 52	1	
자립성(V12)	53 + 54 + 55 + 56	1	
여가 및 자유(V13)	57 + 58 + 59 + 60 + 61	2	
긍정적 인생관(V14)	62 + 63 + 64	2	
사회봉사(V15)	65 + 66 + 67	2	
종교(V16)	68 + 69 + 70	1	
점수 합계			
행복지수 (점수 합계 / 10)			

3) 스트레스 요인 평가

일상에서의 스트레스 인자들과 그로 인한 스트레스의 정도를 평가하는 지표로서, Linn의 스트레스 인자 지각 척도(global assessment of recent stress scale: GARS)와 Brantley 등의 일상적 스트레스 평가서(daily stress inventory: DSI)를 소개한다.

Linn이 개발한 스트레스 인자 지각 척도(표 7-7)는 최근의 생활사건에 대한 스트레스 지각을 평가하는 것이다. 지난 일주일을 돌아보아 자신이 받은 스트레스의 양을 평가하도록 한다. 스트레스가 발생하는 주요 영역들과 정도를 알 수 있다. 각 문항에 0~9점으로 평가하며, 가능한 점수 범위는 0점에서 45점이다. 점수가 높을수록 스트레스를 많이 경험하는 것을 의미한다.

Brantley 등이 개발한 일상적 스트레스 평가서는 미국에서 상용화되어 널리 활용되고 있는 검사법이다. 우리나라에서는 김재진 등이 한국어 척도를 개발하였다(표 7-8). 이 검사지는 일상생활에서 일반인들이 어느 사건에 얼마나 스트레스를 받는지를 평가하기 위하여 고안되었다. 총 58문항으로 구성되어 있고 1~7점 척도로 평가한다.

일상적 스트레스 평가서는 일정 기간 동안 매일 작성해야 하며 문항수가 많기 때문에 스크리닝 검사로는 적합하지 않지만, 타당도가 높은 척도이므로 스트레스 연구 등에서 널리 활용된다. 흔히 경험되는 사소한 스트레스 요인들의 수와 상대적인 강도를 측정하게 되며, 매일의 평가를 통해 한 주일간 혹은 한 달간의 스트레스를 연속적으로 측정한다.

표 7-7 스트레스 인자 지각 척도

1. (자신이 원했든지 아니든지 간에) 일, 직업 및 학교와 관련된 압박감의 정도는?

전혀 없음	거의 없음	드물게 있음	약간 있음	웬만큼 있음	상당히 있음	약간 심함	웬만큼 심함	꽤 심함	극도로 심함
0	1	2	3	4	5	6	7	8	9

2. 대인관계(가족 및 기타 중요한 사람들과의 관계)에 있어서의 압박감의 정도는?

전혀 없음	거의 없음	드물게 있음	약간 있음	웬만큼 있음	상당히 있음	약간 심함	웬만큼 심함	꽤 심함	극도로 심함
0	1	2	3	4	5	6	7	8	9

3. 대인관계의 변화(사망, 출생, 결혼, 이혼 등)로 인한 압박감의 정도는?

전혀 없음	거의 없음	드물게 있음	약간 있음	웬만큼 있음	상당히 있음	약간 심함	웬만큼 심함	꽤 심함	극도로 심함
0	1	2	3	4	5	6	7	8	9

4. (자신 혹은 타인의) 병이나 상해에 의한 압박감의 정도는?

전혀 없음	거의 없음	드물게 있음	약간 있음	웬만큼 있음	상당히 있음	약간 심함	웬만큼 심함	꽤 심함	극도로 심함
0	1	2	3	4	5	6	7	8	9

5. 금전적인 문제로 인한 압박감의 정도는?

전혀 없음	거의 없음	드물게 있음	약간 있음	웬만큼 있음	상당히 있음	약간 심함	웬만큼 심함	꽤 심함	극도로 심함
0	1	2	3	4	5	6	7	8	9

6. 일상적인 것이 아닌 사건들(범죄, 자연재해, 우발사고, 이사 등)로 인한 압박감의 정도는?

전혀 없음	거의 없음	드물게 있음	약간 있음	웬만큼 있음	상당히 있음	약간 심함	웬만큼 심함	꽤 심함	극도로 심함
0	1	2	3	4	5	6	7	8	9

7. 일상생활 중에 일어나는 사소한 변화(농사무소, 우체국 등을 가는 일 등)때문에 생기는 압박감의 정도는? (일상생활 중 변화가 없다면 그것(권태)때문에 생기는 압박감의 정도를 표시하십시오.)

전혀 없음	거의 없음	드물게 있음	약간 있음	웬만큼 있음	상당히 있음	약간 심함	웬만큼 심함	꽤 심함	극도로 심함
0	1	2	3	4	5	6	7	8	9

8. 지난 일주일간 전반적으로 느낀 압박감의 정도는?

전혀 없음	거의 없음	드물게 있음	약간 있음	웬만큼 있음	상당히 있음	약간 심함	웬만큼 심함	꽤 심함	극도로 심함
0	1	2	3	4	5	6	7	8	9

PART 07 스트레스 평가
Stress assessment

표 7-8 일상적 스트레스 평가서 (한국형)

※ 각 문항에 점수를 부여한다.
- 1점: 일어났지만 스트레스는 아니었다.
- 2점: 아주 경미한 스트레스였다.
- 3점: 경미한 스트레스였다.
- 4점: 어느 정도 스트레스였다.
- 5점: 심한 스트레스였다.
- 6점: 매우 심한 스트레스였다.
- 7점: 공포감(공황상태)에 빠졌다.

문항	1점	2점	3점	4점	5점	6점	7점
1. 대화하는 도중에 누가 끼어들어 방해 받았다.							
2. 다른 사람 때문에 일을 제대로 하지 못했다.							
3. 아이(들) 때문에 화가 났다.							
4. 다른 사람에게 무시당했다.							
5. 어쩔 수 없이 사람을 만나야(모임에 참석해야) 했다.							
6. 어떤 사람이 나와의 약속을 어겼다.							
7. 어떤 사람으로부터 듣기를 기대했던 말을 듣지 못했다.							
8. 어떤 사람이 허락없이 내 물건을 빌려 갔다.							
9. 배우자(이성친구)와 말다툼을 했다.							
10. 다른 사람(배우자, 이성친구 제외)과 말다툼을 했다.							
11. 권위자(윗사람, 상사)와 맞서게 되었다.							
12. 난처하거나 당혹스러웠다.							
13. 일(공부, 시험)의 성과가 엉망이었다.							
14. 많은 사람들 앞에서 말(발표, 연주)을 해야 했다.							
15. 평소에 익숙하지 않은 일을 하게 되었다.							
16. 일(공부)을 끝마칠 수가 없었다.							
17. 출근/약속 시간에 지각을 했다.							
18. 운동시합/게임에서 실력을 제대로 발휘하지 못했다.							
19. 오늘 하루 계획했던 일을 다 하지 못했다.							
20. 일들이 정리되지 않고 뒤죽박죽이었다.							
21. 어떤 것이 이해가 되지 않았다.							
22. 바람직하지 못한 습관(과식, 흡연 등)을 중단하였다.							
23. 내가 특별히 싫어하는 일을 당했다.							
24. 미래에 대해 곰곰이 생각하였다.							
25. 나쁜 소식을 들었다.							

문 항	1점	2점	3점	4점	5점	6점	7점
26. 다른 사람의 문제에 대해 걱정하였다.							
27. 끝마치지 못한 일에 대해 곰곰이 생각하였다.							
28. 일/활동 중에 방해를 받았다.							
29. 원하지 않았던 신체적 접촉(혼잡, 떠밀림)이 있었다.							
30. 명상/휴식 도중에 방해를 받았다.							
31. 마음을 심란하게 하는 TV쇼/영화/책 등을 보았다.							
32. 재산상 손해를 입었다.							
33. 경미한 사고를 당했다.							
34. 경제적 문제로 고민하였다.							
35. 차가 고장 났다.							
36. 날씨가 나빴다.							
37. 교통이 막혀 애를 먹었다.							
38. 예상하지 못한 비용을 지출하였다.							
39. 예상보다 훨씬 더 기다렸다.							
40. 수면에 방해를 받았다.							
41. 무서운 상황을 경험하였다.							
42. 다 해놓은 일을 누가 망쳐놓았다.							
43. 비난을 받거나 욕설을 들었다.							
44. 식당이나 업소 종업원에게 무례한 대우를 받았다.							
45. 오해를 받았다.							
46. 어떤 사람이 새치기를 하였다.							
47. 병/임신이 아주 걱정스러웠다.							
48. 어떤 것을 제자리에 두지 않아 찾기 어려웠다.							
49. 제시간에 맞추기 위해 서둘러야 했다.							
50. 해야 할 일이나 어떤 사실을 깜박 잊었다.							
51. 사려고 한 물건이 가게에 없었다.							
52. 어떤 사람과 경쟁을 하였다.							
53. 병 혹은 신체적 불편함을 겪었다.							
54. 누가 나를 빤히 쳐다보았다.							

문항	1점	2점	3점	4점	5점	6점	7점
55. 음식(개인물품)을 다 먹고(써버리고) 없었다.							
56. 하고 싶지 않았던 일을 했다.							
57. 외모에 신경이 쓰였다.							
58. 위험을 가까스로 모면했다.							
합 계							

4) 스트레스 취약성 평가

Miller와 Smith에 의해 개발된 스트레스 취약성 평가(표 7-9)는 평소의 생활양식, 생활환경, 대처자원을 전반적으로 검토하여 스트레스에 취약한 정도를 평가한다. 20개의 문항으로 이루어져 있고 0~4점으로 응답하도록 되어 있다. 총점이 0~10점이면 스트레스에 잘 대처할 수 있는 조건을 갖추고 있는 것으로 볼 수 있다. 11~29점까지는 대체로 양호한 것으로 평가된다. 30~49점은 다소 취약, 50~74점은 상당히 취약, 75점 이상이면 극도로 취약한 것으로 볼 수 있다.

표 7-9 스트레스 취약성 평가

문항	항상 그렇다	대체로 그렇다	종종 그렇다	그렇지 않은 편이다	전혀 그렇지 않다
	0점	1점	2점	3점	4점
1. 최소 하루, 한 끼는 따뜻하고 균형있는 양질의 식사를 한다.					
2. 적어도 1주일에 4일은 7~8시간 수면을 취한다.					
3. 사람들과 적당히 애정을 주고받고 있다.					
4. 사는 곳에서 반경 1km 안에 긴급한 도움을 줄 사람이 있다.					
5. 적어도 1주일에 두 번은 땀이 날 때까지 운동한다.					
6. 하루 피우는 담배는 반 갑 이하이다.					

문항	항상 그렇다	대체로 그렇다	종종 그렇다	그렇지 않은 편이다	전혀 그렇지 않다
	0점	1점	2점	3점	4점
7. 일주일에 음주 횟수는 2회 이하이다.					
8. 정상 체중을 유지한다.					
9. 수입은 생활에 지장이 없는 정도가 된다.					
10. 종교적(영적) 신념이 있으며 그로부터 힘을 얻는다.					
11. 클럽이나 모임에 정기적으로 나간다.					
12. 인맥을 어느 정도 유지하고 있다.					
13. 사적인 문제를 터놓고 의논하는 사람이 있다.					
14. 카페인이 든 음료를 마시는 횟수는 하루 3회 이하이다.					
15. 화나거나 걱정이 있을 때 상대방에게 솔직히 말한다.					
16. 가족들과 집안 문제를 상의하여 결정한다.					
17. 일주일에 적어도 한 번은 재미있는 일을 한다.					
18. 나는 내 시간을 효율적으로 사용한다.					
19. 시력, 청력, 치아 등이 건강하다.					
20. 매일 잠시라도 혼자 조용히 지내는 시간을 갖는다.					
합 계					

5) 스트레스 대처 방식 평가

Jim Boyers가 개발한 스트레스 대처 양식 질문지(coping style questionnaire)는 스트레스를 경험할 때 자신의 행동 방식을 평가한다(표 7-10). 각 문항에 해당 여부를 표시한 다음, 표시한 짝수 항목과 홀수 항목의 수를 비교한다. 짝수 항목이 많으면 잘 대처하고 있는 것으로, 홀수 항목이 많으면 대처 방식에 개선이 필요한 것으로 볼 수 있다.

대처 방식을 영역별로 세분하여, 피험자가 주로 어떤 대처 방식을 사용하고 있는지 검사할 수 있다. 김정희가 개발한 스트레스 대처 방식 척도(표 7-11)는 다섯 가지 하위 영역, 즉 과제에 집중, 사회적 지지 추구, 타협, 긍정화, 기분 전환에 대한

34개의 문항으로 구성되어 있다. 0~4점으로 평가한 후 하위 영역의 점수를 합산하고 전체 대처 방식 중 각 하위 영역의 방식이 사용되는 비율을 비교해 본다.

표 7-10 스트레스 대처 양식 질문지

문 항	해당여부
1. 일을 위해 개인적인 감정은 자제한다.	
2. 친구들을 만나서 대화하고 위안을 얻는다.	
3. 평소보다 많이 먹는다.	
4. 운동을 한다.	
5. 주변 사람들에게 화를 내고 짜증을 부린다.	
6. 모든 일을 멈추고 편안한 자세로 잠깐 동안 휴식을 취한다.	
7. 담배를 피우거나 카페인 음료(커피, 홍차, 콜라 등)를 마신다.	
8. 문제의 근원이 무엇인지 파악하고 상황을 변화시키기 위해 노력한다.	
9. 감정적으로 위축되어 하루를 조용히 보낸다.	
10. 문제에 대한 시각을 바꾸고 좀 더 낙관적으로 바라본다.	
11. 평소보다 잠을 많이 잔다.	
12. 며칠 휴가를 내고 일에서 벗어난다.	
13. 쇼핑으로 기분을 전환한다.	
14. 친구들과 가벼운 수다를 떨거나 농담을 하면서 나쁜 기분을 털어낸다.	
15. 평소보다 술을 많이 마신다.	
16. 혼자 즐기는 취미나 흥미 있는 일에 몰두한다.	
17. 신경안정제, 수면제 같은 약을 복용한다.	
18. 영양가 있는 음식들을 먹는다.	
19. 문제되는 상황을 무시하고 지나가기만을 바란다.	
20. 기도, 명상 등을 한다.	
21. 문제 상황을 걱정하면서 행동하는 것을 두려워한다.	
22. 내가 할 수 있는 일들에 집중하려고 하고 내가 할 수 없는 것들은 포기한다.	
홀수 문항 합계	
짝수 문항 합계	

표 7-11 스트레스 대처 방식 척도

문항	전혀 아니다 0점	약간 그렇다 1점	보통 이다 2점	상당히 그렇다 3점	아주 많이 그렇다 4점
1. 문제의 해결책을 찾으려고 적극적으로 노력한다.					
2. 다른 사람들과 정보를 교환한다.					
3. 상대방의 기분을 맞추어 준다.					
4. 가능하면 모든 일을 기분 좋게 받아들이려고 마음먹는다.					
5. 일기를 쓴다.					
6. 문제를 해결하기 위해 최선을 다한다.					
7. 그 일을 잘 알고 있는 사람에게 정보를 구한다.					
8. 다른 사람들의 도움을 받아들인다.					
9. 상대방을 이해하려고 노력한다.					
10. 앞으로 할 일에 대해 구체적인 계획을 세운다.					
11. 문제 해결을 위하여 내가 해야 할 일을 하나씩 해나간다.					
12. 조언을 청해 듣는다.					
13. 긍정적이고 낙관적인 방향으로 생각한다.					
14. (시, 수필 등) 글을 쓴다.					
15. 시간을 효율적으로 활용하려고 애쓴다.					
16. 가장 효과적인 대책이 무엇인지 찾아 이를 실행한다.					
17. 새로운 대안이나 목표를 찾는다.					
18. 그 일에 대하여 누군가에게 적극적인 도움을 찾는다.					
19. 내 자신을 버리고 상대방의 입장에 맞추려고 노력한다.					
20. 친구 혹은 선배와 대화하거나 상의한다.					
21. 그 일에 관한 정보를 얻는다.					
22. 상대방의 이해를 구하려고 노력한다.					
23. 갈등 상대와 화해하거나 타협한다.					
24. 상대방과 친해지기 위해서 내가 먼저 적극적으로 행동한다.					
25. 긍정적인 미래를 생각한다.					
26. 산책이나 여행을 한다.					
27. 굳은 결심을 하고 극복하고자 한다.					
28. 문제 자체를 분석해 보거나 조사해 본다.					

문항	전혀 아니다	약간 그렇다	보통 이다	상당히 그렇다	아주 많이 그렇다
	0점	1점	2점	3점	4점
29. 주변에 있는 사람들과 이야기한다.					
30. 남을 도와주거나 호의를 베푼다.					
31. 규칙적으로 성실하게 해나가려고 애쓴다.					
32. 마음을 편안하게 갖는다.					
33. 그 상황을 나에게 유리하게 해석한다.					
34. 마음을 다스리는 행동을 한다.					

	영역	해당 문항	영역 합계 (a)	가중치 (b)	영역별 비율 (a/b×100)
평가	과제에 집중	1+6+10+11+15+16+17+27+28+31		40	
	사회적 지지 추구	2+7+8+12+18+20+21+29		32	
	타협	3+9+19+22+23+24+30		28	
	긍정화	4+13+25+32+33		20	
	기분전환	5+14+26+34		16	

6) A형 행동유형 평가

Friedman과 Rosenman이 정의한 A형 행동유형 성향을 평가하는 방법이다. Jenkins 활동검사지, Framingham A유형 척도지, Bortner의 평정 척도, Charlesworth와 Nathan의 A형 행동유형 평가지, Rosenman의 구조화된 면접 기법 등으로 평가할 수 있다. 여기서는 Bortner의 평정 척도와 Charlesworth 등이 개발한 A형 행동유형 평가지를 소개한다.

Bortner의 평정 척도(표 7-12)에는 서로 상반되는 행동 양식으로 구성된 14개의 문항이 제시되어 있다. 문항마다 24단계의 칸 중 자신의 행동 양식에 가깝다고 생각하는 위치에 표시한다. 실제 검사에서는 각 칸에 쓰인 숫자가 보이지 않도록 하여 피검자가 칸의 상대적 위치만 고려할 수 있도록 하는 것이 좋다. 표시된 14개 항목의 점수를 더해서 14로 나눈다. 점수 15점 이상은 A형 행동유형으로 볼

표 7-12 Bortner의 A형 행동유형 평정 척도

1	약속 시간에 절대로 늦지 않기 위해 최선을 다한다.	약속 시간을 지키는 것에 크게 신경 쓰지 않는다.
	24 23 22 21 20 19 18 17 16 15 14 13 12 11 10 9 8 7 6 5 4 3 2 1	
2	사소한 일에는 경쟁하지 않는 편이다.	모든 상황에서 승부욕을 보이는 편이다.
	1 2 3 4 5 6 7 8 9 10 11 12 13 14 15 16 17 18 19 20 21 22 23 24	
3	다른 사람이 이야기를 끝낼 때까지 기다리지 않는 편이다. 일단 고개를 끄덕이고 상대방의 말을 끊은 후 상대의 말을 요약해 정리한다.	잘 들어주는 편이다. 상대의 이야기가 아무리 장황해도 끝까지 들어준다.
	24 23 22 21 20 19 18 17 16 15 14 13 12 11 10 9 8 7 6 5 4 3 2 1	
4	항상 바쁘다. 언제나 시간이 부족하다고 느낀다.	주변 상황이 아무리 급해도 서두르지 않는다.
	24 23 22 21 20 19 18 17 16 15 14 13 12 11 10 9 8 7 6 5 4 3 2 1	
5	인내심 있게 기다릴 줄 안다.	기다리는 것을 잘 참지 못한다.
	1 2 3 4 5 6 7 8 9 10 11 12 13 14 15 16 17 18 19 20 21 22 23 24	
6	목표를 달성하기 위해 최선을 다한다. 맡은 일에 끝까지 노력한다.	되는 대로 일한다. 별로 걱정하지 않는다.
	24 23 22 21 20 19 18 17 16 15 14 13 12 11 10 9 8 7 6 5 4 3 2 1	
7	한 번에 한 가지 일을 하며 다른 일을 시작하려면 이전 일을 끝내야 한다. 지금 일에만 집중한다.	항상 여러 가지 일을 한꺼번에 한다. 다음에 해야 할 일을 생각하며 일한다.
	1 2 3 4 5 6 7 8 9 10 11 12 13 14 15 16 17 18 19 20 21 22 23 24	
8	말을 할 때 힘차고 단호하다.	천천히 침착하게 말하며 앞뒤를 생각하며 말한다.
	24 23 22 21 20 19 18 17 16 15 14 13 12 11 10 9 8 7 6 5 4 3 2 1	
9	내 장점이 다른 사람들에게 인정받기 원한다.	다른 사람이 어떻게 생각하든 내 만족이 중요하다.
	24 23 22 21 20 19 18 17 16 15 14 13 12 11 10 9 8 7 6 5 4 3 2 1	
10	나는 모든 것을 빨리 처리한다.	침착하고 느긋하게 일을 처리한다.
	24 23 22 21 20 19 18 17 16 15 14 13 12 11 10 9 8 7 6 5 4 3 2 1	
11	모든 것을 침착하게 받아들이고 걱정하지 않는다.	모든 것을 심각하게 생각하면서 일을 진행해 나간다.
	1 2 3 4 5 6 7 8 9 10 11 12 13 14 15 16 17 18 19 20 21 22 23 24	
12	내 감정을 침착하고 솔직하게 표현한다.	감정이나 분노를 과장되게 표현한다.
	1 2 3 4 5 6 7 8 9 10 11 12 13 14 15 16 17 18 19 20 21 22 23 24	
13	일 외에도 관심거리가 많다.	일 외에는 관심이 없다.
	1 2 3 4 5 6 7 8 9 10 11 12 13 14 15 16 17 18 19 20 21 22 23 24	
14	내 일이나 상황에 만족한다.	나는 야심적이고 사회적 지위가 더 나아지기를 바란다.
	1 2 3 4 5 6 7 8 9 10 11 12 13 14 15 16 17 18 19 20 21 22 23 24	
	평균	

수 있다. 11~15점은 A형과 B형이 행동이 혼재되어 있는 것으로 본다. 10점 이하는 B형 행동유형으로 본다.

Edward Charlesworth 등이 개발한 A형 행동유형 평가지(표 7-13)는 20개의 항목으로 구성되어 있다. Bortner 평정 척도에서와 같이, 각 항목의 좌우에는 서로 반대되는 행동 양상이 표시되어 있다. 자신의 성향이 좌측에 가까울수록 0에 가까운 점수를, 우측에 가까울수록 9에 가까운 점수를 기입하고, 20개 항목의 점수를 더한다. 총점이 135점 이상이면 A형 행동유형으로, 100점 이하이면 B형 행동유형으로 볼 수 있다. A형 행동유형 중에서도 점수가 160점 이상인 사람이라면 관상동맥질환의 위험이 특히 높다고 본다.

표 7-13 Charlesworth 등의 A형 행동유형 평가지

1	정해진 시간에만 일하는 편이다. 0 | 1 | 2 | 3 | 4 | 5 | 6 | 7 | 8 | 9	늦게까지 일 하거나 집으로 가져가서 하는 편이다.
2	조용히 기다리는 편이다. 0 | 1 | 2 | 3 | 4 | 5 | 6 | 7 | 8 | 9	마음을 졸이며 기다리는 편이다.
3	숫자나 양으로 평가하지 않는 편이다. 0 | 1 | 2 | 3 | 4 | 5 | 6 | 7 | 8 | 9	숫자나 양으로 평가하는 편이다.
4	경쟁적이지 않다. 0 | 1 | 2 | 3 | 4 | 5 | 6 | 7 | 8 | 9	매우 경쟁적이다.
5	별로 책임감을 느끼지 않는 편이다. 0 | 1 | 2 | 3 | 4 | 5 | 6 | 7 | 8 | 9	항상 책임감을 느끼는 편이다.
6	약속에 대하여 느긋한 편이다. 0 | 1 | 2 | 3 | 4 | 5 | 6 | 7 | 8 | 9	약속에 대해 자주 조급해하는 편이다.
7	잘 서두르지 않는 편이다. 0 | 1 | 2 | 3 | 4 | 5 | 6 | 7 | 8 | 9	항상 서두르는 편이다.
8	여러 가지 일에 흥미를 갖고 있는 편이다. 0 | 1 | 2 | 3 | 4 | 5 | 6 | 7 | 8 | 9	주로 일만에 흥미가 있다.
9	나만 만족하면 누가 뭐래도 상관 않는 편이다. 0 | 1 | 2 | 3 | 4 | 5 | 6 | 7 | 8 | 9	남들이 나를 알아주기를 바라는 편이다

		0	1	2	3	4	5	6	7	8	9	
10	아주 꼼꼼하지는 않은 편이다.											세심한 데까지 주의하는 편이다.
11	잠시 일을 미루어 둘 수도 있다.											반드시 일을 끝내야 한다.
12	내 직업에 만족하는 편이다.											직업에 만족하지 못하는 편이다.
13	남의 말을 끝까지 잘 듣는 편이다.											남의 말을 듣기 전에 내 말부터 하는 편이다.
14	태평한 편이다.											힘들게 애를 쓰는 편이다.
15	천천히 하는 편이다.											빨리하는 편이다.
16	한 번에 한 가지 일만 하는 편이다.											항상 다음에 할 일을 생각하면서 일하는 편이다.
17	별로 화를 내지 않는다.											쉽게 화를 낸다.
18	천천히 말하는 편이다.											힘주어서 강하게 말하는 편이다.
19	감정을 잘 표현하는 편이다.											감정을 쌓아두는 편이다.
20	마감시간을 정하지 않고 일하는 편이다.											마감시간을 정해놓고 일하는 편이다.
	합 계											

7) 적개심, 분노 평가

Friedman과 Rosenman이 A형 행동유형을 정의한 후 이어진 여러 연구에서 A형 행동유형의 특징적인 측면들이 모두 해로운 것은 아니라는 주장이 제기된다. 따라서 A형 행동유형의 특성 중 명백히 부정적인 특성들에 대해 주목하게 되었는데 적개심, 분노, 불안 등이 이에 속한다.

표 7-14 듀크대학교 적개심 측정

	문 항	해당여부
냉소성	슈퍼마켓 소량 품목 계산대에 있을 때 앞 사람이 구입한 상품이 품목 수를 초과하지 않는지 세 본다.	
	엘리베이터가 오지 않고 있을 때 다른 층에서 어떤 사람이 오래 잡고 있다고 생각한다.	
	가족이나 직장 동료가 어떤 일에 실수하지 않았는지 자주 확인한다.	
분노	교통이 정체되거나 은행, 슈퍼마켓 등에서 오래 기다릴 때 심박동과 호흡이 빨라지는 경험을 한다.	
	일이 잘못되면 소리를 내어 욕을 하고 싶다.	
	누군가 나를 비판하면 곧 화가 치밀어 오른다.	
공격성	엘리베이터가 한 층 위에 오래 서 있을 때 문을 두드린다.	
	다른 사람이 나를 괴롭히면 나중에 되갚을 생각을 한다.	
	뉴스를 시청하다가 뉴스 내용에 대해 소리 내서 불평할 때가 많다.	

일반 심리 검사 척도들 중에서 적개심, 분노, 불안을 평가할 수 있는 방법들도 있다. 예를 들어 MMPI(Minnesota multiphasic personality inventory)를 이용하면 적개심과 불안을 비롯하여 우울증이나 강박증의 성향도 함께 평가할 수 있다. 그러나 문항이 너무 많고 오랜 시간이 소요되므로 스트레스 평가를 위한 목적으로는 부적합할 수 있다. 적개심, 분노, 불안 등 개별적 특성을 평가할 수 있는 간단한 척도들이 개발되어 있고 비교적 쉽게 활용할 수 있다. 먼저 적개심과 분노를 평가하는 검사로서, 듀크대학교 적개심 측정법, Novaco의 분노 척도, Spielberger의 분노 표현 척도를 소개한다.

Redford Williams가 개발한 듀크대학교 적개심 측정법(표 7-14)은 냉소성, 분노, 공격성 등 3가지 하위 영역으로 구성되어 있으며 각 하위 영역에 3개씩의 문항이 주어져 있다. 모든 하위 영역에서 1개 이상의 문항이 해당되거나 전체 9 문항 중 4개 이상이 해당되면 적개심이 높다고 볼 수 있다.

Novaco의 분노 척도(Novaco anger scale: NAS)는 일상에서 흔히 겪을 수

표 7-15 Novaco의 분노 척도

문항	거의 화나지 않는다 0점	조금 화난다 1점	어느 정도 화난다 2점	매우 화난다 3점	대단히 화난다 4점
1. 새로 입한 가전제품의 포장을 풀어 전원을 꽂았으나 작동하지 않는다.					
2. 수리공이 부당한 요금을 청구한다.					
3. 다른 사람의 잘못은 지적되지 않고 내 잘못만 유독 지적된다.					
4. 차를 진흙이나 눈구덩이에 빠뜨렸다.					
5. 사람들이 내 말에 대답하지 않는다.					
6. 어떤 사람이 대단한 사람인 것처럼 거드름을 피운다.					
7. 식당에서 커피 넉 잔을 조심스럽게 운반하고 있는데 누가 부딪혀 커피를 쏟았다.					
8. 옷을 걸어 놓았는데 누군가 건드려 바닥에 떨어뜨려 놓고 그냥 지나간다.					
9. 상점에 갔는데 점원이 계속 따라다니며 구매를 권유한다.					
10. 놀림이나 조롱을 당한다.					
11. 어떤 사람과 함께 어디에 가기로 했는데 그 사람이 약속 시간 직전에 약속을 취소한다.					
12. 교통신호가 아직 바뀌지 않았는데 뒤차가 경적을 계속 울린다.					
13. 운전 중 길을 잘못 들어 다시 나오는 데 운전을 잘 못한다고 누군가 뒤에서 소리친다.					
14. 다른 사람이 자기 실수를 내 탓으로 돌린다.					
15. 집중하려 애쓰는데 주변 사람이 발로 바닥을 계속 두드린다.					
16. 중요한 책이나 물건을 빌려간 사람이 돌려주지 않는다.					
17. 내가 매우 바쁜데 배우자가 오늘 약속한 중요한 일을 잊었다고 내게 불평한다.					
18. 중요한 문제를 상의하려는데 상대방이 이야기할 기회를 주지 않는다.					
19. 어떤 사람이 별로 알지도 못하면서 우기고 논쟁을 하려 든다.					
20. 다른 사람과 대화하는데 어떤 이가 끼어든다.					
21. 급하게 어딘가 가는데 앞차가 너무 느리게 운전하고 있고, 추월을 할 수도 없다.					
22. 길을 가다가 껌을 밟았다.					
23. 길을 지나는데 근처에 있던 무리가 조롱한다.					
24. 어딘가 급히 가다가 뾰족한 곳에 걸려 좋은 옷이 찢어진다.					
25. 동전을 자판기(공중전화)에 넣었는데 작동하지 않고 동전만 잃었다.					
합계					

표 7-16 Spielberger의 분노 표현 척도

문 항	거의 아니다 1점	가끔 그렇다 2점	자주 그렇다 3점	항상 그렇다 4점
1. 참지 못하고 생각 없이 바로 화를 낸다.				
2. 불같은 성격을 가지고 있다.				
3. 화를 내는 횟수가 잦다.				
4. 다른 사람의 잘못 때문에 내 일이 지장을 받으면 화가 난다.				
5. 내가 하는 일을 인정받지 못하면 속이 상한다.				
6. 화가 날 때 격노한다.				
7. 화가 날 때 나쁜 용어를 사용한다.				
8. 다른 사람 앞에서 비난받으면 격분한다.				
9. 좌절감을 느낄 때는 누군가를 마구 때려 주고 싶다.				
10. 일을 잘했는데도 좋지 않은 평가를 받으면 화를 낸다.				
합 계				

있는 25가지 상황들이 문항으로 제시되어 있다(표 7-15). 각 상황에서 분노를 느끼는 정도를 0~4점으로 응답한다. 합계 0~45점은 분노가 매우 적은 것으로, 46~55점은 평균보다 분노가 적은 것으로, 56~75점은 평균 수준으로, 76~85점은 분노가 강한 것으로, 86점 이상은 분노가 매우 강한 것으로 볼 수 있다.

 Novaco의 분노 척도는 분노를 느끼는 정도를 평가하는 데 비해서, Spielberger가 개발한 분노 표현 척도(표 7-16)는 실제로 얼마나 분노를 표현하는지를 평가한다. 이 척도는 10개의 항목으로 구성되어 있으며, 각 항목을 1~4점으로 평가한다. 총점 15점 미만은 화를 잘 내지 않는 것으로, 15~21점은 보통으로, 22점 이상은 화를 잘 내는 것으로 볼 수 있다.

 분노를 느껴도 표출하지 않는 사람들이 많이 있다. 화병은 다른 나라에서는 보고된 적이 없고 우리나라 사람들에게만 있는 정신질환이다. 미국 정신의학회의 정신장애 진단 및 통계편람(DSM-IV)에서는 화병을 'hwabyung'이라 표기하고,

표 7-17 화병 진단표

	문 항	해당여부
신체적 증상	1. 가슴이 매우 답답함을 느낀 적이 있다.	
	2. 숨이 막히거나 목, 명치에 뭉쳐진 덩어리가 느껴진다.	
	3. 열이 치밀어 오르는 것을 느낀다.	
	4. 가슴이 심하게 두근거리거나 뛴다.	
	5. 입이나 목이 자주 마른다.	
	6. 두통이나 불면증에 시달린다.	
정신적 증상	1. 억울하고 분한 감정을 자주 느낀다.	
	2. 마음의 응어리나 한이 있는 것 같다.	
	3. 뚜렷한 이유 없이 화가 나거나 분노가 치민다.	
	4. 자주 두렵거나 깜짝깜짝 놀란다.	
	5. 자신의 모습이 초라하게 느껴진다.	
	6. 삶이 허무하게 느껴진 적이 있다.	

"한국 민족 증후군의 하나인 분노증후군으로 설명되는, 분노의 억제로 인해 발생하는 병"이라고 설명하고 있다. 화병은 우리나라 사람들이 분노라는 감정을 처리하는 데 매우 취약하며, 화를 참고 속으로 삭이는 경향이 높다는 것을 잘 보여준다. 분노를 억누르고 가슴 속에 쌓아두는 것이 심혈관계 질환이나 암 발생의 위험을 높인다는 것은 C형 행동유형을 설명하면서 이미 언급한 바 있다.

경희의료원 한방신경정신과 등에서 연구 개발한 화병 진단표(표 7-17)를 소개한다. 이 자가진단표는 신체적 증상과 관련된 6개 항목과 정신적 증상에 관련된 6개 항목, 총 12개 항목으로 되어 있다. 지난 6개월 동안 스트레스성 사건과 관련하여, 신체적 증상의 1, 2 중 하나와 3에 해당되면서 4~5 중 해당되는 항목이 있고, 정신적 증상의 1, 2 중 하나에 해당되면서 3~6 중 해당 항목이 있음으로 인해 고통이 있었다면 화병의 가능성이 높다.

8) 불안 평가

불안의 형태나 그 정도에 대한 평가 방법도 매우 다양하다. 흔히 사용되는 것으로는 Beck의 불안척도(Beck's anxiety inventory: BAI), Spielberger의 상태-특성 불안척도(state-trait anxiety inventory: STAI), Taylor의 현재성 불안척도(manifest anxiety scale: MAS), Hamilton 불안척도(Hamilton anxiety scale: HAS) 등이 있다. 그 외에 투사적 심리 검사도 가능하고 피부전도, 심박, 호흡 등의 지표를 측정하는 생리적 검사도 있다.

Beck의 불안척도(표 7-18)는 불안의 인지적, 정서적, 신체적 영역을 포함하는 21문항으로 구성되어 있는데, 특히 우울과 불안을 구별하기 위한 목적으로 개발된 것이다. 지난 한 주 동안 경험한 불안의 정도를 0~3점까지의 척도상에 표시한다. 국내에서 육성필 등이 수행한 연구에 의하면, 불안장애 환자군의 평균 점수는 22.4점, 비환자군의 평균은 14.3점이었다. 이러한 결과를 기초로, 피험자의 점수가 22~26점이면 관찰과 개입을 고려해야 하는 불안 상태로, 27~31점이면 심한 불안 상태로, 32점 이상이면 극심한 불안 상태로 평가할 수 있다.

Spielberger의 특성불안 척도(STAI-X-2)는 상태불안과 특성불안을 측정하기 위해 개발한 STAI 중에서 특성불안을 측정하는 검사이다(표 7-19). 총 20개 문항으로 구성되어 있으며, 지금 현재 느끼는 상태를 1~4점 척도로 평가한다. 54~58점은 특성불안 수준이 약간 높은 것으로, 59~63점은 상당히 높은 것으로, 64점 이상은 매우 높은 것으로 볼 수 있다.

표 7-18 Beck의 불안척도

항 목	전혀 느끼지 않았다	조금 느꼈다	상당히 느꼈다	심하게 느꼈다
	0점	1점	2점	3점
1. 가끔씩 몸이 저리고 쑤시며 감각이 마비된 느낌을 받는다.				
2. 흥분된 느낌을 받는다.				
3. 가끔씩 다리가 떨리곤 한다.				
4. 편안하게 쉴 수가 없다.				
5. 매우 나쁜 일이 일어날 것 같은 두려움을 느낀다.				
6. 어지러움(현기증)을 느낀다.				
7. 가끔씩 심장이 두근거리고 빨리 뛴다.				
8. 침착하지 못하다.				
9. 자주 겁을 먹고 무서움을 느낀다.				
10. 신경이 과민해져 있다.				
11. 가끔씩 숨이 막히고 질식할 것 같다.				
12. 자주 손이 떨린다.				
13. 안절부절 못해 한다.				
14. 미칠 것 같은 두려움을 느낀다.				
15. 가끔씩 숨쉬기 곤란할 때가 있다.				
16. 죽을 것 같은 두려움을 느낀다.				
17. 불안한 상태에 있다.				
18. 자주 소화가 잘 안되고 속이 불편하다.				
19. 가끔씩 기절할 것 같다.				
20. 자주 얼굴이 붉어지곤 한다.				
21. 땀을 많이 흘린다(더위로 인한 것은 제외).				
합 계				

표 7-19 특성불안 척도

문항	거의 그렇지 않다	가끔 그렇다	자주 그렇다	거의 언제나 그렇다
1. 나는 기분이 좋다.	4	3	2	1
2. 나는 쉽게 피로해진다.	1	2	3	4
3. 나는 울고 싶은 심정이다.	1	2	3	4
4. 나도 다른 사람들처럼 행복했으면 한다.	1	2	3	4
5. 나는 마음을 빨리 정하지 못해서 실패를 한다.	1	2	3	4
6. 나는 마음이 놓인다.	4	3	2	1
7. 나는 차분하고 침착하다.	4	3	2	1
8. 나는 너무 많은 여러 문제가 밀어닥쳐서 극복할 수 없을 것 같다.	1	2	3	4
9. 나는 하찮은 일에 너무 걱정을 한다.	1	2	3	4
10. 나는 행복하다.	4	3	2	1
11. 나는 무슨 일이건 힘들게 생각한다.	1	2	3	4
12. 나는 자신감이 부족하다.	1	2	3	4
13. 나는 마음이 든든하다.	4	3	2	1
14. 나는 위기나 어려움을 피하려고 애쓴다.	1	2	3	4
15. 나는 울적하다.	1	2	3	4
16. 나는 만족스럽다.	4	3	2	1
17. 사소한 생각이 나를 괴롭힌다.	1	2	3	4
18. 나는 실망을 너무 예민하게 받아들이기 때문에 머리에서 지울 수가 없다.	1	2	3	4
19. 나는 착실한 사람이다.	4	3	2	1
20. 요즘의 걱정이나 관심거리를 생각하면 긴장되거나 어찌할 바를 모른다.	1	2	3	4
합 계				

9) 우울 평가

스트레스와 관련하여 가장 빈번히 나타나는 심리적 증상은 우울증이다. 우울증의 원인은 많지만 급성 및 만성 스트레스가 가장 중요한 위험요소로 생각되고 있다. 스트레스, 불안, 우울은 실제로 구분하기도 쉽지 않고, 흔히 혼합되어 나타난다. 스트레스를 느끼는 것 자체는 심리적 장애가 아니지만, 불안증과 우울증은

표 7-20 무망감 우울증 척도

항목	아니다 0점	가끔 그렇다 1점	자주 그렇다 2점	항상 그렇다 3점
1. 의욕이 없다.				
2. 앞날에 대해서 비관적인 생각이 든다.				
3. 외롭고 허탈하다.				
4. 내가 별 볼일 없는 사람이라는 생각이 든다.				
5. 눈물을 쏟거나 울고 싶어진다.				
6. 내가 바라는 대로 된 일이 없다.				
7. 나는 남보다 무능하고 재치도 없는 것 같다.				
8. 슬프고 울적하다.				
9. 일을 하는 데 예전보다 훨씬 힘이 들고 느려졌다.				
10. 내 자신이 쓸모없는 사람이라는 생각이 든다.				
11. 기운이 빠져서 아무 일도 하기 힘들다.				
12. 무슨 일이든 노력 해봤자 안될 것 같은 생각이 든다.				
13. 내 모습이 마음에 들지 않는다.				
14. 매사가 귀찮아진다.				
15. 아무 일도 제대로 될 것 같지 않다.				
16. 비참한 느낌이 든다.				
17. 궁지에 빠진 느낌이 든다.				
18. 내가 하는 일들이 엉망인 것 같다.				
19. 나에게는 좋은 일이 생기지 않을 것 같다.				
20. 다른 사람들이나 세상 일에 대해 관심이 없다.				

	하위 영역	해당 문항	영역별 점수	전체 점수
합계	인지적 증상	2+6+12+15+19		
	정서적 증상	3+5+8+16+17		
	동기적 증상	1+9+11+14+20		
	자존심 저하	4+7+10+13+18		

정신과적 질환이므로 이들을 서로 감별하기 위한 검사가 필요한 경우가 많다. 대개 스트레스는 스트레스를 주는 환경에서 벗어나면 증상이 완화된다. 그러나 스트레스성 자극이 옆에 없어도 긴장, 불안, 우울 같은 심리적인 증상이 계속된다

표 7-21 단축형 노인 우울증 선별검사 척도

항목	예	아니오
1. 현재의 생활에 대체적으로 만족하십니까?	0	1
2. 요즘 들어 활동량이나 의욕이 많이 떨어지셨습니까?	1	0
3. 자신이 헛되이 살고 있다고 느끼십니까?	1	0
4. 생활이 지루하게 느껴질 때가 많습니까?	1	0
5. 평소에 기분은 상쾌한 편이십니까?	0	1
6. 자신에게 불길한 일이 닥칠 것 같아 불안하십니까?	1	0
7. 대체로 마음이 즐거운 편이십니까?	0	1
8. 절망적이라는 느낌이 자주 드십니까?	1	0
9. 바깥에 나가기가 싫고 집에만 있고 싶습니까?	1	0
10. 비슷한 나이의 다른 노인들보다 기억력이 더 나쁘다고 느끼십니까?	1	0
11. 현재 살아있다는 것이 즐겁게 생각되십니까?	0	1
12. 지금의 내 자신이 아무 쓸모없는 사람이라고 느끼십니까?	1	0
13. 기력이 좋으신 편이십니까?	0	1
14. 지금 자신의 처지가 아무런 희망도 없다고 느끼십니까?	1	0
15. 자신이 다른 사람들의 처지보다 더 못하다고 느끼십니까?	1	0
합계		

면 좀 더 세밀한 검사를 해야 할 필요성이 있다. 무엇보다도 피검자들이 스스로 스트레스라고 생각하는 증상 중에는 실제 우울증에 속하는 경우가 많다는 것을 기억해야 한다.

여기서는 비교적 간단한 문항으로 구성된 우울증 척도를 소개한다. 이영호의 무망감 우울증 척도(표 7-20)는 무망감(hopelessness)과 우울에 관한 이론을 기초로 개발된 것으로서 정서적 증상, 인지적 증상, 동기적 증상, 자존심 저하 증상 등 4개의 영역에 대해 각 5개 문항씩, 총 20의 문항으로 구성되어 있다. 0~3점으로 점수를 부여한다. 합계 25~29점은 무망감과 우울의 증상이 약간 있는 것으로, 30~34점은 상당히 있는 것으로, 35점 이상은 매우 심한 것으로 평가할 수 있다.

Yesavage 등이 개발한 단축형 노인 우울증 선별검사 척도(short form of geriatric depression scale: SGDS)는 문항 수도 적고 응답 방식이 간편하다(표 7-21). 특히 우울증의 일반적인 특징에 속하지만, 노인에게는 흔히 나타날 수도 있는 신체적 증상들에 관한 문항은 포함하지 않고 있다. 해당 여부에 따라 0점 또는 1점으로 평가되는데 문항마다 점수가 다르므로 합산 시 주의해야 한다. 이 선별검사에서 10점 이상이면 우울증 가능성을 배제할 수 없으므로 좀 더 면밀한 검사를 고려해야 한다.

10) 그림 심리 진단

그림 심리 진단은 투사적 기법의 심리 검사로서 피검자의 내적 세계에 대한 풍부한 정보를 제공하는 원천이 된다. 특히 인지 능력이 낮거나 언어 소통의 어려움 때문에 자기보고식 평가지를 적용할 수 없는 피검자들에게 폭넓게 적용할 수 있다. 또한 언어로 표현하는 것보다 심리적 저항을 낮추어 주므로 일반 피검자들에게도 유용한 검사이다.

빗속의 사람 그림 검사(draw a person in the rain test: PITR)는 Arnold

그림 7-4 빗속의 사람 그림(person in the rain)

Abrams와 Abraham Amchin에 의해 개발된 인물화 검사의 하나이다. 외적인 스트레스 요인을 비가 오는 상황으로 상징화하여 그 속에서 보이는 태도를 관찰함으로써 현재의 스트레스 정도와 대처 능력, 대처 방식을 알아본다. 피검자의 자기 개념과 외부 환경에 대한 지각을 표현해 주는 검사로서, 외적인 스트레스 요인에 관한 피검자의 인식 및 태도와 더불어 심리적 성향, 강점, 취약점 등을 알 수 있다. 또한 투사적 표현과 감정 노출의 효과를 통해 현실 인식 능력도 확인할 수 있다.

A4 용지, 4B 연필, 지우개를 준비한다. 또는 도화지와 채색 도구(파스텔, 크레파스, 물감 등)를 준비한다. 피검자에게 빗속에 있는 사람을 그리도록 지시문을 준다. 피검자가 그림을 그리는 동안 검사에 임하는 태도를 조용히 관찰하여 검사 소요시간, 그림을 그리는 순서, 수정하는 태도와 수정하는 곳 등을 살펴본다. 그림을 그린 후에는 사후 질문을 통해 추가적인 정보를 얻는다. 주로 그려진 인물이 누구인지, 비는 언제부터 내렸으며 얼마나 더 내릴 것으로 생각되는지, 그림 속 인물의 기분은 어떠한지 등을 묻는다.

빗속의 사람 그림 검사에서 피험자가 느끼는 스트레스나 외부 압력의 지각 정도는 비, 구름, 웅덩이, 번개의 크기와 양, 굵기 등을 통해 나타난다. 빗줄기가 많고 굵을수록 스트레스를 많이 받는 상태이다. 필압도 스트레스의 강도를 나타낸다. 스트레스에 대응하는 자신의 능력에 대한 인식은 우산, 비옷, 보호물, 장화 등으로 드러난다. 인물의 표정, 인물의 크기와 위치를 검토한다. 스트레스를 받더라도 자신이 무기력하다고 생각하지 않으면 우산 등의 도구나 지형지물에 의해 비를 충분히 피하고 있으며 표정도 두렵거나 불안하지 않은 반면, 작은 불안에도 심하게 반응하는 사람은 겁에 질리거나 무기력하게 비를 맞는 상황을 표현한다.

그림 심리 검사의 결과를 해석하기 위해서는 기본적인 그림 검사에 대해 익숙해야 하며 많은 피검자의 그림을 접하여 그림을 읽는 안목을 키워야 한다.

03

생활환경, 생활사건 평가

스트레스는 적응을 위한 노력을 요구하는 환경의 변화이다. 좋은 일이든 나쁜 일이든 우리가 겪는 각종 생활사건들은 우리에게 적응의 노력을 요구하는 스트레스가 된다. 삶에 변화가 많으면 그것에 적응하기 위해서는 많은 에너지가 요구되는데, 재적응을 위한 에너지는 사람마다 한정되어 있기 때문에 너무 많은 생활사건들이 일어나면 에너지가 소진이 되고 결국 심신의 질병이 유발될 수 있다. 최근에 경험한 생활사건들을 통해서 재적응을 위해 소모된 에너지를 측정하고 질병이나 사고의 위험을 예측하는 것이 가능하다. 스트레스 연구에서는 1960년대부터 생활 변화가 스트레스성 자극으로 작용하여 질병과 사고를 유발하는 것으로 인식되면서 관련된 연구가 활발히 진행되었다.

커다란 생활환경의 변화나 심리적 충격이 누적되면 심신의 적응 능력을 초과하여 질병을 일으킬 수 있다. 또한 큰 외상성 충격이나 재해가 아니더라도 일상의 크고 작은 일이 누적되면 건강을 위협하는 심신의 변화를 초래하게 된다. 최근의 스트레스 연구에 따르면 주요 생활사건들보다 하루하루의 생활에서 생기는 잔일거리들이 질병 발생과 더 상관성이 높은 것으로 나타난다. 사회 재적응 평정 척도(social readjustment rating scale: SRRS)를 개발한 Holmes와 Rahe의 경우는 주요 생활 변화만을 스트레스 자극으로 다루었으나 이후의 연구들에서는 사소한 일상의 골칫거리도 스트레스성 자극이 되며, 이런 자극이 신체 실병이나 우울증과 더 직접적인 관계가 있다는 것이 밝혀졌다. 크고 작은 생활사건의 양과 신체적 건강 사이의 상관관계는 적응의 실패가 질병을 유발한다는 Selye의 주장과도 맥락을 같이 한다.

1) 생활 스트레스 평가

생활 스트레스 평가법으로는 Holmes와 Rahe가 개발한 사회 재적응 평정 척도가 가장 널리 알려져 있다. 이 방법에서는 지난 1년간 겪은 생활 스트레스 사건을 평가하는데, 여기에는 부정적인 사건뿐 아니라 긍정적 사건들도 포함된다. 예를 들어, 결혼은 긍정적 사건이기는 하지만 새로운 환경에 적응하기 위한 많은 노력과 에너지를 요구하는 스트레스성 사건이다.

이 평가법은 결혼이 주는 스트레스를 50점으로 하고, 결혼을 기준으로 해서 다른 생활사건들의 상대적 스트레스 점수(가중치)를 부여하였다. 지난 1년 동안 경험한 스트레스 유발 생활사건들의 횟수와 각 사건에 주어진 스트레스 가중치를 곱한 후 합산한다. 합계 300점 이상이면 위험이 높은 것으로 평가하고 150~300점이면 중간 정도로 본다. 점수가 클수록 질병이나 사고의 위험이 높다.

연구에 따르면 사회 재적응 평정 척도의 점수와 그 사람의 정서적, 신체적 건강은 밀접한 관련이 있다. 점수가 200~300점인 사람들 가운데 반 이상에서 다음해에 건강에 이상이 나타나고, 300점 이상인 사람들은 80% 가량이 다음해에 질병을 앓게 된다는 보고가 있다.

그러나 스트레스의 원인이나 그것에 대한 반응 정도가 개인마다 다르듯, 문화와 가치관에 따라서도 스트레스의 요소나 그것이 주는 스트레스 정도는 동일하지 않다. 우리나라에서는 홍강의와 정도언에 의해 한국형 사회 재적응 평정 척도가 개발되었다. Holmes와 Rahe가 개발한 척도에서는 배우자 사망이 1위이고 1~3위가 모두 배우자와 관련된 문제일 정도로 배우자와의 관계에서 발생하는 문제가 중요한 스트레스성 생활사건으로 지각되고 있으나, 한국형 척도에서는 자녀 사망이 1위이며 배우자 외에도 부모, 형제, 자녀, 친척 등과 관련된 문제가 차지하는 비율이 높다. 스트레스 가중치의 기준이 되는 결혼과 점수가 같거나 높은 사건들의 수를 비교하면 한국형 척도가 훨씬 많다. 또한 가중치 점수가 30점 이상인 항목수도 한국형 척도가 2배나 된다. 이를 통해 한국인이 지각하는 스트레스 수준이 미국인들보다 더 높을 것으로 추정할 수 있다.

한국형 척도가 있음에도 불구하고 Holmes와 Rahe의 척도가 국내에서도 널리 사용되고 있으므로 여기서는 두 척도를 모두 소개하도록 한다(표 7-22, 23).

표 7-22 Holmes와 Rahe의 사회 재적응 평정 척도

생활사건	스트레스 가중치 (a)	지난 1년간 경험 횟수 (b)	스트레스 점수 (a x b)
1. 배우자의 사망	100		
2. 이혼	73		
3. 배우자와의 별거	65		
4. 감옥이나 수용소에 구류	63		
5. 가까운 가족의 사망	63		
6. 대형 사고나 질병	53		
7. 결혼	50		
8. 직장에서의 해고	47		
9. 배우자와의 재결합	45		
10. 퇴직	45		
11. 가족의 건강 문제	44		
12. 임신	40		
13. 성생활의 문제	39		
14. 새로운 가족이 생김	39		
15. 직무의 재조정(합병, 구조조정, 파산 등)	39		
16. 재정 상태의 큰 변화	38		
17. 친한 친구의 죽음	37		
18. 직장에서 전혀 다른 업무로 바뀜	36		
19. 배우자와 논쟁 횟수가 크게 변화됨	35		
20. 저당이나 대부금 부담이 수입의 25% 이상(주택 구입이나 사업 등)	31		
21. 저당물을 찾는 권리의 상실	30		
22. 직장에서의 책임의 큰 변화(승진, 좌천 등)	29		
23. 자녀가 집을 떠남(결혼, 대학 입학 등)	29		
24. 사위, 며느리 또는 사돈 간의 문제	29		
25. 눈에 띄는 훌륭한 성취	28		
26. 아내가 직장 일을 시작했거나 하던 일을 그만둠	26		
27. 학업을 시작하거나 중단함	26		
28. 생활 조건의 큰 변화(집수리, 집 주위 환경 변화)	25		
29. 개인 습관이 바뀜(의복, 태도, 교제 등)	24		
30. 직장 상사와의 문제	23		
31. 작업 시간이나 조건의 큰 변화	20		
32. 이사	20		
33. 전학	20		

생활사건	스트레스 가중치 (a)	지난 1년간 경험 횟수 (b)	스트레스 점수 (a x b)
34. 여가 활동의 큰 변화	19		
35. 종교 활동의 큰 변화	19		
36. 사회 활동의 큰 변화(사교모임 등)	18		
37. 저당이나 대부금 부담이 수입의 25% 미만(자동차, TV, 냉장고 등 구매)	17		
38. 수면 습관의 변화(수면의 양, 수면 시간 등)	16		
39. 가족 모임 횟수의 큰 변화	15		
40. 식사 습관의 변화(식사량, 식사 시간 등)	15		
41. 휴가	13		
42. 크리스마스 등 명절과 휴일	12		
43. 경미한 법규 위반	11		
합 계			

표 7-23 사회 재적응 평정 척도 (한국형)

생활사건	스트레스 가중치 (a)	지난 1년간 경험 횟수 (b)	스트레스 점수 (a x b)
1. 자식의 죽음	74		
2. 배우자의 죽음	73		
3. 부모의 죽음	66		
4. 이혼	63		
5. 형제의 죽음	60		
6. 배우자의 외도	59		
7. 별거 후 재결합	54		
8. 부모의 이혼이나 재혼	53		
9. 별거	51		
10. 해고나 파면을 당함	50		
11. 친한 친구의 죽음	50		
12. 결혼	50		
13. 감옥에 갇힘	49		
14. 결혼 약속이나 약혼	44		
15. 큰 병에 걸리거나 큰 부상을 당함	44		

생활사건	스트레스 가중치 (a)	지난 1년간 경험 횟수 (b)	스트레스 점수 (a x b)
16. 사업상의 큰 재정비	43		
17. 직업 종류를 바꾸는 것	43		
18. 정년퇴직	41		
19. 해외 취업	39		
20. 유산	38		
21. 임신	37		
22. 입시나 취업 실패	37		
23. 자녀가 집을 떠남(결혼, 입대, 기숙사 등)	36		
24. 새로운 가족이 생김(출생, 입양, 부모 부양)	36		
25. 가족의 건강이나 행동의 큰 변화	35		
26. 어떤 일에서 훌륭한 성과를 거둠	35		
27. 주택이나 사업체 등 부동산 취득	35		
28. 정치적 신념의 변화	35		
29. 시집, 처가, 기타 친척과의 문제 발생	34		
30. 학업의 시작이나 중단	34		
31. 부채	34		
32. 직책의 변화	34		
33. 친밀한 사람과 거리가 멀어지는 것	34		
34. 금전상의 큰 손실	34		
35. 성생활의 어려움	33		
36. 같은 일을 하는 다른 직장으로 옮김	33		
37. 손자, 손녀의 탄생	32		
38. 직장에서의 책임량 증가나 감소	32		
39. 직장 내 상사와의 말썽	31		
40. 부인이 직장을 새로 나가거나 그만 둠	31		
41. 체면이 손상되는 일	31		
42. 직장에서 일하는 시간이나 조건의 큰 변화	31		
43. 소득상의 큰 변화	30		
44. 종교나 믿음의 변화	29		
45. 주거환경의 큰 변화	29		
46. 이사	29		
47. 부부싸움하는 횟수의 큰 변화	29		

생활사건	스트레스 가중치 (a)	지난 1년간 경험 횟수 (b)	스트레스 점수 (a x b)
48. 가까운 장래 문제에 대한 큰 결심	28		
49. 자가용이나 비슷한 금액의 물품 구입	28		
50. 새 친구를 사귀거나 모르는 사람과 밀접한 관계를 맺음	27		
51. 계나 정기적금에 투자	27		
52. 여가 선용의 방법이나 시간의 큰 변화	26		
53. 가족끼리 모이는 횟수의 큰 변화	26		
54. 수면시간의 큰 변화	25		
55. 식사 습관의 큰 변화	25		
56. 개인적 습관의 변화(옷차림, 생활양식, 친구관계 등)	25		
57. 전학	24		
58. 사회 활동의 큰 변화(클럽 활동, 영화 구경, 방문 등)	23		
59. 텔레비전, 냉장고, 기타 비슷한 금액의 물품 구입	22		
60. 가벼운 위법 행위(교통규칙 위반 등)	22		
61. 이성교제의 어려움(연애의 실패 등)	22		
62. 휴가	21		
63. 군입대	19		
합 계			

생활환경의 스트레스 자극이 심신의 질병의 유발한다는 연구들에는 일관성이 부족하다는 지적이 있어 왔다. 최근에는 사건 자체보다도 그 사건들을 인식하고 반응하는 개인의 심리적 성향과 대처 방식이 더 중요하다는 주장이 공감을 얻고 있다. 동일한 사건에 대해서도 사람마다 스트레스로 인식될지, 어느 정도의 스트레스 반응을 보일지는 모두 다르기 때문이다. 예를 들어, 교도소에 간다는 것은 대개의 사람들에게 분명히 스트레스성 생활사건이다. 그러나 다음에 인용한 기사에서처럼, 그런 사건조차도 어떤 이에게는 정반대로 받아들여질 수 있다. 따라서 객관화된 검사법들을 적용할 때는 반드시 이러한 점에 유의해야 한다.

위기가 기회라는 말도 있듯이 자극을 어떻게 받아들이고 어떻게 대처하는가에

> **獨, 스트레스 받던 주부 "교도소에서 쉬고 올래"**
>
> 가사노동의 스트레스를 견디지 못한 독일의 한 여성이 주차위반 벌금을 내는 대신 3개월 간의 감옥행을 선택하는 웃지 못 할 일이 벌어졌다고 현지 언론이 10일(현지시간) 보도했다. 마리아 브루너(39)라는 이 여성은 "게으른 남편의 도움 없이 세 아이를 돌보고 집안일을 도맡아 하는 것에 지쳤다"며 차라리 감옥에서 편히(?) 쉬고 오는 길을 선택했다는 것.
>
> 처음에 50파운드(약 9만원)에 그쳤던 벌금은 연체돼 2,500파운드(약 470만원)으로 불어났고 최근 "즉시 벌금을 내지 않으면 교도소행을 면치 못할 것"이라는 경고장을 받기에 이르렀다. 그러나 과중한 가사노동에 지친 브루노씨는 벌금을 내는 대신 '교도소행'을 선택하고 체포될 순간만을 기다려왔다고.
>
> 브루노를 체포한 경찰은 "그는 정말 행복해 보이는 얼굴로 우리를 맞더니 '체포해줘서 감사하다'는 말을 반복했다"며 경찰차에 올라타면서 이웃들을 향해 손까지 흔들어 보인 그의 여유(?)에 혀를 내둘렀다고.
>
> 그는 "내 앞으로 날아온 불법주차 벌금도 사실은 남편에게 청구 되어야 할 몫"이라며 "처음 경고장을 받았을 때는 벌금을 낼 돈이 없다는 사실에 걱정이 앞섰지만 곧 '집에서 해방될 수 있는 절호의 기회'라는 생각이 들었다"고 털어놓았다. 결국 경찰에 연행된 브루노는 "매일 식사를 할 수 있고 따뜻한 물로 샤워를 할 수만 있다면 감옥에 갇혀있어도 좋다"며 "교도소에 간다는 것은 곧 요리, 설거지 그리고 집안 청소를 할 필요 없이 완벽하게 쉴 수 있다는 뜻"이라며 '교도소행'을 반겼다고.
>
> 한편 현지 언론은 브루노의 남편이 현재 아내의 석방을 위해 돈을 마련하고 있는 중이라고 보도하며 이 여성이 꿈꿔오던 '교도소에서의 휴식시간'이 줄어들 것으로 보인다고 덧붙였다.
>
> **출처** 노컷뉴스 2005. 05. 11

따라 스트레스는 성장과 발전의 기회가 되기도 한다. 적절한 스트레스는 목표를 향한 노력의 효율을 향상시킨다. 이것은 스트레스를 치유한다는 이유로 어떤 자극을 무조건 제거하려는 것이 바람직하지 않다는 것을 시사한다. 스트레스를 대하는 내적 태도를 바꿀 수 있도록 돕는다면, 이를 통하여 스트레스를 변화와 성장의 기회로 바꿀 수 있고 삶은 더욱 풍요로워질 수 있다.

2) 직무 스트레스 평가

최근 직무 스트레스의 산업재해 인정 여부를 두고 많은 논란이 일고 있다. 직무 스트레스는 근로자 개인의 건강과 삶의 질에도 영향을 주지만, 기업과 국가에도 경제적 손실과 부담을 지운다. 서구에서는 1970년부터 근로자들을 위한 스트레스 관리 프로그램을 도입하여 운영하고 있다. 작업환경 개선, 심리 상담, 여가 활동, 운동 등 다양한 프로그램들이 시도되고 있는데, 이러한 개입은 일반적으로 투자 대비 2배에서 8배에 이르는 환수 효과를 나타내는 것으로 보고된다.

직무 스트레스는 물리적 작업 환경, 직장 내 대인관계, 업무에 대한 부담을 포함한 다양한 요인들로 구성되어 있는데, 일반적으로 심리적 요구도가 높고 업무

표 7-24 직무 스트레스 평가

문 항	전혀 없다 0점	약간 있다 1점	어느 정도 있다 2점	상당히 있다 3점	매우 심하다 4점
1. 업무에 대한 과도한 감시와 보고로 인한 부담					
2. 상사와의 관계에서의 어려움					
3. 동료와의 관계에서의 어려움					
4. 고객 또는 협력사와의 관계에서의 어려움					
5. 과도한 책임감, 과도한 업무량, 과도한 목표로 인한 부담					
6. 주어진 권한과 책임이 불분명함					
7. 사고의 위험					
8. 해고, 실직의 위험					
9. 불안정한 일정, 일의 불규칙성					
10. 일로 인한 정신적 시달림					
11. 일로 인한 육체적 시달림					
12. 시간에 대한 압박					
13. 낮은 임금, 부족한 보상, 낮은 승진 기회					
14. 평가, 보상의 불공정이나 불평등					
15. 직무에 대한 자긍심 부재, 사회적 인정과 성공에 대한 회의					
합 계					

표 7-25 한국인 직무 스트레스 측정 도구

구분	문 항	전혀 그렇지 않다	그렇지 않다	그렇다	매우 그렇다
물리적 환경	근무 장소가 깨끗하고 쾌적하다.	4	3	2	1
	내 일은 위험하며 사고를 당할 가능성이 있다.	1	2	3	4
	내 업무는 불편한 자세로 오랫동안 일을 해야 한다.	1	2	3	4
직무 요구	나는 일이 많아 항상 시간에 쫓기며 일한다.	1	2	3	4
	현재 하던 일을 끝내기 전에 다른 일을 하도록 지시 받는다.	1	2	3	4
	업무량이 현저하게 증가하였다.	1	2	3	4
	나는 동료나 부하직원을 돌보고 책임져야 할 부담을 안고 있다.	1	2	3	4
	내 업무는 장시간 동안 집중력이 요구된다.	1	2	3	4
	업무 수행 중에 충분한 휴식이 주어진다.	4	3	2	1
	일이 많아서 직장과 가정에 다 잘하기가 힘들다.	1	2	3	4
	여러 가지 일을 동시에 해야 한다.	1	2	3	4
직무 자율	내 업무는 창의력을 필요로 한다.	4	3	2	1
	업무 관련 사항(일정, 업무량, 회의 시간 등)이 예고 없이 갑작스럽게 정해지거나 바뀐다.	1	2	3	4
	내 업무를 수행하기 위해서는 높은 수준의 기술이나 지식이 필요하다.	4	3	2	1
	작업 시간, 업무 수행 과정에서 나에게 결정할 권한이 주어지며 영향력을 행사 할 수 있다.	4	3	2	1
	나의 업무량과 작업 스케줄을 스스로 조절할 수 있다.	4	3	2	1
관계 갈등	나의 상사는 업무를 완료하는 데 도움을 준다.	4	3	2	1
	나의 동료는 업무를 완료하는 데 도움을 준다.	4	3	2	1
	직장에서 내가 힘들다는 것을 알아주고 이해해 주는 사람이 있다.	4	3	2	1
	직장생활의 고충을 함께 나눌 동료가 있다.	4	3	2	1
직무 불안정	현재의 직장을 옮겨도 나에게 적합한 새로운 일을 쉽게 찾을 수 있다.	4	3	2	1
	현재의 직장을 그만두더라도 현재 수준의 직업을 쉽게 구할 수 있다.	4	3	2	1
	직장 사정이 불안하여 미래가 불확실하다.	1	2	3	4
	나의 직업은 실직하거나 해고당할 염려가 없다.	4	3	2	1
	앞으로 2년 동안 현재의 내 직업을 잃을 가능성이 있다.	1	2	3	4
	나의 근무 조건이나 상황에 바람직하지 못한 변화(예, 구조 조정)가 있었거나 있을 것으로 예상된다.	1	2	3	4
조직 체계	우리 직장은 근무 평가, 인사제도(승진, 부서 배치 등)가 공정하고 합리적이다.	4	3	2	1
	업무 수행에 필요한 인원, 공간, 시설, 장비, 훈련 등의 지원이 잘 이루어지고 있다.	4	3	2	1
	우리 부서와 타 부서 간에는 마찰이 없고 업무 협조가 잘 이루어진다.	4	3	2	1
	근로자, 간부, 경영주 모두가 직장을 위해 한마음으로 일을 한다.	4	3	2	1

PART 07 스트레스 평가
Stress assessment

구분	문항	전혀 그렇지 않다	그렇지 않다	그렇다	매우 그렇다
조직 체계	일에 대한 나의 생각을 반영할 수 있는 기회와 통로가 있다.	4	3	2	1
	나의 경력 개발과 승진은 무난히 잘 될 것으로 예상한다.	4	3	2	1
	내 현재 직위는 나의 교육 및 경력에 비추어볼 때 적절하다.	4	3	2	1
보상 부적절	나의 직업은 내가 평소 기대했던 것에 미치지 못한다.	1	2	3	4
	나의 모든 노력과 업적을 고려할 때 내 봉급/수입은 적절하다.	4	3	2	1
	나의 모든 노력과 업적을 고려할 때, 나는 직장에서 제대로 존중과 신임을 받고 있다.	4	3	2	1
	나는 지금 하는 일에 흥미를 느낀다.	4	3	2	1
	내 사정이 앞으로 더 좋아질 것을 생각하면 힘든 줄 모르고 일하게 된다.	4	3	2	1
	나의 능력을 개발하고 발휘할 수 있는 기회가 주어진다.	4	3	2	1
직장 문화	회식 자리가 불편하다.	1	2	3	4
	나는 기준이나 일관성이 없는 상태로 업무 지시를 받는다.	1	2	3	4
	직장의 분위기가 권위적이고 수직적이다.	1	2	3	4
	남성, 여성이라는 성적인 차이 때문에 불이익을 받는다.	1	2	3	4

	영역	영역별 합계	전체 합계
합계	물리적 환경		
	직무 요구		
	직무 자율		
	관계 갈등		
	직무 불안정		
	조직 체계		
	보상 부적절		
	직장 문화		

참고치

영역별 환산점수 :

$$\frac{\text{해당 영역 점수의 합} - \text{해당 영역 문항 개수}}{\text{해당 영역에서 가능한 최고 점수} - \text{해당 영역 문항 개수}} \times 100$$

영역	중앙값 남성	중앙값 여성	참고치 이상의 점수
물리적 환경	44.5	44.5	물리적 환경이 상대적으로 나쁘다
직무 요구	50.1	54.2	직무 요구도가 상대적으로 높다
직무 자율	53.4	60.1	직무 자율성이 상대적으로 낮다
관계 갈등	33.4	33.4	관계 갈등이 상대적으로 높다
직무 불안정	50.1	50.1	직업이 상대적으로 불안정하다
조직 체계	52.4	52.4	조직 체계에 상대적으로 불합리한 요소가 많다
보상 부적절	66.7	66.7	보상 체계가 상대적으로 부적절하다
직장 문화	41.7	41.7	직장 문화에 상대적으로 문제가 있다

의 자기결정권이 낮은 직업일수록 직무 스트레스가 높다고 알려져 있다. Lynch 등은 11개의 문항으로 구성된 직무 스트레스 평가 척도를 개발하였다. 스트레스 통합치유연구소가 Lynch의 척도를 수정하고 4개의 문항을 추가하여 사용하는 척도(미발표)를 소개한다(표 7-24). 30점 이상이면 직무 스트레스의 위험이 높은 것으로 본다.

장세진 등이 개발한 한국인 직무 스트레스 측정 도구(표 7-25)는 물리적 환경, 직무 요구, 직무 자율, 관계 갈등, 직무 불안정, 조직 체계, 부상 부적절, 직장 문화 등 8개 영역에 대한 43개의 문항으로 구성되어 있다. 1~4점까지 점수를 부여하고 영역별로 점수를 집계한 후 전체 접수를 합산한다. 평가를 실시하는 조직의 점수 분포를 기준으로 각 근로자의 상대적인 직무 스트레스 수준을 평가한다. 점수가 높을수록 스트레스가 높은 것으로 보고, 점수를 낮출 수 있는 방향으로 관리하는 것을 목표로 한다.

2004년 장세진 등의 연구에서 제시된 참고치를 합계란 밑에 표시하였다. 이 참고치와 비교하려면 각 영역의 점수를 100점 만점으로 환산해야 한다.

3) 학생 스트레스 평가

학교 스트레스 정도 및 학생의 대처 양식을 평가하는 많은 척도들이 있다. 또한 초등학생, 중학생, 고등학생 등 특정 연령대에 적용할 수 있도록 개발된 척도들이 많다. 여기서는 기존의 여러 측정 도구들을 기초로 재구성하여 초·중·고 학생 모두에게 적용할 수 있도록 이선희가 제작한 평가지(표 7-26)를 소개한다. 점수가 높을수록 스트레스 수준이 높은 것을 의미한다.

스트레스 진단, 평가를 위해 사용할 수 있는 주관적 평가 척도들은 이상에서 소개한 것 이외에도 매우 많다. 여기서는 스트레스 평가를 위해 제작된 척도를 위주로 소개하였지만, 피검자의 정신병리를 평가하기 위해서 SCL-90(symptom check list-90) 같은 간이 정신 진단 검사라든가 MMPI 같은 심리 검사가 필요

표 7-26 학생 스트레스 평가

문항	스트레스 정도				
	전혀 받지 않는다	별로 받지 않는다	받을 때도 있고 아닐 때도 있다	상당히 받는다	아주 많이 받는다
	0점	1점	2점	3점	4점
1. 나는 내 얼굴 때문에					
2. 나는 내 몸매 때문에					
3. 나는 잘하는 것이 없어서					
4. 나는 사람들 앞에서는 지나치게 수줍어해서					
5. 나는 자주 아파서					
6. 나는 자신감이 없어서					
7. 나는 진로가 걱정되어서					
8. 나는 할 일이 너무 많아 놀 시간이 없어서					
9. 나는 내가 하고 싶은 것을 하지 못할 때가 많아서					
10. 나는 인기가 없어서					
11. 나는 부모님께서 나에게 너무 큰 기대를 하셔서					
12. 나는 부모님이 나의 일에 지나치게 간섭을 하시기 때문에					
13. 나는 부모님이 다른 사람과 비교하여 말씀하시기 때문에					
14. 부모님이 학원에 너무 많이, 늦게까지 다니게 해서					
15. 나는 다른 집에 비해 우리 집이 가난해서					
16. 부모님과 대화가 통하지 않아서					
17. 부모님이 나를 볼 때마다 공부하라고 하셔서					
18. 부모님이 내 성적에 지나치게 관심을 갖고 계셔서					
19. 나는 부모님이 자주 싸워서					
20. 부모님이 내 생각이나 의견을 존중해 주지 않아서					
21. 나는 학교에 가기 싫어서					
22. 나는 열심히 공부한 만큼 성적이 오르지 않아서					
23. 나는 시험을 볼 때마다 시험 점수가 걱정이 되어서					
24. 선생님이 무시하거나 비인격적인 대우(체벌 등)를 하셔서					
25. 선생님이 관심을 가져주지 않고 몇몇 친구만 좋아하셔서					
26. 이성 친구 때문에					
27. 나는 친구와 싸워서					
28. 나를 미워하거나 따돌리는 친구가 있어서					
29. 나는 학교에서 나보다 힘센 친구들이 괴롭혀서					
30. 좁고 시끄럽고 삭막한 학교 환경 때문에					
합 계					

할 수도 있다.

스트레스 평가를 위해 개발된 많은 척도들이 대개 스트레스 인자의 빈도와 특성, 생활변화 단위의 양을 측정하는데, 앞에서도 언급했지만 동일한 사건에 대해서도 개인마다 스트레스로 인지되는 정도와 반응성에는 차이가 있음을 염두에 두어야 한다. 스트레스 반응의 촉발 여부는 부정적 정서의 형성에 달려있고 부정적 정서의 형성은 인지적 과정에 좌우된다. 결론적으로 스트레스 진단, 평가 시에는 지각된 스트레스의 양만 측정할 것이 아니라, 피검자의 인지적 특성, 정서적 안정성, 대처자원에 대한 인식 등을 전반적으로 볼 수 있도록 검사를 구성해야 한다.

**Holistic &
Integrative
Stress
Healing**

스트레스의 통합치유
Holistic & Integrative Stress Healing

••• Part 2에서 우리는 스트레스 관리의 목적인 전인적 건강에 대해서 살펴보았다. 전인적 건강은 신체적, 정신적, 사회적, 영적 차원에서의 건강이다. 이것은 '다중차원의 웰빙'이라고 표현할 수 있었다. 세계보건기구는 개인의 총체적 건강을 다섯 가지 서로 다른 웰빙, 즉 신체적, 정신적, 정서적, 사회적, 영적 건강을 성취한 상태로 정의하였다. 여기서 총체적 건강은 곧 다중차원의 웰빙이고 이것은 전인적 건강과도 같은 의미이다. 스트레스 관리의 목적은 이상과 같은 포괄적인 의미의 웰빙을 삶 속에 실현하는 것이다.

스트레스 치유나 의학적인 질병 치료 모두, 건강을 증진하는 것을 목표로 하지만, 이들은 여러 면에서 차이가 있다. 질병 치료는 몸에 생긴 질병이든 마음에 생긴 질병이든, 특정한 질병의 증상을 완화하거나 제거하는 것을 목표로 하지만, 스트레스 치유는 스트레스라는 개념 자체가 몸과 마음, 개체와 환경이라는 관계를 배제하고는 성립되지 않는 것인 만큼, 특정 부위의 특정 증상을 완화하는 것만을 목표로 하지 않

PART 08

전인적 스트레스 관리

Holistic stress management

는 전인적이고 통합적인 접근을 요구한다. 또한 스트레스 관리는 단순히 건강을 목표로 하는 것이 아니라 그 너머에 있는 삶의 웰빙을 목표로 하므로, 객관적인 증상의 개선도 중요하지만 환자(내담자)의 주관적인 고통과 괴로움이 완화되고 삶의 질이 실질적으로 향상되는 것이 무엇보다 중요하다.

스트레스 치유를 위해서는 다음과 같은 측면들이 고려되어야 한다. 첫째, 다면적 진단을 기초로 하여 각자의 스트레스 원인, 취약성, 신체적·경제적·시간적 여건에 맞는 개별적인 전략을 마련해야 한다. 둘째, 몸과 마음을 포함한 모든 차원에서 전인적으로 이루어져야 한다. 셋째, 그러기 위해서는 방법론적으로 통합적인 치유가 이루어져야 한다. 통합적 치유에는 의학적 치료도 포함된다. 지각된 심신의 고통이 삶에서 심각한 장애를 초래하고 있거나 질병이 이미 진행 중인 상황이라면, 먼저 그 증상이 완화되어야 다른 치유법들도 효과를 기대할 수 있다.

01

스트레스 관리의 원리

인간이라는 존재가 여러 차원으로 이루어진 만큼, 스트레스도 그 여러 차원에서 발생할 수 있다. 우리는 앞에서 인간이 경험하는 스트레스에는 분자 수준의 스트레스, 신체적 스트레스, 심리적 스트레스, 영적 스트레스, 생태·사회적 환경 스트레스 등 여러 차원의 스트레스가 있음을 살펴보았다. 이러한 사실이 스트레스 관리에서 갖는 의미는 무엇인지 먼저 생각해 보기로 한다.

1) 존재의 여러 차원과 스트레스 관리의 관계

스트레스를 유발하는 원인이 사람마다, 상황마다 다르다는 사실은 스트레스 관리에 만병통치약 같은 방법이 따로 있을 수는 없다는 것을 알려 준다. 우리가 알고 있는 스트레스 관리법들을 생각해 보자. 운동이나 근육이완법은 신체적 스트레스를 완화하는 데 도움을 주고, 인지치료나 명상은 심리적 스트레스를 완화하는 데 더 효과적이다. 항산화제를 복용하는 것은 세포의 산화 스트레스를 완화하는 데 도움을 준다. 스트레스가 어느 차원에서 발생했는가에 따라서 관리법이 달라야 하는 것이다.

이번에는 다른 각도에서 생각해 보자. '몸마음'이라는 단어가 의미하는 바와 같이, 인간의 여러 차원들은 서로 분리되지 않고 하나로 연결되어 있기 때문에 어느 차원에서 스트레스가 발생하든지 존재 전체에 영향을 줄 수 있다. 심리적 스트레스가 신체적 스트레스를 유발하고 산화 스트레스를 유발하기도 한다. 역으로도 같은 설명이 가능하다. 실제로 심리신경면역학의 최신 연구들은 산화 스트레스, 염증 스트레스, 심리적 스트레스가 서로 밀접한 관계에 있다는 것을 밝히고 있다. 그렇다면 어떤 스트레스 관리법을 선택하든 결국 몸, 마음, 세포 수준 모두에 긍정적인 영향을 미치게 되지 않을까?

표 8-1 전인적 스트레스 관리

인간 존재의 여러 차원	Maslow의 욕구 단계	주요 스트레스	스트레스 관리
물질 차원		분자 수준의 산화 스트레스, 환경의 전자기적 교란	생활환경 및 생활양식 개선 (예: 규칙적 생활, 항산화물질 섭취)
몸 차원	생리적 욕구 안전에 대한 욕구	신체적 스트레스	신체적 스트레스 관리법 (예: 운동, 이완요법, 질병의 의학적 치료)
마음 차원	애정, 소속에 대한 욕구 자존감에 대한 욕구	심리·사회적 스트레스	심리적 스트레스 관리법 (예: 정서 관리, 인지치료)
영 차원	자아실현의 욕구	영적 스트레스	사회적·영적 스트레스 관리법 (예: 실존치료, 종교생활)
우주적 차원		생태 환경 스트레스	생활환경 및 생활양식 개선 (예: 환경 보호, 생태계 보호)

결론부터 말하자면 스트레스를 중재하는 최고의 방법이란 따로 존재하지 않는다. 그러나 현실에서는 스트레스가 어느 수준에서 발생한 것인지조차 명확하게 파악하지 못한 상태에서, 주변에서 추천하는 방법을 시도하는 경우들이 많다. 이것은 어떤 질병에 대해 치료를 시도할 때 증상을 완화하는 대증치료를 할 것인가, 근본치료를 할 것인가의 문제와도 다르지 않다. 대증치료로 증상이 완화된 경우, 질병이 발생한 환경으로 되돌아가면 병증은 다시 발생할 수밖에 없다. 대인관계의 갈등에서 발생하는 스트레스가 주된 원인이라고 진단된 경우, 운동을 권하는 것이 나을까, 대인관계 기술을 향상시키는 것이 나을까? 사회적 관계에서 발생하는 스트레스를 육체적인 방법으로 해소하는 것은, 비록 그것이 일시적으로 스트레스 자극으로부터 멀어지게 하는 효과는 있을지라도 삶의 현장에 되돌아오면 또 다시 같은 고통을 겪게 된다. 자신의 감정을 다스리는 관리법도 스트레스 반응을 완화하여 심신의 부담을 감소시킬 수는 있으나, 그 고통이 강박적 사고로 인해 발생하는 것이라면 인지치료를 통한 내적 태도의 변화가 보다 근본적인 수준의 관리법이 되는 것이다.

2) 전인적 건강과 통합치유

전인치유(holistic healing)와 통합치유(integrative healing)는 동전의 앞뒷면과 같은 관계이다. 전인적 치유를 위해서는 통합적 방법론이 요구되기 때문이다. 즉 인간의 여러 차원에서 일어나는 고통을 완화하기 위해서는 다양한 치유 방법론들이 통합적으로 제공되어야 한다.

한의학에서도 스트레스라는 개념은 병인론의 중심을 이룬다. 『황제내경』에서는 질병의 원인을 육음(풍한서습조화[風寒暑濕燥火])이라는 외부원인, 칠정(희로우사비공경[喜怒憂思悲恐驚])이라는 내부원인, 음식이나 피로와 같은 불내외인으로 나누어 설명한다. 또한 인체의 저항력인 정기(正氣)가 쇠하여, 질병을 일으킬 수 있는 사기(邪氣)의 침입을 막지 못하면 질병이 발생한다고 설명한다. 면역은 곧 정기를 의미한다. 심리신경면역학에서는 스트레스가 면역 기능을 약화시키고 질병을 유발할 수 있다는 것을 설명하고 있다. 한의학에서는 정기를 보호하고 생명을 보양하기 위해서 자연과 인간, 사회와 인간, 그리고 자기 자신을 균형 있게 유지하는 것이 무엇보다 중요하다고 본다. 구체적으로 사시(四時)에 순응하고, 정신을 조양하며, 몸을 단련하고, 체질에 맞는 삶을 살 것을 권하고 있다. 결국 한의학적으로도 스트레스를 관리하는 것은 몸 차원, 마음 차원, 생활양식, 환경과의 조화와 질서 등을 포함하는 통합치유가 되는 것이다.

통합치유란 전인적 차원의 건강을 도모하기 위하여 다양한 치유 방법론을 개인의 상황에 맞게 통합적으로 구성하여 삶 속에서 실천하는 것이다. 여러 방법론을 통합적으로 제공한다는 면에서 통합치유와 통합의학은 깊은 관계가 있다. 그러나 이들은 여러 면에서 다르다. 국내의 대형병원들에도 통합의학센터가 개설되어 있는데, 통합의학은 현대 의학의 한 분야로서, 전인의학을 추구하여 정규 의학과 보완대체의학의 여러 방법들을 통합적으로 제공하는 의학이다.

우리는 앞에서 치유(治癒)와 치료(治療)의 차이를 살펴보았다. 치유는 단순히 질병을 제거하는 것이 아니라 그로 인한 고통과 괴로움으로부터 벗어나는 것이며, 개인의 존재 전체가 단절되지 않고 하나의 전체성을 회복하는 것이다. 따라서 치유는 치료를 동반할 수 있지만, 치료된다고 해서 반드시 치유가 이루어지는 것은 아니다. 또한 치료의 주체는 병을 고치는 사람이지만 치유의 주체는 낫는 사람 자신이다. 그러므로 치유는 병을 고치는 의료기관이 아니라 그 사람이 살고 있는 삶의 현장에서 이루어지게 되는 것이다.

치유자의 역할은 환자(내담자)의 치유를 돕고 인도하는 것이며, 돕는 자는 의료인에만 국한되지 않는다. 치료와 치유의 관계로부터 알 수 있듯이, 의학은 통합치유의 한 부분이 될 수 있으며 통합의학도 예외는 아니다. 또한 의학을 비롯한 모든 학문과 종교는 인간이 고통에서 벗어나 행복한 삶을 살고자 하는 목표를 추구하는 것이므로 통합치유에서 배제되는 학문은 없다.

3) 스트레스원 관리와 적응력 향상

스트레스를 일으키는 외적 원인으로는 재해, 기후, 소음, 공해와 같은 물리화학적 요인과 기아, 수면부족, 임신, 질병과 같은 생물학적 요인, 정치·경제적 혼란이나 대인관계 같은 사회적 요인을 들 수 있다. 우리가 노력해서 피할 수 있는 스트레스에 대해서는 그 원인이 되는 스트레스원을 관리하는 전략이 유효하다. 그러나 사회 재적응 평정 척도에 열거된 생활 사건들의 목록을 보면 알 수 있듯이, 삶에서 만나는 주요 생활 사건들은 아무리 피하고 싶어도 현실적으로 피할 수 없는, 혹은 피하지 말아야 할 항목들이 많이 포함되어 있다. 이처럼 삶에서 피할 수 없는 스트레스원들에 대해서는 심신의 적응력과 대처자원을 향상하는 전략이 더욱 중요하다.

우리가 관리해야 하는 스트레스원은 주요 생활 사건보다는 일상의 골칫거리(daily hassles)들이다. 사실상 이러한 스트레스들이 만성 스트레스의 대부분을 차지한다. 더구나 이들은 개별적으로는 사소한 것이지만 하나씩 누적되어 심신건강에 더 지대한 영향을 미친다. 따라서 자신이 인지하지 못하는 사이에 만성적인 스트레스의 원인이 되고 있는 요소들을 더 적극적으로 관리하도록 노력해야 한다. Lazarus는 이러한 일상의 골칫거리를 여덟 가지 영역으로 분류하였는데 가사일, 건강문제, 시간의 압박, 고독이나 허무 같은 내적 문제, 오염이나 소음과 같은 물리적 환경, 경제적 문제, 직장에서의 문제, 미래에 대한 걱정과 불안 등이 그것이다. 일상의 골칫거리들과 그것이 미치는 악영향을 감소시키는 방법은 다음 장에서 자세히 설명하기로 한다.

스트레스원을 관리하기 위해서 잊지 말아야 할 것은 스트레스원이란 우리 자신이 그것에 의미를 부여하기 때문에 스트레스원이 된다는 것이다. 어떤 스트레스원도 누구에게나 항상 스트레스원이 되지는 않는다. 때로 우리는 주변 사람들은 전혀 개의치 않는 문제에 대해서 혼자 스트레스를 느끼기도 한다. 이것이 의미하는 바는 어떤 자극이 스트레스원이 될 것인지 결정하는 과정은 자기 자신 안에 있다는 것이다. 따라서 가장 효과적인 스트레스원 관리법은 자신의 부적응적이고 역기능적인 내적 태도와 심리적 성향을 보다 적응적으로 바꾸는 것이라 할 수 있다.

스트레스는 변화된 환경에 대해 새로운 적응을 획득하려는 과정이기 때문에 스트레스에 의해 발생한 질병을 '적응의 질병', '부적응증', '적응장애' 등의 이름으로 부른다는 것을 설명한 바 있다. 적응 능력의 향상이란 대처 능력을 향상하는 것이며, 대처 능력을 향상하는 것은 대처자원을 확보하는 것을 포함한다. 이를 위해서는 문제 상황과 자신의 능력을 정확히 판단하고 대처 계획을 수립할 수 있는 인지적 능력, 자신의 스트레스 반응을 지각하고 조절할 수 있는 내적 자각력과 조절력, 구체적인 문제해결 능력, 자기표현 능력, 신체적 강건함, 사회적 지지망 등을 갖추는 것이 요구된다.

사실상 모든 스트레스 관리법은 스트레스원 관리와 적응력의 향상이라는 두 가지 범주에 포함된다고 할 수 있다.

02

개별적 접근과 포괄적 구성

1. 스트레스 관리의 원리
▶ 2. 개별적 접근과 포괄적 구성

　동일한 병원체에 노출된다고 해도 질병이 사람마다, 상황마다 다르게 발생하고, 다르게 경험되고, 다르게 치유되는 이유는 무엇일까? 사람들이 모두 자신의 고유한 유전적 특성과 더불어, 환경과의 상호작용 속에 역동적으로 변화하는 심리·생리학적 반응성을 가지고 있기 때문이다. 모든 사람에게, 모든 상황에서 스트레스가 되는 자극이 없듯이 모든 사람에게 늘 효과적인 스트레스 관리 기법도 없다. 운동은 대표적인 신체적 스트레스 관리법이자 스트레스 관리에 필수적인 요소로 꼽히며, 사회적 지지망은 대다수의 학자들이 동의하는 중요한 스트레스 대처자원이다. 그러나 신체 활동에 익숙하지 않은 사람에게는 운동이 오히려 더 큰 스트레스를 초래할 수 있고, 내향적인 성향의 사람이 사교 모임에 어울리는 것도 큰 스트레스가 된다.

　또 한 가지 고려할 점은 각 사람의 발달 단계이다. 사람은 발달 단계에 따라서 전형적으로 겪게 되는 스트레스가 있으며, 각 단계에서 스트레스가 심신에 미치는 영향도 다르다. 발달 단계에 따라서도 스트레스 관리의 목표나 스트레스 관리 전략이 달라져야 하는 것이다.

1) 치유의 예술적 본질

　현대 의학에서는 동일한 질병으로 진단된 환자들은 동일하게 취급한다. 즉 동일한 원인을 상정하고 표준화되어 있는 치료 전략을 채택한다. 의학이 가장 중요하게 여겨온 것은 환자들 각각의 독특함이나 차별성이 아닌 생물학적 공통성이다. 그러나 지난 세기부터 신종 질병의 출현과 난치성 질환, 생활습관병의 만연으로 인해 현대 의학에 대한 신화적 믿음은 흔들리게 되었다. 근본적으로 현대 의학의 패러다임이 재검토되기 시작했고, 환자들 개개인의 삶의 경험과 생활양식, 성격 같은 요소들을 질병의 진단과 치료에서 중요한 요소로 여기는 과거의 전인론적 관점이 다시 부각되기 시작했다. 그것은 현대 의학이 출발했던 객관화, 표준화라는 과학의 경로를 벗어나 주관성과 개별성이라는 예술적 접근을 요구하게 되는 것이다. 이미 현대 의학은 순수한 심리적 스트레스가 신체에 영향을 미치고 질병을 야기할 수 있다는 것을 확인하였고 마음과 몸, 개체와 환경이 상호작용하는 생리학적 경로들도 규명하였다.

환자를 고장 난 시스템으로 보지 않고, 몸과 마음을 모두 지닌 인격체로 보고 접근할 때, 환자가 가진 내적 치유능력을 이끌어 낼 수 있다. 중세 이후 서양의학의 새로운 전조를 만든 파라셀수스는 의사가 갖출 기본 자질로서 환자와 그의 몸, 그리고 질병을 이해할 수 있는 직관과 더불어, 환자의 영혼과 정서적 교류를 할 수 있는 감수성과 자세가 필요하다고 하였으나, 현대의 의학 교육에서는 이러한 측면이 충분히 강조되지 못해 왔다. 히포크라테스는 그의 잠언집에서 "기회는 순식간에 지나가고, 경험은 오류가 많으며, 판단은 어렵다"고 하였다. 그것은 의술이라는 것이 객관화할 수 있는 기술이기 이전에 환자 한 사람 한 사람에 대해 창조적 접근을 요구하는 행위이기 때문이다. 파라셀수스 역시 의술은 과학이기보다 예술에 가까운 경험적 기술이라고 하였다. 행동의학자인 William Lovallo 또한 환자의 정신적 상태가 질병이나 치료에 대한 반응에 영향을 미칠 수도 있다는 지식은 과학이라기보다 예술이라 할 수 있는 것의 일부가 된다고 하였다.

Bernard Lawn은 환자가 안고 있는 임상적 문제들을 신체기관별로가 아니라 환자라는 한 인간 전체 속에서 이해하는 능력이 의사에게 중요하다는 것을 강조하고, 이를 '의학적 지혜'라 하였다. 의학적 지혜는 치료자뿐 아니라 환자 자신에게도 요구된다. 왜냐하면 일부 유전적인 질환들을 제외하면, 대개의 질병은 삶의 과정 속에서 환자의 몸과 마음, 의식과 무의식, 외적 환경과 내적 환경의 역동이 빚어낸 결과이고, 따라서 자신의 내면을 깊이 들여다보고, 삶의 여러 가지 요소들을 통합하여 스스로 재구성하는 일이 궁극적인 치유의 과정이 되기 때문이다.

2) 인간발달과 스트레스

OECD국가 중 우리나라 아동·청소년의 행복지수가 가장 낮다는 발표가 있었다. 이들이 행복하지 않은 이유는 무엇일까? 대개 입시 위주의 교육과 지나친 경쟁을 원인으로 지목하게 되는데, 그것이 과연 무엇을 의미하는지 좀 더 근본적인 수준에서 살펴보자. 우리나라 아동·청소년의 행복지수가 다른 나라 아동·청소년들보다 낮다는 것은 그 시기에 충족되어야 할 욕구가 상대적으로 덜 충족되고 더 많은 동기의 좌절을 경험하기 때문일 것이다. 달리 말해서, 이들이 덜 행복한 이유는 우리나라 유아나 성인이 행복하지 않은 이유와는 같지 않을 것이다.

표 8-2 Erikson의 심리·사회적 발달 단계와 스트레스

나이	발달과제 (실패 시)	발달 특성	주요 스트레스
0~1세	신뢰감 (불신감)	양육자와의 신뢰로운 관계 형성을 통해 자기에 대한 신뢰와 타인 및 세상에 대한 기본적 신뢰감 형성	생리적 스트레스, 양육자와의 분리
2~3세	자율성 (수치 및 회의)	자신의 욕구와 부모의 기대 사이의 갈등을 경험	불충분한 양육, 방임
4~5세	주도성 (죄의식)	목표와 계획을 세우고 추진해 나가는 능력	가족관계, 질병, 학대, 방임
초등학교기	근면성 (열등감)	사회생활에 필요한 기본 지식과 기술 습득. 또래친구를 통해 대인관계 능력 발달	또래 경쟁, 학교 적응, 생활환경 변화
청소년기	자아정체감 (역할 혼미)	자신의 정체성, 미래에 대한 탐색의 시작	가치관과 정체성의 혼란, 학업과 입시, 가족관계, 친구관계
성인기 초기	친밀감 (고립감)	자아 정체성에 기초한 진정한 의미의 친밀감 형성	결혼, 취업, 출산, 군복무, 직장 스트레스
성인기 중기	생산성 (침체감)	자녀나 부하 사원에 대한 배려와 사회적 관심 증가	직장 스트레스, 신체적 능력 감소, 삶의 의미에 관한 탐색 시작
노년기	자아통합 (절망)	신체적 노쇠와 사회적 상실에 대한 심리적 적응. 삶의 불행과 실패를 인정하고 삶으로 통합.	삶의 회한, 미련, 후회, 신체적 능력 감소, 인지 능력 감소, 가까운 사람들과의 사별, 빈곤

발달 단계에 따라서 개체가 겪는 스트레스의 내용은 달라진다. 정신적, 신체적 성장과 성숙 자체도 새로운 스트레스를 동반하게 되지만, 그에 따라 달라지는 사회적 역할과 책임도 지속적으로 새로운 적응과 대처를 요구하게 된다. 심리학자 Erikson은 모든 사람은 나이에 따라 겪고 극복해야 할 공통의 고유 과제가 있으며, 그 과제를 성공적으로 극복하기 위하여 많은 에너지를 필요로 한다고 하였다. Erikson의 발달사적 위기론이나 Freud의 정신발달론은 개체의 발달 단계에 따라 개체가 겪는 적응 과제, 즉 스트레스가 다르다는 것을 보여준다.

발달 단계별 스트레스를 Maslow의 욕구단계설과 비교해 볼 수 있다. 초년기일수록 생리적 스트레스나 안전의 욕구가 스트레스의 주요 원인이 되나, 나이가 들어감에 따라 그러한 욕구의 강도가 점차 감소하면서 애정과 소속의 욕구, 자존감의 욕구가 나타나고, 중년기에 이르면 자아실현의 욕구가 구체적으로 드러나면서 노년기까지 이어진다.

결국 동일한 종류, 동일한 강도의 스트레스성 자극이라도 발달 단계에 따라 개체에게 의미하는 바가 다르며, 개체에게 미치는 영향 또한 다르고, 각 단계에서의 대처 능력도 다르다. 스트레스성 사건을 해석하고 그에 대해 적절히 대처하는 데는 성격, 방어기제의 완성도, 이용 가능한 대처자원 등이 결정적 역할을 하게 되

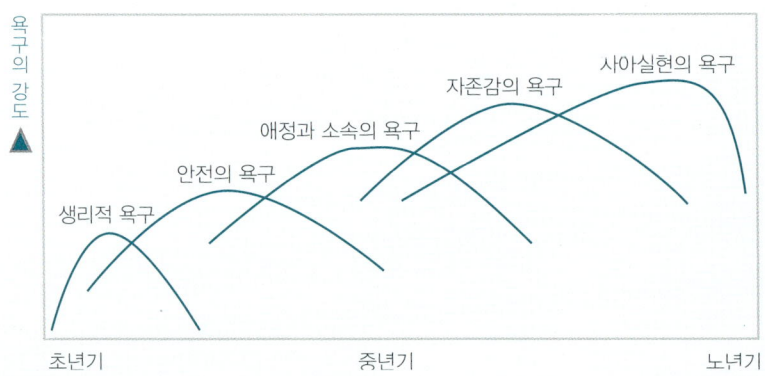

그림 8-1 발달 단계별 욕구의 변화

므로 발달 단계에 따라 스트레스의 영향이 다른 것은 당연하다. 예를 들어 월남전에 참전했던 미군들의 PTSD 발병률이 제2차 세계대전 참전병이나 한국전 참전병보다 높았는데, 월남전 참전병의 평균 나이(19세)가 2차대전 참전병(27세)이나 한국전 참전병(25세)보다 낮았기 때문이라는 해석도 있다.

주관적으로 동일한 강도를 갖는 스트레스원에 대해서라면 어느 시기에 경험하는 스트레스가 더 위험할까? 당연히 대처 능력이 미약한 어릴 때일수록 스트레스의 영향을 크게 받는다. 그러나 대처 능력의 정도를 떠나서, 어릴 때 받는 스트레스, 심지어 태아일 때 받는 스트레스는 평생에 걸쳐 그 개체의 스트레스 반응성을 형성한다는 점에서 더욱 치명적일 수 있다. 스트레스가 인지되면 신체는 단기적으로는 신경계, 내분비계, 면역계를 통하여 스트레스 반응을 하게 되는데, 그 반응을 구성하고 통합적으로 조율하는 것은 중추신경계이다. 스트레스 경험은 뇌 안에 저장되어 후일에 참고하게 된다. 이 과정에서 뇌의 구조적, 기능적 변화가 일어나고 향후의 스트레스 반응성을 만들게 된다. 이러한 반응성에는 신체적인 것뿐 아니라 심리적, 행동적 반응성이 포함되며, 이는 개체의 성격, 습관, 질병 취약성 등과 밀접한 관계가 있다.

출생 전에 모체를 통해 받은 스트레스성 정보는 태아의 대사를 형성하는 배경이 된다. 이처럼 태아 때에 대사의 일부가 영원히 변해 버리는 것을 대사의 각인, 또는 편성이라 한다. 출생 때 몸무게가 하위 25%에 속했던 사람들과 상위 25%에 속했던 사람들을 비교하면 전자에서 심장질환 발생이나 사망 확률이 50% 정도 높다. Part 5에서 설명한 바와 같이 태아의 영양 상태와 평생의 대사 및 심혈관질환의 관계는 David Barker의 '성인 질병의 태아기 기원설(fetal origins of adult disease, FOAD)'를 통해 잘 알려져 있다. 그런데 영양 상태와 무관한 임신 중 스트레스도 같은 영향을 미친다. 모체의 코티솔은 태아 순환계로 이동하게 되고, 그로 인해 태아는 모체의 스트레스 신호

를 탐지할 수 있다. 모체의 스트레스 호르몬 수준이 높으면 그것을 기준으로 삼아 태아도 많은 스트레스를 만드는 대사를 형성하게 된다. 그 결과 출생 후에도 기본적인 코티솔 수준이 상승되어 있고 스트레스에 더 취약하게 된다. 따라서 모체의 스트레스 관리가 곧 태아의 스트레스 관리라고 할 수 있다.

영·유아기에는 생리적 불편감, 양육자와의 분리나 방치, 낯선 사람 등이 주된 스트레스다. 이 시기에 형성된 스트레스 반응도 전 생애에 유지되는 스트레스 반응을 결정하는 데 매우 중요하다. 뇌는 환경의 영향을 받아 신경망을 갖추어 나가는데, 뇌에서 감정을 담당하는 변연계가 형성되는 시기인 1~3세 무렵에 스트레스를 많이 받거나 양육이 제대로 이루어지지 않거나 학대나 방임 같은 스트레스를 받으면 이 조직의 발달이 취약해진다. 소암 이동식은 "어떻게 보면 어머니는 모든 인간의 운명을 손아귀에 쥐고 있는 셈이다"라고 하였다.

아동기에는 가족관계, 질병, 또래 경쟁, 환경 변화, 이주, 학대, 방임 등이 주요 스트레스가 된다. 아동 스트레스 요인의 대부분이 부모나 주위 어른으로 인한 것이다. 따라서 아동기에는 심신의 건강한 성장을 위한 물리적 환경의 조성과 더불어 적응적인 성격 양식과 인지적 양식이 형성될 수 있도록 해야 하는데, 이를 위해서는 양육자 및 또래와의 안정적인 관계를 형성하는 것이 무엇보다 중요하다. 이 무렵이면 개체의 심리적, 생리적 특성은 거의 완성된다고 할 수 있다. 심리학에서도 대체로 개체의 성격은 5세 무렵이면 완성된다고 본다.

스트레스 관리에 있어서 청소년기가 중요한 이유는 무엇보다도 스트레스에 대한 부절적한 대응 행동이 형성되어 고착되는 시기이기 때문이다. 음주, 흡연, 컴퓨터 중독과 같이 불건강한 행동을 처음 시작하는 시기가 대개 청소년기인 것이다. 주입식 교육과 입시 경쟁은 청소년의 정체성과 건전한 가치관을 형성하는 데 어려움을 초래하며 내면의 스트레스를 더욱 증가시킨다. 성인기에 나타나는 사회적 부적응과 갈등은 청소년기에 이루지 못한 발달 과업에서도 그 원인을 찾을 수 있다.

　신체적인 스트레스 관리법은 신체적 성숙과 심리적 성숙의 부조화로 인해 야기되는 청소년기의 불안과 긴장을 해소하는 좋은 방법이다. 그러나 현대의 청소년들이 충분한 신체 활동의 기회를 갖기란 쉽지 않다. 심신이완 기술은 학업 스트레스로 고통 받으며 시간에 쫓기는 청소년들에게 여러 면에서 긍정적인 스트레스 관리법이다. 청소년이 자신의 스트레스를 이해하고 스스로 관리할 수 있도록 필요한 지식과 기술을 배양하는 것은 교육 현장에서부터 적극적으로 시행되어야 할 것이다.

　20~30대인 성인전기에는 지위와 역할의 변화로 인하여 수많은 스트레스 사건에 노출된다. 이 시기에는 취업, 결혼, 출산 등 삶에서 가장 중요한 사건들이 연이어 벌어진다. 직장은 자아실현의 장이며 삶의 필요를 공급할 수 있는 곳이지만, 많은 직장인들이 직장에서 즐거움과 만족을 경험하기보다는 스트레스와 고통을 경험하고 있다. 직장 스트레스는 생활습관병을 유발하는 직접적 원인이다. 직장은 깨어있는 시간의 60% 이상을 보내는 곳이며, 그만큼 가장 큰 스트레스의 근원이다. 따라서 스트레스 관리는 개인적 차원에서뿐만 아니라 기업 차원에서도 고려되어야 한다. 한편 학교가 사회적 탄생을 준비하는 곳인 것처럼, 직장은 은퇴 후 제2의 삶을 준비할 수 있도록 돕는 곳이어야 한다. 이 시기의 삶이 은퇴 이후의 삶을 결정하는 만큼, 직장에서의 교육은 단순한 직무교육만이 아닌 평생교육의 관점에서 구성되어야 한다. 무엇보다도 스트레스에 관한 체계적 지식을 갖추고 스트레스 관리 기술을 습득하여 자기-돌봄을 실천할 수 있는 역량을 갖추도록 도와야 할 것이다.

　40~50대인 성인중기는 외적으로는 안정되어 가지만 내적으로는 건강과 능력에 대한 자신감이 상실되고 본격적인 실존적 방황이 시작되는 시기이다. 심리학자 Carl Jung은 이때에 이르면 외부에서 내면세계로 힘을 전환하면서 무의식적인 균형을 찾게 된다고 하였다. 앞만 보고 질주해 온 삶 속에서 억압되어 왔던 내

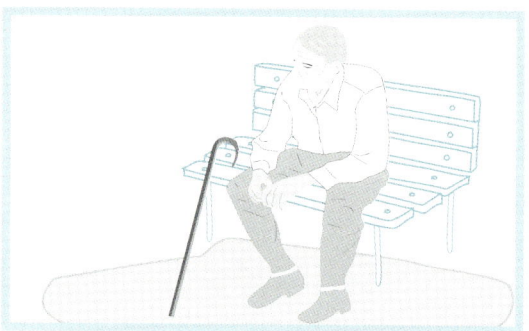

면의 욕구들이 40세 무렵부터 표면으로 부상되면서 갑작스런 성격과 행동의 변화가 일어나기도 한다. 이 시기에 스트레스가 적절히 관리되지 않으면 질병과 노화가 촉진되고 삶의 질을 급격히 저하시키며, 돌보아지지 않은 건강은 각종 성인병으로 나타나기 시작한다. 따라서 이 시기의 스트레스 관리에서는 심리적, 영적 스트레스 문제를 좀 더 적극적으로 다루고 삶의 의미와 가치관을 재정립하여 미래에 대한 새로운 준비를 할 수 있도록 하는 것이 중요하다. 또한 자신의 심신을 돌보기 위한 건강한 생활습관과 생활양식을 습득하여 실천할 수 있도록 해야 한다.

노인기 스트레스의 주요 원인은 고독, 빈곤, 질병, 역할 상실이다. 삶의 통합을 통한 심리적 안정 못지않게 신체적 건강 유지가 스트레스 관리의 관건이다. 나이가 들수록 신체적 스트레스 관리 기법을 소홀히 하기 쉬운데, 신체적 건강은 노년기의 삶의 질을 유지하기 위해 매우 중요한 요소이다. 젊은 시기에 운동을 별리 했던 사람이라도 자신의 신체 능력에 맞게, 그리고 산책이나 등산처럼 생활 속에서 부담없이 꾸준히 할 수 있는 운동을 선택하여 실천하도록 해야 한다.

발달 과정에서 겪는 스트레스 중에는 예측 가능하고 미리 대처 능력을 향상할 수 있는 종류의 스트레스들이 많이 있다. 건강한 전 생애 발달은 전 생애 스트레스 관리와 크게 다르지 않다. 이러한 스트레스 관리는 삶의 어느 한 시점에서 이루어지는 교육으로는 완성될 수 없으므로 학교교육, 사회교육, 직장교육의 유기적 협력 하에 평생에 걸쳐 체계적으로 제공되어야 한다.

**Holistic &
Integrative
Stress
Healing**

스트레스의 통합치유
Holistic & Integrative Stress Healing

Holistic & Integrative Stress Healing

••• Part 9에서는 수많은 스트레스 관리 기법들에 대해 설명할 것이다. 많은 기법들을 소개하는 이유는 각 스트레스 관리 기법들의 장단점과 특징을 파악하여 환자(내담자)에게 가장 적합한 방법을 제시할 수 있도록 하기 위해서이다. 또한 몸, 마음, 생활환경 등 여러 영역들을 다면적으로 돌보기 위해서도 그에 해당하는 여러 방법들이 동시에 필요하다. .

모든 치유자들은 대개 자신이 특별히 선호하거나 남보다 전문성을 확보하고 있는 치유 기법을 가지고 있기 마련이다. 불안이 심한 환자(내담자)에 대해서, 인지행동 치료사는 인지행동적인 치유 기법을 적용하려 할 것이고, 명상 전문가는 명상을 권할 것이며, 의사는 항불안제를 처방하려 할 것이다. 위의 모든 방법이 환자(내담자)의 증상을 완화하는 데 어느 정도 효과가 있다. 치유자의 입장에서 생각한다면, 이처럼 증상을 완화시킬 수 있을 것으로 기대되는 자신의 방식을 적용하는 것은 타당하다. 그러나 스트레스 치

PART 09

스트레스 관리 기법

Interventions for stress management

유는 드러난 증상을 완화하는 것이 목표가 아니라 웰빙과 삶의 질을 향상하는 것이 궁극의 목표이다. 웰빙과 삶의 질이라는 주관적 기준에서 성공적인 치유를 하려면 치유자가 중심이 되지 않고 환자(내담자)가 중심이 되어야 한다. 따라서 스트레스 치유를 위해서라면 치유자 자신의 전문성과 선호는 일단 유보할 필요가 있다.

스트레스 치유를 위해 찾아온 환자(내담자)들은 시력 교정을 위해 안과를 찾아온 근시 환자나 근력을 강화하기 위해 트레이너를 찾아 온 운동선수, 즉 자신의 필요와 요구를 정확히 알고 가장 적절한 도움을 선택하여 찾아 온 사람들과는 다르다는 것을 기억해야 한다. 이러한 원칙을 고려하지 않는다면 스트레스를 다면적으로 진단, 평가하는 수고도 무의미할 뿐이다.

1. 스트레스 관리법의 선택
2. 심리·행동적 접근법
3. 신체적 접근법
4. 생활양식과 생활환경 수정

01

스트레스 관리법의 선택

질병에 관한 생물심리사회학적 모델에서도 질병 진행 양상과 치료 과정은 사람마다 동일하지 않다는 것을 보여주지만, 스트레스 관리에서는 더욱 포괄적인 관점에서 개별화된 전략이 수립되어야 한다. 개인의 생리적, 인지적, 환경적 취약성과 스트레스 반응성에 대한 평가를 기초로, 체질과 환경 여건, 나이, 건강 상태, 인지 능력, 스트레스원의 특성 등을 고려하여 선택적, 복합적으로 구성되어야 하는 것이다.

개인별 스트레스 치유 전략을 마련하려면 스트레스 반응의 구성에 영향을 미치는 요인들 사이의 상호작용을 이해해야 한다. 그림에서 볼 수 있는 바와 같이, 통합적 스트레스 관리는 ① 스트레스성 자극 관리, ② 부적응적 인지의 개선, ③ 정서 조절, ④ 심신의 반응 관리, ⑤ 대처 능력 향상, ⑥ 불건전한 생활양식과 생활환경 개선, ⑦ 대처자원 관리라는 일곱 가지 측면이 종합적으로 고려되어야 한다. 먼저 스트레스 진단, 평가를 통해 위의 일곱 가지 측면에 대한 평가가 이루어진 후에는 취약한 부분을 보완할 수 있는 스트레스 치유법을 선택해야 한다.

스트레스 치유를 위해 널리 활용되는 개입법으로는 심리상담, 인지행동치료, 실존치료, 요가, 명상, 근육이완법, 자율훈련, 마사지, 호흡법, 심상법, 마인드컨

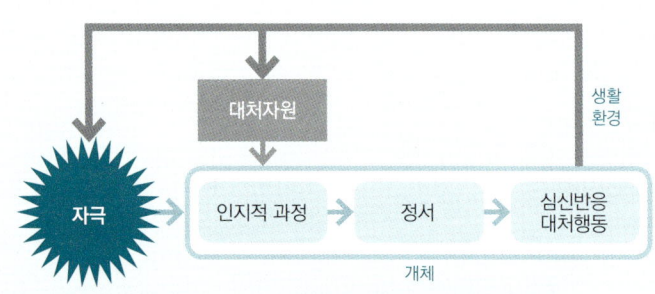

그림 9-1 스트레스 반응 구성에 영향을 미치는 요인들 간의 상호작용

트롤, 바이오피드백, 아로마테라피, 표현예술치료, 음악치료, 운동요법, 영양요법, 종교생활, 사회적 지지망 확보, 자기주장 훈련, 사회적 기술 훈련, 의학적 개입, 스트레스 교육 등 헤아릴 수 없이 수많은 방법들이 있다. 만일 불합리하고 왜곡된 인지로 인해 사소한 자극에 대해서도 스스로 스트레스를 만들고 있는 경우라면 인지치료를 통해 부적응적인 인지를 개선하는 것이 무엇보다 필요하다. 자기표현에 어려움이 있고 그로인해 대인관계에서 스트레스를 많이 느낀다면 자기주장 훈련이나 행동치료가 도움이 된다. 신체적 건강은 누구에게나 중요한 스트레스 대처자원 중 하나이므로 운동요법, 요가, 스트레칭 등 각 사람의 연령과 제반 여건에 맞는 관리법을 함께 구성할 수 있다. 스트레스는 심리적, 신체적, 사회적, 영적 영역 어디에서나 발생할 수 있다. 스트레스 진단 및 평가 결과, 삶의 의미나 가치관의 혼란에 관한 스트레스를 경험하는 사람이라면 일반적인 심리상담보다는 실존치료나 의미치료와 같은 개입법이 도움이 될 수 있고 때로는 종교생활이 도움이 될 수 있다. 그러나 어떤 경우든지 환자(내담자) 자신의 삶의 양식과 개인적 성향에 맞는 방법들이 선택되지 않으면 스트레스 관리 자체가 또 다른 스트레스가 된다는 것을 기억해야 한다.

이 장에서는 다양한 스트레스 치유법들을 심리·행동적 접근법, 신체적 접근법, 생활습관과 생활환경 수정이라는 세 가지 영역으로 나누어 살펴보기로 한다.

02

심리·행동적 접근법

1. 스트레스 관리법의 선택
▶ 2. 심리 · 행동적 접근법
3. 신체적 접근법
4. 생활양식과 생활환경 수정

심리·행동적 접근법은 심리학의 ABC, 즉 감정(affect), 행동(behaviors), 인지(cognition)를 모두 포함하는 것이다. 스트레스 반응 구성에 영향을 미치는 요인들 간의 상호작용 모델이 설명하는 바와 같이, 인지-정서-행동은 밀접하게 연결되어 있다.

1) 정서적, 인지적 접근의 중요성

바이오피드백 연구가인 Elmer Green은 "생리 상태의 모든 변화는 의식적으로든 무의식적으로든 그에 상응하는 감정 상태의 변화를 일으키고, 반대로 의식적으로든 무의식적으로든 감정 상태의 모든 변화는 그에 상응하는 생리 상태의 변화를 일으킨다"고 하였다. Roger Walsh는 "정서는 삶을 지배한다. 우리의 마음에서 계속 일어나는 감정은 결국 우리의 마음을 지배한다. 그리하여 이러한 정서들이 우리의 지각을 채색하고, 동기를 형성하며, 삶을 지휘하게 된다"고 하였다. 우리는 앞에서 스트레스 자극의 두 가지 전달 경로에 대해서 알아보았다. 신피질을 거치는 긴 경로를 통해서든, 시상에서 바로 이어지는 짧은 경로를 통해서든 일단 편도체가 활성화되면 신경·내분비계를 경유하여 심신의 생리적 변화와 행동적 변화가 일어난다. 감정의 중추인 편도체는 부정적인 정서를 만드는 데 특화되어 있으며, 신피질에서 일어나는 상위 인지 과정이 없이 무의식적 경로에서 입수한 정보만으로도 생리적 스트레스 반응을 일으킬 수 있다. 생리적 스트레스 반응이 일어나면 그 느낌은 다시 일종의 스트레스 신호로 중추신경계에 인지된다. 한편 스카이다이버들에 관한 연구에서도 잘 알 수 있듯이, 우리가 어떤 사건을 어떻게 평가하는가라는 상위 인지 과정도 그에 따른 정서와 신체적 반응을 발생시킨다. 인지는 우리가 세상을 인식하고 그로부터 개념을 갖는 과정으로서 자극의 지각, 사고, 학습, 기억 등의 과정을 포함한다. 이상의 모든 정서적, 인지적 기능들이 우리의 마음을 이룬다.

사전적으로 마음은 "사람의 지(智)·정(情)·의(意)의 움직임, 또는 그 움직임의 근원이 되는 정신적 상태의 총체"라고 정의된다. 신체적 스트레스든 영적 스트레스든 우리가 느끼는 스트레스는 마음의 불편감이나 괴로움으로 인식된다. 따라서 마음은 전인적인 진단과 치유의 주요 경로가 되는 것이다. 그리하여 동서양을 막론하고 전인적 접근을 하는 의학들은 마음의 건강을 가장 중요하게 여겼으며, 마음을 치료하는 것을 최고의 의술로 여겼다. 세조 때 간행된 『팔의론(八醫論)』에서는 의사를 심의(心醫), 식의(食醫), 약의(藥醫), 혼의(昏醫), 광의(狂醫), 망의(妄

醫), 사의(詐醫), 살의(殺醫)의 여덟 가지로 나누어 설명하고 있다. 혼의 이하의 의사들은 악의(惡醫)라 하였으며, 약의 이상의 의사 중에서도 약만 쓰는 약의보다는 음식으로 병을 고치는 식의를, 또한 식의보다는 마음을 다스려 병을 치유하는 심의를 더욱 높이 평가했다. 『동의보감』에서도 마음이 산란하면 병이 생기고 마음이 안정되면 병도 저절로 낫는다고 적고 있다. 이러한 시각에서는 질병은 마음에서 비롯되며, 치료 또한 마음이 우선이 되는 것이다.

신경과학적으로 마음을 정의하자면, 마음은 외부 환경으로부터의 자극과 신체 내부로부터의 자극을 받아들여 의식, 정서, 욕구, 기억 등을 참고하는 정보처리 과정을 거쳐 행동으로 표출되는 통합적 생체 활동이라 할 수 있다. 이러한 정의에서도 질병의 발병과 치유에서 마음이 중요하다는 것을 알 수 있다. 마음이 안정된다는 것은 내분비계와 신경계의 각종 신경전달물질 등의 분비와 그 조절 기능이 원활하게 이루어지는 상태를 유지한다는 뜻이고, 생체의 긴장이 완화되며 각 장기의 기능이 정상화되고 안정된다는 의미로 해석할 수 있다.

스트레스 관리를 위한 심리적 접근법에는 정서적 접근과 인지적 접근이 모두 포함된다. 정서적 접근의 목적은 안정되고 긍정적인 정서 상태를 유지하는 것이다. 정서적 접근은 모든 사람들에게 효과적인 스트레스 완화 기법이지만, 아동의 스트레스 관리에 있어서는 더욱 중요하다. 정서를 조절하는 능력이 전두엽의 발달과 더불어 이 시기에 갖추어지기 때문이다. 아동기의 정서적 경험이 성격을 형성하고 심신의 스트레스 반응성을 형성하게 된다. 자신의 정서를 잘 깨닫지 못하거나 정서를 조절하는 능력이 부족하면 스트레스 반응이 제어되지 않아 심신에 악영향을 줄 뿐 아니라, 성인이 되어서까지 충동적인 행동과 사회적 부적응을 야기할 가능성이 높다. 정서 조절은 정서를 억제하는 것을 뜻하지 않는다. 지나친 정서 제어도 부정적 영향을 가져와 정서적 지능의 기능이 완전히 위축될 수 있다. 또한 인지적 기능도 정서 기능에 의해 손상을 받을 수 있다. 순전히 이성에만 의존한 것처럼 보이는 행동도 사실상 정서에 크게 의존하고 있으므로, 정서를 만드는 변연계에 결함이 생기면 윤리적, 이성적 결정에도 문제가 생길 수 있는 것이다.

자신의 내면적 욕구나 정서를 계속 이해하면서 지속적으로 돌보는 것으로 정서는 조절된다. 일반적으로 감정은 관찰을 받게 되면, 즉 스스로 그것을 깨닫게 되면 그 강도가 약화되므로, 자신의 감정을 조용히 관찰하거나 대화, 글, 그림, 음악 등을 통해 표현하는 것은 정서를 조절하는 데 도움이 된다. 앞에서 이성의 뇌인 전두엽과 감정의 뇌인 변연계 사이에 있는 전두-변연 연결에 대하여 설명하였다. 정서를 관찰한다는 것을 신경학적으로 표현하자면, 이성과 사고의 중추인 전두엽이 감정의 중추인 편도체의 활성을 조절하는 것이라고 할 수 있다. Spinoza는 "고통스러운 감정은 우리가 그것을 명확하고 확실하게 묘사하는 그 순간 고통이기를 멈춘다"고 하였는데, 실제로 감정은 표현하는 것만으로도 감소된다는 것이 많은 연구에서 확인되었다. Lieberman 등은 감정을 표현하는 것만으로도 그 감정이 완화된다는 것을 실험적으로 보여주었으며, Fawzy 등은 감정을 억압하지 않고 자기를 표현하는 성격은 면역 기능과 긍정적인 상관성이 있다고 하였다. 울고 웃는 감정 표현을 잘하는 것은 정신 건강과 신체 건강에 모두 도움을 준다. 웃음이 그러하듯 눈물도 건강에 유익한 것이다. 미국의 알츠하이머 치료 연구센터의 William Frey는 남자가 여자보다 평균수명이 짧은 이유 중 하나는 덜 울기 때문이라고 했다. 울면서 감정의 정화를 느끼기도 하지만, 눈물과 함께 스트레스 반응의 생리적 산물들이 배출될 수 있기 때문이다.

인지적 접근법은 스트레스성 자극을 해석하고 대처 방안을 고안하는 심리적 과정을 보다 적응적으로 재구성하는 것을 목표로 한다. 우리는 정도는 다르지만 인지적인 오류의 경향성을 조금씩은 가지고 있다. 부적응적이고 왜곡된 사고방식 때문에 불필요한 스트레스를 만들거나, 같은 일을 계속 곱씹고 확대 해석하면서 스스로를 괴롭히고 있는 것이다. 인지적 변화는 스스로의 노력으로도 어느 정도 가능하지만, 전문가의 체계적 도움을 통해 더욱 큰 효과를 기대할 수 있다. 스트레스 관리를 위한 인지적 전략은 인지행동치료의 주요 원리와 기법들을 포함하고 있다. 스

트레스의 근원이 되는 인지적 요소를 체계적으로 검토하고, 바람직한 대안을 찾아 실천하도록 한다. 더불어 행동적 전략으로 대처기술을 습득한다. 부정적 생활사건들의 재평가와 재인식, 자기주장 훈련, 자신의 문제 행동 수정하기, 스트레스 상황에서의 문제 해결 능력 향상, 사회적 기술 훈련, 부정적인 감정 관리, 심신이완 기술 등은 모두 인지행동적 치료의 범주 안에서 논의될 수 있는 방법들이다.

2) 기본 정서 훈련

우리나라 사람들이 가장 많이 사용하는 외래어가 스트레스일 수밖에 없는 이유가 있다. '괴롭다', '힘들다', '화난다', '조바심난다', '걱정스럽다', '짜증난다', '부담스럽다', '지친다' 등등 웬만한 부정적인 감정 상태를 모두 '스트레스 받는다'라는 한 가지 말로 표현하고 있기 때문이다. 그런데 우리가 '스트레스 받는다'라고 말을 할 때 우리 몸에서는 그에 상응하는 심신의 반응이 일어난다. 스트레스라는 말을 사용하는 만큼 실제로 스트레스를 많이 경험할 수밖에 없는 것이다. 더구나 모든 부정적 정서를 스트레스라고 표현하면서 우리의 진실된 정서와는 점점 멀어지게 되고, 자신의 정서를 바라보고 돌보는 능력이 퇴화되는 것이다.

여러 가지 상황에서 자신의 정서가 어떻게 변화하고 있는지, 그것이 어떤 정서인지 정확히 읽고 표현하는 연습을 하는 것만으로도 우리는 우리의 정서를 제어할 수 있는 힘을 키울 수 있다. 스트레스를 받는다고 생각할 때, 순간적인 정서의 변화를 알아차리고, 더불어 몸에 어떤 변화가 동반되는지 살펴본다. 예를 들어, 중요한 회의에 지각하기 직전인데 엘리베이터가 바로 눈앞에서 닫히더니, 각 층마다 머무르며 올라가고 있는 상황을 생각해 보라. 우리는 바깥에서 벌어지는 상황에만 몰입하여 자신의 내부에서 일어나는 변화는 알아차리지 못하고 있다. 그러나 아무리 조바심을 내고 엘리베이터 문을 두드린다고 해도 그것이 1초라도 엘리베이터가 빨리 내려오도록 해주지는 않는다. 동반되는 불필요한 생리적 스트레스 반응만이 몸에 과도한 부담을 주고 있을 뿐이다. 그런 상황에서 점점 굳어져 가는 얼굴의 근육, 빨라지는 심장, 가빠지는 호흡을 정서와 함께 관찰한다. 그 정서

표 9-1 정서목록

긍정적 정서	중립적 정서	부정적 정서
행복한, 다행스러운, 속시원한, 홀가분한, 벅찬, 감동한, 감사한, 개운한, 고마운, 기대되는, 기쁜, 기운이 솟는, 끌리는, 누그러지는, 느긋한, 들뜬, 두근거리는, 뭉클한, 매혹된, 반가운, 뿌듯한, 상쾌한, 신나는, 안심되는, 용기 나는, 자신만만한, 즐거운, 짜릿한, 통쾌한, 평온한, 포근한, 황홀한, 흐뭇한, 흡족한, 흥분된, 희망에 찬, 힘이 솟는, 가뿐한, 경이로운	무덤덤한, 담담한, 덤덤한, 그저 그런, 그러그러한	갑갑한, 거북한, 거슬리는, 걱정되는, 겸연쩍은, 곤혹스러운, 귀찮은, 그리운, 긴장된, 낙담되는, 난처한, 당혹스런, 두려운, 따분한, 막막한, 멋쩍은, 민망한, 분한, 불안한, 비참한, 서글픈, 서러운, 서먹한, 서운한, 성가신, 속상한, 슬픈, 심심한, 쓸쓸한, 아득한, 안타까운, 암담한, 애석한, 야속한, 억울한, 우울한, 절망스러운, 조마조마한, 지겨운, 지친, 질린, 참담한, 창피한, 초조한, 허전한, 혼란스러운, 화가 치미는

가 '답답함'인지, '난처함'인지, '두려움'인지, '불안함'인지 살펴본다. 자신의 정서와 몸의 변화를 바라보는 과정에서 몸과 마음의 긴장은 이미 감소되어 있을 것이다.

〈표 9-1〉에 대표적인 정서의 목록을 제시하였다. 이 외에도 더 많은 정서들을 추가할 수 있다. 치유자는 면담을 하거나 문진을 하는 과정에서 환자(내담자)가 자신의 정서를 정확히 읽고 표현하도록 인도하고 정서 표현에 익숙해지도록 독려할 필요가 있다.

3) 인지치료

"내가 그의 이름을 불러주기 전에는, 그는 다만 하나의 몸짓에 지나지 않았다. 내가 그의 이름을 불러주었을 때, 그는 나에게로 와서 꽃이 되었다." (김춘수의 시, '꽃' 중에서) 스트레스도 그러하다. 스트레스는 우리가 스트레스원이라고 느끼는 자극 자체가 아니라, 우리가 그것에 부여한 의미 때문에 발생한다. 각자의 인지적 특성을 살펴보면 합리적이지도 않고, 논리적이지도 않으며, 문제 해결에 도움이 되지 않는 부적응적인 인지 구조를 가지고 있는 경우가 많다. "나는 '반드시' 어떠해야만 한다", "세상은 '항상' 이런 식이다". "1등을 하지 못하면 '완전히' 실패

흔한 인지적 오류의 예

- **과잉 일반화** : 한두 차례의 경험이나 증거에 비추어 모든 상황에서 그러할 것이라고 과도하게 일반화하여 결론을 맺는 오류
    [예] "지금 나와 점심을 먹을 수 없다고 하는 걸 보니, 저 아이는 나를 싫어하는 거야. 다른 아이들도 역시 그렇겠지. 나는 친구를 결코 사귈 수 없어."
- **이분법적 사고** : 흑백논리, 실무율적 사고(all-or-nothing thinking). 완벽주의자들의 인지에서 흔히 발견되는 사고의 오류. 연속적 개념보다는 오직 두 가지의 범주로 나누어 상황을 보는 것
    [예] "1등을 하지 못하면 실패하는 것이다.", "나와 친한 사람이 아니면 모두 적이다."
- **재앙화** : 점쟁이 오류. 미래에 대하여 보다 현실적인 어떤 다른 고려도 없이 부정적으로 예상하는 것
    [예] "공무원 시험에 떨어졌으니 내 인생은 끝장이다. 난 이제 완전히 패배자가 될 것이다."
- **긍정적인 면의 평가 절하** : 성공의 경험, 자신의 장점, 타인의 칭찬 등을 고려하지 않고 부정적으로만 상황을 해석하는 것
    [예] "내가 100점을 받은 것은 문제가 너무 쉬웠기 때문이다.", "부장님이 나를 칭찬했지만, 항상 사람들을 칭찬하는 분이니 별 의미 없다."
- **감정적 추론** : 사실의 어떤 측면만을 감정적으로 너무 강하게 느끼기 때문에 그 반대되는 증거는 무시하거나 고려하지 않고 자신의 생각이 틀림없는 사실이라고 생각하는 것
    [예] "친구가 약속에 늦는 것을 보니 날 싫어하는 것이 분명해.", "부장님이 기분이 안 좋은 것을 보니 내가 뭔가 잘못한 게 틀림없어."
- **명명하기** : 보다 합리적인 사실을 고려하지 않고 자신이나 다른 사람에게 낙인을 찍는 것. 결국 자신의 행동을 그러한 낙인에 맞도록 유도하는 결과를 초래하게 됨
    [예] "나는 패배자야.", "그는 구제불능이야."
- **과장 및 축소** : 자신이나 다른 사람 혹은 어떤 상황을 평가할 때, 어떤 측면만을 특별히 과장하거나 축소하는 것
    [예] "내가 무난하다는 말은 내가 별 볼일 없다는 것을 증명하는 거야.", "전화번호를 잘 기억하는 것을 보니 수학 천재가 분명해."
- **정신적 여과** : 전체 상황을 보지 않고 한 가지 세세한 것에 지나치게 관심을 가지는 것
    [예] "며느리가 다림질을 못하는 것을 보니 살림이 형편없겠군.", "닭고기를 먹지 않은 것을 보니 채식주의자가 분명해."
- **독심술** : 현실적인 가능성을 고려하지 않고 다른 이들이 생각하는 것을 지레 짐작하고 믿는 것
    [예] "부장님이 지금 화가 났군. 보고서가 마음에 들지 않아서 내게 소리를 지르고 화내고 싶은 거야.", "선생님께 다시 질문을 하면 귀찮아서 짜증이 나시겠지?"
- **개인화** : 자신과 무관한 사건을 자신과 관련된 것으로 해석하는 오류
    [예] "옆 테이블에 앉은 사람들이 웃는 것은 내가 입은 옷 때문이야.", "동창들이 모임에 나오지 않은 것은 나를 보고 싶지 않아서 일거야."

한 것이다"라는 식의 비합리적인 신념이나 경직된 사고방식을 합리적이고 유연한 것으로 대체시킴으로써 스트레스는 완화될 수 있다. Glasser가 선택이론(choice theory)을 통해 지적한 것처럼, 결국 사람들은 자신이 만든 생각의 틀을 가지고 행복과 불행을 스스로 선택하는 것이다.

인지적 재구성은 흑백논리, 과장이나 축소, 과도한 일반화와 같은 비합리적인

믿음과 인지적 책략을 수정하는 것이다. 어떤 상황에서 자신도 모르게 내뱉는 말이나 내부에서 자동적으로 진행되는 생각의 내용을 검토하여 너무 극단적으로 해석하거나 관계없는 영역들로까지 확대 해석하고 있지는 않은지 살펴보면 자기 안에 있는 부적응적 인지 체계를 발견할 수 있다. 그리고 이성적으로 그것들과 논박해 보면서 그것이 과연 합리적 신념인지, 내게 도움이 되는 사고방식인지 분석하고, 보다 나은 방향으로 개선할 수 있다. 이를 통해 인지적으로 유연해지면 스스로를 괴롭히는 많은 일들로부터 벗어날 수 있다.

사고 멈추기(thought stopping)라는 방법이 있다. 생각이 무의식중에 흘러 자동적으로 어떤 결론에 이르기 전에 그 생각의 과정을 멈추어 방향을 바꾸는 방법이다. 부정적인 자동적 사고와 무의식중의 독백은 자기도 모르는 사이에 의지를 저하시키고, 심신의 능력도 감소시킨다. 사람들은 쉼 없이 자기 자신에게 말을 한다. 우리가 이 글을 읽는 동안에도 "내게 그런 좋은 일이 일어날 리 없어", "내 성격은 절대로 변하지 않아", "사람은 누구나 그렇지 뭐"라며 끊임없이 내부에서 속삭이고 있는 것이다. 사고 멈추기와 같은 사고 정지 능력은 우울증의 인지치료에 매우 효과적으로 활용된다.

어떤 불편한 상황이 벌어지고 있을 때 잠시 멈추어서 그 상황에서 이루어지고 있던 내면의 속삭임들에 귀 기울여 본다. 그리고 회의적, 부정적, 공격적인 속삭임을 희망적, 긍정적, 우호적인 것으로 바꾸어 스스로에게 다시 말을 걸어 본다. 힘든 상황이 새롭게 보이고, 없을 것 같던 해결 방법이 보이고, 그것을 실천할 수 있는 심신의 에너지가 일어날 것이다.

4) 실존적 치료

전인적 건강을 증진한다는 것은 몸의 품성인 몸성, 마음의 품성인 심성, 영적 품성인 영성을 더불어 돌보고 성장시키는 것이다. 영은 존재의 여러 차원 중 가장 높은 차원이며, 영성은 인간의 여러 품성 중 가장 높은 차원의 품성이다. 또한 인간은 다른 모든 동물들에 비해 가장 영적인 존재이기 때문에 '만물의 영장(靈

표 9-2 Howden의 영성의 속성

영성의 속성	준 거
삶의 의미와 목적	삶의 이유, 삶의 의미, 삶의 목적, 성취 및 미래지향적 성향
내적 자원	내적 강인함, 내적 평화, 적응, 자아존중감, 자신에 대한 파악
통합적 관계	봉사, 용서, 화해, 화친, 소속감
초월성	자기치유, 승화, 웰니스(wellness) 성취, 현실 상황의 초월

長)'이라 하게 된다. 따라서 영적인 욕구도 가장 크고 그만큼 영적인 욕구의 결핍으로 인해 나타나는 질환도 많다. 우리가 느끼는 심리적 고통의 상당 부분은 영적인 차원에서 발생하는 문제이다. 영적 차원의 스트레스는 정신역동적 치료나 인지치료 같은 일반 심리치료보다는 실존치료(existential therapy)나 의미치료(logo therapy) 같은 접근법들을 필요로 한다. 그런데 영성이란 과연 무엇일까?

Liening은 영성은 인간의 내적 자원의 총체이며 한 인간의 의지적, 감상적, 도덕적, 지적, 신체적 가치들의 원리를 창출해내는 삶의 원리와 같은 것이라고 한 바 있다. Howden은 영성의 속성으로서 삶의 의미와 목적, 내적 자원, 통합적 관계, 초월성을 제시하였다. Zinnbauer 등은 영성이란 자기초월을 통해 삶의 의미를 찾으려는 인간의 경향성과 개별적인 자기를 넘어선 더 큰 무언가와 연결되기를 원하는 인간의 욕구라고 하였다. 요컨대 영성은 "자기라는 경계를 초월하여 자기 밖의 세계와 교류하며 어떤 가치나 의미를 추구하는 품성"으로 정의할 수 있다. 가치, 의미, 관계를 추구하는 것, 미지의 것에 대한 호기심, 아직 실현되지 않은 자기 안의 잠재력을 드러내고자 하는 자아실현의 욕구 등은 모두 우리의 영적 본성을 표현한다고 할 수 있다. 영적인 욕구의 결핍은 흔히 불안, 우울, 무기력, 무망감을 동반한다.

영성을 종교성과 같은 것으로 오해하는 사람들이 많지만, 종교성은 인간의 영성이 발현되는 하나의 방식일 뿐이다. 심신이원론은 데카르트로부터 시작된 현대 과학의 철학적 기반이다. 데카르트에 의해서 마음의 세계나 영적인 세계에 관한 문제는 종교에 위임하고 물질적 세계만을 과학의 대상으로 삼게 되면서, 영성을 논하는 것 자체를 마치 종교성을 논하는 것처럼 생각하게 된 것이다. 종교(religion)라는 단어는 '다시 결합한다'라는 뜻의 라틴어를 어근으로 한다. 그러나 인간이 잃어버린 실재와 다시 결합하기 위해서 반드시 종교가 필요한 것은 아니다.

인간의 마음과 영혼의 치유에 대한 지식은 주로 철학과 종교의 영역에서 찾을 수 있지만, 심리학 내에서도 영적 문제를 구체적으로 다루는 분야들이 있다. 심리학의 초창기에는 무의식을 동물적 본능과 관련하여 부정적으로 설명하였지만, Victor Frankl이나 Carl Jung 같은 학자들은 본능적 무의식뿐 아니라 영적인 무의식도 있다고 말한다. 영적 스트레스라는 용어는 심리학에서 '실존적 고통'이라는 용어로 표현되기도 한다. 의미치료에서는 인간이 살아가는 주된 동기는 자아(self)를 찾는 것이 아니라 의미를 찾는 것이며, 어떤 의미에서 이것은 자아를 잊는 것이라 한다. 심리적으로 건강한 사람은 자신에게 초점을 맞추는 것으로부터 초월한다. 그리하여 자신을 뛰어넘어 다른 사람 혹은 일과 관계를 맺는다. 이것은 Maslow의 견해와도 같다. '몰입(flow)'으로 잘 알려진 Csikszentmihalyi나 Maslow는 절정을 경험하는 동안 자아가 초월된다고 하였다.

영적 건강을 증진하는 것은 관습적으로 인식되어 온 자아의 경계를 확장하는 것, 그리고 삶의 가치와 의미를 추구하는 것 두 가지로 나누어 논의할 수 있다. 자아라는 경계가 확장되는 것은 그 경계를 두고 발생하는 긴장인 스트레스와 이기적 욕망에서 발생하는 고통을 감소시킬 수 있게 하며, 삶의 가치와 의미를 추구하는 것은 현재의 스트레스와 고통을 극복하고 삶의 궁극적 목적, 즉 행복을 실현할 수 있는 힘이 된다. 실존주의 철학에 의하면, 산다는 것은 그 자체가 불안(stress)이며 스트레스가 없다는 것은 삶이 없는 상태에서만 가능하다. 이와 같은 실존적 불안은 삶의 의미를 모르는 데서 오며, 또한 죽음의 필연성과 그것이 주는 미지에 대한 불안이다. 스트레스는 영혼이 고립된 결과로 일어나는 상태라는 견해도 있다. 나와 남을 구분 짓는 경계를 낮추고 다른 사람과 연결되어 그들을 돕고, 세상을 좀 더 살기 좋은 곳으로 변화시키는 데 참여하고, 삶의 목표와 의미를 굳건히 하고, 무엇이든 소망을 갖고 정진하는 것은 영적인 충만감과 삶의 활력을 가져다 준다.

삶의 목표와 의미를 굳건히 하는 것과 희망적 사고는 불가분의 관계에 있다. Tennen 등은 스트레스에 대한 반응은 희망적 사고 수준에 따라 다르다고 주장했다. 신체적 장애가 있더라도 건강한 삶을 살아갈 수 있지만 삶의 의미 상실, 절망과 같은 영적인 장애는 삶 전체를 병들게 한다. 그 흔한 결과가 우울증이다. 우울증은 죽지 않고도 삶을 포기하는 방법이라 한다. 따라서 절망과 희망은 영적 차원의 건전성을 반영하는 것이라고 할 수 있다. 희망적 사고 수준이 높은 사람은 낮은 사람에 비해 다양한 어려움에 적극적으로 대처할 수 있다. 삶의 가치나 지향점이 없는 사람에게는 신체적 건강이나 물질적 풍요 역시 아무런 의미를 갖지 못한다. "왜 사는지 그 이유를 아는 사람은 어떻게든 참고 견딜 수 있다"는 철학자 Nietzsche의 말처럼, 삶에서 추구할 가치와 목적이 뚜렷한 사람은 심신의 장애를 행복의 장애로 만들지 않는다. 영적인 고통이나 불건강은 어떤 것으로도 보상될 수 없다. Shakespear는 "불행한 사람을 치료할 약은 희망밖에 없다"고 하였다. Freud 역시 "누군가 삶의 의미와 가치에 대해 요구하고 있다면 그는 아픈 사람이다"라고 하였다. 인간의 무의식 속에서 동물적 본능만 발견했다는 비판을 받는 Freud조차 삶의 의미를 상실하는 것이 존재의 건강을 훼손한다는 것을 파악하고 있었던 것이다.

삶의 의미를 찾는 것은 곧 삶의 목적을 찾는 것이다. 16세기의 철학자 Montaigne는 "위대하고 영광스러운 인간의 걸작은 목적을 갖고 사는 것이다"라고 말했다. 목적은 삶의 방향성과 동기를 제시하고 모든 행동에 의미와 가치를 부여하여 삶의 모든 순간과 행위들이 '삶'이라는 하나의 작품으로 완성되게 한다. 자신의 삶에서 의미를 찾고자 하는 것은 인간이 지닌 일차적 동기이며, 목표를 설정하거나 자아를 실현한다는 것은 곧 자기를 초월하는 영적 행위이다. 1957년 세계보건기구 소위원회에서는 "건강이란 주어진 환경 여건 하에서 인간이 적절하게 기능하는 상태 수준"이라고 하였다. 어떤 것의 적절한 기능이란 그것이 존재하는 목적과 의미에 맞게 기능하는 것이다. 아리스토텔레스는 행복이 무엇인지 알기 위해서는 그 사람에게 고유한 일과 기능이 무엇인지를 먼저 살펴보아야 한다고 했다. 그리고 자신에게 고유한 일, 어울리는 일을 탁월하게 수행할 때 사람은 가장 행복해진다고 하였다. 즉 자신의 고유한 삶의 목적을 찾아 실현할 때 인간은 행복해지는 것이며, 그 목적에 맞는 적절한 기능 상태 수준이 바로 건강인 것이다. 회복(remission)이라는 단어는 're-mission', 즉 목적과 재결합되거나 목적을 재발견한다는 뜻으로 사용될 수 있다. 이처럼 진정으로 건강한 삶은 자신의 존재의 목적과 의미를 찾고 그것을 실현해 나가는 과정이며, 심리학자들은 이것을 자아의 실현, 자아의 성장 등으로 표현해 왔다.

때로는 건강한 영적 욕구가 심신의 스트레스나 고통으로 나타날 수도 있다. Carl Rogers에 따르면 자아실현 경향성과 같은 영적 동기는 신체적 긴장을 오히려 증가시킬 수도 있다. Duane Schultz는 사람들 대부분은 현재의 자신보다 나은 사람일 수 있음을 알기 때문에, 즉 실현되지 않은 잠재력이 있기 때문에, 희박하나마 불만족감을 느끼고 있을 것이라고 하였다. 따라서 영적 스트레스를 돌보는 것의 결과는 심신의 안녕뿐 아니라, 지속적인 자아실현과 성장으로 나타나게 되는 것이다.

Carl Jung은 청소년기에 심리적 탄생(psychic birth)이 이루어진다고 했다. 내면세계를 향해 힘의 전환이 이루어지는 중년기는 영적 탄생(spiritual birth)의 시기라 할 수 있다. 청소년기에 심리적 방황이 시작되는 것처럼 중년기에는 영적 방황이 본격화된다. 이러한 시기들의 스트레스는 모두 심·신·영이 조화를 이루지 못하고 한 쪽이 먼저 우세해지거나 먼저 쇠퇴하면서 일어나는 개인 내적 긴장이 근본적 원인이다. Jung이 개별화(individualization)라고 표현한, 진정한 자기 자신의 모습이 이루어지는 시기인 중년기의 스트레스를 치유하기 위해서는 영적 욕구의 자각과 충족에 더욱 관심을 기울여야 한다. 다른 경우도 마찬가지이지만, 영적 욕구가 충족되지 않아 스트레스를 겪고 있는 사람들에게 단지 운동을 하라든지, 심신이완법을 배우라는 식의 조언은 비록 그것이 잠시 고통을 잊게 할 수는 있더라도 결국 반복되는 고통 속에서 치유에 대한 희망까지 상실하게 할 수 있음을 기억해야 할 것이다.

5) 심상법, 최면요법, 마인드컨트롤

심상법은 심신의 이완, 스트레스 관리, 질병 증상의 완화 등의 목적으로 특정 이미지를 마음속에 떠올리게 하는 방법이다. 예를 들어, 긴장을 해소하기 위해 잔잔한 호수나 푸른 초원을 떠올리는 것, 암 환자가 자신의 암세포를 공격하는 백혈구들을 상상하는 것, 역도 선수가 대회에서 목표한 무게를 들어 올리고 환호하는 모습을 떠올리는 이미지 트레이닝 같은 것이 여기에 속한다. 심상법의 열쇠는 자신이 원하는 이미지를 마음속에 떠올리고 그 내용을 상상 속에서 원하는 방향으로 수정할 수 있느냐에 달려 있
다. 떠올리는 이미지가 꼭 실제 사실이거나 과학적 진실일 필요는 없으며, 환자의 행복한 과거 경험이나 소망일 수도 있다. 또한 시각적 이미지 뿐 아니라 냄새, 촉각, 청각과 같은 감각들도 심상으로 이용할 수 있다. 심상법은 마음의 의식 부분을 이용하지만, 최면요법에서처럼 무의식이나 낮은 의식의 부분으로 들어가는 수단으로 이용되기도 한다. 광의의 심상법에는 심상유도법을 비롯해서 최면요법, 이미지 트레이닝 등이 모두 포함된다.

16세기 스위스의 의사 파라셀수스는 인간에게 영은 주인이고, 심상은 도구이며, 신체는 재료라고 하고, 의학적으로 심상의 능력은 질병을 유발할 수도, 치료할 수도 있는 중요한 요인이라 하였다. 뇌는 가상적 상황에 대해서도 현실과 같은 심신의 반응을 유발할 수 있다. 심상과 지각은 경험적으로나 신경학적으로나 유사한 과정이다. Herbert Benson은 생각과 상상이 몸에 영향을 미쳐 실질적이고 측정 가능한 생리적 반응을 일으킨다고 하였다. Lang은 심상을 뇌에서의 구조적이고 기능적인 부호 체계와 과정이라고 설명하는데, 이에 따르면 어떤 자극이 지각 과정을 거치는 동안 그 자극에 대한 감각 탐지가 이루어지고, 이 감각 과정은 장기와 신체에 변화를 일으키게 된다. 이 변화들은 떠올린 심상의 내용과 관련된 것이므로, 만일 햇볕이 내리쬐는 사막을 걷는 상상을 한다면 체온이 상승하고 땀을 흘리게 된다. 즉 심상은 경험하고 있는 사람에게는 현실인 것이다. 이미지 트레이닝에서는 실제 운동이 일어나지 않지만 생각만으로 근력을 강화시킬 수 있다.

최면요법과 마인드컨트롤은 심상을 이용하는 심신의학적 기법들이다. 이들은 무의식적 또는 의식적 수준에서의 적극적인 암시를 통해 소망하는 목표를 내면적으로 강화시킨다. 최면요법은 미국 보완대체의학센터(national center for complementary and alternative medicine: NCCAM)에 의해 심신의학의 한 분야로 인정되고 있으며, 치료 목적 이외에도 자기계발 등 다양한 목적으로 활용된다. 최면은 고대로부터 많은 문화권에서 종교 지도자를 비롯하여 샤먼, 주술사, 치료사들에 의해 이용되었다. 3,000년 전 고대 이집트 파피루스의 상형문자에서도 최면의 흔적을 찾아볼 수 있는데, 18세기 비엔나의 의사 Mesmer에 의해 최면에 대한 학문적 관심이 시작되고 이후 정신의학 분야에서 활발히 활용되기 시작했다. 최면상태는 깨어있으나 주변 환경에서 의식이 유리되어 느낌, 생각, 상상과 같은 내적인 경험에 함몰되어 있는 상태이다. 최면상태에 있는 동안 환자(내담자)는 치료자의 암시에 반응하여 지각, 기억, 감정을 변화시키고 무의식적 수준의 생리적, 행동적 변화를 일으킬 수 있다. 마인드컨트롤도 질병 치료와 자기계발 등에 널리 활용되고 있다. 마인드컨트롤에도 여러 방식이 있으나 Jose Silva가 동양의 명상법을 응용하여 개발한 실바 마인드컨트롤이 대표적이다.

암시의 효과를 연구하고 치료에 적용했던 Emile Coue는 의지와 상상력이 싸우면 어떤 식으로든 상상력이 승리를 거둔다고 했다. 심상법은 상상하는 능력이 있는 사람이라면 누구나 시행할 수 있으며, 자신의 마음에 긍정적인 느낌을 가져올 수 있는 이미지만 준비된다면 공간과 시간의 구애를 받지 않고 실시할 수 있다. 심상법을 활용하는 모든 기법은 먼저 충분히 심신을 이완하는 것으로 시작해서, 머릿속에 원하는 장면을 구체적으로 심상화한다. 그 다음, 그 장면의 내용을 충분히 경험하는 과정으로 이어진다. 목적에 따라 스트레스 상황에서 대처하는 과정이나 어려움을 잘 극복한 후의 상황을 가상으로 구현해 보는 심상법, 이완을 증진시키는 목적의 심상법, 질병의 치유를 촉진하기 위한 치유적 심상법 등으로 나누어 볼 수 있다.

이완을 위해서라면 심신에 편안함을 가져올 수 있는 장면, 예를 들어 파도 소리가 들려오는 바닷가 휴양지에서 따뜻한 햇볕을 쪼이며 걷고 있는 것, 또는 초원 위에 누워 푸른 하늘을 바라보는 것을 상상해 본다. 심상의 요소들을 매우 구체적이고 세밀하게 떠올릴수록 효과가 높다. 이상적인 목표를 정하고 긍정적인 자기 암시와 심상 훈련을 반복하면 긍정적인 자아상이 형성되고, 자기 통제력과 자기 기대감이 증가되면서 목표 의식 또한 보다 명확해져 심리적, 행동적 유능성이 향상된다.

6) 예술치료와 창조적 활동

예술치료는 미술, 음악, 춤, 시, 이야기, 인형극, 연극, 사진, 영상, 식물 등 다양한 예술 매체를 활용하여 심신의 치유를 촉진하는 치유법이다. 예술의 창작, 공연, 감상 활동 등은 정서를 순화시키고, 그에 따른 생리적 변화를 유발하여 심신의 능력과 건강을 회복하는 데 도움을 준다. 표현예술치료는 특히 창작 행위를 이용하는 것으로, 정신적 장애나 질병을 가지고 있는 환자(내담자)가 자신의 내면세계와 대면하고 그것을 표현하며, 보다 적응적으로 변화시키는 과정을 통해 장애나 질병을 극복할 수 있도록 돕는다. 다양한 예술치료가 심리적 증상의 개선뿐 아니라 스트레스 완화, 환자의 삶의 질 개선 및 치유 효과의 증진 등에 효과를 보여 의료 기관에서도 널리 활용되고 있다.

예술치료는 원시시대부터 인류와 밀착되어 통합적인 치료 형태로 행해져 왔다. 고대인들은 일상생활과 제식활동에 노래, 춤, 그림 등을 이용했으며, 예술과 치유와 삶은 하나였다. 전 세계의 토착문화들에서 행해지는 치유 행위들은 창조적 표현, 즉 예술과 통합되어 있는데, 예를 들어 원시 부족의 주술적 치료나 무당의 굿에서도 미술, 춤, 음악 등 다양한 예술적 요소들이 혼합되어 있는 것을 볼 수 있

다. 현대에는 사상과 종교, 예술과 과학, 육체와 정신이 서로 분리되고 모든 활동이 분업화되어 예술 활동 역시 미술가, 음악가, 무용가, 작가 등의 전문적인 영역으로 생각되고 있으나, 모든 인간에게는 예술적, 창조적 활동에 대한 본능이 있으며, 이러한 능력을 되찾고 발현하는 과정에서 자연스러운 치유가 일어나게 된다.

예술치료와 창조적 활동이 스트레스를 감소시키는 데는 여러 치유기제들이 관여하는데, 그 중에는 미처 깨닫지 못했던 자신의 인지와 정서를 깨달음으로써 일어나는 치유 효과도 포함된다. 앞에서 설명한 바와 같이 스트레스 반응은 시상하부, 편도체, 해마 등 변연계의 구조들로부터 구성되는데, 인간에게는 발달된 전두엽과 더불어 전두-변연 연결망이 형성되어 있어, 과도한 변연계의 활성을 의식적으로 조절할 수 있는 신경생리학적 능력이 갖추어져 있다. 예술치료의 신경생리학적 기제는 기본적인 정서 훈련의 기제와 유사하며, 자신의 정서를 인식하고 표현할 수 있게 한다는 효과 면에서는 동일하다. 그러한 효과에 더해서, 예술치료와 창조적 활동은 잠재된 내면의 욕구를 건전한 방식으로 표출하고 충족할 수 있게 해준다. 매체의 특성, 활동의 유형에 따라 뇌의 여러 부위를 자극하고 계발하는 효과도 기대할 수 있다.

변연계에서 일어나는 감정과 무의식적 욕구를 글, 그림, 동작 등으로 표현하려면 사고, 분석, 예측, 결정, 실행과 같은 의식적 기능을 담당하는 신피질을 이용해야 한다. 대체로 내면의 감정에 접근하기 위해서는 비언어적이고 상징적인 활동이 좀 더 유용할 수 있지만, 감정을 글, 그림, 동작 등으로 표현하려면 그것을 의식적이고 인지적인 수준으로 끌어올려야 한다. 이 과정은 편도체와 같은 감정의 중추에 무의식적으로 자리 잡고 있는 내용을 인지적이고 의지적인 기능을 담당하는 이성의 중추인 대뇌의 전두엽으로 불러내는 것이며, 신경생리학적으로 전두-변연 연결을 강화하여 자기이해력과 자기조절력을 향상시키는 과정이라 할 수 있다.

  미술치료라는 용어를 처음 사용한 Ulman에 따르면, 미술치료는 시각예술이라는 수단을 이용하여 인격의 통합 혹은 재통합을 돕기 위한 시도이다. 현대 미술치료는 미술과 심리학의 결합이다. 미술치료는 각종 재료를 이용하여 그리기, 만들기, 콜라주, 접기 등 다양한 기법으로 새로운 창조물을 완성하는 행위이다. 언어 중심의 치료가 아니라는 점에서 치료 대상자의 부담을 줄여주며, 마음속에 숨겨두었던 감정이나 미처 인식하지 못했던 분노까지 그대로 드러내게 할 수 있다. 언어로 감정이나 경험을 표현하기 어려워하는 아동이나 인지기능이 약화된 사람들도 미술이라는 방법으로 자신의 의식과 무의식, 정서를 표현할 수 있다는 장점이 있어 의료계에서도 널리 활용되고 있다. 모든 예술치료는 환자(내담자)에게 맞는 프로그램을 구성하기 쉽다는 장점이 있는데, 미술치료 역시 다양한 매체와 기법을 선택할 수 있으므로 거의 모든 사람에게 적용할 수 있으며, 미술에 대한 지식이나 경험이 전혀 없는 사람이라도 참여할 수 있다.

  음악치료는 정신과 신체 건강을 복원, 유지, 향상시키려는 치료적 목적으로 음악을 사용하는 과정이다. 마음을 가라앉히거나 기분 전환을 위해 음악을 듣거나 노래를 하는 것은 우리가 일상에게도 실시하고 있는 자연스런 음악치료이다. 자신의 감정과 비슷한 음악을 듣거나 노래를 부르는 것은 간접적으로 자신의 정서를 표현하는 것이 된다. 음악은 신속하고 직접적으로 감정의 변화를 일으킨다. 예컨대 장조의 빠른 음악은 행복할 때와 비슷한 생리적 변화를 가져오며, 반면 느린 음악은 슬플 때와 비슷한 감정을 만들어 낸다. 실제로 음악은 마음과 몸, 나아가 행동의 변화를 유도하기 때문에 산업계에서도 음악의 효과를 널리 활용하고 있다. 예를 들어, 패스트푸드점이나 마트에서 들리는 4박자 계열의 리듬은 인간의 에너지 흐름을 생각하게 하는 능력에서 행동하는 능력으로 변화시켜, 충동구매의 가능성이 높아지게 한다. 통증클리닉, 치과, 수술 환자의 회복실 등에서 배경 음악을 사용하는 것은 통증 감소에 효과가 있는 수동적 음악치료이다. 수술 전후 음악을 들려주면 불안감이 감소할 뿐만 아니라 근육의 긴장을 완화시키고, 통증도 감소한다는 보고가 있다.

음악치료에는 수동적 방법인 음악감상 외에도 노래 부르기, 악기연주 등 여러 가지 음악적 활동이 이용되는데, 대상자의 음악적 소질과 상관없이 어떻게 노래와 연주를 하는지, 자신의 노래나 연주에 대해 어떻게 느끼는지가 중요하다. 생활 속에서도 음악치료를 활용할 수 있다. 평소 자신이 좋아하는 음악이나 노래의 목록을 만들어서 많이 접하는 것만으로도 어느 정도의 효과를 기대할 수 있다. 자신에게 맞는 음악을 직접 찾기 어렵다면 전문가의 도움을 받을 수도 있고, 주제별로 효과 있는 음악들을 모아놓은 음반을 구입해 이용해 보는 것도 좋다.

미술이나 음악 외에도 동작과 무용, 연극과 같은 신체적 표현예술치료들을 활용하는 분야가 점차 넓어지고 있다. 예술치료와 창조적 활동을 통해 다양한 부가적 효과를 동시에 기대할 수 있기 때문이다. 글을 쓰거나 그림을 그리는 것과 같은 창조적 활동은 인간의 뇌를 이용하는 일 중에서 가장 고차원적인 작업으로, 전두엽을 포함한 대뇌피질의 여러 영역을 동시에 활용할 수 있게 해준다. 일기, 시, 자서전을 쓰는 것은 자신의 삶을 성찰하고 통합하는 데 도움이 줄 수 있다. 글쓰기는 인지적 능력을 보존하거나 향상시키는 데 특히 효과적이다.

7) 명상

명상은 미국 보완대체의학센터에 의해 심신의학의 한 분야로 인정되고 있다. 심신의학에는 명상, 요가, 심상요법, 태극권, 기공 등의 방법이 포함되는데, 이들은 기본적으로 심신의 수련 및 치유를 위한 방법들로서 교감신경을 가라앉히고 부교감신경을 활성화하여 이완을 유도하는 효과가 뚜렷하므로 스트레스성 긴장을 완화하는 목적으로도 널리 활용되고 있다. 지난 수십 년간 동양의 명상과 심신수련법들이 서구에 소개되고, 통합의학이라는 이름으로 정규 의학과의 협력을 시도하고 있다. 신경과학자들은 명상이 신경계에 미치는 영향을 과학적으로 탐구하여 명상의 의학적 효과를 확인하였고, 심리치료에서는 명상을 환자(내담자)의 자아 성찰과 심리적 성장을 도모하기 위한 치료적, 교육적 목적으로 적용하고 있다.

현대 명상은 요가와 불교의 수행 전통으로부터 큰 영향을 받았다. 명상은 각성 상태를 고조시키고 정신적 상태를 의식적으로 조절하기 위해 주의를 집중시키는 치유법이다. 명상은 단순한 이완 효과를 넘어 통찰력을 향상하고 최적의 심신 상태를 이룰 수 있도록 돕는다. 여타 이완 훈련들은 자율신경계의 활성화 수준을 조절하는 데 중점을 두게 되는데, 이것은 명상의 다양한 효과 중 하나에 속한다고 할 수 있다.

명상이 어떻게 스트레스 치유, 통찰력 계발, 심신 건강 증진의 방법이 될 수 있을까? 쉼 없이 변화하는 세상의 물결에 반응하며 수면 위의 파도를 타고 있는 것이 우리의 일상적인 삶이라면, 명상은 수면 깊이 들어가 그 바다와 하나가 되는 것이라 할 수 있다. 깨어있는 감각으로 그 바다를 느끼지만 물결에 일일이 반응하거나 동요하지 않으며, 변화하는 세상의 본 모습을 온전히 깨닫고 그대로 수용하여 자신과 통합할 수 있게 된다. 사람과 그 사람 밖에 있는 세계를 연결하는 것이 감각이라면, 명상은 사람을 그의 내면세계와 연결한다. Candace Pert는 명상을 몸의 내부에서 이루어지는 대화 안으로 들어가는, 즉 몸의 생화학적 상호작용에 의식적으로 개입하는 방법의 하나라고 정의하고, 스트레스를 줄이는 가장 효과적인 방법이 명상이라고 하였다. 명상은 여러 방식으로 우리 몸에 고착되어서 생화학물질들의 건강한 흐름을 교란하는 부정적 감정들을 의식의 자각 없이 방출할 수 있게 해주기 때문이다.

서구 사회에 가장 널리 알려진 명상기법으로 초월명상(transcendental meditation: TM)과 마음챙김에 기반한 스트레스 감소 프로그램(mindfulness-based stress reduction: MBSR)을 들 수 있다. 초월명상은 1960년대

인도의 Maharishi Mahesh가 요가 수행법을 쉽게 변형하여 개발한 명상법으로 현재 전 세계적으로 가장 널리 사용되고 있는 명상법 중 하나이다. 1968년 하버드의대 Herbert Benson의 연구를 통해 초월명상의 생리적 효과가 과학적으로 입증되었고, Benson은 이것에 착안해서 '이완반응(relaxation response)'이라는 새로운 이완 기법을 개발하였다. MBSR은 1979년에 매사추세츠의대 메디컬센터의 Jon Kabat-Zinn이 만성질환자들의 스트레스 감소를 위해 개발한 명상법이다. 이것은 불교의 마음챙김을 기반으로 하며, 앉아서 하는 명상(좌선), 걸으면서 하는 명상(경행), 누워서 하는 명상(바디스캔) 등 다양한 명상 기술들로 구성된 프로그램이다. 이러한 명상법들이 불안, 우울 등 심리적 증상의 완화는 물론, 암, 고혈압, AIDS, 심장병, 각종 통증 등 신체적 증상의 완화에도 효과가 있다는 것이 수많은 연구를 통해 입증되면서, 명상요법은 대표적인 심신의학적 개입법으로 의료 현장에 널리 도입되게 되었다.

앞에서 스트레스성 자극은 인지적 과정, 정서, 심신반응이라는 3단계의 내적인 과정을 거치게 된다는 것을 살펴보았다. 명상은 두 번째 단계인 정서의 완화에만 도움을 주는 것이 아니라 첫 단계에 해당하는 인지적 과정에도 영향을 준다. 즉, 명상은 비합리적인 동기나 경직된 인지적 틀에서 벗어나게 하여 스트레스가 발생하는 단계를 차단한다. 그러나 일반 심리치료와 달리 어떤 의도된 형태로 마음이나 사고를 수정하려 하지 않는다. 그리하여 어떤 사람은 모든 명상의 핵심은 자기와 세계에 대한 인식의 틀을 변화시키는 것이라고 하고, 어떤 사람은 인식의 틀이 아닌 경험 내용 자체를 변화시킨다고 말한다. 또한 명상은 이완을 유도하여 세 번째 단계인 심신의 반응을 억제하게 되므로 생리적 스트레스 반응의 유해한 영향을 감소시킬 수 있게 해준다.

명상 중 뇌의 어떤 부위는 활성이 증가하고 어떤 부위는 활성이 감소하는데, 활성이 증가하는 부위는 긍정적 정서와 생각을 유도하는 부위이고 활성이 감소되는 부위는 부정적 정서나 고통 등과 관련된 부위이다. 명상은 스트레스 상태와 대비되는 두뇌 활동을 유발하여, 외적인 자극에 대해서는 덜 민감해지고, 내적인 각성은 향상되도록 한다. 스트레스 반응에 동반되는 불안, 공포와 같은 부정적 정서를 생성하는 뇌의 기관은 편도체이며 무의식적 동기들은 주로 편도체에서 만들어지는데, 이러한 활동들은 대부분 우리가 의식하지 못하는 사이에 이루어지며 의식보다 더욱 강력한 힘을 발휘하게 된다. 명상과 같이 자각과 인식 능력을 계발하는 기법을 통해 대뇌 신피질과 변연계의 연결망을 강화하여 편도체의 반응을 제어할 수 있다.

명상 후에는 대뇌피질로의 혈류가 증가하며 각성 뇌파인 베타파는 감소하고 안정과 휴식의 뇌파인 알파파와 세타파가 증가되어 편안한 감정을 증가시킨다. 뇌파가 안정되면서 맑은 각성과 함께 심신의 이완이 일어난다. Britta 등의 연구에 의하면 MBSR 프로그램에 참여한 사람들에게서 지각된 스트레스 정도가 유의미하게 감소되었고, 이것은 편도체의 밀도 감소와 정적 상관을 보였다. Hanson 등의 연구, Siegel 등의 연구에 의하면 명상은 전두엽의 앞쪽 아래에 있는 복내측피질 부위의 두께를 변화시키는데 이 부위는 신체적 조절, 정서의 균형, 공포 감소, 유연한 반응성, 통찰, 공감, 도덕성, 직관과 관련된 기능을 갖는 곳이다. 실제로 명상을 하면 인지적 융통성이 향상되며, 성격에 긍정적인 변화가 일어나고, 자존감이 증가하며, 불안과 우울이 감소한다. 또한 인지 능력과 수행 능력에도 긍정적인 변화가 일어난다. Walsh는 명상 치료의 궁극적 목적이 정신 과정, 의식 상태, 주체성 및 현실에 대한 깊은 통찰력을 발달시키고, 최적의 심리적 웰빙과 의식 상태를 발전시키는 데 있으며, 정신치료적 효과와 정신생리적 효과를 매개시킬 목적으로 사용된다고 기술한 바 있다.

명상이 다양한 생리적, 심리적 변화를 수반한다는 것은 수많은 연구를 통해 입증되어 있다. 명상은 부교감신경을 활성화하여 호흡, 심박수, 대사 활동을 감소시키고 혈중 젖산도 감소시키는 효과가 있다. 면역력 향상, 통증 완화 등에 도움이 되며, 고혈압, 피부질환 등 여러 질병 치료에도 효과적이다. 명상은 신체의 모든 대사를 연장시키고 쇠퇴를 감소시킨다. 약 35세 이후부터 하루 10만개 정도의 뇌세포들이 사망하게 되는데, 명상은 이러한 뇌세포의 사망률을 90% 가량 줄여주고 몸과 마음의 모든 리듬을 조화롭게 재정립해 줌으로써 노화를 억제한다.

여러 가지 명상법이 있으나 가장 기본이 되는 앉아서 하는 명상법을 한 가지 소개하도록 한다.

앉아서 하는 명상

- 가급적 조용하고 방해받지 않는 공간을 찾아, 너무 어둡거나 밝지 않도록 조명을 조절한다.
- 척추를 쭉 펴고 앉는다. 턱이 들리지 않도록 하고 허리에 긴장없이 자연스런 곡선이 생기도록 앉는다.
- 굳이 다리를 겹쳐 가부좌나 반가부좌를 하지 않고 두 다리를 평행하게 앞뒤로 두어도 상관없다. 의자에 앉아서도 실시할 수 있다. 손은 무릎 또는 허벅지 위에 가볍게 얹어 놓는다.
- 집중하기 위해서는 눈을 감는 것이 도움이 된다. 눈을 감는 것만으로도 평소 들어오는 자극의 80%가 차단된다. 그러나 눈을 감아서 졸음이 온다면 반쯤 눈을 뜬 상태에서 두 걸음 정도 앞의 바닥에 시선을 둔다.
- 호흡은 코로 한다. 편안히 호흡을 시작하면서 온 몸이 이완된 상태를 느낀다. 호흡을 무리해서 천천히 하거나 깊이 하려고 하지 않는다.
- 들숨과 날숨을 편안하고 깊게 반복하면서, 호흡에 따른 배의 움직임에 집중한다. 또는 코 주변에서 일어나는 공기의 흐름에 집중한다.
- 머릿속에 구름 한 점 없는 파란 하늘을 떠올리며 호흡을 계속한다.
- 숱한 생각과 감정들이 머릿속에 떠오르고, 주변의 소음이나 몸의 감각도 떠오를 것이다. 그것들이 떠오르는 것을 알아차릴 때마다, 깊이 생각하려 하거나 떨쳐내려 애쓰지 말고, 마치 하늘에 구름이 지나가듯 놓아두고 다시 호흡에 집중한다.
- 집중하기 어렵다면 속으로 숫자를 센다. 하나에서 다섯, 혹은 하나에서 열까지 반복해서 숫자를 세면서 숫자 하나에 한 호흡을 한다. 또는 들이쉴 때 하나–둘–셋–넷–다섯, 내쉴 때 하나–둘–셋–넷–다섯 하는 방식으로 숫자를 세면 집중에 좀 더 도움이 된다.
- 처음에는 3~5분으로 시작해서 익숙해지면 20분 정도, 매일 이른 아침과 잠들기 전에 실시하고, 하루 중에도 가능한 때는 언제든지 실시한다.
- 명상을 하면서 새롭게 경험하는 느낌과 감각을 호기심을 가지고 바라보다 보면 명상이 즐거워지고 차츰 명상 시간도 늘어나게 된다.

8) 웃음요법

'소문만복래(笑門萬福來, 웃으면 많은 복이 온다)', '일소일소 일로일로(一笑一少 一怒一老, 한번 웃으면 한번 젊어지고, 한번 노하면 한번 늙는다)'라는 말이 있다. Shakespear도 "그대의 마음을 웃음과 기쁨으로 감싸라, 그러면 천 가지 해로움을 막아주고 생명을 연장시켜 줄 것이다"라고 하였다. 흔히 웃음을 만병통치약이라고 하는데, 17세기 영국의 의사로서 영국 의학의 아버지로 불리는 Thomas Sydenham은 "마을에 좋은 광대들이 오는 것은 당나귀 20필에 실은 약보다 건강에 더 유익하다"고 하였으며, 비슷한 시기에 영국의 Robert Burton도 "웃음은 피를 깨끗하게 하고 젊음과 활기를 주어 건강을 증진시킨다"고 하여, 웃음에는 실제로 치유 효과가 있다고 설명하였다. 이처럼 웃음의 긍정적인 효과에 대한 인식은 동서양의 여러 문화권에서 보편적으로 나타난다.

웃음이 건강에 영향을 미친다는 것과 관련된 최초의 기록은 3,500년 전 쓰여진 구약성서에서부터 찾을 수 있다. 잠언 17장 22절에는 "마음의 즐거움은 양약이라"고 하였다. 히포크라테스도 마음에 영향을 미치는 것은 무엇이든 신체에 영향을 미치며 또한 신체도 마음에 영향을 미친다고 하고, 웃음이야말로 몸과 마음을 함께 치료하는 최고의 치료 수단이라고 하였다.

수십 년 전부터 웃음의 효과에 대한 의학적 연구 결과들이 발표되면서, 웃음은 건강한 사람에게는 각종 질병의 예방 수단으로써, 환자들에게는 치유를 촉진하는 보조적 기법으로써 이용되기 시작하였다. 웃음요법의 선구자라 할 수 있는 Norman Cousins도 자신의 지병인 강직성 척추염의 투병 과정에서 유머와 웃음의 힘을 경험하고 글을 통해 그 효과를 세상에 널리 알렸다. 현재 우리나라에도 수많은 의료기관에서 환자의 질병 회복을 돕고 심리적 고통을 완화하려는 목적으로 웃음요법을 도입하고 있다.

웃음의 효과는 심리적인 것에만 한정되지 않는다. 15초 동안의 박장대소는 100m 달리기를 한 것만큼의 운동 효과가 있다. 꾸준히 실시할 경우 심폐기능을 향상시키고 복부의 장기를 자극하여 장기의 기능을 활발하게 하며, 체내 축적된

여분의 열량을 소모하는 효과도 매우 크다. 또한 베타-엔돌핀을 증가시켜 통증을 완화하고 면역세포를 활성화시킨다. 코티솔을 낮추어 스트레스의 부정적 영향을 감소시킬 뿐 아니라, 긴장이나 분노와 같은 부정적 정서를 완화하는 효과가 우수하다.

웃음은 심장질환, 아토피성 피부염, 악성종양을 포함한 질병의 관리와 예방에 효과적이며 면역력 강화와 수명 연장에도 도움이 된다. 우울증 같은 심리적 증상의 개선에도 효과적이며, 자존감 회복과 사회성 증진에도 효과가 있다는 보고가 있다. 이처럼 웃음은 스트레스의 예방과 완화 외에도, 각종 질병에 대한 저항성을 증진하고 치료를 촉진하며, 사회적인 삶을 건강하게 하는 데 실제적인 영향을 미치는 우수한 자기치유의 방법이다.

억지로 웃는 웃음도 건강에 도움이 될까? William James는 행동이 감정을 따르는 것 같지만 행동과 감정은 병행하므로, 의지로 통제되는 행동을 조정함으로써 감정을 조정할 수 있다고 하고, "우리는 행복하기 때문에 웃는 것이 아니고 웃기 때문에 행복하다"고 하였다. 즉 웃을 일이 없더라도 웃으면 기쁨, 희망, 사랑, 신뢰와 같은 긍정적 감정이 따라서 생겨나고, 이렇게 생겨난 긍정적 감정은 생리적으로 긍정적인 반응을 유발한다.

웃음은 인류가 가진 가장 손쉽고 유익한 자연치유 기제 중 하나이다. 웃을 수 있는 일이 있을 때는 몸과 마음으로 아낌없이 웃고, 매일 잠시라도 일부러 웃는 시간을 만들어 스스로를 웃게 하는 것만으로도 스트레스 완화는 물론 심신의 활력을 증진하고 나아가 삶 자체를 건강하게 할 수 있는 것이다.

9) 내적태도 변화

뇌는 마음을 몸으로 일으키고 형성하는 곳이지만, 역으로 몸과 마음의 경험 양식들은 뇌를 변화시킨다. 뇌는 현실과 가상의 세계를 구분하지 않고 사고와 정서에 반응하며 새로운 네트워크를 형성해가므로, 어쩌면 인간의 의지로 해부학적 형상과 기능을 변화시킬 수 있는 유일한 장기라고도 할 수 있다. 반복적으로 스트레스가 가해지면 중추신경계는 스트레스에 대해서 더 반응적인 활동 양식을 갖추게 된다. 그렇게 해서 더욱 길고 과장된 스트레스 반응 양식이 갖추어지면 성장, 생식, 면역, 학습, 기억 능력 등의 저하를 가져 온다. 스트레스에 대한 심리, 생리적 경향성이 중추신경계의 구조와 기능에 고정되어, 개체의 삶 전반에 영향을 주게 되는 것이다. 의도적이든 비의도적이든 지속적인 자극은 중추신경계의 신경망을 변화시킨다.

몸 중심 심리치료의 Caldwell은 인지적 각성을 통해 세계와 자신을 특정한 방식으로 보도록 길들여진 각성 양식을 되돌릴 수 있으며, 생각은 물론 느낌도 선택할 수 있다고 하였다. 부정적이고 경직된 사고방식, 일과 대인관계에 악영향을 주는 성격과 특성 등, 내부에서 스트레스를 만들어내는 과정을 해결하지 않으면 외적 상황이 바뀌어도 고질적으로 스트레스가 재생산된다. 스트레스를 만드는 기제는 자신 안에 있으며, 스트레스 관리에서 가장 큰 동지도 자기 자신이다. 우리가 우리 자신을 있는 그대로 이해하고 받아들인다면, 우리는 무의식으로 하여금 24시간 동안 우리를 지키도록 할 수도 있다. 자기 자신을 아는 것은 심리적으로 가장 강한 힘이 되며, 스트레스성 자극에 대한 수용력과 대처 능력을 증가시킨다.

걱정하는 습관을 면밀히 살펴보면, 우리가 하는 걱정은 대개 무의미한 것이며 습관적으로 하는 경우가 대부분이다. 우리가 걱정하는 일의 대부분은 일어나지 않는 일이거나 이미 지나간 일이거나 걱정해도 소용없는 일이다. 걱정하는 습관을 현재에 집중하는 습관으로 전환하는 것은 내부에서 만들어 내고 있는 스트레스의 발생을 감소시키고, 이미 발생한 문제에 대해서도 능동적으로 대처할 수 있도록 해준다.

스트레스의 생리적 산물들이 적절히 소모되어야 하는 것처럼, 심리적 반응도 적극적 표현을 통해 적절히 해소되어야 한다. 상대방에게 자신의 마음을 알리고 공감을 얻으려면 먼저 스스로 자신의 감정을 자각하고 객관적으로 수용할 수 있어야 한다. 감정을 통제할 수 있는 사람에게는 감정이 일종의 표현 수단이자 공격과 방어의 무기가 된다는 말이 있다. 무조건 감정을 표출하는 것은 카타르시스가 아니다. 통제되지 않은 감정은 다시 스트레스가 되어 돌아오고 다른 이에게도 스트레스를 준다. 자신의 감정을 깨닫고 솔직히 인정하는 것도 훈련을 필요로 하지만, 타인이 공감하고 수용할 수 있는 표현 방법을 배우는 것에도 그 못지않은 관심과 노력이 요구된다.

앞에서 설명한 바와 같이 유머와 웃음은 긍정적 감정을 유발할 뿐 아니라 심신에 실제 치유 효과를 나타낸다. 웃음은 본능적이며 생리적인 반응이지만 유머는 인간에게만 허락된 가장 고차원적인 정서적, 인지적 능력이다. 유머는 현재 자신이 있는 상황에서 벗어나 객관적으로 바라볼 수 있을 때 가능한 일이기 때문이다. 의미치료의 창시자 Frankl도 유머는 자기이탈로 불리는 특별한 인간적 능력을 입증하는 것이라고 하였다. 냉소적이지 않은 유머 감각을 키우는 것은 힘든 상황들로부터 심리적 여유를 가질 수 있도록 해준다.

자신이 스트레스에 취약한 A형 행동유형이라면 B형 행동유형의 요소들을 계발할 수 있도록 의도적으로 노력해야 한다. 비록 성격이 근본적으로 바뀌지는 않더라도 그러한 노력 자체가 사회생활에서 경험하는 스트레스의 발생 빈도를 크게 낮추어 준다. 과도한 경쟁심은 적대감을 증폭시키고 이는 곧 스스로를 해친다. 현대 사회는 경쟁력을 삶의 필수적 덕목인 것처럼 오도하며 경쟁을 부추기고, 이해타산에 능하여 어떻게든 더 많은 몫을 차지하는 사람을 유능하다고 인정한다. 그러나 진화론적으로 보면 경쟁과 투쟁이 아닌 협력, 이해, 용서, 자비와 같은 것이 생존 가치가 더 높은 태도이다. 예나 지금이나 인간은 사회를 떠나서는 홀로 생존할 수 없다. 사회에서 고립되거나 배척되지 않으려면 비협조적이고, 이기적이고, 기만적이기보다는 다른 사람을 돕고, 양보하고, 친절을 베푸는 태도를 길러서 사회에서 환영받는 구성원이 되어야 했다. 우리는 Part 3에서 친절을 뜻하는 'kindness'와 관대함을 뜻하는 'generosity'가 인간의 본래 품성을 설명하고 있는 단어들임을 살펴보았다. 이것이 우리의 심리적 본성이라면, 이러한 내적 태도들로부터 어긋날수록 심리적 항상성은 위협받게 되고 알 수 없는 불편감과 불안에 시달리게 될 것이다. 사랑, 용서, 양보, 봉사와 같은 이타적 행동이 실제 치유 효과를 가져오는 것은 이와 같은 원리에 의한 것이라 할 수 있다. 이 효과는 생리학적으로도 설명된다. 실제로 한 연구에 의하면 사회복지 자원봉사자들은 정신지체아들을 돌볼 때 뇌의 옥시토신 작용 부위가 활성화된다. 옥시토신은 편도체의 흥분을 누그러뜨리고 스트레스 반응을 상쇄할 뿐 아니라 개체 간의 접근 행동을 일으키고 애착을 형성하며 안정감과 신뢰감을 증진시키는 호르몬으로서, 최근 들어 인간의 진정한 행복호르몬으로 주목받고 있다. 즉, 봉사나 양보 같은 행위는 행복으로 보상된다는 것이 생리학적으로 확인되는 것이다.

반면, 적개심이나 경쟁심 같은 태도가 건강을 위협하고 질병을 야기하는 것에 대해서는 앞의 여러 장에서 설명하였다. A형 행동유형의 요소 중 특히 해로운 것으로 알려진 적개심에 관한 생리적 연구를 수행한 Redford Williams는 적개심을 감소시키는 방법을 아래와 같이 제시하였다.

적개심을 감소시키는 17가지 방법

- 주위 사람들에게 자신이 강한 적개심을 가지고 있다는 것과 감소시키려 노력하고 있다는 것을 알린다.
- 냉소적이고 부정적인 생각이 떠오르는 것을 느낄 때 스스로에게 '멈추라'고 말한다.
- 스스로 화내지 말라고 설득한다.
- 화가 날 때는 다른 일을 생각한다.
- 다른 사람이 이야기할 때는 조용히 듣는다.
- 명상을 배워 냉소적 생각이 들거나 화가 날 때 사용한다.
- 다른 사람의 어려움을 이해하려고 노력한다.
- 누군가 자신을 괴롭힐 때 공격적이고 도전적인 태도를 취하기보다 단호하게 자신의 생각을 전달한다.
- 다른 사람들과 접촉할 기회를 많이 만들어 사회적 지지를 확보한다.
- 사람들이 잘못했다고 하면 용서하자.
- 직장이나 종교모임에서 좋은 인간관계를 유지한다.
- 자신보다 불행한 사람들을 위해 봉사활동을 한다.
- 스스로의 적개심 성향을 우습게 여기는 것을 배운다.
- 규칙적으로 운동을 한다.
- 애완동물을 기른다.
- 종교를 갖고 종교의 진정한 가르침을 배운다. 세상 모든 종교의 기본 원리는 자신이 대접받고 싶은 것처럼 타인을 대하라는 것이다.
- 오늘이 삶의 마지막 날이라 생각한다. 자신의 적대적 성향이 보일 것이다.

모든 스트레스 관리법 중 으뜸은 마음을 돌보는 것이다. 서양의 속담 중에 "고양이도 근심 가운데 있으면 말라죽는다"는 말이 있다. 고양이처럼 병에 잘 걸리지 않고 목숨이 질긴 동물조차도 근심과 걱정에는 버티지 못한다는 뜻이다. 어두운 마음에 사로잡혀 있으면 아무리 뛰어난 스트레스 관리법도 소용이 없다. 그렇기 때문에 예로부터 모든 치료법 가운데 마음을 치료하는 것을 근본으로 여기고 마음을 치료하는 의사인 심의를 첫째로 꼽았던 것이다.

10) 일상의 사소한 일 관리

연구에 의하면 일상에서 자주 경험하는 짜증스러운 사건(background stressors, daily hassles)들의 빈도는 우울증, 불안 등 심리적 증후의 출현과 명백한 상관관계가 있다. 그리 심각한 사건들이 아닌, 단지 성가시고 귀찮은 사건들이 심신 건강에 영향에 줄 수 있다는 사실은 이 사건들의 영향이 누적되고 있는 것임을 암시한다. 평소에도 늘 겪으며 지나쳤던 사소한 일에 대해서 어느 순간 갑자기 폭발적인 감정 반응을 하는 경우가 종종 있다. 이것은 사소한 사건들이 만든 부정적 정서가 조금씩 누적되다가 결국 견딜 수 있는 한계치를 넘어서는 순간이라고 할 수 있다. 짜증스러운 일을 피할 수 있다면 피하는 것이 최선이지만, 이러한 스트레스원들이야 말로 삶을 영위하자면 피할 수 없는 것들이다.

일상의 짜증스러운 사건들의 영향을 감소시키려면, 그 반대의 전략을 선택하면

된다. 사소하지만 좋은 사건들을 찾아 자신을 의도적으로 많이 노출시키는 것이다. 짜증스러운 사건들로 인해 누적된 부정적 정서는 그와 대조되는 즐거운 사건들(uplifts)에서 생성된 긍정적 정서에 의해 상쇄된다.

Kanner 등은 사람들이 일상에서 호소하는 짜증스러운 일과 즐거운 일들의 주

표 9-3 일상의 사소한 일

짜증스러운 일	즐거운 일
1. 체중	1. 배우자나 애인과 좋은 관계 유지
2. 가족의 건강	2. 친구와 좋은 관계
3. 물가 상승	3. 일의 완성
4. 가사	4. 좋은 건강
5. 너무 할 일이 많음	5. 충분한 잠
6. 물건을 잃어버림	6. 외식
7. 마당이나 집 건물 관리	7. 책임 다함
8. 세금이나 재산 문제	8. 방문, 전화, 편지쓰기
9. 범죄	9. 가족과 함께 지내기
10. 외모	10. 쾌적한 집(실내)

요 항목들을 〈표 9-3〉과 같이 정리하였다. 스스로 자신의 목록을 작성하고 점차 목록을 늘리며 정교화시켜 나간다. 이것은 짜증스러운 일을 경험할 때 스스로 편하지 않은 상황을 접하고 있다는 것을 신속히 깨닫게 하여 정서 관리에 도움을 줄 수 있고, 자신이 좋아하는 일들을 접할 기회를 의도적으로 증가시키는 데도 도움이 된다.

11) 문제해결 능력과 의사소통 기술

현대인은 생애 주기에 따라 새롭게 부과되는 삶의 과제들을 감당해야 할 뿐만 아니라, 급변하는 사회 환경에 적응하기 위해서도 끊임없이 새로운 지식과 기술들을 다시 배우고 익혀야 한다. 생활양식의 변화와 역할의 변동에 대한 적응의 요구는 모두 삶의 항상성을 교란하는 원인이 될 수 있다. 그러한 변화와 적응을 위한 능력이 부족하다면 그것들은 모두 스트레스원이 된다. 삶 속에서 부딪치는 다양한 문제 상황을 해결하고 새로운 환경에 적응할 수 있는 능력을 갖추는 것은 스트레스를 감소시킬 뿐 아니라, 스트레스 치유의 궁극적 목표인 삶의 행복과 성취감을 증가시킨다. 이를 위해서는 새로운 경험에 대한 개방적인 자세와 새로운 기술을 익히는 데 대한 능동적 태도가 요구된다.

상담소를 찾는 가장 흔한 원인은 대인관계의 문제이다. 직장인들이 호소하는 가장 큰 어려움도 대인관계이고, 학교 스트레스의 중요한 원인도 또래 관계에서 비롯된다. 대인관계에서 발생하는 스트레스를 감소시키기 위해서는 자신을 표현하고 의견을 주장할 수 있는 능력, 우호적이고 공감적인 대화법, 사람마다 다른 성향을 받아들일 수 있는 유연한 태도를 두루 갖춘 의사소통 기술이 필요하다. 상대방에게 자신의 생각을 전달하고 우호적인 반응을 이끌어 내려면, 먼저 자신의 정서를 정확히 파악할 수 있는 능력을 길러야 한다. 그리고 그것을 감정적으로 표현하지 않고 객관적으로 표현하는 대화술이 필요하다. 때로는 전문가의 도움이 필요할 수도 있지만, 스스로의 관심과 노력에 의해서도 개선될 수 있는 여지는 있다. 치유자의 입장에서 보자면, 치유자가 직접 도움을 줄 수도 있지만 시중에 나와 있는 의사소통 기술과 관련된 책들을 권할 수도 있다.

바뀐 생활환경이나 새로운 과제에 적응하지 못하는 것이 문제라면, 이 또한 필요한 기술과 지식을 학습하는 것이 최선의 방안이다. 외국인 회사에서 근무하면서 언어 문제가 늘 스트레스라면 언어를 습득하는 것 이외에는 문제를 해결할 수 있는 방법이 없다. 외국어를 공부할 수 없는 분명한 사유가 있다면 직무를 변경하거나 직장을 옮기는 것도 문제해결 방법이 될 수 있다. 공부도 소홀히 하고, 직무나 직장을 바꾸는 것도 고려하지 않으면서 계속 스트레스를 받고 있는 경우라면 결국 스트레스는 자기 자신이 만들어 내고 있는 것과 다름이 없다. 치유자는 이러한 문제들을 환자(내담자)가 직시할 수 있도록 돕고, 필요한 기술과 지식을 학습할 수 있도록 독려해야 할 것이다.

직장이나 학교에서의 집단따돌림, 성희롱, 불공평한 처우, 과도한 업무, 주위의 지나친 요구와 기대 등, 도저히 다른 사람의 도움을 구할 수 없을 것 같은 문제, 혹은 누구나 겪는 문제인 것 같아 내색하기 힘들다고 생각하는 문제들이 많이 있다. 그러나 이러한 문제들도 회피하지 않고 적극적으로 대면하기로 한다면 크든 작든 도움이 될 만한 방법이 있기 마련이다. 혼자 해결할 수 없는 문제가 있을 때 상담소를 찾거나 동료, 상사, 부모, 선생님 등 타인에게 도움을 청하는 것은 결코 소극적인 대처가 아니며, 그런 도움을 찾을 수 있는 것 자체가 문제해결 능력인 것이다.

12) 행동수정

생물심리사회학적 의학 모델이나 스트레스의 과정모델에 따르면 질병이나 스트레스를 일으키는 절대적인 요소가 따로 있는 것이 아니다. 뿐만 아니라 질병이나 스트레스를 일으키는 원인이 스스로에게 있는 경우도 있다. 감기바이러스가 감기를 일으킨다고 할 수도 있지만, 개인 위생관리를 하지 않고 불건전한 생활을 함으로 인해 감기에 더 잘 걸리는 사람이 있다. 마찬가지로 다른 사람에게 피해를 주는 언행을 해서 집단에서 소외되는 사람, 수업을 게을리 하면서 학점 때문에 스트레스를 받는 사람도 있다. 이런 경우에는 무엇보다도 자신의 문제 행동을 인식하고 수정하는 것이 스트레스 관리의 핵심이다.

스트레스를 만드는 행동과 태도를 수정함으로써 문제가 해소되면 스트레스는 자연히 감소된다. 그러나 자신을 객관적으로 관찰하고 스스로 변화한다는 것은 결코 쉬운 일이 아니다. 스스로 깨닫기도 힘들지만, 주변에서 아무리 알려주려 해도 자신에게 문제가 있다는 것을 인식하지 못하는 사람들이 많다. 그렇기 때문에 때로는 스스로를 알기 위해 전문가의 도움이 필요할 수도 있다.

인지행동치료에서는 학습심리학의 원리를 이용하여 부적응적 행동을 소거하고, 보다 적응적인 행동으로 대체하는 다양한 방법들을 제공한다. 타인에게 불쾌감을 주는 행동을 처벌과 보상의 원리에 따라 교정하기도 하고, 고소공포증처럼 특정 자극에 대한 지나친 반응성을 체계적 둔감화 기법에 의해 감소시키기도 한다. 인지행동치료는 단지 인지를 개선하고 행동을 수정하는 것만을 목표로 하지 않는다. 인지-정서-심신반응(행동)은 연결되어 있는 정보처리 체계이므로, 인지적 변화가 정서적 변화를 동반하게 된다는 것을 앞에서 설명하였다. William James의 말처럼, 의지의 직접적인 통제하에 있는 행동을 조정함으로써 의지의 직접적인 통제하에 있지 않은 감정을 조정할 수 있는 것이다.

모든 심리적, 행동적 치료에서 근본적 변화가 일어나는 시점은 자기 자신에 대한 인지적 깨달음의 순간이다. 특별한 행동치료를 받지 않더라도 그러한 깨달음만으로도 변화가 시작될 수 있다. 따라서 행동치료에서 자기 자신에 대한 성찰과 자신의 내면에 대한 이해가 동반되어야만 근본적이고 영속적인 변화를 기대할 수 있다. 그러므로 자신의 감정, 생각, 행동에 대한 자각을 높이는 기법들, 예컨대 앞에서 소개한 정서 훈련과 명상 등을 병행하면 더욱 효과적이다.

때로는 당면한 문제로부터 심리적 거리를 두는 것이 정서적인 스트레스 반응을 완화하고 문제를 해결할 방법을 찾는 데 도움이 될 수 있다. 이러한 원리에 근거하여, 모리타 심리치료(Morita psychotherapy)에서는 스트레스를 경험할 때 땀 흘려 일을 한다든지, 평소에 미루어 두었던 일들을 처리하는 등, 자신의 행동을 변화시켜 더욱 생산적인 다른 일에 몰두하도록 한다.

03

1. 스트레스 관리법의 선택
2. 심리·행동적 접근법
▶ 3. 신체적 접근법
4. 생활양식과 생활환경 수정

신체적 접근법

사실상 많은 스트레스 완화법이 몸이나 마음 한 쪽에만 작용한다기보다는 몸과 마음에 동시에 영향을 주는 방법이다. 요가나 태극권 같은 심신의학적 방법들이 특히 그러한데, 이들은 몸으로 하는 명상, 또는 움직이는 명상이라고도 할 수 있다. 다른 신체적 접근법들도 결과적으로는 몸뿐 아니라 마음에까지 변화를 가져 온다. 몸을 통한 스트레스 완화법은 스트레스 반응 자체를 감소시키는 방법이거나 스트레스 반응으로 인해 생성된 생리적 산물들을 소모시키는 방법이다. 전자의 경우에는 호흡법, 근육이완법 등이 속하고 후자의 경우로는 운동요법이 대표적이다. 여기서는 이완반응을 유도하는 것을 목표로 하는 이완요법들을 좀 더 비중 있게 다루도록 한다.

이완 반응이란 투쟁-도피 반응과 반대되는 반응이며, 이완요법들은 이완 반응을 유도하는 방법들이다. 이완 상태는 정신적 각성 상태를 유지하면서 신체적으로는 편안함을 동반하고 있는 상태로서 수면 상태와는 다르다. 몸이 이완되면 마음도 이완되고, 마음이 이완되면 몸도 이완된다는 단순하고도 명백한 원리에 입각하여, 이완요법들은 근육의 긴장을 최대한 완화시키는 기술적 과정들을 포함하고 있다. 여러 심신이완법들이 스트레스 관리, 질병 치료, 심신의 건강 증진을 목적으로 오래 전부터 이용되어 왔다. Jacobson의 점진적 근육이완법, Schultz의 자율훈련, 심상법, 호흡법, 명상, 바이오피드백 등 다양한 이완법들이 있는데, 특히 호흡법, 명상, 근육이완법 등은 쉽게 배워 언제 어디서나 적용할 수 있는 효과적인 심신이완 기술이다.

1) 호흡법

호흡법은 모든 이완요법의 기본이며, 호흡법 자체만으로도 매우 효과적인 이완기법이 될 수 있다. 호흡은 생명활동에서 가장 기본이 되는 것이다. 호흡은 자율신경계에 의해 조절되는 4가지 활력징후(vital sign) 중 하나인데, 자율신경계의 통제 하에 있는 다른 작용들과는 달리 의식적으로도 조절할 수 있는 유일한 생리작용이다.

우리는 흥분하면 호흡이 가빠지고, 편안해지면 호흡도 느려지며, 몸에 통증이 있으면 호흡이 얕아지고, 통증이 사라지면 호흡이 깊어지는 것을 경험한다. 심리적인 동요를 경험하면 호흡에 즉시 반영되듯이, 역으로 호흡을 조절하면 심신의 반응도 조절할 수 있다는 것이 호흡법의 원리이다. 스트레스 시에도 호흡이 얕고 빨라지게 되는데, 호흡을 의도적으로 깊고 천천히 하면 몸의 긴장이 이완되고 심리적으로 안정된다.

호흡법에서 가장 중요한 것은 흉부와 복부를 나누는 근육막인 횡격막이 호흡과 함께 상하로 움직일 수 있도록 하는 것이다. 폐에는 근육이 없기 때문에 폐의 수축과 확장은 횡격막의 상하 움직임에 의해 수동적으로 일어난다. 횡격막의 움직임은 부교감신경을 항진시켜 심신의 이완을 가져온다. 횡격막을 충분히 움직이

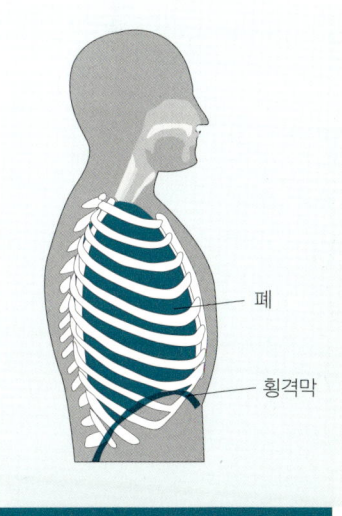

그림 9-2 횡격막의 위치

는 호흡에서는 아랫배도 함께 따라 움직이면서 자연스러운 복식호흡이 된다. 많은 사람들이 성장하면서 복식호흡보다 얕은 흉식호흡을 하게 되며, 긴장하거나 흥분하면 더욱 호흡이 얕아진다. 흉식호흡에서는 산소와 이산화탄소의 공기 교환이 충분히 이루어지지 못해서 혈중 이산화탄소의 농도가 증가하고 불안과 피로를 일으킨다. 신체는 그것을 다시 생리적 스트레스 자극으로 인식하게 되고, 그 결과 교감신경계를 자극하게 된다. 교감신경계가 항진됨으로써 심신의 긴장이 초래되고 다시 호흡이 얕아지는 악순환이 이어진다.

간단한 호흡법을 소개한다. 스트레스를 경험하거나 흥분, 불안, 긴장을 느낄 때 단 몇 분만 실시해도 심신이 이완되는 것을 경험할 수 있다. 매일 규칙적으로 꾸준히 실시하면 심리·생리적으로 많은 변화를 기대할 수 있다.

호흡법

- 가능하다면 강한 빛이나 소음을 피할 수 있는 곳이 좋지만 호흡법은 어디서나 실시할 수 있다.
- 앉은 자세, 선 자세, 누운 자세 등 어느 자세에서도 가능하다. 단, 목, 가슴, 배를 압박하는 옷을 느슨하게 한다.
- 이완을 하려면 척추를 쭉 펴야 한다. 특히 목과 허리 밑의 척추에서 부교감신경계의 가지가 뻗어 나오므로 고개를 숙이거나 허리를 구부리지 않도록 한다.
- 천천히 깊게 숨을 들이쉬고 내쉬면서 복부(횡격막)의 움직임에 집중한다. 너무 깊게 많이 들이마시거나, 무리해서 완전히 숨을 내쉬려하거나, 호흡을 참으면서까지 천천히 하려고 하면 오히려 몸이 더 긴장되고 두통이나 현기증이 올 수도 있다. 편안하지 않은 호흡은 절대로 이완을 동반할 수 없다.
- 들이쉴 때 공기가 몸속으로 충분히 들어와 몸 전체로 퍼지는 것을 느끼고, 내쉴 때는 다음에 새 공기가 들어올 수 있도록 충분히 내쉰다. 내쉴 때의 숨은 풍선에서 바람이 빠지듯 자연스럽게 한다.
- 들이쉴 때 '하나-둘-셋-넷-다섯', 내쉴 때 '하나-둘-셋-넷-다섯'하고 숫자를 세면 집중에도 도움이 되고 들숨과 날숨의 길이를 맞추는 데도 도움이 된다. 굳이 다섯까지 숫자를 셀 필요는 없다. 천천히 자신에게 맞는 만큼만 세가면서 하되, 들숨과 날숨에서 세는 숫자는 동일하게 하여 들숨과 날숨의 길이를 맞춘다.
- 호흡법의 종류도 목적에 따라 수십 가지가 있지만, 이완을 위해서는 날숨을 충분히 하는 것이 중요하다. 숨을 들이쉴 때는 교감신경이, 내쉴 때는 부교감신경이 항진되기 때문이다. 그러나 초보자라면 굳이 날숨을 더 길게 할 필요는 없다. 들숨과 날숨의 길이를 동일하게 한다.
- 앉거나 선 자세라면 두 손을 겹쳐서 아랫배에 올리고 배의 움직임에 집중하는 것이 훈련에 도움이 된다. 누운 자세라면 한 손은 가슴 가운데, 한 손은 아랫배에 두고 가슴과 배의 움직임에 집중하면서 실시하면 좋다.
- 복식호흡이 잘 되지 않을 때는 양손을 깍지 끼어 뒤통수에 대고 똑바로 누운 자세에서 실시하면 복부의 움직임이 좀 더 자연스럽게 일어난다. 이 자세에서 연습하면서 복부의 움직임을 익히고 횡격막이 움직이면서 호흡이 일어나는 감각에 익숙해지도록 한다.

2) 이완반응

1970년대 하버드의대의 Herbert Benson은 초월명상(transcendental meditation: TM)의 생리적 효과를 연구한 후 이를 기초로 이완반응(relaxation response)을 개발하였다. Benson은 이완반응을 임상에서 환자들에게 실제로 처방하고 그 효과를 널리 알렸다. 이완반응은 매우 간단하고 누구나 손쉽게 따라 할 수 있는 이완법이다.

이완반응을 1회 10~20분씩 하루 2회 정도 이른 아침과 저녁에 실시한다. 심상법의 시각화를 함께 하는 것도 좋다. 이완이 된 상태에서 1~2분 정도 평화롭고 아름다운 장면을 떠올리면 마음이 더욱 고요해지고 이완의 효과가 배가될 수 있다.

3) 점진적 근육이완법

점진적 근육이완법은 Edmund Jacobson에 의해 1938년에 처음 소개된 이완법이다. Jacobson이 개발한 원래 방법은 길고 복잡하므로 현재는 간략히 변형된 방법들이 활용되고 있다. 점진적 근육이완법은 온 몸의 근육을 부위별로 차례로

이완반응

- 먼저 이완반응에서 집중을 하기 위해 반복할 소리를 준비한다. '사랑'이나 '평화' 같은 단어, 혹은 성경의 성구, 좋아하는 시의 구절도 좋다. Benson 박사가 주로 사용하는 '옴'과 같은 소리도 좋다. '옴'이라는 소리는 생각을 차단하는 데 효과적이다. 여기서는 '옴'으로 소개한다.
- 전신 근육을 편안히 이완시키고 숨을 천천히 쉬면서 준비한 소리를 천천히 반복한다.
- 눈을 감고 코로 숨을 들이쉰다. 코로 숨을 내쉬면서 '옴'하고 마음속으로 말한다. 이를 10~20분 반복한다.
- 도중에 다른 생각이 들 수도 있는데 이것은 자연스러운 것이다. 다른 생각이 들면 다시 '옴' 소리에 집중하면 된다.
- 10~20분이 지나면 눈을 감은 상태에서 1분간 주변 상황을 머리에 떠오르게 하여 현실로 돌아 올 준비를 한다. 1분 후 천천히 눈을 뜨고 일상생활 시작한다.
- 아침 식사 전과 저녁 식사 전 10~20분 정도 매일 꾸준히 실시한다.

이완시킴으로써 심신의 긴장을 완화시키는 것이다. Jacobson은 불면증 환자들의 경우 환자 자신은 이완되어 있다고 생각하는 상태에서도 근육에 잔류된 긴장이 있다는 것을 발견하고 근육을 이완시켜 심신의 긴장을 완화하려는 시도를 하게 된다. 그러나 이완하겠다는 의지만으로는 심신이 충분히 이완되지 않는다. 훈련을 하면 점차 근육이 이완된 상태와 긴장된 상태를 구별할 수 있게 되고, 그와 더불어 근육의 긴장과 이완을 조절할 수 있는 능력도 갖게 된다. 이완 훈련들은 수의근인 골격근의 이완에 초점을 맞추게 되지만, 불수의근인 내장 근육까지 함께 이완이 되고 더불어 마음도 이완된다.

점진적 근육이완법은 조용한 장소에서 누운 자세로 실시하는 것이 가장 좋다. 등을 바닥에 대고 누워 팔을 옆으로 내려놓은 상태에서 다리는 약간 구부려 세운다. 작은 베개를 무릎 아래나 허리 아래에 두면 좀 더 편안해진다. 이 상태에서 3분 정도 예비 휴식을 취한 다음 점진적 근육이완법을 시작한다. 눕는 것이 여의치 않다면 편안한 의자에 앉아서 발이 바닥에 완전히 닿도록 의자 높이를 조절한다. 무릎의 각도는 90도 이상 벌어지도록 한다. 의자에 목받침이 없다면 벽에 머리를 댈 수 있도록 한다. 조이는 옷을 풀고, 눈을 감은 상태에서 호흡법에서와 같이 복식호흡을 시작한다. 온 몸이 편안해진 상태를 2~3분 간 느낀 다음 근육이완법을 시작한다. 부위별로 근육을 긴장시켰다가 이완한다. 근육을 긴장시키는 정도는 최대로 힘을 주어 긴장시킬 때의 70% 정도가 적절하다. 긴장시킨 상태를 5~8초 정도 유지한 다음 이완한다.

여기서는 변형된 방법 중 의자에 앉아서 할 수 있는 방법을 소개한다. 지시문에 따라 천천히 실시한다. 진료실(상담소)에서 정확한 방법을 숙지하고, 지시문을 녹음하여 평상시에도 실시할 수 있도록 한다. 익숙해지면 지시문이 없이도 스스로 할 수 있게 된다.

그림 9-3 점진적 근육이완법

점진적 근육이완법

두 눈을 감고, 지금부터 안내에 따라 호흡을 합니다.
숨을 깊게 들이 마십니다. 하나, 둘, 셋, 넷. 숨을 깊게 내쉽니다. 하나, 둘, 셋, 넷.
숨을 깊게 들이 마십니다. 하나, 둘, 셋, 넷. 숨을 깊게 내쉽니다. 하나, 둘, 셋, 넷.
숨을 깊게 들이 마십니다. 하나, 둘, 셋, 넷. 숨을 깊게 내쉽니다. 하나, 둘, 셋, 넷.

오른손 주먹을 꽉 쥡니다. 더욱 세게 꽉 쥡니다. 더욱 더 세게 꽉 쥡니다.
오른손의 긴장을 느껴 봅니다.
꽉 쥐었던 오른손 주먹을 서서히 폅니다. 펴진 오른손을 더욱 편안하게 합니다.
더욱 더 편안하게 합니다.
이완된 오른손의 편안함을 느껴 봅니다.

왼손의 주먹을 꽉 쥡니다. 더욱 세게 꽉 쥡니다. 더욱 더 세게 꽉 쥡니다.
왼손의 긴장을 느껴 봅니다.
꽉 쥐었던 왼손의 주먹을 서서히 폅니다. 펴진 왼손을 더욱 편안하게 합니다.
더욱 더 편안하게 합니다.
이완된 왼손의 편안함을 느껴 봅니다.

양손의 주먹을 꽉 쥡니다. 더욱 세게 꽉 쥡니다. 더욱 더 세게 꽉 쥡니다.
양손의 긴장을 느껴 봅니다.
꽉 쥐었던 양손의 주먹을 서서히 폅니다. 펴진 양손을 더욱 편안하게 합니다.
더욱 더 편안하게 합니다.
이완된 양손의 편안함을 느껴 봅니다.

오른쪽 팔을 구부립니다. 더욱 세차게 구부립니다. 더욱 더 세차게 구부립니다.
오른팔의 긴장을 느껴 봅니다.
이제 오른팔을 폅니다. 펴진 오른팔을 더욱 편안하게 합니다. 더욱 더 편안하게 합니다.
이완된 오른팔의 편안함을 느껴봅니다.
왼쪽 팔을 구부립니다. 더욱 세차게 구부립니다. 더욱 더 세차게 구부립니다.
왼팔의 긴장을 느껴 봅니다.
이제 왼팔을 폅니다. 펴진 왼팔을 더욱 편안하게 합니다. 더욱 더 편안하게 합니다.
이완된 왼팔의 편안함을 느껴봅니다.

이마를 찡그려 주름을 잡아 봅니다. 더욱 찡그려 이맛살을 찌푸립니다. 더욱 더 찌푸립니다.
이마의 긴장을 느껴봅니다.
이제 이마의 주름을 폅니다. 더욱 편안하게 주름을 폅니다. 더욱 더 편안하게 주름을 폅니다.
이완된 이마의 편안함을 느껴봅니다.

두 눈을 꼭 감습니다. 더 힘주어 꼭 감습니다. 더욱 더 꼭 감습니다.
두 눈의 긴장을 느껴봅니다.
감았던 두 눈을 편안하게 합니다. 더욱 편안하게 합니다. 더욱 더 편안하게 합니다.
이완된 두 눈의 편안함을 느껴봅니다.

윗니와 아랫니를 붙이고 악 물어 봅니다. 더욱 꽉 물어 봅니다. 더욱 더 꽉 물어 봅니다.
이와 턱의 긴장을 느껴봅니다.
악 물었던 이를 편안하게 합니다. 더욱 편안하게 합니다. 더욱 더 편안하게 합니다.
이완된 이와 턱의 편안함을 느껴봅니다.

혀를 입천장에 대고 입천장을 밀어 누릅니다. 더욱 세게 누릅니다. 더욱 더 세게 누릅니다.
혀의 긴장을 느껴 봅니다.
이제 혀를 제 자리로 둡니다. 제 자리에서 편안하게 합니다. 더욱 더 편안하게 합니다.
이완된 혀의 편안함을 느껴봅니다.

목을 뒤로 젖힌 다음 오른쪽으로 돌립니다. 왼쪽으로 돌립니다.
목이 가슴에 닿을 정도로 앞으로 쭉 늘어뜨립니다. 목에 힘을 빼고 더 쭉 늘어뜨립니다.
더 쭉 늘어뜨립니다.
이완된 뒷목의 편안함을 느껴봅니다. 이제 목을 세웁니다.

왼쪽 어깨를 들어 올려 귀에 닿도록 합니다. 오른쪽 어깨를 들어 올려 귀에 닿도록 합니다.
양쪽 어깨를 귀에 닿도록 쭉 들어 올립니다. 완전히 귀에 닿도록 더 들어 올립니다.
어깨의 긴장감을 느껴봅니다.
이제 어깨를 편안하게 내립니다. 더욱 편안하게 어깨를 내립니다.
더욱 더 편안하게 어깨를 쭉 내립니다.
이완된 어깨의 편안함을 느껴봅니다.

숨을 깊게 들이 마십니다. 깊이 마신 상태에서 그대로 멈춥니다. 이제 '후'하고 깊게 내쉽니다.
다시 한 번 숨을 깊게 들이 마십니다. 그대로 멈춥니다. '후'하고 깊게 내쉽니다.
배를 앞으로 힘껏 내밀어 봅니다. 더 힘껏 내밀어 봅니다. 더욱 더 힘껏 내밀어 봅니다.
배의 긴장감을 느껴봅니다.
이제 배를 편안하게 합니다. 더욱 편안하게 합니다. 더욱 더 편안하게 합니다.
편안해진 배의 느낌을 느껴봅니다.

양쪽 무릎을 구부립니다. 더욱 꽉 구부립니다. 더욱 더 꽉 구부립니다.
다리의 긴장감을 느껴봅니다.
이제 구부렸던 무릎을 폅니다. 더욱 편안하게 쭉 폅니다. 더욱 더 편안하게 쭉 폅니다.

이완된 다리의 편안함을 느껴봅니다.

양발을 땅에 대고 누릅니다. 더욱 세게 누릅니다. 발바닥과 다리의 긴장감을 느껴봅니다.
이젠 발을 편안히 합니다.
제 자리에서 더욱 편안하게 합니다. 이완된 발과 다리의 편안함을 느껴봅니다.

이제 이완된 온 온몸의 편안함을 느껴봅니다. 마음의 평안함을 느껴봅니다.

숨을 크게 들이 마시며 온 몸을 쭉 펴고 기지개를 켭니다.
숨을 내쉬며 팔과 다리를 편안한 자세로 둡니다.
눈을 감은 상태에서 지금 있는 방안의 모습을 그려봅니다.
다섯부터 하나까지 거꾸로 숫자를 세면서 서서히 눈을 뜹니다.

4) 자율훈련

아우토겐 트레이닝(autogenic training)이라는 이름으로도 알려진 이 이완법은 독일의 Johannes Schultz가 개발한 자기 최면을 통한 자율이완법이다. 자신의 몸과 마음을 편안히 이완하면서 심상을 통해 몸이 묵직하고 따뜻해지는 것을 경험한다. 말초혈관으로의 혈류가 증가하여 손발이 따뜻해지고 혈압이 감소하며 근육이 이완되어 신체가 편안해진다.

자율훈련은 누워서 하거나, 의자에 앉아서 하거나, 의자에 앉아 손을 무릎에 놓고 고개를 약간 숙여서 하는 방법이 있다. 점진적 근육이완법에서와 같이 조용하고 쾌적하며 방해를 받지 않는 공간을 찾아 편안한 매트에 눕거나 의자에 깊이 기대앉는다. 모든 이완요법은 너무 밝거나 어둡지 않은 곳에서 실시하는 것이 좋은데, 자율훈련에서는 조명을 좀 더 어둡게 한다.

매트 위에 누울 때는 손바닥을 위로 향하게 하고 팔은 몸통에서 주먹 하나 들어갈 정도의 공간을 두고 편안하게 내려 놓는다. 다리는 약간 벌리고 양발이 바깥쪽으로 자연스럽게 벌어지도록 한다. 훈련은 총 6단계로 진행된다. 각 단계를

30초씩 2회 진행한다. 하루 두세 번 훈련을 하는데, 한 단계에 익숙해지면 다음 단계를 훈련한다. 처음에는 오른팔부터 훈련하고, 익숙해지면 두 팔을, 다음에는 다리를 함께 훈련한다. 왼손잡이는 왼손부터 훈련한다.

충분히 이완된 상태에서 하늘, 바다, 초원 같은 시각적 심상이나 풀향기, 물소리 같은 후각적, 청각적 심상을 떠올리며 머물러본다. 훈련을 끝낼 때는 갑자기 종료하지 않고 이완된 근육을 다시 각성시키는 과정을 실시한다. 두 달 정도 꾸준히 훈련하면 전 과정이 익숙하게 되고, 장소에 구애받지 않고 원하는 곳에서 이완을 할 수 있다. 처음 훈련은 짧게 하고 앉은 자세로 연습하는 것이 좋다. Cd

자율훈련

[기본원리]
1. 팔과 다리에서 느껴지는 무거운 감각에 집중한다.
2. 팔과 다리에서 느껴지는 따뜻한 감각에 집중한다.
3. 심장 부위에서 느껴지는 따뜻하고 무거운 감각에 집중한다.
4. 호흡에 집중한다.
5. 복부의 따뜻한 감각에 집중한다.
6. 이마의 시원한 감각에 집중한다.

나는 지금 편안하다.
오른쪽 팔이 무겁다. (6번 반복)
오른쪽 팔이 따뜻하다. (6번 반복)
오른쪽 팔이 무겁고 따뜻하다.
왼팔이 무겁다. (6번 반복)
왼팔이 따뜻하다. (6번 반복)
왼팔이 무겁고 따뜻하다.
두 팔 모두 무겁고 따뜻하다. (6번 반복)
오른발이 무겁다. (6번 반복)
오른발이 따뜻하다. (6번 반복)
오른발이 무겁고 따뜻하다.
왼발이 무겁다. (6번 반복)
왼발이 따뜻하다. (6번 반복)
왼발이 무겁고 따뜻하다.
두 발 모두 무겁고 따뜻하다 (6번 반복)
두 팔과 두 다리가 모두 무겁다.
나는 지금 아주 편안하다.
심장이 조용하게 규칙적으로 뛰고 있다. (6번 반복)
나는 지금 아주 편안하다.
호흡이 조용하게 들어오고 나간다. (6번 반복)
나는 지금 아주 편안하다.
태양빛이 조용하고 따뜻하게 온 몸에 퍼지고 있다. (6번 반복)
나는 지금 아주 편안하다.
이마가 시원하다. (6번 반복)
나는 지금 아주 편안하다.
나는 지금 아주 편안하다.

이완된 상태에서 편안한 심상을 떠올리며 한동안 머물러 본다.

눈을 감은 채로 지금 있는 방안을 그려 본다.
숫자를 다섯부터 하나까지 거꾸로 세면서 눈을 뜬다.
심호흡을 한 다음 양손을 깍지 끼어 머리 위로 올리면서 기지개를 켠다.
다시 한 번 심호흡을 하고 일어난다.

나 카세트테이프는 이용하지 않는다. 처음에는 제시된 기본 과정에 충실하되, 숙달되면 자신에게 맞는 방법을 개발하여 적용할 수 있다.

5) 요가니드라와 바디스캔

요가니드라(yoga nidra)는 요가의 특별한 수행법으로, 의식은 또렷이 깨어 각성을 유지하나 몸은 잠들어 있는 상태를 유도하는 것이다. 훈련자는 편안한 상태에서 안내자의 지시문에 따라서 내면세계를 경험한다. 요가의 사바사나(등을 바닥에 대고 누운 자세)에서 시행하므로 누구나 실행할 수 있고 앉은 자세로도 가능하다. 대개 40분 정도 안내자의 멘트에 따라 진행하는데, 훈련 대상에 따라 짧게 진행할 수도 있다. 안내 내용 역시 어린이, 직장인, 환자 등 대상에 따라 적절히 구성할 수 있다.

요가니드라는 준비 단계, 소망(상칼파)을 세우는 단계, 의식의 순환 단계, 호흡의 자각 단계, 감각과 느낌의 순환 단계, 소망(상칼파) 확인 단계, 마무리 단계 등 7 단계를 기본으로 한다. MBSR의 바디스캔 기법은 요가니드라의 3 단계인 '의식의 순환' 단계와 유사하다.

여기서는 직장인들의 스트레스 해소를 위하여 스트레스통합치유연구소에서 개발한 요가니드라 지시문을 소개한다. 점심시간이나 휴식시간을 이용하여 25~30분 동안 진행할 수 있도록 만들어졌다. 준비 단계에는 근육이완법을 병행하여 이완 효과를 높였으며, 후반에는 심상법의 시각화 기법을 넣어 정서적 정화를 도왔다. 지시문의 내용을 내적으로 충분히 경험할 수 있도록 문장 사이에 적절한 간격을 두고 천천히 안내한다.

바디스캔(body scan)은 명상법에서 소개했던 MBSR의 여러 방법 가운데 누워서 하는 명상법이다. 바디스캔은 주의를 기울이는 신체 각 부위에서 일어나는 실제 느낌을 체

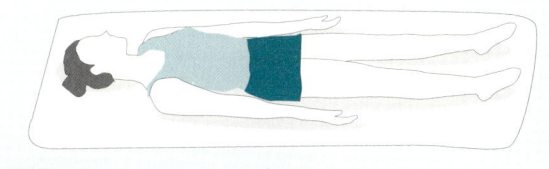

그림 9-4　요가니드라의 사바사나

험하는 과정, 불편감이나 통증을 호흡으로 내보내는 상상의 과정 등 두 영역으로 이루어진다.

요가니드라에서와 같이 사바사나 자세로 누워서 발끝부터 위쪽으로 의식을 이동하며 신체 부위에서 실제로 일어나는 감각을 확인한다. 먼저 왼발의 발가락부터 의식을 집중하기 시작하여 천천히 발등, 다리로 옮겨가면서 일어나는 감각을 느끼고 동시에 호흡이 들어가고 나가는 데 따라 신체 부위에서 일어나는 감각을 느낀다. 왼쪽 다리에서 골반에 이르면 오른쪽 발가락으로 주의를 옮겨 발등, 다리를 거쳐 골반까지 오도록 한다. 골반에서 몸통, 허리와 배, 등과 가슴, 어깨로, 다음에는 양손 손가락 끝, 양팔, 어깨로 와서 목과 목구멍, 얼굴, 후두부, 정수리까지 이르도록 한다. 정수리에 하나의 숨구멍이 있다고 상상하고 이곳을 통해 호흡이 몸 전체를 거쳐 발끝으로 나가고 발끝으로 들어온 공기는 몸 전체를 지나 정수리 구멍으로 나간다고 상상한다. 몸 전체를 통해 호흡하고 있다고 생각한다.

잘하려는 지나친 노력이나 선입견, 기대감을 갖지 않도록 한다. 다만 지금 집중하는 부위에서 일어나는 감각을 온전히 느끼고 그 감각에 대해 생각하거나 분석하지 않는다. 생각이나 잡념이 너무 많아지면 그 사실을 알아차리고 잠시 복부 호흡에 주의를 기울여 배가 일어나고 사라지는 것을 관찰하다가 다시 신체 부위로 주의를 옮긴다. 녹음된 안내 멘트를 이용하여 연습하다가 익숙해지면 안내 없이 실시할 수 있다.

요가니드라와 바디스캔은 몸의 이완을 통한 마음의 이완을 가져오며, 훈련 중 잠들지 말 것을 강조하는데, 이러한 역설적 주문이 오히려 수면을 촉진하여 불면증에 효과를 나타내기도 한다.

직장인을 위한 요가니드라

1. 준비단계

요가니드라를 시작합니다. 안경과 시계를 벗고 넥타이와 벨트를 느슨하게 합니다. 누울 수 있는 분들은 등을 바닥에 대고 눕습니다. 의자에 앉아 있는 분들은 신발을 벗고 발바닥이 바닥에 닿도록 의자를 낮춘 다음, 팔걸이에 팔을 올리고 온 몸을 의자에 맡깁니다. 머리와 몸이 일직선이 되게 한 상태에서 자신의 몸과 마음이 최대한 편안해질 수 있도록 하십시오. 요가니드라를 하는 동안 몸을 움직이지 않습니다. 지금 불편한 곳이 있다면 몸을 조금 움직여서 좀 더 편안한 자세를 취합니다.

이제 눈을 고요히 감고, 감은 눈 속의 눈동자를 서서히 아랫배 쪽을 향해 내려서 쉬게 합니다. 호흡이 들고 남에 따라서 배가 일어났다 사라지는 감각을 느껴봅니다. 흙탕물이 가득한 웅덩이를 떠올려 봅니다. 흙이 가라앉으면서 맑은 연못이 모습을 드러내는 것처럼, 나의 머리와 마음을 맴도는 숱한 생각과 감정들이 주위에 가라앉고 있는 것을 느껴봅니다…. 서서히 가라앉고 있는 것을 느껴봅니다.

이제 자신의 의식을 몸에 두고, 머리에서부터 발끝까지 몸 전체를 자각하십시오. 몸 전체를 온전히 자각하십시오. 이제 온 몸에 힘을 주어 모든 근육을 긴장시켜 봅니다. 머리끝부터 발끝까지 온 몸의 근육과 피부가 수축하고 있습니다. 온 몸의 혈관들도 팽팽히 당겨지고 있습니다. 움직이면 끊어질 것 같은 팽팽한 긴장이 온 몸에 가득합니다…. 이제 숨을 마시고 내쉴 때, 이 긴장이 눈처럼 녹아내릴 것입니다. 숨을 마시고, 내쉬면서 온 몸의 긴장이 한꺼번에 녹아내립니다. 한번 더 깊이 마시고, 내쉴 때 남은 긴장이 모두 사라집니다. 이제 이완된 목과 머리의 편안함을 자각하십시오. 얼굴 근육이 더욱 더 이완되면서 편안해지는 것을 느낍니다. 다물었던 턱도 힘이 빠지면서 살며시 벌어지는 것을 느낍니다. 눈썹 사이 미간이 편안히 풀어지면서 이마 전체까지 환해지는 것을 느낍니다. 어깨와 양팔의 긴장이 더욱 풀리고 이완되는 것을 느껴봅니다. 가슴과 배, 등의 긴장이 더욱 풀리고 이완되는 것을 느껴봅니다. 양다리와 양발의 긴장이 더욱 풀리고 이완되는 것을 느껴봅니다. 몸 전체에 아지랑이 같은 가벼움과 부드러움만 남아 있습니다. 숨을 깊이 마시고 깊이 내쉬면서, 내 안에 피로와 근심 걱정도 아지랑이처럼 빠져나가는 것을 느껴봅니다. 숨을 깊이 마시고 깊이 내쉬고, 다시 깊이 마실 때 몸 안에 새로운 에너지가 들어와 퍼지는 것을 느껴봅니다. 이제 머릿속은 가을 하늘 같은 청명함과 신선함으로 가득합니다. 가슴은 햇살같은 따뜻함과 밝음으로 가득합니다. 이제 여러분의 몸은 잠든 것처럼 깊은 휴식을 취하고 있지만, 의식은 맑게 깨어서 안내자의 목소리를 꾸준히 따라갈 것입니다. 여러분의 의식은 요가니드라를 하는 동안 잠들지 않습니다. 의식은 또렷이 깨어서 잠들지 않습니다.

의식을 호흡에 두고, 자연스럽고 편안하게 호흡을 이어나갑니다…. 마시고 내쉴 때 일어났다 사라지는 배의 움직임을 느껴봅니다…. 마시고 내쉴 때 일어났다 사라지는 가슴의 움직임을 느껴봅니다…. 마시고 내쉴 때 목구멍을 지나는 공기의 흐름을 느껴봅니다.

2. 상칼파

이제 자신이 진정으로 이루고 싶은 소망을 떠올려 하나의 간결한 문장으로 만들어 봅니다. 지금 내 마음의 가장 따뜻하고 밝은 곳에 이 소망의 씨앗을 심을 것입니다. 소망의 문장을 천천히 다짐해 봅니다. 한 번 더 다짐합니다. 한 번 더 다짐합니다. 이제 이 소망은 여러분의 삶 속에서 반드시 싹을 틔우고, 열매를 맺을 것입니다.

3. 의식의 순환

이제 고요히 쉬고 있는 당신의 몸을 자각하십시오. 지금부터는 호명되는 신체 부위로 의식을 옮기면서 그곳에서 일어나는 감각을 알아차리도록 합니다. 먼저 몸의 오른쪽을 자각합니다. 오른쪽 엄지손가락으로 의식을 가져갑니다. 두 번째 손가락, 세 번째 손가락, 네 번째 손가락, 다섯 번째 손가락, 손바닥, 손목, 아래 팔, 팔꿈치, 위팔, 오른쪽 어깨, 겨드랑이, 옆구리, 오른쪽 허리, 골반, 넓적다리, 무릎, 종아리, 발목, 발바닥, 오른쪽 엄지발가락, 두 번째 발가락, 세 번째 발가락, 네 번째 발가락, 다섯 번째 발가락. 오른쪽 몸 전체, 오른 쪽 몸 전체를 자각합니다.

이제 몸의 왼쪽을 자각하십시오. 왼쪽 엄지손가락으로 의식을 가져갑니다. 두 번째 손가락, 세 번째 손가락, 네 번째 손가락, 다섯 번째 손가락, 손바닥, 손목, 아래 팔, 팔꿈치, 위팔, 왼쪽 어깨, 겨드랑이, 옆구리, 왼쪽 허리, 골반, 넓적다리, 무릎, 종아리, 발목, 발바닥, 왼쪽 엄지발가락, 두 번째 발가락, 세 번째 발가락, 네 번째 발가락, 다섯 번째 발가락. 왼쪽 몸 전체, 왼쪽 몸 전체를 자각합니다.

이제 등으로 의식을 옮깁니다. 등 전체, 목덜미, 뒤통수, 정수리, 이마, 미간, 양쪽 관자놀이, 양쪽 눈썹, 양쪽 눈, 양쪽 귀, 양쪽 뺨, 코, 윗입술, 아랫입술, 아래턱, 혀, 목구멍, 가슴, 배, 몸통 전체, 몸통 전체를 느껴봅니다. 두 팔 전체를 느껴봅니다. 두 다리 전체를 느껴봅니다. 목과 머리 전체를 느껴봅니다. 몸통 전체를 느껴봅니다. 머리끝부터 발끝까지 몸 전체를 느껴봅니다.

4. 호흡의 자각

다시 의식을 호흡에 두고, 자연스럽고 편안하게 호흡을 이어나갑니다…. 이제 호흡과 함께 숫자를 헤아려보겠습니다. 열 하나부터 거꾸로 헤아립니다. 숨을 마시고, 내쉬면서 열하나, 마시고 내쉬면서 열, 마시고 내쉬면서…. 계속 이어갑니다….

5. 느낌과 감각의 자각

몸 전체의 감각과 느낌에 온전히 의식을 집중합니다. 이제 당신의 몸이 발끝부터 서서히 무거워지기 시작합니다. 발끝부터 위쪽으로 점점 굳어지면서 돌덩이처럼 무거워지고 있습니다. 양 다리가 무거워지고 있습니다. 허리…. 몸통까지 무거워집니다. 양팔과 어깨, 머리까지 무거워지고 있습니다. 이제 몸 전체가 완전히 굳어져 움직일 수가 없습니다. 몸 전체가 마치 바윗덩어리가 된 것 같습니다. 손가락 하나도 움직일 수 없을 만큼 온 몸이 무겁습니다. 온 몸이 너무나 무겁습니다.

이제 살며시 숨을 마시고 내쉬어 봅니다. 좀 더 깊이 숨을 마시고 내쉬어 봅니다. 다시 한 번

PART 09 스트레스 관리 기법
Interventions for stress management

깊이 마시고, 내쉴 때 온 몸에 따뜻한 공기가 스며들면서, 몸이 점점 부드러워지고 가벼워집니다. 숨을 쉴 때마다 몸 전체에 가벼운 공기가 차오릅니다. 숨을 쉴 때마다 몸 전체에 가벼운 공기가 차올라 하늘로 곧 떠오를 것 같습니다. 온몸이 너무나도 가볍습니다. 온몸이 너무나도 가볍습니다.

이제 최근에 나를 슬프거나 불쾌하게 했던 기억을 한 가지 떠올립니다. 선명하게 떠올려서 그 경험 속으로 담대히 되돌아가 봅니다. 그 때의 내 몸과 마음을 생생하게 느껴봅니다. 불쾌한 마음과 몸의 긴장을 그대로 다시 한 번 느껴봅니다. 심장이 조여들고 몸이 뻣뻣해지는 것을 생생하게 체험해 봅니다. 이제 그 몸과 마음을 거기에 두고, 의식은 그 장면 밖으로 한 걸음 물러납니다. 한 걸음 더 물러납니다. 한 걸음 더 물러납니다. 모든 것은 지나갑니다. 아무리 세차게 나무를 흔드는 바람도 가지에 걸쳐져 남지 않습니다. 나를 힘들게 했던 이 기억은 어쩌면 다시는 내게 기억되지 않을지도 모릅니다. 모든 것은 지나갑니다. 이 또한 지나가고 있습니다.

이제는 나를 기쁘거나 즐겁게 했던 기억을 하나 떠올려 봅니다. 그 때의 기억을 선명하게 떠올려서 다시 한 번 생생하게 체험해 봅니다. 지금 나의 몸과 마음으로 그 때의 벅찬 심장과 날아오를 듯한 몸의 흥분감을 생생하게 느껴봅니다. 생생하게 체험해 봅니다. 이제 그 마음과 몸을 거기에 두고 의식은 그 장면 밖으로 한 걸음 물러납니다. 한 걸음 더 물러납니다. 한 걸음 더 물러납니다. 조약돌이 강물 위에 만든 동그란 물결이 서서히 퍼지며 사라지듯이, 이 경험 또한 내게서 점점 흐려지고 있습니다. 어쩌면 다시는 내게 기억되지 않을지 모릅니다. 모든 것은 지나갑니다. 이 또한 지나가고 있습니다.

6. 시각화

이제 다시 호흡을 바라봅니다. 자연스럽게 들고 나는 호흡을 바라봅니다. 의식을 양 눈썹 사이 미간에 옮겨놓습니다. 그곳에 하얀 스크린이 펼쳐지는 것을 봅니다. 안내자의 제시에 따라서 스크린에 떠오르는 이미지들을 편안히 바라보겠습니다.

봄 밤에 흩날리는 벚꽃, 봄 밤에 흩날리는 벚꽃, 봄 밤에 흩날리는 벚꽃, 교정에 핀 붉은 장미, 교정에 핀 붉은 장미, 교정에 핀 붉은 장미, 사막을 걷는 낙타, 사막을 걷는 낙타, 사막을 걷는 낙타, 남극의 설원, 남극의 설원, 남극의 설원, 연못에 떨어지는 빗방울, 연못에 떨어지는 빗방울, 연못에 떨어지는 빗방울.

계속해서 의식을 미간에 두면서 지금부터의 이야기가 실제로 자신에게 일어나고 있음을 체험합니다. 지금 나는 동틀 무렵 이른 아침에 완만한 산길을 오르고 있습니다. 연한 회색의 어둠이 남아있는 초가을의 이른 아침에 완만한 산길을 오르고 있습니다. 걸음을 걸을 때마다 풋풋한 솔잎의 향기가 온몸을 감쌉니다. 호흡을 할 때마다 그 솔잎의 향기가 허파 깊숙이 물드는 것을 느낍니다. 상쾌한 바람결 사이로 멀리 산사의 풍경소리가 들려오고 있습니다. 쭉 뻗은 나무 사이로 갑자기 아침햇살이 비치기 시작하면서, 주위가 환해집니다. 나뭇잎에 매달린 맑은 이슬방울이 햇빛을 머금고 모습을 드러냅니다. 이름 모를 산새들이 날아오르며 경쾌하게 지저귀기 시작합니다.
 나는 아무런 두려움도 걱정도 없이, 아침의 생명감 가득한 산길을 걷습니다. 저 앞에 작은 샘물이 있는 산 정상이 보입니다. 온 산의 정기를 모아 솟아오르는 샘물이 보입니다. 먼저 와있는 사슴과 새들이 보입니다. 그 곁으로 한 걸음, 한 걸음, 걸음을 옮깁니다. 샘물가에 다가가 앉습니다. 두 손을 모아 시원한 샘물을 떠서 한 모금 마십니다. 온 몸에 시원하고 힘찬 에너지가 퍼지는 것을 느낍니다. 이제 가슴을 활짝 펴고 맑은 공기를 마십니다. 아침 햇살의 따뜻함이 내 몸 전체를 감싸는 것을 느껴봅니다. 내 몸 안의 모든 세포들이 살아서 꿈틀대고 있습니다.
 멀리 파란 하늘에서 하얀 종이비행기 하나가 날아오는 것이 보입니다. 비행기가 내 어깨 위에 살며시 놓입니다. 나는 비행기를 펼쳐서 그곳에 쓰인 낯익은 시구를 소리 내어 읽어봅니다. "행복(성공)이란 무엇인가? 자주 그리고 많이 웃는 것, 현명한 이에게 존경을 받고, 아이들에게 사랑을 받는 것, 정직한 사람들의 진실된 찬사를 듣고, 믿었던 친구의 배반을 담담히 참아내는 것, 아름다움을 아름답다고 식별할 줄 알며, 나를 힘들게 하는 사람에게서조차 장점을 발견하고 인정하는 것. 건강한 아이를 낳든, 작은 정원을 가꾸든, 내가 태어나기 전보다 세상을 조금이라도 살기 좋은 곳으로 만들어 놓고 떠나는 것. 한때 내가 이곳에 살았음으로 해서 단 한 사람의 인생이라도 행복해지는 것. 이것이 진정한 성공이다."
 이제 종이비행기를 다시 접습니다. 그리고 자리에서 일어나 또 다른 누군가를 향해 날려봅니다. 비행기가 산등성이를 부드럽게 날며 시야에서 천천히 멀어지고 있습니다. 하나의 점이 되어 사라지는 종이비행기를 끝까지 바라봅니다.

7. 상칼파
 이제 앞에서 다짐했던 나의 소망을 다시 한 번 다짐합니다. 다시 한 번 다짐합니다. 한 번 더 다짐합니다. 이제 나는 세 걸음 더 그 소망에 다가서 있습니다.

8. 마무리
 이제 미간 사이에 펼쳐졌던 스크린이 서서히 접히고 있습니다. 의식을 호흡에다 둡니다. 자신의 자연스런 호흡을 바라보십시오. 이완되어 쉬고 있는 몸 전체를 느껴봅니다. 자신이 지금 있는 공간을 자각하십시오. 눈을 감은 채 자신이 있는 공간을 그려보십시오. 몸과 닿아있는 바닥이나 의자를 느껴봅니다.
 양 손 손가락을 천천히 움직여 봅니다. 두 손을 맞잡고 위로 뻗습니다. 양 다리도 모아서 쭉 뻗으며 기지개를 켭니다. 다시 한 번 활짝 기지개를 켭니다. 이제 눈을 감은 채, 등을 곧게 세우고 앉습니다. 두 손바닥을 서로 비벼 따뜻함이 일어나면 손바닥을 눈꺼풀 위에 두도록 합니다. 다시 한 번 손바닥을 비벼 따뜻해진 손으로 머리를 앞에서 뒤로 쓸어내립니다. 이제 요가니드라는 끝났습니다. 고요히 눈을 뜨고 당신을 기다리는 일상과 다시 만나십시오.

6) 아로마테라피

아로마테라피(aromatherapy)는 향기치료, 향기요법을 뜻한다. 질병의 예방과 치료, 건강 증진, 미용 등의 목적으로 향기가 나는 식물에서 추출한 에센셜 오일을 이용하는 자연치료법이며, 그 활용 범위가 매우 넓다. 아로마테라피에 이용되는 에센셜오일은 식물의 꽃, 줄기, 잎, 열매, 수액 등에서 추출한 순도 100% 에센스로 휘발성이 높은 방향성물질이다. 이것은 원래 식물의 번식과 성장을 돕고 병을 치유하고 상처를 낫게 하기 위해서 식물이 스스로 생산해 내는 물질이다. 이 물질을 증류, 압축, 용제 추출법을 이용하여 고농축으로 추출하여 활용한다. 추출되는 양은 매우 적지만 몇 방울만으로도 큰 효과를 발휘한다.

아로마테라피의 역사는 수천 년 전 고대 이집트까지 거슬러 올라가며, 중국이나 인도에서도 향을 이용했다는 기록이 있다. 고대 이집트에서는 아로마 오일을 미라의 방부제로 사용하기도 했고, 그리스에서는 종교 의식의 예물로 이용하기도 했다. 클레오파트라는 미용과 최음 효과를 위하여 재스민향을 이용했다는 기록이 있다. 살균과 피부 미용 효과가 있어서 위생약품이나 화장품 재료로도 이용되었고, 중세에는 페스트나 콜레라 같은 전염병에 대해서도 사용되었다. 중세로 오면서 에센셜 오일을 대량 추출하는 기술이 발전하자 아로마는 약제사들의 주요 치료수단으로 사용된다.

근대에 들어 에센셜 오일들의 성분들이 과학적으로 증명되기 시작했는데, 1930년 경 프랑스의 Gattefosse가 라벤더 오일의 화상 치유 효과를 발견하여 아로마테라피에 대한 본격적인 연구를 시작하였고, 그 후 에센셜 오일을 이용하여 심신의 건강을 증진시키는 자연의학을 아로마테라피라고 명명하게 된다. 미국 보완대체의학센터에서는 아로마테라피를 보완대체의학의 한 영역으로 인정하고 있다.

아로마테라피는 만성질환, 퇴행성 질환, 면역 기능 저하, 성인병, 아토피 등 다양한 증상에 효과가 있다. 몸과 마음의 질병을

그림 9-5 아로마테라피 램프

치유하고 자연치유력을 증진시키는 등 건강을 향상시킬 뿐 아니라 정서적 안정과 균형감, 기억력과 집중력 등 인지적 능력의 향상, 스트레스 해소, 피부 미용에도 효과가 확인되고 있다. 에센셜 오일은 가볍고 휘발성이 커서 호흡기나 피부를 통하여 몸속에 쉽게 흡수되므로 흡입법, 마사지법, 목욕법, 족욕법, 습포법 등 여러 방법으로 적용할 수 있고, 공기 청향제, 향수, 방향제 등의 형태로도 활용할 수 있다.

아로마테라피에 사용되는 향기 중에는 신경계를 안정시키는 효과가 특히 우수한 것들이 많다. 향기는 후각신경을 통해 대뇌 변연계를 자극하여 스트레스를 완화하는 효과를 나타내고 정서적 안정감을 가져다 준다. 특히 후각신경은 반응 속도가 빠르기 때문에 흡입과 거의 동시에 효과가 나타날 수 있다. 명상이나 이완법과 동시에 이용하면 몸을 더욱 이완시키고 깊은 명상에 몰입하도록 도와준다. 그런 이유로 고대로부터 현대에 이르기까지 종교적 의식에서도 아로마 오일이 널리 이용되어 왔다.

아로마테라피에 사용되는 아로마의 종류는 300종 이상으로 매우 다양하다. 여기서는 스트레스 완화와 심신이완에 도움이 되는 아로마를 위주로 몇 가지만 소개하도록 한다. 제라니움은 스트레스, 우울, 불안의 해소에 효과적이고 기분을 고양시켜 준다. 레몬은 머리를 맑게 한다. 장미 오일은 항우울 효과가 있고, 로즈마리와 페퍼민트 오일은 대뇌 기능을 항진시켜 주며 정신치료 효과와 스트레스 반응 조절에 도움을 준다. 라벤더는 우울증, 불면증에 효과가 있고 신체를 이완시킨다. 케모마일도 불면증에 효과가 있다. 로즈우드, 시더우드, 샌달우드 등 우드 계열의 아로마들은 신경 안정 효과가 있어서 명상에 도움이 된다.

불면증에 라벤더를 사용한다면 베개에 라벤더 오일 1방울을 떨구어 향을 맡을 수 있다. 케모마일을 차로 마시면 긴장된 마음을 진정시키고 머리를 맑게 한다. 로즈마리차도 상쾌감과 집중력을 높여준다. 진료실이나 이완훈련을 하는 곳에서는 아로마 램프를 이용하여 뜨거운 물에 샌달우드, 로즈우드, 자스민, 라벤더 등을 몇 방울 떨군 다음 향기가 실내에 퍼지도록 둔다.

7) 바이오피드백

피드백(feedback)이란 시스템의 수행 결과를 그 시스템에 다시 알려 주어 시스템 스스로가 수행 상태를 조절, 통제하도록 하는 것이다. 바이오피드백(biofeedback)은 자신의 심신 상태를 반영하는 생체 신호들에 대한 감수성을 증가시키는 훈련이다. 근전도, 심박수, 혈압, 체온, 뇌파 같은 생리적 신호들의 변화를 측정하여 환자(내담자)가 알 수 있는 시청각적 신호로 알려준다. 원래 자율신경계에 의한 생체 기능은 의지에 의해 통제할 수 없는 것으로 생각되어 왔으나, 자율신경계의 작용으로 나타난 혈압, 체온, 뇌파와 같은 정보를 피드백하여 훈련함으로써 조절이 가능해진다. 평소에는 알 수 없었던 자율신경계의 움직임을 알 수 있게 되고, 긴장과 이완 상태에서의 몸의 변화도 자각할 수 있게 된다.

신체로부터의 메시지를 듣지 못하여 몸과 마음이 단절된 상태가 지속되면 신체 질환이 발생할 가능성이 높아진다. Gary Schwartz는 시스템 이론에 근거하여, 유기체의 조절에 관여하는 심리·생물학적 과정들을 서로 연결하기 위해 '자기-주의(self-attention)'라는 개념을 제시했다. 자기-주의, 즉 자신에 대한 주의에 장애가 생기면 심신 과정에 단절이 일어난다. 이렇게 부주의(disattention)로 인하여 단절(disconnection)이 생기면, 단절은 부조절(disregulation)을, 부조절은 무질서(disorder)를, 무질서는 질병(disease)을 불러온다. 역으로 치유의 맥락에서는 주의(attention)는 연결(connection)을, 연결은 조절(regulation)을, 조절은 질서(order)를, 질서는 평안감(ease)을 낳고 건강을 가져오게 되는 것이다.

바이오피드백은 몸과 마음을 조화롭게 하여 심리적, 생리적 수준에서 안정과 균형을 되찾게 해주는 심신의학의 한 기법이다. 이완 훈련, 호흡법, 최면요법 등 다양한 심신의학적 기법들과 병용함으로써 치유 효과를 높일 수 있다. 목표 효과에 따라 근전도 바이오피드백, 온열 바이오피드백, 호흡 바이오피드

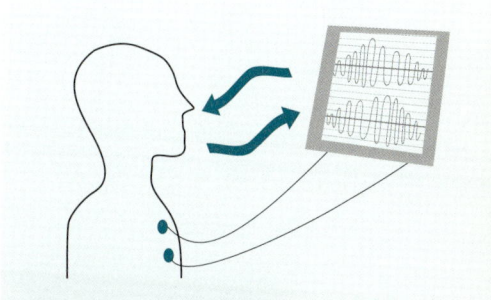

그림 9-6 바이오피드백

백, 피부전기반응 바이오피드백, 심박미세변화율 바이오피드백 등이 있다. 전문가에 의한 실제 훈련 시에는 이상의 방법들이 이용되지만 체온계, 혈압계 등 간단한 도구를 이용해서도 자신의 생리적 반응을 측정해 보고 그 변화를 조절하는 요령을 학습할 수 있다.

최근에는 뇌파를 이용한 바이오피드백 기법인 뉴로피드백(neurofeedback, EEG biofeedback)으로 심신을 이완시키는 방법들이 활용되고 있다. 뉴로피드백의 효과는 1960년대 Barbara Brown과 Joe Kamiya의 연구를 통해 처음 확인되었다. 이들은 피험자들이 마음으로 뇌파를 조절하여 안정 상태의 뇌파인 알파파를 발생시키는 방법을 학습할 수 있음을 발견하였다. 이후 연구들에서는 뇌파 훈련을 통해 면역 기능 강화와 간질 치료에 성공하였으며 학습장애, 주의력결핍장애(attention deficit disorder: ADD)와 주의력결핍과잉행동장애(attention deficit hyperactivity disorder: ADHD), 약물중독 치료에도 효과를 확인하였다.

일반적으로 바이오피드백은 스트레스 관련 장애, 혈압, 긴장성 두통, 편두통, 과민성대장증후군 같은 질환과 생리적 불안을 포함한 전반적인 흥분을 감소시키는 데 효과적인 것으로 알려져 있다.

8) 하타요가와 스트레칭

요가(yoga)와 스트레칭은 경직된 근육을 풀어주고 신체적, 심리적으로 상쾌감과 이완감을 가져다준다. 요가와 스트레칭은 단순히 근육 이완과 유연성 증진 효과만 있는 것이 아니라, 근육과 뼈를 더욱 튼튼하게 해주고 활력을 가져다준다.

요가는 수천 년 전부터 내려온 인도의 수행 체계이다. 요가라는 말은 산스크리트어 'yuj(맺다, 묶다)'라는 말을 어원으로 한다. 몸과 마음의 합일, 인간과 신의 합일 등의 의미를 갖는다. 자신의 본질, 즉 참나와 완전히 일치된 상태를 요가라 할 수 있고, 이러한 상태를 추구하기 위하여 실행되는 다양한 방법들에도 요가라고 한다.

요가에는 그 관점과 방법에 따라 즈나나요가(jnana yoga, 지혜의 요가), 카르마요가(karma yoga, 헌신적인 행위의 요가), 박티요가(bhakti yoga, 사랑과 헌신의 요가), 만트라요가(mantra yoga, 신성한 소리의 요가), 하타요가(hatha yoga, 강력한 육체적 힘의 요가) 등 많은 분파가 있는데, 현대 서양에서는 육체적인 요가인 하타요가가 널리 알려져 있다. 하타요가는 육체를 정화하여 마음을 다스리는 수행법으로 자세 수련과 호흡 수련을 위주로 한다. 따라서 현대 서구에서의 요가는 "신체의 건강과 심신의 안정을 주목적으로 인도 고대의 신체수련법에서 행해진 다양한 자세들을 취하는 것"으로 이해되고 있다. 그러나 본래 요가는 몸, 마음, 영 모든 차원의 건강을 추구하는 전인적이며 통합적인 치유법이다.

요가는 일종의 몸을 통한 명상이며, 호흡은 요가의 가장 기본이 되는 수련이다. 요가는 근육과 관절의 움직임을 부드럽게 하고 척추와 골반을 바르게 하여 자세를 곧게 하며 내부 장기의 작용을 원활하게 하고 혈액 순환을 촉진시킨다. 이렇게 인체의 불균형과 부조화를 바로잡아 존재 전체의 질서를 유지함으로써 질병을 예방하고 건강을 증진한다. 요가는 불안장애, 스트레스, 우울증, 긴장 해소에도 효과가 있다. 일반적인 스트레칭이나 이완법과 달리 요가는 자각(awareness)을 수반한다는 특징을 가진다. 신체에 대한 자각이 증가하면 심신의 긴장 상태도 자각하게 되고 그 긴장이 어떻게 일어나며 얼마나 지속되는지 알 수 있다. 이를 통해 자신의 행동을 더 잘 조절할 수 있게 된다.

하타요가의 수련 자세들을 아사나(asana)라 하는데, 헤아릴 수 없을 만큼 많은 아사나가 있지만 기본적인 10가지 정도의 자세만 숙지하더라도 하타요가의 목표에 다가갈 수 있다. 보통 준비 자세, 앞으로 굽히는 자세(전굴), 뒤로 젖히는 자세(후굴), 좌우로 기울이는 자세(측굴), 좌우로 비트는 자세들을 자신의 신체적 능력에 맞게 한 가지 이상씩 골라 구성한다.

스트레칭을 할 때도 여러 가지 동작을 섞어 한 세트로 구성하면 온 몸의 긴장을 골고루 완화할 뿐 아니라 평소에 사용하지 않던 근육들을 골고루 사용하게 되어 더욱 효과적이다. 또한 수건, 줄, 훌라후프 같은 간단한 도구들을 이용하면 효과가 더 증진될 뿐 아니라 지루하지 않게 실시할 수 있다.

요가나 스트레칭을 할 때는 근육을 풀어주고 이완하는 자세로 시작해서, 앞으로 굽히는 동작과 뒤로 젖히는 동작, 좌로 비틀거나 기울이는 동작과 우로 비틀거나 기울이는 동작처럼 서로 반대 방향의 동작들을 함께 해서 균형을 이루도록 하고, 다시 이완하는 것으로 정리한다. 단순히 동작을 따라하는 것이 아니라, 그 동작을 취할 때 느껴지는 몸의 감각에 집중하면서 각 동작 속에 있는 자신의 몸과 마음을 충분히 경험해야 한다.

여기서는 비베카난다 켄드라 요가 연구 재단에서 스트레스 치유를 위해 제시한 순환명상을 소개한다. 특정 질환이 있는 사람은 전문가와 상담 후 실시한다. 혈전증 환자는 선 자세 아사나를 피하는 것이 좋으며, 고혈압 환자는 서서 상체를 숙여 손을 발에 뻗는 동작을 피해야 한다. 허리가 좋지 않다면 상체를 무리해서 뒤로 젖히는 것에 주의한다. 순환명상은 눈을 감고 실시하며, 균형 감각이 떨어진다거나 근골격계 질환이 있는 경우에는 가벼운 스트레칭으로 대체하는 것이 바람직하다.

순환명상은 휴식과 신체 자극을 통해 정신이 작용을 멈추고 더욱 깊은 휴식을 취할 수 있게 한다. 순환명상은 매일 실시하는 것이 좋으며 다른 명상 대신 행할 수도 있다. 명상을 대신하는 경우에는 속도를 늦추고 휴식하기 단계를 충분히 늘

린다. 순환명상의 전 과정을 모두 수행할 시간이 없다면 선 자세 또는 앉은 자세 중의 하나를 교대로 삭제하여 실시한다.

조용한 방에서 저녁 식사를 하기 전에 수행하는 것이 가장 이상적이다. 간식 후에는 30분, 식사 후에는 90분이 지난 다음에 시작한다. 동작의 순서는 절대로 바꾸지 말고 동작들이 자연스럽게 연결되어 순환되도록 한다.

하타요가의 순환명상

1. 빠른 긴장과 이완

다리를 모으고 팔을 몸에 바짝 붙이고 눕는다. 숨을 들이쉬며 발가락, 발, 종아리를 조이고, 무릎 관절(슬개골)을 뒤로 당겨 허벅지와 엉덩이를 단단히 조인다. 주먹을 쥐고 팔의 근육을 조인다. 숨을 들이쉬며 가슴을 펴고 어깨, 목, 안면 근육을 조인다. 3초 동안 전신을 조여 주고, 숨을 내쉬며 다리와 팔을 편다. 신체를 이완시킨다.

위의 순서를 바꾸지 말고 각각의 근육을 조이기 전에 몇 초씩 간격을 둔다. 이것은 2분 정도 소요된다. 왼쪽으로 돌아누워 자세의 변화를 느낀다. 눈을 감은 채 천천히 일어서서 다음 동작으로 넘어간다.

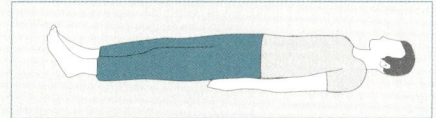

2. 서서 한 팔을 올리고 옆으로 구부리기

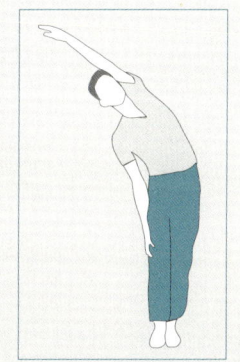

눈은 계속 감은 채 똑바로 선다. 그리고 매우 느리게 옆으로 구부리기를 한다. 손가락을 편 상태에서 손바닥을 다리에 붙이고 선다. 숨을 들이쉬며 오른팔의 안쪽 면이 귀에 닿을 때까지 몸을 옆으로 구부린다. 위를 향해 스트레칭을 한 다음 숨을 내쉬면서 상체를 왼쪽으로 구부려 왼손이 바깥 허벅지를 타고 내려가게 한다. 이 자세를 유지한 상태에서 정상적으로 호흡한다.

숨을 들이쉬며 몸을 바르게 편다. 위를 향해 스트레칭을 한 다음, 숨을 내쉬며 서서히 팔을 내린다. 왼팔을 들어 올리고 오른쪽으로 상체를 구부려서 위 동작들을 반복한다. 휘어진 바깥쪽이 스트레칭되고 손바닥이 닿는 안쪽 다리가 압박되는 것을 느낀다. 옆으로 구부릴 때 손으로 피가 쏠리는 것과 스트레칭 후 감각과 호흡이 변화되는 것을 느낀다. 다음 동작으로 넘어간다.

3. 서서 상체 숙여 발에 손 뻗기

서 있는 상태에서 숨을 들이쉬고, 두 팔을 옆으로 들어 올려 머리 위로 가게 한다. 척추의 맨 아래 부위부터 위로 스트레칭 해준다. 숨을 내쉬고, 상체를 90도로 숙인다. 이와 동시에 엉덩이에서부터 상체를 구부려서 등을 휘게 만든다. 숨을 들이쉬고 내쉰 다음 아래로 구부린다. 등은 구부린 상태지만 엉덩이를 이용해 숙이도록 한다.

무리하지 않는 범위에서 다리가 휘지 않게 최대한 구부리고 이 자세를 유지한다. 감각을 집중하고 신체의 움직임을 느낀다. 머리의 혈압이 오르고 다리의 뒷부분이 스트레칭 되는 것을 느낀다. 최소한 2분 동안 자세를 유지한다. 숨을 들이쉬며 상체를 들어올린다. 숨을 내쉰다. 숨을 들이쉬며 바른 자세로 상체를 펴고 팔을 내쉬며 숨을 내쉰다. 쉬었다가 올라오면서 현기증이 나는 것을 느낀다. 현기증이 없어질 때까지 기다렸다가 다음 동작으로 넘어간다.

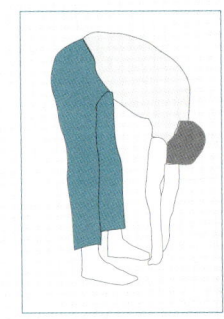

4. 서서 뒤로 상체 구부리기

똑바로 선 자세에서 양손으로 양쪽 골반을 짚는다. 손가락을 앞을 향하게 하여 손바닥으로 골반을 짚는다. 숨을 들이쉬면서 상체를 서서히 뒤로 구부려 머리와 목이 뒤로 가게 한다. 목에 이상이 있다면 턱을 내려서 목이 뒤로 완전히 빠지지 않도록 한다.

자연스럽게 호흡하며, 불편해지기 전까지 계속 자세를 유지한다. 그리고 자세를 바로 잡고 팔을 내린다. 어지럽거나 불편하게 느껴지지 않는다면 2분 동안 자세를 유지한다. 신체의 앞쪽이 스트레칭 되는 것을 느낀다. 천천히 몸을 펴면서 몸 안에서 무엇인가 흐르는 듯한 감각을 느낀다. 눈을 감은 채 천천히 바닥에 누워 다음 동작으로 넘어간다.

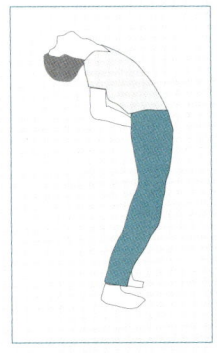

5. 바로 누워 휴식하기

몇 초 동안 오른쪽으로 누워 그 느낌을 감지한다. 양 무릎을 굽혀 가슴에 가까이 올렸다가 발을 바닥에 대고 다리를 내리면서 등과 바닥 사이의 틈을 줄인다. 팔다리를 약간 벌린다. 발 사이의 간격은 20~30cm로 한다. 팔을 몸통에서 45cm 정도 떨어지게 벌리고, 손바닥이 위로 향하게 한다. 머리를 들었다가 턱을 집어넣고 다시 내린다. 불편하다면 머리 밑에 쿠션을 받치거나 머리 옆을 바닥에 댄다.

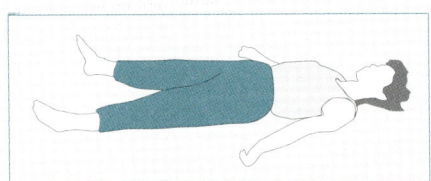

눈을 감고 휴식을 수행한다. 폐에 산소가 가득차고 몸이 이완되며 에너지가 충만 되는 것을 느낀다.

6. 무릎 꿇고 앞으로 상체 숙이기

누운 자세에서 무릎을 꿇을 때는 돌아서 일어나지 말고, 팔을 이용해 바로 앉는다. 다리를 앞으로 뻗고 팔을 등 뒤로 바닥에 댄다. 다음은 무릎 꿇는 자세를 취한다. 양손은 손바닥이 위로 오게 하고 손끝이 뒤쪽으로 향하게 한다. 이마가 바닥에 닿을 때까지 서서히 상체를 숙인다. 손등과 팔등은 바닥에 닿게 된다. 이 자세가 어렵다면 머리를 무릎에 댄다.

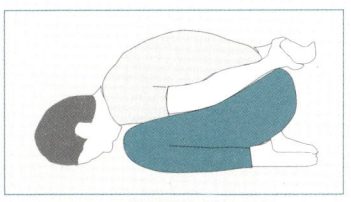

숨을 들이쉬며 상체를 서서히 일으켜서 무릎 꿇은 자세로 돌아간다. 상체를 위, 아래로 움직일 때 머리의 혈압이 변하는 것을 느낄 수 있을 것이다. 다음 동작으로 넘어간다.

7. 무릎으로 서서 상체를 뒤로 젖혀 활 모양 만들기

무릎을 바닥에 대고 앉되 엉덩이는 발목에 대지 않는다. 숨을 들이쉬며 몸통을 뒤로 구부려, 오른쪽으로 비틀어 오른손을 오른쪽 발목에 댄다. 그리고 돌아서 왼손을 왼쪽 발목에 댄다. 앞으로 원호를 만들고, 머리와 어깨를 뒤로 가져간다. 2분 동안 고르게 호흡한다. 오른쪽부터 들어서 상체를 원래대로 만들거나 발목에 엉덩이를 대고 앉는다. 발에 손이 닿지 않는다면 발가락을 바닥에 대고 발을 들거나 한쪽 발에만 손을 댄다.

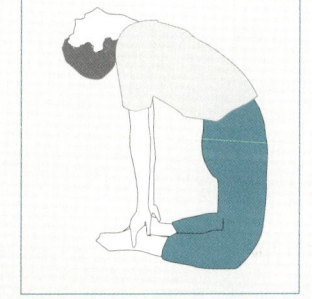

2분 동안 자세를 유지한 다음 무릎 꿇은 자세로 돌아간다. 다음으로 5번의 바로 누워 휴식하기 동작으로 넘어가서 깊은 휴식을 10분 동안 실시한다. 눈을 뜨고 이완된 느낌이 유지될 수 있게 한다.

9) 운동, 야외 활동

현대인들도 신체적인 스트레스를 느낄까? 현대 사회에서는 과거의 인류가 겪었던 것 같은 강한 생리적 대응을 요구하는 신체적 스트레스는 거의 발생하지 않는다. 그렇다고 해서 신체적 스트레스가 없는 것은 아니다. 오히려 더 만성적인 스트레스 상황이 정반대의 원인에 의해 초래되고 있다.

진화 과정에서 우리의 몸은 끊임없이 움직이고 이동해야만 살 수 있는 수렵채취 생활에 적합하도록 만들어졌다. 동물을 대상으로 스트레스 연구를 할 때, 동물들에게 줄 수 있는 가장 심한 형태의 스트레스 중 하나가 꼼짝할 수 없도록 구속하는 것이다. 우리가 인식하지는 못하더라도 오늘날과 같이 실내에서만 지내는 생활방식은 야생동물을 철창 안에 가둔 것이나 마찬가지인 스트레스를 우리 자신에게 주는 것이다. 운동과 야외 활동은 실내 생활에서 발생하는 심신의 압박감을 해소하기 위해서 반드시 필요한 스트레스 완화법이다.

그런데 운동과 야외 활동이 필요한 또 다른 이유가 있다. 순수한 심리적 스트레스를 느끼는 경우에도 신체적 스트레스를 느낄 때와 같은 생리적 변화가 동반된다. 스트레스 상황에서의 신체는 투쟁, 도피, 저항을 준비하기 위해서 혈중에 에피네프린이나 코티솔 같은 스트레스 호르몬들을 증가시키고 이 호르몬들의 작용으로 인하여 혈액 속에는 당분이나 지방산이 증가하게 된다. 이러한 스트레스 반응의 산물들이 신체 활동으로 소모되지 않으면 근골격계의 긴장, 피로, 통증을 유발하게 된다. 운동은 스트레스 반응에서 생성된 생리적 산물들을 자연스럽게 소모시켜준다. 운동을 하면 몸이 가볍고 편해지는 것은 느낄 수 있다. 운동을 시작할 때는 교감신경이 활성화되지만, 이어서 자율신경 내의 조절 작용에 의해 부교감신경이 활성화되므로 신체적 이완과 편안함을 가져오게 된다. 더구나 운동으로 엔돌핀이나 도파민 같은

물질들의 분비가 촉진되어 행복감과 만족감을 느낄 수 있다. 엔돌핀은 스트레스 시 분비되어 진통 효과를 내게 되는데, 운동으로 인해 엔돌핀이 분비되기 때문에 러너스 하이(runner's high) 같은 도취감을 경험할 수 있게 되는 것이다. 러너스 하이는 주로 장거리를 달릴 때 나타나는 현상이지만, 그보다 운동 강도가 낮고 시간이 짧은 운동이라도 스트레스 반응을 감소시키고 긍정적인 기분을 만들어 주는 효과가 있다. 더구나 운동을 하면 심혈관계와 근골격계가 강화되므로 스트레스성 질환의 발생 위험성이 낮아지고 스트레스에 대한 생리적 대처 능력이 향상된다.

나이가 들수록 신체적 활력이 감소되므로 보신이나 휴양과 같은 수동적인 건강 관리법을 선호하게 되는데, 사실상 연령이 증가할수록 신체 활동의 비율을 높여 체력이 감소되지 않도록 해야 한다. 관절염 환자들을 보면 알 수 있듯이 신체적 운동 능력이 감소되는 것은 노년기의 삶의 질을 감소시키는 가장 직접적인 원인이다. 다만 활동의 강도를 자신의 몸 상태에 맞추어야 한다는 점은 매우 중요하다. 여성의 경우, 과거에는 근력 운동보다 수영이나 에어로빅 같이 열량을 많이 소모하고 체형을 아름답게 하는 운동을 선호했으나, 지금은 근력 운동의 중요성이 강조되면서 웨이트 트레이닝의 비중이 많이 늘고 있다. 연령이 증가할수록 여성들이 근력 운동을 소홀히 해서는 안되는 것처럼, 남성들은 유연성 운동에 더욱 관심을 기울일 필요가 있다. 남성 역시 연령과 더불어 근육량이 감소하고 골다공증의 위험도 높아지지만, 유연성이 부족하여 작은 충격에도 더 크게 다칠 수 있기 때문이다. 이런 면에서 요가는 남성에게 여러모로 권장할만한 심신수련법이다.

운동이라 하면 대개 운동 시설이 있는 어떤 장소로 가야 한다거나 장비를 갖추어야 한다고 생각하는 사람들이 많지만, 스트레스 해소에 좋은 운동은 스트레칭, 체조, 걷기, 조깅처럼 몸 자체를 이용하면서 격렬하지 않은 유산소 운동이다. 과격한 운동은 그 자체가 생리적 스트레스이다. 과격한 운동 중 협심증 발작이 일어나거나, 근골격계에 부상을 당하거나, 심지어 돌연사가 일어나는 사례들이 종종 보고된다. 운동선수들을 대상으로 했던 한 연구에 따르면, 일주일에 75km 이상을 달리는 고강도의 훈련을 하면 감기와 같은 바이러스성 질환에 오히려 더 취약해지는 것으로 나타났다.

운동요법을 실시하려면 자신의 신체적 능력을 감안하여 적절한 운동을 선택하고 강도를 조절해야 한다. 대체로 유산소 운동의 강도는 자신의 최대심박수(220 – 연령)와 안정심박수(기상 후 심박수)를 이용해서 계산한다. [안정심박수 + (최대심박수 – 안정심박수) × 0.6] ~ [안정심박수 + (최대심박수 – 안정심박수) × 0.85]의 범위가 적절한 유산소 운동의 강도이다. 만성질환자, 특히 심혈관계나 근골격계에 질환이 있는 경우에는 전문가와 상의한다.

걷기는 남녀노소 누구에게나 좋은 운동이다. 걷기는 체중을 감소시키고 심혈관계 질환의 위험성을 낮추며, 성인병의 위험지표인 복부비만을 감소시키는 데도 효과적이다. 특별히 관심이 있는 운동이 없거나, 따로 운동할 여유가 없다면 1주일에 3일 이상, 하루 30분 정도 활기차게 걷고, 하루 두 번 정도 5분 이상 체조나 스트레칭을 하는 것만으로도 훌륭한 운동

그림 9-7 걷기 운동

규칙적 걷기운동하면 치매 예방

걷기운동을 규칙적으로 하면 뇌기능이 좋아져 치매 등을 예방한다는 연구 결과가 나왔다. 영국 BBC 방송은 29일 미국 일리노이대학 연구팀이 과학전문지 네이처 최신호에 발표한 논문을 인용, 규칙적인 걷기운동이 혈액의 뇌 유입을 촉진시켜 기억력과 판단력을 향상시키는 효과가 있다고 전했다.

연구팀은 평소 운동을 잘 하지 않던 60~75세 노인 124명을 대상으로 실험을 실시했다. 연구팀은 이들을 두 그룹으로 나눠 한 그룹은 1주일에 3번 일리노이대 캠퍼스를 1시간 동안 걷도록 하고 다른 한 그룹은 스트레칭이나 역기 들기 같은 에어로빅을 6개월에 걸쳐 시켰다. 그 결과 걷기운동 그룹은 뇌의 기능이 눈에 띄게 향상되어 최고 25%까지 기능 개선이 관찰된 반면, 에어로빅 그룹은 전과 변함이 없는 것으로 나타났다.

연구팀 아서 크레이머 박사는 "걷기운동이 계획을 짜고 기억력을 활용하거나 관련 정보를 수집해 결정을 내리는 등의 활동을 하는 뇌의 '실행조절' 기능을 향상시킨다"고 설명했다. '실행조절' 기능은 뇌의 전두엽과 전전두엽에서 수행되는데 이 부위는 특히 나이를 먹으면 가장 먼저 기능이 저하되는 곳이라고 그는 지적했다.

출처 경향신문 1999. 07. 30

이 된다. 일리노이대의 Arthur Kramer의 연구를 비롯하여, 걷기와 같은 유산소 운동이 인지 기능을 담당하는 전두엽과 기억을 담당하는 해마의 크기를 증가시킨다는 것을 보여주는 많은 보고가 있었다. 전두엽의 활성화가 변연계에 영향을 미쳐 정서 조절에 긍정적인 영향을 주고 스트레스 반응을 감소시키는 신경생리학적 과정에 대해서는 앞에서 설명한 바 있다. HPA축의 최종 산물인 코티솔은 편도체와는 서로를 자극하는 관계이고, 해마와는 서로 길항하는 관계이다. 따라서 해마의 기능이 향상되는 것은 스트레스 반응을 감소시키는 것과 관련하여 중요한 의미를 갖는다. 하버드대의 Jennifer Weuve, 버지니아대 Robert Abbott 등은 걷기가 인지 기능을 향상시킨다는 연구 결과를 발표했다. 잘 걷지 않는 사람은 하루에 3.2km씩 걷는 사람과 비교했을 때 치매에 걸릴 확률이 두 배 높았다. 무엇보다도 걷기는 운동의 강도 조절이 용이하고 인지, 정서, 생리 전반에 효과적이므로 특히 노년기에 유효한 운동요법이다.

10) 숲치유

Ornstein과 Sobel 등은 자연 환경을 볼 수 있는 입원실에 있는 것, 정원을 가꾸거나 산책하는 것 등, 우리의 감각이 자연을 느낄 수 있도록 하는 모든 일이 스트레스 반응을 감소시킨다고 하였다. 자연과 가까이하며 오감으로 자연을 느끼는 것 자체도 이완과 치유의 효과를 가져오지만, 운동을 자연 속에서 하게 된다면 스트레스 완화 효과는 물론 심신의 치유 효과가 더욱 증진된다. 자연이라는 벽이 없는 공간은 우리에게 심리적 해방감을 줄뿐 아니라, 인위적으로 조성된 환경에서는 기대할 수 없는 수많은 치유의 요소들을 제공해 준다.

자연과 함께 하는 대표적 치유 방법은 숲치유이다. 우리나라에도 산림 자원을 이용한 숲치유가 최근 들어 많은 관심을 받고 있는데, 사실상 숲치유는 세계적으로 오래 전부터 행해져 온 치유 방법이다. 숲치유라 하면 피톤치드(phytoncide)의 효능을 중심으로 한 삼림욕을 먼저 떠올리게 된다. 피톤치드는 식물이 세균, 해충, 곰팡이 등에 저항하기 위해 분비하는 휘발성 물질이다. 피톤치드에는 항균

작용, 항산화 작용, 항염 작용 등이 있어 심신의 회복을 촉진하며, 스트레스도 완화시켜 준다.

그러나 숲이 제공하는 치유 효과는 이것만이 아니다. 산림의 경관, 자연의 소리, 맑은 공기와 자연의 향기, 자연 광선, 음이온 등 수 많은 요소들이 심신의 안정을 가져오고 신체의 자연 치유력을 증진시킨다. 숲과 같은 자연 속에서의 활동은 우리를 몸과 마음이 형성되던 원초적 환경으로 돌아가게 하고 잠들어 있던 감각들을 되살려 준다. 자연 속에는 인공 환경에서는 제공할 수 없는 신선한 향기들이 후각을 자극한다. 후각과 관련된 기억은 매우 강하고 오래 지속되며, 후각 자극은 매우 빠르게 심신의 변화를 유도한다. 자연의 향기는 신속히 변연계를 자극하여 전신의 호르몬 균형을 조절하고, 몸이 기억하고 있는 오래된 감각을 떠올리게 하면서 심리적 이완 효과를 가져온다. 그 결과 우리는 숲에 가면 자신도 모르는 사이에 숨을 깊이 들이쉬게 되면서 호흡이 길어지고 편안해지는 것을 느낀다. 바람 소리, 물 흐르는 소리 같은 리드미컬한 소리는 안정 뇌파인 알파파를 증가시킨다. 숲의 음이온 또한 알파파를 증가시키고 부교감신경을 자극하여 이완 효과를 증가시킨다.

햇빛은 인공조명이 결코 대신할 수 없는 치유력을 가지고 있다. 햇빛은 세로토닌의 생산을 증가시켜 우울감을 감소시키고 스트레스를 완화하는 데 커다란 효과가 있다. 또한 햇빛은 칼슘 대사에 필수적인 비타민D의 합성을 증가시켜 뼈를 튼튼히 하는 데 도움이 된다. 걷기 운동의 긍정적 효과에 대해서는 앞에서도 설

명했는데, 최근 연구에 따르면 평지보다는 산길이나 자갈길처럼 굴곡이 있는 땅 위를 걷는 것이 더 효과가 좋다. 굴곡이 있는 표면 위를 걸으면 평소에 사용하지 않던 다리와 발목 근육을 사용하게 되므로 하체의 혈액이 상체로 잘 순환하게 되고 심혈관계 부담이 감소한다.

독일은 숲치유가 발달한 대표적 국가로서 숲을 의료 목적으로 활발히 이용하고 있다. 전국적으로 산림 휴양 시설이 산재해 있으며, 산림 자원을 이용한 치유 프로그램도 체계적으로 개발되어 있다. 산림 휴양 시설을 이용하는 체재비와 의료비가 건강보험에서 부담되기 때문에, 독일인들은 몇 년에 한 번씩 일정 기간동안 산림 휴양 시설을 큰 부담없이 이용하고 있다.

04

생활양식과 생활환경 수정

1. 스트레스 관리법의 선택
2. 심리·행동적 접근법
3. 신체적 접근법
▶ 4. 생활양식과 생활환경 수정

현대 의학의 패러다임은 크게 변화하고 있다. 질병을 중심으로 접근하여 병소를 다스리는 데 집중하는 질병중심 모델에서, 환자를 중심으로 하여 건강을 증진하는 데 주력하는 건강중심 모델로 변화하고 있는 것이다. 건강을 증진하기 위해서는 몸과 마음과 생활환경을 모두 고려하야 한다. 현대에 만연한 질병들은 대개 불건전한 생활양식과 생활환경에 의해 나타나는 것이다. 최근 들어 건강한 생활양식을 실천하도록 하는 것이 보건정책의 화두가 되고 있으며, 건강한 생활양식의 중요성에 대한 일반의 인식도 확대되고 있다.

과거에는 성인병이라고 부르던 고혈압, 당뇨 같은 질병들을 지금은 생활습관병이라 한다. 나이가 들었다고 해서 모든 사람에게 발병하는 것이 아니며, 생활양식이 불건강하면 아이들에게도 발병할 수 있으므로 성인병이라는 용어가 적절하지 않기 때문이다. 생활양식에서 기인하는 질병은 급성으로 발생하지 않고 만성적으로 진행되는 경향이 있다. 또한 질병의 발생율과 진행 정도는 시간의 함수로 변화한다. 따라서 나이가 들수록 생활습관병의 발병률이 높아지고, 사회적으로도 평균수명이 길어질수록 생활습관병은 만연할 수밖에 없다.

미국 전일적 의사협회(the American holistic medical association)의 Norman Shealy에 따르면, 질병의 85%는 생활방식에 기인하며, 나머지 15%만이 환경적 요소, 유전학적 요소, 기타 알 수 없는 요소에 의해 발병한다. 우리나라 10대 사망원인들의 공통점은 건강에 해로운 생활양식에서 비롯된다는 것이다. 불건강한 생활양식과 질병을 양방향으로 연결하는 요소는 적응의 질병을 유발하는 요인, 곧 스트레스이다. Selye는 "사람은 누구나 죽는다. 그러나 수명이 길어질수록 정통의학으로는 치유되지 않는 질병으로 사망하는 사람들이 늘어간다. 즉, 스트레스에서 기인하는 소위 마모병 혹은 퇴행병으로 사망하는 것이다. 따라서 죽음의 원인을 제거하는 방법만 계속 연구하는 것은 자살 행위와 다름없고, 자연법칙과 잘 조화하는 생활을 한다면 인간의 평균수명은 훨씬 증가될 것이다"고 하였다.

불건강한 생활양식과 스트레스는 서로를 강화시킨다. 불건강한 생활양식이나 생활환경 때문에 스트레스를 만들기도 하지만, 스트레스가 또 다시 불건강한 생활양식과 생활환경을 유발하는 것이다. 예를 들어 수면 부족은 스트레스를 만들고, 스트레스는 또 다시 수면을 방해한다. 불규칙한 식습관, 영양 균형이 고르지 않은 고칼로리 인스턴스식, 운동 부족, 카페인 과다 섭취, 약물의 사용 등도 모두 스트레스와 정적인 상관관계를 갖는다. 따라서 건전한 생활습관을 갖도록 하는 것은 스트레스 관리의 가장 기본적인 전략이 되어야 한다. 그렇지 않다면 다른 중재 기법이나 전문가의 개입이 일시적으로는 효과를 보일지라도 스트레스를 발생시키는 근본 원인이 치유되지 않으므로 문제는 반복될 수밖에 없다. 생활환경과 생활습관이라는 것은 결코 누군가의 힘으로 고쳐지는, 즉 치료되는 영역이 아니므로, 다른 어떤 것보다도 환자(내담자)의 관심과 노력이 필요하다.

그렇다면 어떠한 생활양식이 건강한 생활양식일까? 대표적인 현대적 의미의 양생 연구라고 할 수 있는 앨러미다 카운티(Alameda county) 연구에서는 앨러미다 카운티에 거주하는 성인 7천 명을 10년간 추적 연구하여 건강한 생활양식이 어떤 것인지를 밝혔다. 그 요소들을 보면 하루 7~8시간 수면 취하기, 아침을 포함하여 세끼 식사를 규칙적으로 하기, 간식은 안 먹거나 조금만 먹기, 정상 체중 유지하기, 일주일에 최소 3회 이상 적당한 운동하기, 적당한 음주, 금연하기 등이다. 연구 결과 이 일곱 가지 생활양식이 건강 수준 결정에 중요한 역할을 한다는 것이 확인되었는데, 45세 남자가 일곱 가지 중 세 가지 이하를 실천하면 21.6년을 더 생존하며, 일곱 가지를 모두 실천하면 33.1년 더 생존할 것으로 기대되었다. 즉 건강한 생활양식을 네 가지 더 실천하는 것만으로도 11년이나 평균수명이 연장된다는 것이다. 더구나 일곱 가지를 모두 실천하는 사람의 건강 수준은 하나도 실천하지 않은 사람에 비해 30년 젊은 것으로 평가되었다. 이 연구가 보여주는 중요한 사실 중 하나는 건강한 생활양식의 구성 요소들이 모두 일반인들이 상식적으로 생각할 수 있는 특별하지 않은 것들이라는 점이다. 결국 문제는 실천인 것이다. 치유자는 올바른 방법을 알려주는 것 못지않게 실천을 독려하는 데 더 많은 관심을 기울여야 할 것이다.

1) 자연과 동조된 규칙적인 삶

시간에 대한 강박감은 현대인에게 가장 중요한 스트레스원 중 하나이다. 효율적인 시간을 관리할 수 있는 기술을 습득하는 것만으로도 일상의 스트레스는 상당히 감소될 수 있다. 이와 관련해 규칙적인 생활방식은 매우 중요하다. 앞에서 설명한 바와 같이 스트레스에서는 통제가능성과 예측가능성이 중요 변수인데, 규칙적 생활은 자기통제감과 예측가능성을 모두 향상시켜 주기 때문이다. 더구나 규칙적인 생활은 생체의 리듬을 회복하는 데도 필수적이다. 규칙적 생활로 신체적 건강이 향상되면 그만큼 자기통제감, 자신감도 증가한다.

규칙적인 생활에서 꼭 기억해야 할 것은 휴식도 반드시 그 규칙 안에 넣어야 한다는 것이다. 만일 쉬는 것을 게으름이나 시간 낭비와 동일한 것으로 생각한다거나, 쉴 때 죄의식이나 초조감을 느낀다면 그러한 생각부터 변화되어야 한다. 전구가 발명된 이래로 문명화된 사회에 사는 사람들의 수면 시간은 급격히 감소하였고, 인공조명과 소음으로 인해 수면의 질도 크게 낮아졌기 때문에 현대인은 필요한 만큼의 수면을 취하지 못하고 있다. 인간의 심신은 하루 중 1/3을 일하고, 1/3을 자고, 1/3을 휴식하며 즐기는 것에 맞도록 되도록 되어 있다. 그런데 단지 이 비율을 따르는 것만이 중요한 것이 아니다. 일하고 자고 휴식하는 것을 생체리듬에 맞도록 하는 것이 중요하다.

생체리듬은 자연환경의 리듬과 근본적으로 함께 변동한다. 생체에는 '생체시계'라는 기제가 있어 생리적 리듬을 통제하고 조절하는데, 이 리듬을 어지럽히지 않는 생활 방법이 중요하다. 가장 중요한 생체리듬은 하루를 기준으로 변화하는 리듬과 일 년을 기준으로 계절에 따라 변화하는 리듬이다. 이와 같은 리듬에 따라 자율신경은 항상 변화하고 있으며 이 변화는 진화의 과정에서 자연환경에 의해 조형된 것이다. 따라서 이 리듬을 거스르는 것은 곧 자연을 거스르는 것이고, 그러한 생활이 지속되면 심신의 건강에 이상이 생길 수밖에 없다. 밤낮이 바뀌는 직업을 가진 사람에게서 심혈관계 질환을 비롯한 각종 질환의 발병률이 높다는 사실은 잘 알려져 있다.

자연의 삶에서 벗어나 인위적으로 조성된 환경에 살게 되면서 인간에게는 다양한 신종 질환들이 생겨났다. 도시화된 삶의 문제는 우리의 심신에 갖추어진 자연적 리듬에 어긋나는 생활양식을 심화시키고, 그로 인해 우리는 더 많은 심신의 스트레스를 경험할 수밖에 없다. 게다가 도시화는 공업화와 인구집중으로 인한 생태환경의 파괴를 동반하게 된다. 몸과 마음, 개체와 환경을 별개로 생각해서는 스트레스라는 현상을 이해하는 것은 불가하다. 그것들이 별개가 아니라는 것이 바로 전일주의적 세계관이다. 전일주의적 의학 전통에서는 자연적 질서에 순응할 때 몸과 더불어 마음이 건강할 수 있고, 나아가 인간이 속해 있는 환경도 더불어 건강할 수 있음을 강조한다.

2) 금연, 절주, 카페인 제한

스트레스는 흡연, 음주, 약물 오·남용, 불규칙한 식사, 위험한 행동 등 유해한 생활습관을 유도하고 이러한 생활습관들은 다시 스트레스 반응을 일으켜 결국 질병의 위험이 높아지게 된다. 국내의 한 취업 포탈에서 직장인들의 스트레스 해소법을 조사했는데, 이에 따르면 남자는 음주가 1위, 여자는 마음 편한 사람과의 수다가 1위였다. 남자들의 스트레스 완화법이 여자에 비해 불건강한 것은 남자의 평균수명의 여자보다 낮고 심혈관계 질환이나 돌연사의 비율이 높은 것과 무관하지 않다.

술과 담배는 쉽게 이용하는 스트레스 완화 수단이지만 동시에 스트레스를 유발하는 원인이다. 연구에 의하면 스트레스 증가와 흡연 증가는 상관관계가 있으며, 스트레스는 금연을 하던 사람이 다시 흡연을 하게 만드는 가장 위험한 요인 중 하나이다. 흡연은 일시적인 진정 효과는 있지만 스트레스 반응에서와 같은 생리적 반응을 유발한다. 게다가 심리적인 진정 효과에 대해서도 의외의 진실이 존재한다. 한 보고에 의하면 비흡연자보다 흡연자의 약물 중독이 3.4배나 되고, 자살률도 흡연자에서 3배나 많다. 이것은 흡연이 가져오는 진정 효과는 일시적일 뿐, 궁극적인 심리적 안정으로는 이어지지 못한다는 것을 의미한다.

대개 흡연이 가져오는 건강상의 위해로

서 폐질환을 먼저 떠올리지만, 니코틴은 강력한 혈관 수축 효과를 가지고 있어서 심혈관계에 더 직접적이고 치명적인 결과를 초래할 수 있다. 니코틴의 혈관 수축 작용에 의해 관상동맥이 받는 저항은 20%나 증가한다. 스트레스 호르몬인 에피네프린의 작용에 의해 상승한 혈압이 더 높아지므로, 심장의 부담은 더 커지고 협심증 발생 위험이 증가한다. 잘 알려진 바와 같이 흡연은 위궤양을 악화시키고 담배에 들어있는 발암물질들은 악성종양을 일으키는 원인이 된다. 최근 연구에 따르면 흡연자들은 동물성 지방, 당분이 많은 음식을 더 많이 찾는다. 또한 니코틴이 미각을 둔하게 하여 더 자극적인 음식을 찾게 된다. 비만과 심혈관계 질환의 위험을 더 높이는 것이다.

알코올이 스트레스를 감소시킨다는 주장도 있지만, 이와 반대되는 연구 결과들도 있다. 음주 중에는 잠시 스트레스를 잊을 수 있지만 음주와 관련된 행동, 음주 후에 벌어지는 상황을 고려해보면 알코올은 스트레스 해소나 문제 해결에 도움이 되지 않고 오히려 문제를 더욱 악화시키기도 한다. 알코올은 스트레스에 대한 심혈관계 반응성이 높은 사람들에게는 더욱 좋지 않다. 담배, 알코올, 커피는 동시에 찾게 되는 경우가 흔한데, 이것은 상승작용을 일으켜 더 유해한 결과를 초래한다.

커피나 탄산음료에 함유된 카페인은 교감신경을 자극하여 에피네프린과 코티솔을 분비시키고 스트레스 반응을 더 강화한다. 커피에 들어있는 폴리페놀은 항산화물질이므로 하루 2잔 정도의 커피는 심혈관계를 보호하고 노화를 방지하는 긍정적 영향을 가져올 수 있다. 하지만 설탕이나 식물성지방과 함께 섭취한 경우에는 득보다 실이 더 커진다. 과도한 카페인 섭취는 스트레스로부터 심신을 회복하는 데 가장 중요한 기제인 수면을 방해할 수 있다. 자신은 커피를 마셔도 잠이 드는 데 문제가 없다고 말하는 사람들이 있지만 실제로는 숙면을 방해하여 수면의 질을 떨어뜨리므로 늦은 저녁에 카페인 음료를 섭취하는 것은 좋지 않다.

3) 식생활

불교에 '선식일여(禪食一如)'라는 말이 있다. 수행과 섭생이 하나라는 뜻이다. 논어에 기록된 공자의 식습관을 보더라도 먹는 행위에 대한 주의와 경계가 동양의 문화에서 일반적이었음을 보여준다. 식습관은 스트레스로 인해 가장 쉽게 영향을 받는 생활양식 중 하나이다. 스트레스를 경험할 때 섭취하는 음식의 양이 변하거나 식사 시간이 불규칙하게 되는 것은 누구나 쉽게 경험하는 사실이다. 더구나 스트레스를 경험할 때는 대개 당분이 높고 영양가는 거의 없는 질 낮은 음식들을 더 많이 찾게 된다. 단 음식이 일시적으로 기분을 좋아지게 하기는 하지만 결과적으로는 단 음식에 대한 갈망을 더 강화하게 되고, 비만을 비롯한 여러 질병을 부르는 원인이 된다.

몽골은 산업화나 서구 음식과 거리가 먼 나라지만, 주식으로 양고기를 먹고 식물성 영양분은 충분히 섭취 못하기 때문에 평균 수명이 50세에 불과하며, 성인병 발병률이 매우 높다. 파키스탄 훈자마을에서는 120세에도 노동하고 90세에도 아이를 낳는다고 했지만, 1970년부터 서구 문명이 침투한 후 현재의 평균수명은 60세에 불과하다. 장수 국가인 일본 안에서도 대표적인 장수 마을로 유명했던 오키나와 역시 2000년대 들어 일본의 다른 지역과 평균수명에 차이가 없어졌다. 특히 남성의 평균수명은 2000년 조사에서 20위 밖으로 급락했을 뿐 아니라 당뇨병과 간질환 사망률이 전국에서 가장 높은 것으로 나타났다. 이 원인도 역시 급속한 서구식 식생활의 확산으로 인한 것으로 분석되고 있다.

인스턴트 식품이나 습관적으로 찾는 간식들은 지방과 탄수화물의 과다 및 필수 영양물질의 부족도 문제지만 스트레스를 더 높일 수도 있다. 그러한 음식들은 대개 밀가루를 주재료로 하는데, 밀의 성분 가

운데 불용성 단백질인 글루텐(gluten)은 소화가 잘 되지 않아 더부룩한 느낌을 갖게 하므로 기분을 더 좋지 않게 만들 수 있다. 게다가 인스턴트 식품에 함유되어 있는 방부제, 발색제, 감미료, 산화방지제 등의 식품 첨가물들은 아토피를 비롯한 피부 질환, 소화기 장애 등의 원인이 될 수 있다.

원거리에서 수송한 식재료나 유통을 위하여 보존 처리된 식품과 가까운 지역에서 공급된 신선한 제철 음식의 차이는 단순히 영양학적으로만 설명되는 것이 아니다. 식품에서 부족하기 쉬운 비타민, 미네랄, 필수지방산을 섭취하기 위해서 영양제나 건강보조식품을 별도로 섭취하는 경우가 많은데, 이러한 제품들의 효과에 대해서는 의학계 안팎에서 의견이 분분하고 상반된 연구 결과들이 많다. 신선한 제철 음식은 영양학적 면에서도 우수하지만, 특히 과일과 채소에 함유된 항산화 물질들은 스트레스의 예방과 치료에 매우 중요한 역할을 한다. 최근에 세포 수준의 산화 스트레스, 염증 스트레스, 심리적 스트레스의 상관성을 입증하는 연구 결과들이 많이 보고되고 있다. 심리적 스트레스 하에서는 염증 반응이 증가하고 항산화 능력이 저하되며, 그 결과 신체적 질병과 노화가 촉진되는 것이다. 신선한 채소와 과일은 비타민C, 비타민E, 카테킨(catechin), 레즈베라트롤(resveratrol), 케르세틴(quercetin) 등 다양한 항산화 물질들의 공급원으로서, 산화 스트레스를 동반하는 만성 스트레스의 예방과 치료에 도움이 된다. 정제된 전분, 설탕, 포화지방산, 트랜스지방 등이 산화 스트레스와 염증 스트레스를 증가시키는 반면, 채소와 과일은 이러한 작용들을 억제하고 감소시킨다.

4) 건강하고 풍부한 사회적 관계망

대다수의 스트레스 학자들이 강조하는 가장 중요한 스트레스 대처자원은 바로 지지적인 사회적 관계망이다. 사회적 관계망은 실질적이고 직접적인 도움을 주기도 하고, 문제 해결에 도움이 되는 정보를 주기도 하며, 나를 이해하고 위로해 주는 정서적 후원을 제공하므로 다방면으로 긍정적 역할을 한다. 또한 자신을 뛰어넘어 다른 사람이나 일과 관계를 맺고자하는 인간의 영적 욕구를 충족할 수 있는 경로이기도 하다. 인간은 사회적 동물이며, 사회 안에서만 생존할 수 있다. 따라서 사회적으로 고립되거나 빈약한 관계를 가지는 것은 내적인 불안과 욕구 불만을 일으킨다.

웰즐리 대학 Stone Center의 학자들은 자아라는 것을 타인들로부터의 분리를 통해 개발되는 독립적이고 경계 지어진 실체라고 보는 관점에 이의를 제기하고, 자아는 관계 속에 깊숙이 박혀 있는 친밀함을 통해 발전한다고 하는 관계이론(self-in-relation model)을 제시하였다. 사회적 관계를 확장하고 그 안에서 자신의 의미를 재발견하면 자아라는 경계가 낮아지게 된다. 이것은 그 경계에서 생기는 긴장인 스트레스를 감소시키고, 이기적 욕망에서 발생하는 고통을 감소시킬 수 있게 한다. 8세기 경 인도의 사상가 Shantideva는 "이 세상 모든 기쁨은 다른 존재의 행복을 바라는 데서 오고, 이 세상 모든 고통은 자신만이 행복해지기는 바라는 데서 온다"고 하였다. 무엇보다도 사회란 인간이 삶의 의미를 발견하고 삶의 목적을 실현하는 장이다.

Dean Ornish는 20여 년에 걸친 연구를 통해, 관계의 친밀함과 사랑이 기분을 좋아지게 하고, 삶을 행복해지게 하며, 심장도 건강하게 했다는 것을 확인했다. 또한 Ed Diener와 Martin Seligman은 매우 행복한 사람들과 덜 행복한 사람들을 비교한 연구에서, 두 그룹의 유일한 차이가 풍부하고도 만족스러운 사회적 관계의 유무에 관계있다는 것을 밝혔다. 풍부하고 의미 있는 사회적 관계를 위하여 종교생활이나 동호회 활동을 하는 것도 좋은 방법이 된다.

5) 종교생활과 영적 활동

2011년 우리나라의 한 매체에서 직업별 수명을 비교한 결과를 발표했는데, 종교인의 수명이 가장 길었고 운동선수와 연예인의 수명이 가장 낮았다. 운동선수는 신체적 스트레스, 연예인은 심리적 스트레스가 누구보다 높은 직업이다. 자신을 억누르고 감추든지, 끊임없이 부정하고 극복해야 하는 직업을 가진 사람들에게서 수명이 낮았다는 점도 시사하는 바가 크지만, 종교인의 수명이 가장 길다는

사실도 주목해 볼 만하다.

종교와 영성은 건강과 관련된 여러 변수들과 관련이 있다. 실제로 종교와 영적 활동은 스트레스 치유를 위한 기법으로도 활용되어 왔다. 미국 보완대체의학센터는 미국의 성인들이 가장 일반적으로 사용하는 보완대체의학의 요법은 기도라는 조사 결과를 발표한 바 있다. 종교와 영적 활동이 심리적 고통을 감소시킬 뿐 아니라 신체적 질병의 위험과 사망률을 감소시킨다는 연구 결과들이 있다. 이들 연구에 따르면, 종교나 굳은 가치 체계를 가진 사람은 그렇지 않은 사람들보다 정신질환의 위험성이 낮다. 또한 이들은 전쟁과 같은 극단적 상황이라든가 세뇌교육을 더 잘 견딘다는 연구도 있다. 교목이나 군목처럼 기업 내에 목사가 있어서 직원들의 영적 문제를 돕는 것이 기업의 생산성에 영향을 미치기도 한다.

Plooner는 종교가 사람들로 하여금 스트레스 상황에서 긍정적 측면을 보도록 돕고 온화한 귀인을 할 수 있게 함으로써 상황을 의미 있게 받아들이게 한다고 하였다. 종교 생활은 긍정적 정서를 갖도록 하고, 사회적 지지망 확보를 통해 스트레스를 극복할 수 있는 대처 능력을 향상시킬 뿐 아니라, 삶의 목표와 가치관에 대한 실존적 불안을 해소시키고, 건전한 생활양식을 따르는 데도 도움이 된다. 앨러미다 카운티에서 실시된 종단연구에 따르면, 교회 참석률이 높은 사람들의 사망률이 유의하게 낮았다. 또 다른 연구에 의하면, 종교심이 강할수록 스트레스에 대한 우울증 경향이 낮은 것으로 보고되었다. 물론 스트레스를 완화하기 위해 신앙을 선택한다면 그야말로 최악의 스트레스가 될 수도 있다. 먼저 자신의 가치관과 신념 체계를 돌아보고 그것으로부터 삶의 여러 요소들을 통합하고 재정비하는 것이 중요하다. 이는 삶의 일관성을 확보해 줌으로써 마음의 평화와 안정감을 가져다준다.

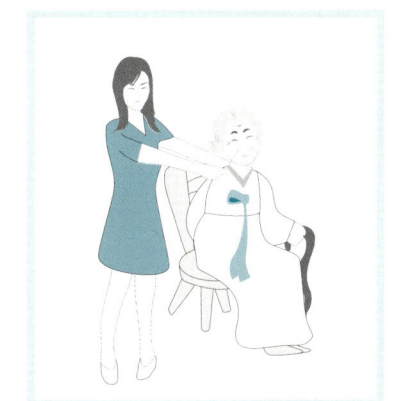

  종교 활동 이외의 영적 활동과 훈련으로는 용서, 봉사, 명상, 기도 등을 들 수 있다. 용서는 결혼 생활의 만족, 가족 관계의 만족, 정신 건강의 향상과 관련이 있다. 자신을 용서하는 것 또한 심신의 건강과 밀접한 관계가 있다. 자원봉사를 하는 노인들은 그렇지 않은 노인들보다 사망률이 더 낮다는 보고가 있다. 자원봉사는 노인의 신체적 기능 향상, 건전한 생활습관 실천, 사회적 지지망 확보 등에서도 유익한 효과를 가져오지만, 영적 욕구의 충족이라는 측면에서도 치유의 경로를 제공하였다.

스트레스의 통합치유
Holistic & Integrative Stress Healing

Holistic & Integrative Stress Healing

••• 스트레스학의 대부인 Selye는 "건강과 행복의 비결은 끊임없이 변하는 환경에 성공적으로 적응하느냐의 여부에 달려있으며, 거대한 적응 과정에 실패한다면 치러야 할 대가는 질병과 불행이다"라고 하였다. 스트레스란 생명체가 살아있는 한 끊임없이 나타날 수밖에 없는 것이며, 생명을 지키고 삶을 유지하기 위해서는 피할 수도 없고, 피해서도 안되는 것이다.

그렇다면 결국 삶은 고통일 수밖에 없는 것일까? 하나의 문제에서 벗어나면 또 다른 문제가 늘 이어지는 고통의 연속일까? 시지프스처럼 다시 굴러 떨어질 바위를 산 위로 굴러 올리고 있는 것이 우리의 삶일

다시 처음으로
Outro

까? 때로 삶은 다시 굴러 떨어질 바위를 계속 굴려 올리느라 발에 박힌 가시를 뽑을 사이도 없는 것처럼 느껴질 때가 있다. 그러나 시지프스의 고통은 신화 속 이야기일 뿐이다. 우리가 굴러 올린 돌은 다시 같은 곳으로 떨어지지 않는다. 왜냐하면 고통을 극복하는 과정에서 인간은 앞으로 진보하고 성장하기 때문에 또 다시 같은 자리로 되돌아가지는 않기 때문이다. 고통과 스트레스의 의미를 찾지 못하고 그것을 변화와 성장의 기회로 삼지 못하는 사람만이 그것을 부여안고 꼼짝달싹 못할 뿐이다.

1. 스트레스의 신화
2. 스트레스에 대한 열한 번째 질문

01

스트레스의 신화

　심신의학의 권위자인 Deepak Chopra는 "인간의 마음은 생존을 위해 모든 곳에서 의미를 찾도록 설계된 까닭에 해석하지 않고 있는 그대로의 감각을 느끼지 못하는 것이다. 스트레스를 받는 상황은 객관적으로 존재하는 것이 아니라 그 사람이 선택하는 것이다. 공포를 주는 상황이란 없다. 공포를 느끼는 사람만이 있을 뿐이다"라고 하였다. Lazarus와 Folkman은 모든 사건의 스트레스 영향력을 결정하는 데 있어서 가장 최후의 결정권은 개인적 의미 혹은 인지적 평가가 갖고 있다고 하였다. 스트레스라는 반응을 만들어 내는 것은 자기 자신이며, 그것을 질병으로 이끄는 것도 자신이고, 해결할 열쇠를 가진 것도 자신이다. 스트레스 관리에 있어서도 자신이 누구이며, 무엇을 원하며, 무엇을 원치 않는지 아는 것이 가장 먼저인 것이다. 그러나 대개의 철학자, 심리학자, 성인들은 그것이 결코 쉽지 않은 일이라는 데 동의한다. 19세기 미국의 사상가 Henry Thoreau는 자기 자신을 안다는 것은 고개를 돌려 자신의 등을 보려는 것만큼 어려운 일이라고 하였다. 건강이 행복하기 위한 것이라면, 결국 모든 것의 출발점은 자신을 알고 내면의 욕구를 바라보는 것이다. 그러므로 Ramana Maharishi의 말처럼, 우리가 가장 먼저 해야 할 일은 진아(眞我)를 아는 것이다.

　자기 자신을 안다는 것은 무엇일까? 생각의 흐름, 정서의 변화, 스스로의 행동을 자각하는 것일까? 물론 이것들도 스트레스 관리에 있어서 중요하다. 그러나 그 못지않게 중요한 것은 자신의 내적인 욕구를 아는 것이다. 내적 욕구를 분명히 안다면 자신에게 스트레스가 될 환경 속으로 스스로를 내모는 일은 일어나지 않는다. 더욱 중요한 점은 자신의 내적 욕구를 파악해야 삶의 목표와 방향을 확인할 수 있으며, 그것이 뚜렷한 사람에게는 변화의 동기를 제공하는 자극들이 스트레스로 인식되지 않는다는 점이다. 아무런 목적도 목표도 없을 때는 사소한 자극들도 모두 삶의 장애이자 스트레스가 될 수 있다. 스트레스는 우리를 행복과 웰빙으로 연결해주는 징검다리나 마찬가지다. 강을 건너 도달해야 할 목표가 확실하다면 징검다리를 찾아 하나씩 건너는 것은 기쁨이다. 이 유도 모르는 채 남들을 따라 건너야 하는 징검다리는 고달프기만 한 장애물에 불과하다. "사람의 한평생은 욕구 충족의 연속"이라고 했던 Maslow의 말에 비추어 보면, 스트레스는 자아실현이 동기가 된다. 자아실현은 곧 아리스토텔레스가 말한 유데모니아, 즉 행복, 웰빙이다. 스트레스란 몸과 마음에 변화의 동기를 일으켜 새로운 적응을 획득하게 해주는 자극이다.

우리가 시지프스의 신화처럼 생각하고 있는 그런 스트레스가 과연 존재할까? 우리의 마음을 화나게 하고 몸을 긴장시키고, 결국 질병까지 유발하는 일들이 '분명히' 있다. 그러나 우리는 이 책을 시작하면서 스트레스라고 할 수 있는 '분명한' 어떤 것은 사실상 존재하지 않으며, 스트레스라는 말의 의미 또한 정확히 설명할 수 없다는 점을 분명히 했다. 어쩌면 스트레스란 영원히 과학의 그물로 낚아 올릴 수 없는 신화일지도 모른다. 결국 우리는 존재하지도 않는 어떤 것을 표현하는 언어의 환상에서 헤매면서, 스트레스 정복이니 탈출이니 하는 말을 하고 있는 것일 수도 있다.

어떤 아메리카 인디언에게는 거짓말이라는 단어가 없다고 한다. 그래서 그들의 사고방식이나 행동에도 거짓말이 존재하지 않는다. 초기 인류가 살던 아프리카의 사바나로 돌아가 보자. 거기에는 스트레스라는 말이 없었을 것이다. 그럼 그들은 지금 우리가 말하는 스트레스를 뭐라 불렀을까? '갑자기 힘이 세짐', '정신이 번쩍 남', '맛있는 고기를 먹을 기회', '신기한 경험' … 그런 것이 아니었을까?

02 스트레스에 대한 열한 번째 질문

우리는 이 책의 서두에서 스트레스에 대한 열 가지 질문을 제시하고, 방대한 학문과 인류의 오랜 지혜를 참고하여 각 질문에 대한 대답을 찾아보았다. 끝으로 하나의 질문을 더 추가함으로써 지금까지의 오랜 탐구를 정리하고자 한다. 바로 앞에서 마지막 열한 번째 질문에 대한 답을 미리 제시하였다.

스트레스에 대한 열한 번째 질문

1. 스트레스라는 것은 언제부터 있었는가?
2. 왜 스트레스라는 현상을 경험하는 것인가?
3. 스트레스를 일으키는 요인들은 무엇인가?
4. 우리의 몸과 마음은 스트레스에 어떻게 반응하는가?
5. 사람마다 왜 스트레스성 자극에 대한 반응이 다른가?
6. 스트레스가 어떻게 질병을 유발하며, 어떤 질병을 유발하는가?
7. 어떻게 스트레스를 진단, 평가하는가?
8. 스트레스 반응을 일으키지 않으려면 어떻게 해야 하는가?
9. 스트레스 반응이 일어나면 어떻게 해야 하는가?
10. 어떤 스트레스 관리 전략이 필요한가?
11. 과연 스트레스는 있는가?

**Holistic &
Integrative
Stress
Healing**

INDEX 찾아보기

ㄱ

간경화 | 135
간이 스트레스량 측정 설문지 | 154
감정적 추론 | 225
갑상선기능항진증 | 139
갑상선질환 | 139
갑상선호르몬 | 139
강건한 성격 | 117
강박장애 | 144
강직성 척추염 | 241
개별화 | 230
개인화 | 225
걱정 | 243
건강수명 | 012
건강심리학 | 020
건선 | 137, 139
결정적 시기 | 080
경고반응단계 | 070
경동맥 | 136
경쟁심 | 049
경험의학 | 017
고베타파 | 150
고소공포증 | 249
고인슐린혈증 | 085
공격성 | 175
공황발작 | 144
과민성대장증후군 | 132
과식 | 135
과잉 일반화 | 225
과정모델 | 025
과체중 | 135
관계이론 | 287
교감신경계 | 066
교근 | 135
교뇌 | 067
구성주의 | 078
국제노동기구 | 006
귀인 이론 | 109
글루텐 | 286
글쓰기 | 236
급성스트레스장애 | 143

ㄴ

기공 | 236
기능성 소화기계 질환 | 131
기대건강 | 012
기술스트레스 | 048
긴장성 두통 | 136

난포자극호르몬 | 141
내부환경 | 017
내적통제소재 | 051, 109
냉소성 | 175
노르아드레날린 | 066
노르에피네프린 | 036, 061, 081
노인 우울증 선별검사 척도 | 184
뇌간 | 067
뇌기능 평가 | 150
뇌전도 | 124
뇌파 | 150
뇌파 비대칭 | 151
뇌하수체 후엽 | 081
뉴로피드백 | 268

ㄷ

다발성 경화증 | 137
단핵구 | 090
담석 | 135
당뇨병 | 047
대사증후군 | 085
대식세포 | 090
대식증 | 135
대중연설 | 151
대처 | 113
대체 행동 | 113
데카르트 | 007
델타파 | 150
도정신치료 | 052
도파민 | 036
독심술 | 225
돌연사 | 130
동기상태 이론 | 027

동의보감 | 221
동태평형 | 019, 064
듀크대학교 적개심 측정법 | 175

ㄹ

레즈베라트롤 | 286
류머티스성 관절염 | 137

ㅁ

마인드컨트롤 | 232
만성전립선염 | 141
만성피로증후군 | 087
만트라요가 | 269
말초신경계 | 065
메타인지 | 111
면역글로불린 | 091
명명하기 | 225
모리타 심리치료 | 250
목표도착 행동 | 113
몰입 | 228
몽골 | 285
무망감 | 121
무망감 우울증 척도 | 183
무배란 | 141
무의식 | 243
미국 정신의학회 | 143
미술치료 | 235

ㅂ

바디스캔 | 250
바소프레신 | 081
바이오피드백 | 251, 267
박티요가 | 269
반응모델 | 024
반응성 가설 | 123
반응시간 과제 | 151
발기부전 | 141
범불안장애 | 144
베타세포 | 133
베타-엔돌핀 | 061, 081

베타-차단제 | 139
베타파 | 150
변연계 | 074
보살피고-친구되는 반응 | 068, 082
보완대체의학 | 030
보완대체의학센터 | 232
복식호흡 | 252
본태성고혈압 | 123
부교감신경계 | 066
부신피질자극호르몬 | 061, 081
부신피질자극호르몬 분비호르몬 | 061, 081
부신피질호르몬 | 068
부적응증 | 005, 032
부정맥 | 135
분노 | 049, 175
불면증 | 145
불안장애 | 144
불임 | 140
비뇨생식기계 질환 | 140
비디오게임 | 151
비만 | 135
비베카난다 켄드라 요가 연구 재단 | 270
비타민C | 286
비타민E | 286
비타민 모델 | 056
비특이적 면역 | 090
빈둥지증후군 | 056
빗속의 사람 그림 검사 | 184

ㅅ

사고 멈추기 | 226
사과형 체형 | 085
사바사나 | 259
사이토카인 | 091
사회경제적 지위 | 119
사회공포증 | 144
사회 재적응 평정 척도 | 020
삼위일체 뇌 이론 | 073
상위인지 | 111
상태-특성 불안척도 | 179
상호작용모델 | 024

찾아보기 INDEX

색깔-단어 검사 | 151
생물심리사회학적 모델 | 028
생물의학 | 013
생태모델 | 028
생활습관병 | 012
샤리라 | 008
서파 | 150
선식일여 | 285
선천적 면역 | 090
선택이론 | 225
섬유근육통 | 087
성선자극호르몬 분비호르몬 | 140
성인병 | 012
성인 질병의 발달 과정 기원설 | 104
성인 질병의 태아 기원설 | 104
성장호르몬 | 140
성취동기 | 110
세계보건기구 | 006
세로토닌 | 135
세타파 | 150
세포독성T림프구 | 090
세포성 면역 | 090
세포자멸사 | 092
소마 | 008
소마토메딘 | 140
소진단계 | 070
속파 | 150
수면장애 | 145
수족냉증 | 131
순환명상 | 270
스트레스-능률 곡선 | 056
스트레스-대응 이론 | 024
스트레스 대처 양식 질문지 | 168
스트레스 반응 | 016
스트레스 반응 척도 | 154
스트레스성 왜소 발육증 | 140
스트레스원 | 015
스트레스 인자 지각 척도 | 163
스트레스 취약성 평가 | 167
스트레스 호르몬 | 081
스트레칭 | 268
습진 | 139

승모근 | 135
시상하부-교감신경-부신수질 축 | 060
시상하부-뇌하수체-부신피질 축 | 018, 060
식욕상실 | 135
식이장애 | 134
신경가소성 | 080
신경성 식욕부진증 | 135
신체화 | 062
신항상성 | 063
실무율적 사고 | 225
실존치료 | 227
실험의학 | 017
심리신경면역학 | 012
심리적 탄생 | 230
심박변이도 검사 | 149
심상법 | 231
심상유도법 | 231
심신상관성 | 023
심신의학 | 032
심신이원론 | 014
심적결정론 | 103

○ ● ● ●

아드레날린 | 066
아로마테라피 | 265
아리스토텔레스 | 002
아사나 | 269
아우토겐 트레이닝 | 257
아유르베다 | 014
아토피성 피부염 | 087
아토피 피부염 | 139
아포프토시스 | 092
알파-아밀라제 | 148
알파파 | 150
암산 | 151
애디슨병 | 087
어구전철 과제 | 151
억제T림프구 | 090
에센셜 오일 | 265
에스트로겐 | 141
에피네프린 | 036, 061, 081

엔케팔린 | 082
연수 | 067
영성 | 227
예술치료 | 233
오키나와 | 285
오피오이드 | 135
옥시토신 | 061, 081, 082
외상후스트레스장애 | 142
외적통제소재 | 109
요가 | 268
요가니드라 | 259
웃음요법 | 241
원형탈모증 | 139
월경 장애 | 141
월경전증후군 | 141
유데모니아 | 002
음성피드백 | 086
음악치료 | 235
의미치료 | 227
이미지 트레이닝 | 231
이분법적 사고 | 225
이상성 | 018
이상성 부담 | 019, 065
이완반응 | 253
이차평가 | 025
인두신경증 | 132
인슐린저항성 | 085
인스턴트 식품 | 286
인지과학 | 102
인지삼제 | 110
인지심리학 | 020
인지장애 | 145
인지적 오류 | 111
인지적 재구성 | 225
인지행동치료 | 102
인터류킨 | 091
인터페론 | 090, 091
일반적응증후군 | 018
일상의 짜증스러운 사건 | 246
일상적 스트레스 평가서 | 163
일차평가 | 025

ㅈ

자가면역질환 | 137
자극모델 | 024
자기-주의 | 267
자기효능감 | 051
자연 면역 | 090
자연살해세포 | 090
자유라디컬 제거 능력 | 148
자율신경계 | 065
자율훈련 | 251
자전거 운동부하 검사 | 151
재앙화 | 225
재평가 | 025
저베타파 | 150
저항단계 | 070
적개심 | 049
적응의 질병 | 032
적응장애 | 032, 143
전신성 홍반성 낭창 | 137
전인주의 | 030
전일적 의사협회 | 280
전일주의 | 030
점쟁이 오류 | 225
점진적 근육이완법 | 251
정신분열증 | 142
정신신체의학 | 033
정신신체장애 | 005
정신장애 진단 및 통계편람 | 143
정자 감소증 | 140
조루 | 141
종교성 | 227
종양괴사인사 | 091
주의력결핍과잉행동장애 | 268
주의력결핍장애 | 268
중뇌 | 067
중추신경계 | 065
즈나요가 | 268
즐거운 사건 | 246
직무 스트레스 평가 척도 | 196

찾아보기 INDEX

ㅊ

척추기립근 | 135
청반 | 067
체계적 둔감화 | 249
체성신경계 | 065
체액설 | 117
체액성 면역 | 090
최면요법 | 231

ㅋ

카르마요가 | 268
카테콜아민 | 066
카테킨 | 286
케르세틴 | 286
코티솔 | 061, 081
콜레시스토키닌 | 135

ㅌ

태극권 | 236
턱관절 장애 | 135
테스토스테론 | 140
통제소재 | 109
통합의학 | 030
투쟁-도피 반응 | 018
트레드밀 운동부하 검사 | 151
특이적 면역 | 090
특정공포증 | 144
특정병인론 | 028
티로신 | 066
틱 장애 | 114

ㅍ

팔의론 | 220
펩타이드 | 096
편두통 | 136
평균수명 | 012

표현예술치료 | 236
프로게스테론 | 141
프로락틴 | 061, 081
피부질환 | 139
피톤치드 | 277

ㅎ

하타요가 | 269
한국인 직무 스트레스 측정 도구 | 196
한냉승압 검사 | 151
항상성 | 002
항상성 삼각형 | 063
항이뇨호르몬 | 081
행동의학 | 017
행동장애 | 145
행동주의 심리학 | 020
행복지수 산출 공식 | 158
행복지수 평가 지표 | 159
헬퍼T림프구 | 090
현상학적 생물학 | 004
현실도피 행동 | 113
현재성 불안척도 | 179
혈관성 두통 | 136
호산구 | 090
호염구 | 090
호중구 | 090
화병 | 177
활동파 | 150
황제내경 | 014
황체형성호르몬 | 141
획득 면역 | 090
횡격막 | 251
후성유전학 | 125
후천적 면역 | 090
훈자마을 | 285
흉쇄유돌근 | 135
흉식호흡 | 252
흑백논리 | 225
히스테리 | 141

A

acute stress disorder | 143
addison's disease | 087
adjustment disorder: AD | 143
adrenaline | 066
adrenocorticotropic hormone: ACTH | 061, 081
allostasis | 018
allostatic load | 019, 065
anagram task | 151
antidiuretic hormone: ADH | 081
apoptosis | 092
aromatherapy | 265
asana | 269
attention deficit disorder: ADD | 268
attention deficit hyperactivity disorder: ADHD | 268
autogenic training | 257
autoimmune disease | 137
ayurveda | 014
A형 행동유형 | 049, 117

B

basophil | 090
Beck's anxiety inventory: BAI | 179
Beck의 불안척도 | 179
behavioral medicine | 017
bhakti yoga | 269
biofeedback | 267
biomedicine | 013
biopsychosocial model | 028
body scan | 250
brain stem | 067
Brantley | 163
brief encounter psychosocial instrument: BEPSI | 154
B림프구 | 090
B세포 | 090
B형 행동유형 | 118

C

catechin | 286
catecholamine | 066
choice theory | 225
chronic fatigue syndrome | 087
cognitive error | 111
cognitive triad | 110
cold pressor test | 151
color-word test | 151
complementary and alternative medicine | 030
coping | 113
coping style questionnaire | 168
corticotropin releasing hormone: CRH | 061, 081
cortisol | 061, 081, 085
critical period | 080
cytokine | 091

D

daily stress inventory: DSI | 163
developmental origins of adult disease: DOAD | 104
diagnostic and statistical manual of mental disorders-4th edition: DSM-IV | 143
dopamine | 036
draw a person in the rain test: PITR | 184

E

ecology model | 028
EEG biofeedback | 268
electroencephalogram: EEG | 124
empty nest syndrome | 056
enkephalin | 082
eosinophil | 090
epigenetics | 125
epinephrine | 036, 061, 081
eudaimonia | 002
existential therapy | 227

찾아보기 INDEX

F

fast wave | 150
fetal origins of adult disease: FOAD | 104
fight-or-flight response | 018
flow | 228
follicle-stimulating hormone: FSH | 141
free radical scavenging activity: FRSA | 148

G

general adaptation syndrome: GAS | 018
global assessment of recent stress scale: GARS | 163
gluten | 286
gonadotropin releasing hormone: GnRH | 140

H

Hamilton anxiety scale: HAS | 179
Hamilton 불안척도 | 179
hardiness personality | 117
hatha yoga | 269
health expectancy | 012
health psychology | 020
heart rate variability: HRV | 149
homeostasis | 002, 017, 062
homeostasis triangle | 063
hopelessness | 121
hwabyung | 177
hypothalamic-pituitary-adrenocortical axis: HPA축 | 018, 060
hysteria | 141

I

IgA | 149
IgD | 149
IgE | 149
IgG | 149
IgM | 149
immunoglobuline | 091
immunoglobuline A | 091
immunoglobuline D | 149
immunoglobuline E | 149
immunoglobuline G | 149
immunoglobuline M | 149
individualizaton | 230
insulin dependent diabetes mellitus | 047
insulin resistance | 085
integrative medicine | 030
interferon | 090
interleukin: IL | 091
internal locus of control | 051
international labor organization: ilo | 006
irritable bowel syndrome | 132

J, K

jnana yoga | 268
karma yoga | 269

L

locus ceruleus | 067
logo therapy | 227
luteinizing hormone: LH | 141

M

macrophage | 090
manifest anxiety scale: MAS | 179
mantra yoga | 269
medulla | 067
metabolic syndrome | 085
meta-cognition | 111
mid brain | 067
milieu intérieur | 017
mind body dualism | 014
mind-body medicine | 032
monocyte | 090
Morita psychotherapy | 250
motivational states theory: MST | 027

N

national center for complementary and alternative medicine: NCCAM | 232
natural killer cell: NK세포 | 090
neurofeedback | 268
neuroplasticity | 080
neutrophil | 090
non-insulin dependent diabetes mellitus | 047
noradrenalin | 066
norepinephrine | 036, 061, 081
Novaco의 분노 척도 | 175

O

oxytocin | 061, 081

P

peptide | 096
phenomenal biology | 004
phytoncide | 277
pons | 067
post-traumatic stress disorder: PTSD | 142
premenstrual syndrome: PMS | 141
primary appraisal | 025
process model | 025
prolactin | 061, 081
psychic birth | 230
psychic determinism | 103
psychoneuroimmunology: PNI | 012
psychosomatic medicine | 033

Q

quercetin | 286

R

reaction time task | 151
reappraisal | 025
relaxation response | 253
response model | 024
resveratrol | 286

S

secondary appraisal | 025
self-attention | 267
self-in-relation model | 287
Selye 3 증후군 | 071
sharira | 008
short form of geriatric depression scale: SGDS | 184
slow wave) | 150
social readjustment rating scale: SRRS | 020
socioeconomic status: ses | 119
soma | 008
somatization | 062
somatomedin | 140
Spielberger의 분노 표현 척도 | 175
state-trait anxiety inventory: STAI | 179
stimulus model | 024
stressor | 015
stress response | 016
sympatho-adreno-medullary axis: sam 축 | 060

T

technostress | 048
temporo-mandibular joint disorder: TMD | 135
tend and befriend response | 068, 082
the american holistic medical association | 280
thought stopping | 226
tic disorder | 114
TMJ syndrome | 135
TNF | 091
transactional model | 024
triune brain theory | 073
type 1 diabetes mellitus | 047
type 2 diabetes mellitus | 047
type A behavior pattern | 049, 117
tyrosine | 066
T림프구 | 090
T세포 | 090

INDEX

V

vasopressin | 081
vitamin model | 056

W

world health organization: WHO | 006

Y

yoga | 268
yoga nidra | 259

MBSR

마음챙김에 기반한 스트레스 완화 프로그램

　동양의 '마음챙김 명상'과 서양의학을 접목한 MBSR 프로그램(Mindfulness-Based Stress Reduction Program)은 마음챙김에 근거한 치료법 중 가장 긴 역사와 많은 임상 연구 결과를 가진 의료 명상 교육 프로그램이다.

　MBSR은 1979년 미국 메사추세츠주립대학 메디컬센터에서 만성통증이나 만성질병에 노출된 환자들의 스트레스를 감소시키기 위해 잔 카밧진(Jon Kabat-Zinn) 박사에 의해 창안되었으며 〈Time〉지, 〈Newsweek〉지, ABC, NBC 등 유수의 언론에서 소개되면서 대표적인 심신이완 및 스트레스감소 프로그램으로 인정받고 있다. 국내에서도 KBS 특집 다큐멘터리 〈마음〉, 〈생로병사의 비밀〉 등 여러 프로그램을 통해 소개된 바 있다.

　MBSR은 만성통증, 불안, 우울, 범불안장애 및 공황장애, 수면장애, 유방암 및 전립선암, 건선, 외상, 섭식장애, 중독, 면역강화 등의 다양한 신체적 정신적 증상의 완화 또는 치료에 효과가 있다고 보고되어 왔으며 최근에는 자살, 정신분열증에 이르기까지 그 적용 영역이 확대되고 있다.

　MBSR 프로그램은 앉아서 하는 명상, 걷기 명상, 바디 스캔 등 다양한 명상 기법들로 이루어져 있으며 남녀노소 누구나 쉽게 배울 수 있다. 현재 의료 분야는 물론 교육 기관, 기업체 등에서도 일반인들의 건강과 행복 증진을 위해 널리 도입하고 있다.

전국 MBSR 교육기관 현황

소재지	센터명	대표	문의	주소
서울 (본부)	한국MBSR연구소 (치유교육센터)	안희영 소장	02-525-1588	서울시 서초구 방배동 981-32
전주	란 심신치유센터 (MBSR 전주지부)	이란아 센터장	063-228-7776	전주시 완산구 삼천동 1가 743-15
청주	심신치유명상센터 (MBSR 청주지부)	조인숙 센터장	043-221-0376	청주시 상당구 수동 168-1

스트레스통합치유연구소

TEL 02-894-1510   CAFE http://cafe.daum.net/stress2z

ACADEMY

과정	일반 과정 / 자기치유 과정	치유전문가 과정	전문강사 과정
교과 과정	스트레스 바로 알기	스트레스 통합치유의 원리	스트레스 통합치유의 원리
	스트레스 측정 및 자기 분석	스트레스 생리학, 스트레스 의학	스트레스 생리심리학
	스트레스 관리법	스트레스 심리학	스트레스 체질, 행동 유형 이론 및 자기 분석 지도법
	개인별 치유 계획 수립 및 실습	스트레스 유형 분석	스트레스 진단 측정 이론 및 자기 진단 지도법
		스트레스 진단 측정법	스트레스 관리 이론 및 주요 관리 기술 지도법
		스트레스 관리법	교육 대상자별 프로그램 구성법
		스트레스 치유 계획 수립 및 실습	강의 교안 구성과 교수법 실습
시간	24시간	60시간	60시간
참가 대상	자신과 가족의 심신 건강 증진을 위하여 스트레스에 관한 체계적인 지식과 진단, 관리 기술을 습득하고자 하는 모든 사람	1. 의료, 보건, 복지, 교육, 상담 분야 종사자로서 스트레스 치유에 관한 전문적 지식과 치유 기술을 습득하고자 하는 사람 2. 또는 본 연구소의 일반과정이나 그에 준하는 과정을 이수하고 소정의 심사를 필한 사람	1. 보건, 의료, 복지, 교육, 상담 관련 전공자로서 기업체, 학교, 의료 기관 등에서 스트레스 교육 전문 강사로 활동하고자 하는 사람 2. 또는 본 연구소의 일반과정이나 그에 준하는 과정을 이수하고 소정의 심사를 필한 사람
일정	**8주 과정** 2, 4, 6, 8, 10월 개강 (매주 일요일 09:00~12:00, 매주 화요일 19:00~22:00) **5일 집중 과정** 별도 문의	**12주 과정** 1, 4, 7, 10월 개강 (매주 일요일 13:00~18:00)	**12주 과정** 1, 4, 7, 10월 개강 (매주 일요일 13:00~18:00)
등록	1. 각 과정 10명 선착순 등록 2. 단체(5~10인) 등록시 맞춤식 과정 편성 (문의: 02-894-1510, stress2z@hanmail.net)		

스트레스통합치유연구소 지식 나눔 사업

- 스트레스통합치유연구소는 기업체, 학교, 기타 단체를 대상으로 "스트레스 바로 알기" 강의를 무료로 제공합니다. (교육 내용: 스트레스에 관한 기본 지식, 자기 진단 실습, 치유 기법 배우기. 총 2~3시간)
- 자세한 사항은 카페 공지사항(http://cafe.daum.net/stress2z)을 참고하시거나, 전화(02-894-1510), 이메일(stress2z@hanmail.net)로 문의하여 주십시오.